2009年度教育部人文社会科学研究项目

《民国时期人文社会科学学科体系构建研究》

（项目批准号：09YJA770049）成果

范式的引介与学科的创建

民国时期社会科学话语中的科学观念

阎书钦　著

中国社会科学出版社

图书在版编目（CIP）数据

范式的引介与学科的创建：民国时期社会科学话语中的科学观念／
阎书钦著 . —北京：中国社会科学出版社，2017.6
ISBN 978 - 7 - 5203 - 0234 - 0

Ⅰ. ①范…　Ⅱ. ①阎…　Ⅲ. ①社会科学—科学史—研究—中国—民国
Ⅳ. ①C092

中国版本图书馆 CIP 数据核字（2017）第 086604 号

出 版 人　赵剑英
责任编辑　刘　芳
责任校对　季　静
责任印制　李寡寡

出　　　版　中国社会科学出版社
社　　　址　北京鼓楼西大街甲 158 号
邮　　　编　100720
网　　　址　http://www.csspw.cn
发 行 部　010 - 84083685
门 市 部　010 - 84029450
经　　　销　新华书店及其他书店

印　　　刷　北京君升印刷有限公司
装　　　订　廊坊市广阳区广增装订厂
版　　　次　2017 年 6 月第 1 版
印　　　次　2017 年 6 月第 1 次印刷

开　　　本　710×1000　1/16
印　　　张　22
插　　　页　2
字　　　数　354 千字
定　　　价　89.00 元

序

  中国"社会"有着悠久的历史，至迟从周代开始，就有了严密的"社""会"等基层组织①。而两字连用的"社会"一词，至迟出现于宋代。朱熹《近思录》中有"乡民为社会，为立科条，旌别善恶，使有劝有耻"之语②。既然有"社会"，对"社会"的礼、俗、法等方面的规定及相关的研究等，自然不会缺少，相关文献资料也颇丰富。但是，毫无疑问的是，近代学科意义上的"社会科学"是从西方"舶来"的。1903年，严复翻译的《群学肄言》出版，从理论上为近代化的中国社会科学的出场，奠定了初步的学理基础。在此前后，清政府"废科举""兴学堂"，颁布新学制，西式的"七科之学"，即理、工、农、医、文、法、商，逐渐取代传统的"四部之学"，从制度上为中国社会科学奠定了基础。而随着此后新式学堂中各社会科学分支学科的陆续设立，中国社会科学初步开始形成自己的体系。

  这样算起来，中国社会科学学科已经走过了百余年的行程。百年过后，如果人们要问：中国的社会科学建设得怎么样了？总成绩如何？

  对于这样一个大问题，自然很难用一两句话做出简单的回答。经过

---

  ① 柳诒徵先生1925年在《学衡》杂志第54期上发表《述社》一文，曾精辟指出："社会一名，日人取《宋史·程颢传》语，以译英文 society 也。近人沿用，若吾故名。求之史策，'社'之一字，已含有团体组织之意。社会并称，于文为便。尝析其性，盖吾国人自家族组织、国家组织之外，别有一种团体之组织，其始由于宗教，继则相与娱乐，又进而为学术、文艺、政治之集合，邃古迄今，相沿不改。研究吾国民族团体之生活者，不可忽此一事也。"（柳曾符、柳定生编《柳诒徵史学论文续集》，上海古籍出版社1991年版，第273页）

  ② 朱熹、吕祖谦纂，张京华辑校：《近思录集释》（下），岳麓书社2010年版，第743页。

百年建设,中国社会科学学科的成绩很大,这是大家有目共睹的。不过,另一方面,大家似乎又隐隐约约地存在这样一种印象,似乎感觉中国社会科学在国际学术界的形象并不太好,地位并不太高,话语权并不太多。新中国成立以来,中国在经济、社会、科技、教育、卫生等方面取得的重大成绩是全世界公认的,对世界发展所做的贡献也是巨大的,但是,西方发达国家总有些人无视这些成绩和贡献,仍然继续批评甚至"谩骂"中国这也不行,那也不行,好像中国只有走西方的路,变成西方的样子才行。而对于这些毫无道理的批评或"谩骂",中国社会科学界经常表现"失语",即使偶有回应,也显得缺少"底气","理"不直,"气"不壮。

为什么经过百年建设之后,还会存在这样令人难以理解的现象?

著名人类学、社会学家费孝通先生晚年曾经感叹"至今这门名叫社会学的学科,在中国还是不能说已经站稳",并自谦地说自己没有做好工作,要"决心补课"①。而补课的内容,首先就是重读经典。费先生所谈的虽然是他个人对社会学这一学科的看法,但我以为,这一看法似乎可以推广到整个中国社会科学领域及所属的各个分支学科。

要"补课",首先就要了解原有的基础,回顾学科发展的历史,分析其得失,找出成功之处及之所以能够成功的奥秘,发现存在的问题及造成此问题的症结之所在,并规划进一步前进的方向。民国时期是中国社会科学学科创立和初步发展的关键阶段,中国社会科学学科很多"基因"性的问题都与这一时期相关,而有关这方面的研究相对较少,深入系统的论著更不多见,阎书钦教授的新作《范式的引介与学科的创建:民国时期社会科学话语中的科学观念》的出版,适逢其时,正可满足这方面的需要。

阎书钦于2002年考入清华大学历史系攻读博士学位,从那时起,我就认识了他。从那时的接触中,就知道他是一个老实人、读书种子,读书舍得下功夫,喜欢跑图书馆、档案馆,上下求索,攻读不倦。这次拜读完其新作《范式的引介与学科的创建:民国时期社会科学话语中的科学观念》稿,更加深了这一印象。在我看来,这是一部非常优秀的书

① 费孝通:《师承·补课·治学》,生活·读书·新知三联书店2002年版,第209页。

稿，具有以下特点：

立论扎实。全书几乎没有一句空话，没有一句话没有出处。从密密麻麻的脚注和书后所附的民国书籍选目，可以看出作者阅读量之大、文献搜罗面之广，而不少有关文献版本变化、作者笔名考证等脚注，学术含量极高，如果将之抽取出来，稍加扩展，就可以独立形成一篇篇学术论文。作者自己虽然议论不多，但通过大量引用民国时期社会科学领域诸大家的经典之作，把想告诉读者的观点表达出来，仿佛带着读者，到民国社会科学界，去拜名师，读经典，进行一次"穿越"时空的游学活动，让人读来实在过瘾。

直击要害。民国时期社会科学是一个极其庞大的题目，涉及的问题和分支学科颇多，资料更是浩如烟海，如何避免大而化之的一般性描述和资料堆砌，择其最要者而论之，在有限的篇幅内，让读者能够对民国时期中国社会科学发展中的重大问题有一个基本把握，这是非常具有挑战性的课题。作者"避轻就重""小题大做"，只对民国时期中国社会科学各学科普遍面临的学科"科学性"问题，社会学学科建立过程中美国社会学研究范式和美国芝加哥学派、美国现代社区研究理论的移植与融合，政治学学科中的学科研究对象和方法、国家概念的同异、一元主权论和多元主权论的争论，以及民国时期社会科学话语中的马克思主义思潮等四大领域的问题，进行系统梳理，抽丝剥茧，条分缕析，窥一斑而见全豹，把民国时期中国社会科学发展过程中的关节大要，清楚地呈现在读者面前。

深入语境。作者在对上述问题进行分析时，不仅写出了相关学者和文本是如何论述有关问题的，而且更进一步深入语境之中，探析这些学者或文本为什么要如此论述，亦即在文本的背后，去发掘其深层动机是什么，如不同学派学者主张一元主权论或多元主权论，背后反映了这些学派对国家权威的不同认知，亦反映出对现实政权的态度。这样的考察分析，无疑加深了对社会科学性质与功能的认识，让读者认识到文本源自现实的语境，反映了对现实的态度，影响着未来现实的建构。社会科学对社会发展之重要性，于此更加彰显。

阎书钦教授的大作，所论虽只是民国时期社会科学发展中的几个"斑"，但通过这几个"斑"点，不仅为我们认识民国时期乃至当代中国社会科学这个"全豹"提供了极好的参考，同时也为当今中国社会科学学科的建设，对于我们探讨社会科学发展的"中国方案""中国道路"，提供了十分有益的借鉴。在此，我为阎书钦教授贺，更为中国社会科学学科喜。

王宪明

2017 年元月写于北京清华园

目　　录

第一章

绪言：民国学界关于社会科学之
科学性问题的讨论

所谓社会科学，即运用西方近代以来形成的科学实证方法对人类社会进行的研究。尽管人们对人类社会的研究与分析自古有之，但是，真正运用科学方法，尤其运用科学实证方法研究与分析人类社会，即在西方亦是近代之事，而形成明确的学术分科，则仅为19世纪西方学界的创见。在19世纪西方学界规划出明确的社会科学分科方案的同时，中国社会也正渐渐敞开国门，在各方面正与西方同轨。西方社会科学研究范式及其分科方案，自19世纪末20世纪初开始，渐为中国学界所接受。显然，随着19世纪西方社会科学分科理念的形成，中国学界亦于19世纪末20世纪初将此种理念引入国内。由此而言，社会科学学术规范在中国学界的确立，虽比西方迟一步，但并不太晚①。然而，中国社会科学研究范式的全面确立，则在民国时期。在20世纪前期的民国时期，中国学者一方面大力引进西方学术范式，另一方面又对西方学术范式再行条理，力图有别于西方，初步构建起自身的学科论述体系，并将引自西方或自己的独创的学术范式应用于中国自身学术研究，这导致在民国时期，中国社会科学学术研究日趋繁荣。

实际上，民国时期社会科学各学说多源自西学，虽有所会通，但其会通之前提，则为引进西方各学说。在1923年科学与人生观论战

① 左玉河《从四部之学到七科之学——学术分科与近代中国知识系统之创建》（上海书店出版社2004年版）对中国近代学术由经、史、子、集向文、理、法、商、医、农、工七科之学的演变论述颇详，其中即涉及晚清社会科学学科的构建情况。

中，张君劢即注意到，中国学界的学术观念多为对西方学术观念的引述，"今国中号为学问家者，何一人能真有所发明，大家皆抄袭外人之言耳。各人读书，各取其性之所近者，从而主张之"①。然而，中国学界对西方社会科学学术范式的借鉴又极复杂。这种复杂性表现在两方面：一是，欧美各国学术的纷杂；二是，中国学界对西方学术取舍倾向的各异。对此，桑兵描述说："整体而言，分科治学在西方也不过是 19 世纪以来，尤其是 19 世纪后半叶以来的事。由于各国的学术文化传统不同，造成分科边际的不确定性和不稳定性，使得对西方本来就缺乏全面深入认识的中国人更加难以把握这些舶来的抽象物。"中国学人借鉴来源不同的西学，"各人的体系分别相当大，反映了各自所依据的蓝本以及对这些蓝本的认识存在很大差异"②。尽管近代中国学界对西方社会科学学术范式的引进、借鉴以及自身学术范式的构建极为繁复，但通过某些个案，对此问题进行梳理，确有学术上的价值。

第一节　民国学界眼中的社会科学概念之源起及社会科学分类

在社会科学分类问题上，民国学界认知似乎颇为一致。大家均认为，社会科学是以社会现象为研究对象的科学，由于社会现象分为社会、政治、经济等诸多方面，故社会科学包含社会学、政治学、经济学等诸分支学科。其实，此种观念的形成，即在欧美亦有一个次递演进的过程。在此一演进过程中，社会科学概念的源起则为核心论题。中国学界的看法，受欧美影响甚大。

民国时期诸论者均将社会科学视作应用科学实证方法研究人类社会现象的学问，将 19 世纪欧美广义社会学概念视作社会科学概念的源起。

---

① 张君劢：《再论人生观与科学并答丁在君》，载亚东图书馆编《科学与人生观》（全二册），亚东图书馆 1924 年版，第 41 页。

② 桑兵：《近代中国的知识与制度转型解说》，载孙宏云《中国现代政治学的展开：清华政治学系的早期发展（一九二六至一九三七）》，生活·读书·新知三联书店 2005 年版，第 6—7 页。

在欧美，社会科学一语源于广义的社会学概念。所谓广义社会学，指应用科学方法研究人类社会的学问。社会学创立者孔德（A. Comte）于1830—1842 年在《实证哲学教程》（*Cours de Philosophie Positive*，6 Volumes，1830 - 1842）中所言"社会学"，意即以科学实证方法对整体社会现象进行研究。1948 年 5 月，中央大学社会学教授孙本文在《当代中国社会学》中即介绍，孔德于 1830 年在《实证哲学教程》第 1 册中力言"社会现象必须有独立的研究，以别于其他科学"，并将此种学问称作"社会物理学"，之后，又于 1838 年在《实证哲学教程》（第 4 册）中创立"社会学"一语，其法文原名"Sociologie"，合拉丁文"Socius"（社会中的个人）和希腊文"Logos"（科学）两词而成，意为"社会的科学"①。孔德所言以科学实证方法研究整体社会现象，与后人所言"社会科学"同义，故对"社会学"概念的此种广义认知，即成"社会科学"概念之源起。由此而言，"社会科学"一语形成之始，即包含科学实证方法与社会现象两大要素。孔德此种说法在 19 世纪中后期社会学发轫时期在西方学界颇为流行。对于社会科学概念的源起，民国学界做了大量介绍。1933 年 4 月，时任上海法政学院、暨南大学教授的国民党籍政治学家杨幼炯在《社会科学发凡》中即介绍，社会科学概念的创立者是孔德，"孔氏的学说，实为社会科学理论的先导。我们举孔氏为社会科学的鼻祖，也不太过！"其在《实证哲学教程》中所言"社会学"，"也可直接称做社会科学"②。值得注意的是，在民国时期，马克思主义派论者虽对孔德理论持批评态度，但对此种社会科学概念的源起并未提出异议。所以，在社会学发展初期的 19 世纪，欧洲学界多将社会学视作各门社会科学的综合。1935 年 1 月，孙本文在《社会学原理》中介绍，斯宾塞（H. Spencer）即认为，社会学包含各门社会科学，所谓社会学原理即等于各类社会科学研究结论的综合，"社会学的原理定律，就是各种社会科学的原理定律的总和"③。因而，在 19

---

① 孙本文：《当代中国社会学》，胜利出版公司 1948 年版，第 1 页。

② 杨幼炯：《社会科学发凡》（社会科学基础丛书之一），大东书局 1933 年版，第 6 页。

③ 孙本文：《社会学原理》（上）（据商务印书馆 1947 年版影印），《民国丛书》第 2 编（15），上海书店 1990 年版，第 36 页。

世纪中叶,欧洲学界多将社会学视作与各门自然科学并列的单一学科。据孙本文介绍,孔德将科学分为数学、天文学、物理学、化学、生物学、社会学六类,斯宾塞则将科学分为抽象的科学(论理学、数学等)、抽象具体的科学(机械学、物理学、化学等)、具体的科学(天文学、地质学、生物学、心理学、社会学等)三类。英国学者汤末生(J. A. Thomson)将科学分为抽象的科学(数学、统计学、论理学、形而上学等)与具体的科学(化学、物理学、生物学、心理学、社会学等)两类[①]。

20世纪初,社会学逐步脱离以整体社会现象为研究对象的广义社会学概念,形成具有自身独特研究对象并与政治学、经济学等其他社会科学相并列的狭义社会学概念。以此为基础,欧美学界提出社会科学的具体分类,其中,尤以美国学界所论为完善。至30年代,中国学界所言社会科学分类,多以美国学界相关论述为蓝本。孙本文在《社会学原理》中通过综述美国学者白克马(F. W. Blackmar)、爱尔乌德(C. A. Ellwood)、罗斯(E. A. Ross)、派克(R. E. Park)、海逸史(E. C. Hayes)、乌格朋(W. F. Ogburn)等关于社会科学分类的意见,认为美国学者多主张社会科学大致包括社会学、经济学、政治学、历史学、人类学、法理学、伦理学7门学科[②]。燕京大学教授李安宅亦于1938年介绍,美国学界于30年代出版的15卷本《社会科学集成》(*the Encyclopedia of the Social Science*, Ed. by E. R. A. Seligman & others, New York, 1930 – 1935)绪论,将社会科学分为纯社会科学、半社会科学、具有社会含义的科学三大类,其中纯社会科学包括政治、经济、法律、人类学、社会学、刑事学、社会工作以及历史学,半社会科学包括伦理、教育、哲学、心理等,具有社会含义的科学包括生物、地理、医学、语言学、艺术等[③]。除美国影响外,德国哲学家、心理学家威廉·冯特(W. Wundt)关于社会科学分类的观点亦在民国学界有相

---

① 参见孙本文《社会学原理》(上),第25—26页。

② 同上书,第33页。

③ 李安宅:《介绍〈社会科学集成〉》(*the Encyclopedia of the Social Science*, Ed. by E. R. A. Seligman & others, New York, 1930 – 1935. 全书共15卷)(1938年),载燕京大学法学院编《社会科学概论选读》,燕京大学法学院1938年版,第564—565页。

当影响。刚从德国留学归来的张君劢在 1923 年科学与玄学论争中，借鉴威廉·冯特的意见，将科学分为物质科学与精神科学两类。他介绍，威廉·冯特将科学分为确实科学（Exakte Wissenschaft）和精神科学（Geiste Wissenschaft），其中，确实科学包括数学、物理学、化学、生物学，精神科学包括心理学、文字学、历史学、文字历史的学、社会学、法律学、生计学（即经济学）。他将威廉·冯特所言"确实科学"改名为"物质科学"。对此，他解释说:"吾所以不取确实科学之名者，以物质二字与精神相对待，为明晓计，故取而代之。然各科学之所隶属，则吾与翁特所见，绝无二致。"① 显然，张君劢除略改称谓外，在科学分类问题上，完全接受威廉·冯特的观点。南京中央陆军军官学校教官胡一贯亦关注威廉·冯特的说法。1930 年 7 月，他在《社会科学概论》中注意到，威廉·冯特将科学分为"自然科学"与"精神科学"二种，"以前者研究物的现象，后者研究心的现象"。不过，胡一贯提出的社会科学分类法究未以威廉·冯特的意见为蓝本。他认为，社会科学的分类标准有两种，一是以研究对象，即一般现象与特殊现象为标准;二是以研究方法，即理论方法与叙述方法为标准。以理论的方法研究一般现象，即为社会学。以叙述的方法研究一般现象，即为历史学。以理论的方法研究特殊现象，即为经济学、政治学、民族学、法律学等。以叙述的方法研究特殊现象，即为经济史、政治史、民族史、法制史等②。

受欧美学界影响，中国学界自 20 年代起，亦就社会科学分类问题阐述自己的意见。民国学界多将社会科学视作研究各类社会现象的科学，并认为由于社会现象种类繁多，而形成各门社会科学的分野。心理学家郭任远于 1928 年 7 月在《社会科学概论》中即表示:"社会科学是各种研究社会现象的科学的总名。社会的现象极其复杂，而且众多，研究的人为便利起见，把社会科学分为许多种，每一种的社会科学专门

---

① 张君劢:《再论人生观与科学并答丁在君》，载亚东图书馆编《科学与人生观》（全二册），第 7—8 页。

② 胡一贯:《社会科学概论》（政治丛书第二十五种），中央陆军军官学校政治训练处 1930 年版，第 8、18—19 页。

研究社会现象之一方面。"① 民国学界多将社会学视作研究一般社会现象的科学,而将政治学、经济学等视作研究特殊社会现象的科学。1933年4月,杨幼炯在《社会科学发凡》中即将社会学视作研究普通社会现象的科学,而将其他各门社会科学视作研究特殊社会现象的科学。他认为,社会科学分为普通的(社会学)、特殊的(政治学、经济学、法律学、伦理学、人文人类学、人文地理学、社会心理学)、应用的(教育学、社会经济、社会事业)②。作为民国时期最著名的理论社会学家,孙本文对于社会科学分类的意见最具代表性。他亦将社会学视作研究社会生活全般共通现象的科学,将其他诸门社会科学视作研究社会生活各部分特殊现象的科学。1935年1月,他在《社会学原理》中提出,人类社会生活现象大致包括四方面,即社会生活的全般共通现象、社会生活的部分特殊现象、社会生活的过去状况、社会生活的未来要求。以社会生活的全般共通现象为研究对象的社会科学为社会学。以社会生活的各部分特殊现象为研究对象的社会科学包括经济学、政治学、法理学、伦理学、文化人类学(或称民族学)、社会心理学。旨在叙述社会生活的过去状况的社会科学为历史学。应用社会科学理论研究实际社会生活改进的应用社会科学包括行政法、教育、社会工作、商业等③。只不过孙本文将社会学研究的社会生活的全般共通现象具体锁定为社会文化与人类行为。显然,主要以教学或学术研究为职业的学院派及国民党派论者④在阐述社会科学分科问题时,多以美国学界论述为蓝本。由于以美国分科理论为样板,他们强调社会学的基础地位,认为社会学在各门社会科学中具有特殊性。他们多将社会学视作研究一般社会现象的科学,而将政治学、经济学等视作研究特殊社会现

---

① 郭任远:《社会科学概论》(新学制高级中学教科书),商务印书馆1929年版,第79页。

② 杨幼炯:《社会科学发凡》(社会科学基础丛书之一),第11—12页。

③ 孙本文:《社会学原理》(上),第34页。

④ 所谓学院派论者,指任职于各类学校或科研单位、主要以教学和科研为职事的论者,其理论倾向虽有不同,但共同点在于均处自由论者地位,以学术为著述目的,而与现实政治保持一定距离;所谓国民党派论者,指接受或赞同国民党意识形态的论者,既包括国民党各类军事与政治学校教员、党政系统成员,亦包括虽任职于各高等院校但赞同国民党政治理论的亲国民党学者。

象的科学。

马克思主义论者 ① 亦致力于阐述社会科学分类问题。1932 年 10 月,陈豹隐在《社会科学研究方法论》中根据《反杜林论》等文献的"意趣",胪列出"适合社会主义的社会科学者观点的科学体系"。他认为,科学包括科学方法概论(概论的科学)、自然科学、社会科学三类。而社会科学包括社会科学概论(社会科学方法论、社会科学体系论、社会科学史)、社会诸科学(经济学、政治学、法律学、社会进化史学、言语学、伦理学、宗教学、美学)②。深受马克思主义影响的陈端志颇认同陈豹隐此论。1934 年 3 月,陈端志认为,陈豹隐提出的"这个体系,虽不可说是尽善尽美,然能适合于时代的背景,而又较之过去各种分类法为优异,那是一定的"③。相较于其他论者,马克思主义者所论社会科学分类,突出了哲学在社会科学中的地位。在受美国影响的学院派论者所胪列社会科学科目中极少有哲学的身影,而马克思主义派论者则将哲学纳入社会科学范畴。1923 年 11 月,陈独秀在《科学与人生观》序中将哲学纳入社会科学范畴,认为社会科学主要包括经济学、社会学、历史学、心理学、哲学。他解释说,其所言哲学,并不包括张君劢等所言"形而上学"哲学,"这里所指是实验主义的及唯物史观的人生哲学,不是指本体论、宇宙论的玄学,即所谓形而上的哲学"④。一些马克思主义论者进而将哲学视作高于各门社会科学的方法论学科,不主张将哲学与经济学、政治学等其他社会科学分支学科相并列。1936 年 9 月,时任北平大学法商学院经济系主任的沈志远也申明,哲学是研究自然、社会和人类思维等一切现象的"总法则",社会科学受"领导人类一切知识部门"的哲学的指导,"社会科学跟一切其他的

---

① 所谓马克思主义派论者,指以马克思主义宣传为职事的论者,既包括中国共产党理论宣传工作者,亦包括脱离中国共产党但仍信仰马克思主义的论者,还包括虽与中国共产党无组织瓜葛但倾向马克思主义的论者。

② 陈豹隐讲述,徐万钧、雷季尚笔记:《社会科学研究方法论》,好望书店 1932 年版,第 37 页。

③ 陈端志:《现代社会科学讲话》,生活书店 1934 年版,第 35 页。

④ 陈独秀:"科学与人生观序"(1923 年 11 月 13 日),载亚东图书馆编《科学与人生观》(全二册),第 2—3 页。

知识部门有着一个共同的哲学基础"①。不少马克思主义者将意识形态学视作一门独立的社会科学学科。他们将意识形态学界定为研究人们认知与思维方法的科学。其所言的这种意识形态学又与哲学相当接近，只不过将其研究对象由哲学的整体宇宙缩小为人们的认知与思维方法，而认识论与思维方法则构成哲学的核心内容。1936 年 5 月，一度加入中国共产党、脱党后长期从事马克思主义理论著述的李平心在《社会科学研究法》中将意识形态学纳入社会科学范畴。他认为，一般社会科学包括社会科学总论（确定各种社会科学的相互关系并求出其共同法则的综合科学）、社会科学发达史（包括社会思想、各派社会学说的斗争发展）、社会统计学（研究社会现象的统计方法）。特殊社会科学包括历史学（研究人类实践的发展过程）、经济学（研究各种生产关系的法则）、政治学（研究各种国家形态与政治现象）、法律学（研究各种法律制度与法律的社会关系）、财政学（研究财政现象的规律）、国际现象学（研究国际现象的规律）、伦理学（研究人类实践的规范与道德现象）、意识形态学（研究各种社会意识系统的发展规律）、教育学（研究人类的教育实践的规律）、文化人类学（研究各地文化生活状况与土俗）、文化地理学（研究社会的地理环境的作用与规律）②。1937 年 4 月，曾加入中国共产党、脱党后在暨南大学任教的胡伊默在《社会科学读本》中具体阐述了意识形态学的内容。他认为，"人类的精神或意识形态的活动，是十分复杂的。如像伦理观念、宗教信仰、世界观、文艺思潮，以及各种科学思想"，而意识形态学就是对人类的精神或意识形态活动进行综合研究，找出其与"社会基础"的关系，分析各阶层人们意识形态的不同，寻找社会意识形态的发展法则③。之后，王明之等于 1939 年 9 月在《新社会科学基础知识》中也将意识形态学视作独立的社会科学学科。他们认为，社会科学学科大致包括社会学、经济学、

---

① 沈志远：《妇女社会科学常识读本》（妇女生活丛书之一），生活书店 1939 年版，第 5—6 页。

② 平心：《社会科学研究法》（青年自学丛书），生活书店 1938 年版，第 97—99 页。

③ 胡伊默：《社会科学读本》（新青年百科丛书），一般书店 1937 年版，第 22—23 页。

政治学、法律学、意识形态学、历史学六种①。

在社会科学分类问题上，是否承认社会学的存在是马克思主义论者与其他论者间的一大分歧。与学院派和国民党派论者凸显社会学的特殊地位相反，马克思主义派论者却质疑社会学的独立性。一些马克思主义论者虽承认社会学的存在，但多将之视作唯物史观的代名词，而另一些马克思主义论者则直接否认社会学的存在。1936 年 5 月，李平心即认为，唯物史观虽可称作"新社会学"，但与一般所言"社会学"有本质区别，"现在有人用'新社会学'来当作史的唯物论的同义语看待，如果我们不拘泥于字面上的意义，这名词是可以通得过的。但我们同时得指出，历史的唯物论在实质上是不能跟流行的'社会学'混同的"②。而陈豹隐在《社会科学研究方法论》中所列社会科学科目，并无社会学名目，只有社会进化史学。他解释，"单纯的离开社会进化史的社会学，据社会主义的学者看来，是不应该存在的。一般所谓社会学只为资本主义的学者所倡导。但是，布哈林等却以为社会主义的社会学就是唯物史观"。他又介绍，资产阶级社会学有种种不同学派，"有特别注重社会心理的研究者，是为心理派社会学。有以社会的具体形式，如家族、国家、学校及学术、产业种种团体，作为研究的对象者，是为社会形式学派。有专门注重社会发达史的研究者，是为历史派社会学"。而"社会主义者"均"否认社会学的存在，从马克思、恩格斯到列宁，都没有提及社会学"。布哈林将唯物史观视作"无产阶级的社会学"，"这也是错误的不彻底的主张"。陈豹隐认为，"社会主义者"之所以否认社会学的存在，"唯一的理由即是因为社会学没有研究的内容"，因为社会心理研究属于社会心理学而非社会学；经济现象、政治现象、教育现象等"社会形式"研究，应分属经济学、政治学、教育学等学科，如把各种社会现象进行综合研究，则为"社会科学概论或社会诸科学"；对于"社会发达史"的研究，从辩证法唯物论看来，则"为唯物

①　王明之、林哲人、卢宁夫、萧达:《新社会科学基础知识》，三户书店 1939 年版，第 10 页。

②　平心:《社会科学研究法》(青年自学丛书)，第 83 页。

史观或史的唯物论,也不必更立社会学的名目"①。陈豹隐此论亦得到陈端志的认同。1934年3月,陈端志在《现代社会科学讲话》中关于社会学的地位问题所论,多有引述陈豹隐所言之处。例如,他表示,"单纯的离开社会进化史的社会学,据社会主义的学者看来,是不应该存在的。一般所谓社会学,只为资本主义的学者所倡导。但是,布哈林等却以为社会主义的社会学就是唯物史观"②。显然,以美国分科为蓝本的学院派、国民党派论者与马克思主义派论者在社会科学分科问题上的分歧,反映出两者不同的学术论述倾向。前者强调社会学的基础性,表明其社会科学理念以人们的心理与行为等社会问题为社会科学研究的基本。后者否认社会学的独立性,强调哲学对社会科学的指导性,而其所言哲学又以唯物辩证法为核心,表明其社会科学理念的马克思主义理论导向。

民国时期各派学者的一大共识在于,均注重各门社会科学间的关联性,认为研究者应兼顾各学科的研究,具备多学科素养。1928年7月,中央大学教授郭任远在《社会科学概论》中分析,各种社会现象间的关联性导致各门社会科学间的关联性,"社会生活的现象本来是整个的、全体的。可是,这种现象非常之纷繁,人们为便利研究起见,把社会科学分做好几种。但是,这种分类最不合于初学,因为恐怕初学者不能了解社会现象的全体性和整个性的缘故"③。他进而解释,政治、经济等各种社会现象均相互密切关联,"各种社会现象都是互相关系的、互相联系的。我们无论研究那一方面的现象,都时时要牵连着其他各方面的社会现象。好比我们研究经济学,经济有种种立法问题,因而经济学就要牵连着法律,政府的职权有许多地方是关于经济的,因而,经济学就要牵连着政治。他如美术、道德、教育、宗教等等也都与经济现象相关连的。所以,研究经济学的时候,时时要涉及这些问题"④。1929年10月,孙寒冰等在《社会科学大纲》中亦强调,专研一门固然重要,"可

① 陈豹隐讲述,徐万钧、雷季尚笔记:《社会科学研究方法论》,第40、175—176页。

② 陈端志:《现代社会科学讲话》,第37页。

③ 郭任远:"序"(1928年7月1日),载郭任远《社会科学概论》(新学制高级中学教科书),第1页。

④ 郭任远:《社会科学概论》(新学制高级中学教科书),第87页。

是,同时对于各种社会科学之互相的关系,更应该加以充分的认识,其重要尤十倍于专门的研究。近来许多青年往往以为肄习了政治学或经济学,便该专门研究这一门学问,而于其他有关系的各种社会科学仿佛看做无关重要似的。这便是根本忽视社会科学连带性的重要,所以,才造成这样错误的见解"①。1933 年 9 月,左翼学者冯和法②在《社会学与社会问题》中提醒大家,"无论研究那种特殊的社会科学,必须注意到与其他社会科学的连带关系"。他以经济学与政治学、社会心理学之间的关联为例说:"在农业经济时代,人们为农业的地方性所限制,封建制度可以屹然存在,而一般的社会心理并没有想到民主政体的需要。到产业革命以后,工业资本主义发生,在政治上便破坏了封建制度,而建立了民主政体,在社会心理方面,则卑视以前的农奴制度,而视劳资的雇佣关系为正当。就由这个例子看来,可见研究经济学而不顾到其他社会科学,如政治学、社会心理学等连带关系,则研究所得的结果,只是残缺不全的片断,不但不能彻底的了解,而且常易陷于错误。"所以,他提出,社会科学研究者必须具备多种素养,"一个政治学家,不仅只知道政治学便算完了,而且对于其余的科学,也须具有相当的智识。换句话说,一个政治学家如对于其他的社会科学没有相当的了解,则其对于政治学的智识也多是假的、错的。研究经济学或社会心理学等的,当然也是一样。因之,无论研究那种社会科学,对于其余的社会科学须有

---

① "例言",载孙寒冰主编《社会科学大纲》,黎明书局 1929 年版,第 1—2 页。孙寒冰等关于研究各门社会科学间的关联的观点,似受美国学界启发。他们注意到,"阐扬社会科学的连带性的书"在美国很流行,如彭恩史(H. E. Barnes)等编《历史学与社会科学的前景》(*History and Prospects of Social Science*, 1925)、爱尔乌德(C. A. Ellwood)等编《社会科学的最近发展》(*Recent Development in the Social Science*, 1927)、乌格朋(W. F. Ogburn)与戈登卫然(A. A. Goldenweiser)等编《各门社会科学及其相互关系》(*The Social Sciences and Their Interrelations*, 1927)、威尔森·季(W. Gee)撰《社会科学研究》(*Research in The Social Sciences*, 1929)等,但此类著作"在吾国则是创见"。参见"例言",载孙寒冰主编《社会科学大纲》,第 2—3 页。

② 冯和法系 20 世纪 30 年代著名左翼学者。他于 1932 年自上海劳动大学毕业后,进入上海商品检验局编辑《国际贸易导报》。其间,他参加陈翰笙主持的中国农村经济研究会,并参与编辑《中国农村》。全面抗战爆发后,他于 1939 年初任浙江省贸易委员会棉茶油丝管理局茶叶部主任,同年年底,任职于香港富华公司,之后,又任职于重庆国民政府财政部贸易委员会。

相当的修养,所差异的地方,是程度的高下而已"①。

出于对各门社会科学间关联性的认识,不少论者强调对社会科学进行总体研究的重要性,认为除社会学、经济学、政治学等各门分支社会科学外,总体研究各门社会科学的社会科学概论应作为一门相对独立的学科而存在,应有自己特定的研究内容。1928 年 7 月,郭任远表示,仅仅分述各门社会科学还不够,须有一种从整体上研究各种社会现象的综合社会科学论著。人们除分别研究各门社会科学外,还应对社会科学有综合、整体的认识,"分开独立的研究虽然能够增加许多便利与效能,并能增加科学的深造及精细的程度,然而,的确有这点危险:初学者每研究一门社会科学,往往只能晓得社会生活的一方面,不能了解社会生活的全体,把一个完全整个的社会变成许许多多不相连络的研究"②。1936 年 10 月,倾向于马克思主义的若吾亦表示,须对社会科学进行综合研究,"个别的探求政治的、法律的、经济的诸关系的社会科学之外,不可不有一种总括的研究这些关系的总体的社会科学"③。诸多论者进而讨论了社会科学概论的研究领域。1929 年 11 月,高尔松、高尔柏在《社会科学大纲》中认为,社会科学概论应研究经济、社会、法律、政治等各种社会现象之间的共同问题及相互关系,进而探讨各种社会现象间的共同法则,"确定成为经济现象、社会关系、法律现象、国家形态和其他个别社会科学的研究对象之各现象的地方及相互关系,确定各现象中一现象的变化、发达及于他现象的影响,发见并定立一贯这些现象的法则等,都是残留给社会科学所担负的使命"④。1930 年 7 月,胡一贯亦认为,社会科学概论相较于各门特殊的社会科学,有其具体的研究领域,并非各门社会科学之总和。社会科学概论尤应研究各门特殊社会科学及各种社会现象之间的关系及相互影响,进而发现各门特殊社会科学共存的"中心法则"。他总结说:"对于一切的社会现象——经济法

①　冯和法:《社会学与社会问题》,黎明书店 1933 年版,第 45—46 页。

②　郭任远:《社会科学概论》(新学制高级中学教科书),第 87—88 页。

③　若吾:《什么是社会科学?》(作于 1936 年 10 月 23 日)(《图书展望》第 2 卷第 1 期),图书展望月刊抽印本,出版地不详,出版者不详,1936 年,第 30—31 页。

④　高希圣、郭真:《社会科学大纲》,平凡书局 1929 年版,第一章"绪论"第 12 页。高希圣系高尔松笔名,郭真系高尔柏笔名,参见本书第四章相关注释。

则、法律制度、政治形态、民族活动等等，规制其间平面的相互关系，确定其间过程的相互影响，因而发现其间唯一的中心法则，就是社会科学概论所研究的问题"①。显然，高尔松、高尔柏、胡一贯等均认为，研究各种社会现象间的相互关系，发现各种社会现象的共同法则，应成为社会科学概论相对独立的研究领域。

综上所述，关于社会科学概念的源起及其学科分类问题，民国学界所论多参照欧美学界意见。诸论者自20年代开始即依照欧美学术规范，集中辨析了社会科学学科分类问题。其中，是否承认社会学作为独立学科的存在，成为马克思主义者与非马克思主义者的一大分歧。在阐述社会科学分类的同时，诸论者又强调对各门社会科学进行综合研究的重要性，进而主张社会科学概论应作为一门相对独立的学科而存在。

第二节 社会现象的因果法则:民国学界关于社会科学研究对象的认知

社会科学的研究对象是什么？对于此问题的解答，构成如何定义社会科学概念的重要方面。民国学界关于社会科学研究对象的认知颇为同调，均认定社会科学的研究对象是社会现象，而社会现象中的因果关系及其法则又是社会科学的主要研究对象，亦即大多数论者受欧美科学实证论影响，均认定社会现象中存在因果法则。这几成民国学界的共识，凡将社会科学纳入科学范畴的论者，包括马克思主义论者，均持此主张。

一些论者从社会学角度认识社会科学研究对象，认为社会科学旨在研究人类的共同生活、社会行为、人与人之间的关系。例如，陶孟和于1924年7月在《社会问题》序言中将社会科学概括为认知人类"共同生活"的科学。他认为，"社会科学在学校教科上的价值，是使我们多少明白共同生活的情形"，如历史学研究人类共同生活的历史与背景，政治学研究办理共同生活的机关的组织状况，经济学研究如何满足人类

① 胡一贯:《社会科学概论》(政治丛书第二十五种)，第20—22页。

物质生活的需要①;杨幼炯于 1933 年 4 月在《社会科学发凡》中说得更全面,认为社会科学的研究对象是"人类社会的共同生活现象",亦即"社会现象中人与人间相互关系及其活动","所谓人类社会的生活现象,就是指人与人间的相互关系及相互活动而言","社会科学就是研究社会现象中人与人间相互关系及其活动的科学"②。虽说一些论者偏重从社会学角度认识社会科学研究对象,但更多论者主张社会科学的研究对象是社会现象及其因果关系与法则。此种认识源自对科学概念的认知。首先,民国学界多将科学理解为探寻宇宙现象的因果关系与法则的学问。1923 年 12 月,时任北京大学政治学教授的张慰慈在《政治学大纲》中申明,科学的任务是分析事物的因果关系,"科学就是用人类的知觉把现象的原因、结果的道理,抽将出来,作成系统的解说,拿来做人生应付事事物物的工具"③。1929 年 10 月,孙寒冰在《社会科学大纲》中如此阐释科学概念:"简单的说来,科学是根据我们底感觉,用论理的方法和精密的想像力,把宇宙间各种千头万绪、混乱复杂的现象和事物,整理出它们因果的关系,寻得必然的定理公律,使成为各种有系统的、有组织的智识之总称。"④ 1934 年 11 月,李剑农在《政治学概论》中分析,所谓科学就是正确地、有条理地分析宇宙中各种现象中的因果关系,"凡对于宇宙间某种现象的因果关系,能作有条理的解说,成为一种比较正确的知识,便可谓之科学"⑤。同时,民国学界受欧美科学实证论影响,注重科学的实证性。1930 年 7 月,胡一贯在《社会科学概论》中就特别强调科学的实证性。他认为,科学以"现象"为研究对象,而"现象(Phenomenon)这个东西,是我们试验所见的事务、观察所得的物理。大凡一切事物,是可以试验或观察的,所以,都是现象,反之,空虚寂寞的幻觉,是不可以试验或观察的,所以,不是

---

① "序"(1924 年 7 月 15 日于上海),载陶孟和编辑新学制高级中学教科书《社会问题》,商务印书馆 1928 年版,第 1 页。

② 杨幼炯:《社会科学发凡》(社会科学基础丛书之一),第 14—16 页。

③ 张慰慈:《政治学大纲》(北京大学丛书之七),商务印书馆 1926 年版,第 6—7 页。

④ 孙寒冰:《社会科学是什么?》,载孙寒冰主编《社会科学大纲》,第 1 页。

⑤ 李剑农:《政治学概论》(原国立武汉大学丛书),商务印书馆 1935 年版,第 6 页。

现象"①。1932 年 10 月，陈豹隐在《社会科学研究方法论》中则指出，实证性是科学与哲学、艺术的最大区别。科学在观察、搜集、变更与整理现象时，主要运用"实证方法"，而哲学则以"推理"为研究工具，艺术则以"想像"为研究工具。同样，科学对于因果关系的研究，"都是从物质形态的变转中探求出来，哲学的'无中生有'、'目的论'、'必定论'和文学的'凭空想像'都是科学所不许的"。显然，陈豹隐由实证论出发，将哲学、艺术、宗教排除于科学范畴之外。他认为，人类的意识形态包括哲学、科学、艺术、宗教四方面。哲学与科学虽均以"理智"为中心，但哲学并不具有实证性，"从它们同是以理智为主的意识形态这一点上来说，是相同的；从它们各自包含着个别的内容上来说，却又是不同的"。而艺术、宗教则分别以"情感""意志"为中心②。

科学的任务在于探求自然现象与社会现象的因果关系与法则，同样受到马克思主义论者的大力吹捧。1926 年 11 月，萧楚女在《社会科学概论》中将科学定义为探求现象的因果关系及其"定律"的科学。他认为，"凡集合（搜集）若干事实（现象），加以分析，观察其各个事实（现象）间的相同之点和相异之点，然后综合起来，求得其所以相同和相异之原因与结果，以成立一'定律'（公例或公式）者，谓之'科学'。故科学者，一察明某种事实（现象）之'因果关系'之方法也"③。1933 年 9 月，冯和法在《社会学与社会问题》一书中将"科学"定义为"搜集及整理各种现象，使之体系化，并找出其因果关系，进而建立其因果法则，以致实用的学术"④。与其他论者相比，马克思主义者在强调探寻事物因果关系是科学的主要任务的同时，更加强调因果法则的探求是科学的核心任务。1929 年 11 月，高尔松、高尔柏在《社会科学大纲》中即指出："科学的目标不单在因果关系的发见，而且是在'因果关系的法则'的发见。"⑤ 王亚南在 1945 年 4 月撰成的

① 胡一贯：《社会科学概论》（政治丛书第二十五种），第 1—2 页。
② 陈豹隐讲述，徐万钧、雷季尚笔记：《社会科学研究方法论》，第 13、37—38 页。
③ 萧楚女：《社会科学概论》（政治讲义第十种），中央军事政治学校政治部 1926 年版，第 1 页。
④ 冯和法：《社会学与社会问题》，第 6 页。
⑤ 高希圣、郭真：《社会科学大纲》，第一章"绪论"第 3 页。

《社会科学新论》中则将科学称作"法则之学",认为"科学原可称为法则之学,或诸种法则之综合。我们试一揭开科学典籍,其中例皆举列着种种定律、公理、通则一类的语辞及其解释。换言之,即科学的书,大体可称为法则之书。科学的性能,是依着法则或通过法则表达出来的。"[①] 所以,他们均提醒人们注意因果关系与因果法则的区别。高尔松、高尔柏辨析说:"所谓因果关系是各现象间的因果关系。所谓法则是各现象间关联的必然性。至所谓因果关系的法则,不外是各现象间必然的依存关系。""从错杂的现象中,发现出这样的关系一事,这才是科学的目标,才是科学的使命。"[②] 1932 年 10 月,陈豹隐在《社会科学研究方法论》中同样分析说,所谓因果关系即各现象间的依存关系,"因果关系就是现象间的依存关系(Relation of dependence)。譬如说,甲现象非依赖乙现象不可,甲就是果,乙就是因"。这种因果关系"是只可以拿来说明某一桩特殊事实所包容的几个现象间的关系",而"因果法则是可以拿来说明各时代、各地方的同类的许多事实所包容的几个现象间的关系"。"科学并不是只把某时某地的现象间的因果关系探讨出来便可满意,还要拿这些因果关系就各个时代、各个地域的同类现象来证明,看它能不能常常妥当。如果可以,特定现象间的因果关系便变成了一般现象间的因果法则。"[③] 民国时期马克思主义者所谓客观事物的因果法则,亦即今人所言客观事物的必然规律。

既然科学是探究包括自然现象与社会现象在内的各种宇宙现象的因果关系与法则的学问,那么,作为科学重要组成部分的社会科学当然以探寻社会现象的因果关系与法则为职事。首先,民国学界多认定,社会现象应成为社会科学的研究对象。1929 年 10 月,孙寒冰在《社会科学大纲》中申明,社会科学的研究对象是各种社会文化现象,"在这大世界中,除了自然的现象和事物外,还有别种事物也引起我们研究的兴趣,那就是,人类自己和由于他们结合所产生的一切社会的、文化的现

---

①　王亚南:《社会科学新论》(社会科学丛书),经济科学出版社 1946 年增订新版,第3—4 页。

②　高希圣、郭真:《社会科学大纲》,第一章"绪论"第5—6 页。

③　陈豹隐讲述,徐万钧、雷季尚笔记:《社会科学研究方法论》,第9、11 页。

象。对于这种现象和事物,做精密的、有系统的研究的,便是各种社会科学"①。民国学界进而认定社会科学的任务在于研究社会现象中的因果关系及其法则,认为这是社会科学之所以成为科学的关键。1928年7月,郭任远在《社会科学概论》中分析,社会科学是研究社会生活现象的"定理"或"定律"的科学。社会生活现象虽"千头万绪、非常之复杂",但"也是为定理及定律所决定的","社会科学就是研究社会生活的种种现象而求出它们的定理及定律的各种科学的总名"②。同年12月,张天百在《政治学纲要》中亦说,社会科学要用"精密的实验的方法",研究"社会上的人事现象"的"成因与结果",即因果关系,形成"有系统的知识总体"③。

马克思主义论者从唯物论出发,比其他论者更强调社会现象中的因果法则是社会科学的研究对象,并强调因果法则的客观性。马克思主义论者同样认为社会现象应成为社会科学的研究对象。1924年10月,瞿秋白在《社会科学概论》中认为,社会科学的研究对象是"社会现象","社会科学是研究种种社会现象的科学,譬如社会学、经济学、政治学、法律学等"。他从人与人之间的关系及互相作用角度理解"社会现象"概念,认为社会现象是"人与人之关系及互助",人与人之间的"关系和互动便是社会现象"④。马克思主义者尤其强调社会科学应研究社会现象中的因果法则。1929年11月,秦明在《政治学概论》中指出:"对于社会现象加以正确的观察或说明,并发见其法则而成为一有系统之学说的,便是社会科学,——如社会学、政治学、经济学等。"他站在唯物论立场,将自己的社会观区别于西方所谓唯心的社会观。他表示,即便承认社会科学的科学性的一些人,亦具有强烈的唯心色彩,单纯从人类主观意志角度解释社会现象,"多把研究的对象视为主观的反映,以为社会是人类所构成,人类有思想,有意志,有感情,总而言之,有一种精神作用。精神作用能支配一切,社会一切变化的根本原

① 孙寒冰:《社会科学是什么?》,载孙寒冰主编《社会科学大纲》,第5页。
② 郭任远:《社会科学概论》(新学制高级中学教科书),第73页。
③ 张天百:《政治学纲要》(考试丛书之五),广益书局1928年版,第3—4页。
④ 瞿秋白:《社会科学概论》,联合出版社1949年版,第1页。

因，都是由人类意见之变化、思想之变化，与乎一切心的现象之变化而起。社会科学所研究的惟一对象，便是社会精神。质言之，即是所谓唯心的社会观"①。1936年5月，李平心在《社会科学研究法》中认为，社会科学的职能在于发现社会现象的因果规律与本质，"社会科学主要的职务，是要从看起来好像紊乱的社会现象当中找出一定的线索和秩序出来，用术语来说，就是要发见社会现象发生、变动、发展和消灭的因果规律和本质"②。1939年9月，王明之等在《新社会科学基础知识》中亦称，"社会科学是以人类社会活动为研究的对象，从社会现象中探求它的因果法则"③。强调社会科学应重点研究社会现象的客观因果法则，亦即社会现象的必然规律，乃是马克思主义社会科学观念的一大主轴。

显然，将社会科学的研究对象定位为社会现象及其因果关系与法则，几乎成为民国学界的定论。他们一方面认为，社会科学的研究对象应该是社会现象，同时强调，探究社会现象中的因果关系与法则乃社会科学研究的核心要义。此种观念的养成源自民国学界对科学实证论的接受。

第三节 民国学界关于社会科学科学性的辨析

社会科学的科学性问题，亦即社会科学是否属于科学范畴，引起民国时期诸学者的极大兴趣，学者们花费大量笔墨，从各方面进行充分论证。总体而言，民国学界深受欧美科学实证论影响，多抱泛科学观念。张慰慈在1923年2月出版的《政治学大纲》中即把科学的范围扩大至人类知识、宇宙现象各领域，认为科学的研究对象就是"宇宙间万事万物的现象"，"知识是从研究宇宙现象得来的，科学是从知识发生出来的。现象的范围就是知识的范围，知识的范围就是科学的范围，所以，

---

① 秦明：《政治学概论》（新社会科学丛书第11编），南强书局1929年版，第1—2、9—12页。

② 平心：《社会科学研究法》（青年自学丛书），第4—5页。

③ 王明之、林哲人、卢宁夫、萧达：《新社会科学基础知识》，第7—8页。

现象的范围也就是科学的范围"①。诸学者指出,一方面,社会现象中之因果关系与因果规律的存在是社会科学之所以成为科学的关键;另一方面,研究方法的科学性亦为社会科学科学性的重要标志。他们又认为,社会科学的科学性比自然科学相对薄弱。他们集中讨论了三个问题:社会现象中因果法则的存在范围如何?相较于自然现象,社会现象中的因果法则有何特点?应该运用何种方法认知社会现象中的因果法则?

无论是马克思主义论者,还是非马克思主义论者,各派学者均指出,认知社会科学科学性的关键在于是否承认社会现象存在因果关系与法则。马克思主义论者尤其强调此点。1929 年 6 月,身为中国共产党党员的创造社成员杨剑秀在《社会科学概论》中即问道:"社会科学不是如那些学者们所言不能成立的,一切错综复杂的社会现象既有因果关系的法则性可寻,为什 [么] 会不能成立为科学?"② 冯和法于 1933 年 9 月在《社会学与社会问题》中也指出,解决社会科学科学性问题的关键,"在于社会现象是否有因果律可循"③。在民国学界,肯定社会现象存在因果关系与法则几乎异口同声。1930 年 7 月,国民党籍学者胡一贯在《社会科学概论》中从科学对法则的探究推论到社会现象因果法则的存在,认为"科学成立的前题,在于法则,没有法则的学问,决不能成为科学。研究社会现象的学问,既能成为科学,则社会现象之间,当然有法则的存在了"④。胡一贯先将社会科学纳入科学范畴,再肯定社会现象存在因果法则,颇有先入为主的概念预设之嫌。1933 年 4 月,杨幼炯在《社会科学发凡》中也肯定社会现象具有规律性,"社会现象既是宇宙现象之一,当然是有一定的相当的规律可寻。人类的社会生活,无论他怎样的复杂,这样的不同,但是,我们始终能考察得一定的规律",社会科学的职能"即在发见社会现象的规律性,使人类对于一切人事现象的概念,脱离混沌的状态"⑤。马克思主义论者同样肯定社

① 张慰慈:《政治学大纲》(北京大学丛书之七),第 6—7 页。
② 杨剑秀:《社会科学概论》,现代书局 1934 年版,第 10 页。
③ 冯和法:《社会学与社会问题》,第 10 页。
④ 胡一贯:《社会科学概论》(政治丛书第二十五种),第 8 页。
⑤ 杨幼炯:《社会科学发凡》(社会科学基础丛书之一),第 30—31 页。

会现象中存在因果关系与法则。1926年11月,萧楚女在《社会科学概论》中指出:"人在生活上所发生的种种现象——人与人之间的种种关系——亦和自然界的现象一样,莫不有一定之因果关系存在。"正由于社会现象存在因果关系,所以,社会现象完全可以通过科学方法进行研究,"人事界亦可与自然界一样,用科学的方法研究它的过去与现在,以推知它的未来,亦可以使人事界诸现象,由分析、观察、试验、综合而成为有系统之'科学'"①。1930年3月,中国共产党理论宣传者柯柏年在《怎样研究新兴社会科学》中同样表示,自然现象和社会现象都存在"秩序","自然现象和社会现象,骤视之,好象是很紊乱的。但仔细地观察,就知道并不是紊乱的,而是很有秩序的"②。

虽然肯定社会现象中因果法则的存在是20世纪二三十年代中国学界的共识,但社会现象中因果法则的存在范围问题在1923年科学与玄学论争中曾引起极大争议。科学与玄学论争的争论焦点并不在社会现象是否存在因果法则,而在因果法则在社会现象中的涵盖范围问题,即多大程度认可社会现象中存在因果法则的问题。科学派强调社会现象完全受因果法则支配自不待言,而玄学派仍有条件地承认社会现象有因果法则可寻。属于玄学派的张君劢虽否认人生观的科学属性,但仍有条件地承认社会科学有公律可寻。张君劢所言"精神科学"大致与社会科学类同,例如,他声称:"科学之中,亦分二项:曰精神科学,曰物质科学。物质科学,如物理、化学等;精神科学,如政治学、生计学、心理学、哲学之类。"他表示,"精神科学"中确实存在客观公律,"即以精神科学论,就一般现象而求其平均数,则亦未尝无公例可求,故不失为客观的也"③。但他又表示,"精神科学"的公例并不像"物质科学"那样固定而统一,"吾所欲问者,则精神科学中有何种公例牢固不拔如物理之公例者乎?有何种公例可以推算未来之变化,如天文学之于天象,力学之于物体者乎?吾敢断言曰:必无而已"。所以,他认为,"精神

---

① 萧楚女:《社会科学概论》(政治讲义第十种),第2页。
② 柯柏年:《怎样研究新兴社会科学》(增订本),南强书局1930年版,第6页。
③ 张君劢:《人生观》(1923年2月14日),载亚东图书馆编《科学与人生观》(全二册),第4—5页。

科学"的科学性要比"物质科学"低,"社会现象,决非科学之所能尽
究,则已显然","社会科学之为学,虽学者至今以科学视之,实则断
不能与物理学、生物学同类而并观"①。张君劢举英国学者欧立克(E.
J. Urwick)于1912年在《社会进步的哲学》(A Philosophy of Social Pro-
gress,1912)② 中所言证明社会科学科学性的低落。欧立克在此书中表
示,社会整体目标的确定、个人的行为趋向受制于"物理""生物"
"心理""社会""精神"五种社会力,其中"精神力""决非科学所能
研究"。张君劢对欧立克此书极推崇,表示此书"字字珠玑,吾百读而
不厌者也"。所以,张君劢表示,他虽不绝对否认"精神科学"存在公
例,但认为精神科学中存在不可测度部分,此不可测度部分即为人生
观,"社会科学固与人生观相表里,然社会科学其一部对象为物质部分
(如生计学中之土地、资本等),物质固定而凝滞,故有公例可求。除
此而外,欧立克所谓不可测度之部分,即我之所谓人生观也"③。显然,
在张君劢看来,社会科学中的公例有一个存在限度,社会科学仅部分内
容存在"公例",其中涉及的"人生观"部分则无"公例"可寻。在限
定社会现象中因果法则的适用范围问题上,刚从日本东京帝国大学文学
部毕业、时任商务印书馆编译所编辑的范寿康与张君劢的思路相近。他
通过将法则分为天然不变的"必然的法则"、因人而异的"当然的法
则"两类,将一部分研究领域从社会科学领域中剥离出去。他认为,研
究"必然的法则"者为"说明科学",研究"当然的法则"者为"规
范科学"。他解释,"必然的法则"又称"自然的法则","都是一定不
变,我们不能用人力去左右他们,他们是必然的,是不可避的"。而
"当然的法则"又称"规范",人们对其可以服从,亦可以不服从,"是
可以随人而异的"。动物学、植物学、物理学、化学、地质学等即为说
明科学,甚至研究意识的自然法则的心理学等亦都是说明科学。论理学

---

① 张君劢:《再论人生观与科学并答丁在君》,载亚东图书馆编《科学与人生观》(全二
册),第25、30—31页。

② 此书后由黄卓生译为中文,1934年3月由商务印书馆出版。

③ 张君劢:《再论人生观与科学并答丁在君》,载亚东图书馆编《科学与人生观》(全二
册),第28—29、31页。

（逻辑学）、美学，乃至研究人生的当然法则的伦理学等都是规范科学①。范寿康此论，实际上将社会规范或人们的行为规则从客观的社会因果法则中剥离出去，从而认为一些研究社会规范或规则的学问，并不具有完全的客观性，难以归入科学之列。尽管玄学派部分承认社会科学中因果法则的存在，但科学派论者敏锐地指出了张君劢等人在社会科学实证性问题上的退缩态度。此前任北京大学教育系教授、时在上海商务印书馆主编中小学教科书的朱经农即指出，张君劢以"物质科学"与"精神科学"分类科学，含有抹杀社会科学实证性之意，"大凡主张一元论的哲学家总不大愿意把'精神''物质'两名词来划分科学的门类。所以，有些人主张分为自然科学与文化科学，有些人主张分自然科学与社会科学。所谓'文化'处处有事迹可寻，所谓'社会'事事有利弊可辨，不比'精神'两字完全是'无地楼台'，捉摸不定"②。

　　除认定作为社会科学研究对象的社会现象存在因果法则外，研究方法的科学性也是民国学界认定社会科学属于科学范畴的另一个由头。民国各派社会科学论者均认定，探究社会现象的因果法则必须运用科学方法。自五四新文化运动将科学观念由自然科学泛化为具有普适性的东西后，将科学方法由自然科学扩展到社会科学领域，成为二三十年代受科学实证观念影响的中国学界③的共识。1923 年 2 月，张慰慈在《政治学大纲》中强调，自然科学方法同样可以应用于社会科学领域。他注意到，18 世纪以后，社会科学受到自然科学方法的影响，许多人拿研究物理、化学等自然科学的方法研究社会现象，"十九世纪欧洲各国竟成了一个创造社会科学的时代"④。在 1923 年科学与人生观论战中，时主持北京《晨报》副刊编务的孙伏园将社会学、心理学、教育学等社会科学视作运用自然科学方法研究人类社会的学问。他表示，"晚近许多

---

①　范寿康：《评所谓"科学与玄学之争"》，载亚东图书馆编《科学与人生观》（全二册），第 9—10 页。

②　朱经农：《读张君劢论人生观与科学的两篇文章后所发生的疑问》，载亚东图书馆编《科学与人生观》（全二册），第 4 页。

③　中国学界尚存在排斥科学实证论、注重从人的心理或情感角度认识社会问题的思想派别，如 1923 年科学与玄学论战中的所谓"玄学派"，但在民国学界不占主流。

④　张慰慈：《政治学大纲》（北京大学丛书之七），第 20—21 页。

学者用了自然科学的方法研究人类社会,结果虽没有如自然科学那样精细,但把这几种学问都已计算在科学以内"①。同年 11 月,陈独秀在《科学与人生观》序中也指出,社会科学就是观察、分类、说明等科学方法在人类社会研究中的应用,"科学的观察、分类、说明等方法应用到活动的生物,更应用到最活动的人类社会,于是,便有人把科学略分为自然科学与社会科学二类"②。孙本文于 1935 年 1 月在《社会学原理》中亦引英国学者皮尔逊(K. Pearson)在《科学规范》(*The Grammar of Science*,1892)中所言证明科学方法的普适性:"科学的范围是无限制的,科学的材料是无止境的。凡自然现象、社会生活,一切发展的史迹与现状,无不可为科学的材料。""科学的方法的应用不限于一类的现象与一种的学者,一切物质问题与社会问题皆适用之。"③ 1932年 6 月,上海大夏大学社会学教授吴泽霖在《新中华社会学及社会问题》中强调,社会科学的科学性体现在其研究方法上,"一种学问成为科学与否,并不在乎所研究的对象,而在乎研究的方法","我们虽不能完全采用化学、物理的测验方法来测验社会事实,但是,我们仍可以用严密、精确的方法去观察、描写和分析各种社会的事实,我们仍可以在相当范围内用数量来计算一件社会事实的状态"。与孙本文一样,吴泽霖此论亦受英国学界影响。他引英国学者汤末生和皮尔逊所言证明自己的观点。他介绍,汤末生曾言:"科学以人所能知的宇宙来做研究的题目。他研究物理,也研究心理;研究自然,也研究人。只要是他的方法所能应用得上的,便都是他所研究的。所以,一种学问之成为科学,不在他所探讨的东西,而在他对付这些东西的方法。"皮尔逊亦称,"科学的系统,只在他所用的方法而不在材料。一个人能将任何事实分起类来,发现他们间相互的关系,厘定他们间先后的次第,便是一个科

---

① 孙伏园:《玄学科学论战杂话》,载亚东图书馆编《科学与人生观》(全二册),第 3 页。

② 陈独秀:"科学与人生观序"(1923 年 11 月 13 日),载亚东图书馆编《科学与人生观》(全二册),第 2 页。

③ 孙本文:《社会学原理》(上),第 20 页。

学家"①。

　　在民国学界,将社会科学划入科学范畴几乎成为大家的共识。1930年8月,谦弟在《自然科学与社会科学》中表示,社会科学研究"是比其他的科学更日趋于科学之路,就其研究现势上讲,这是不容否认的事实啊!"② 1934年3月,陈端志在《现代社会科学讲话》中表示,否认社会科学属于科学是一种偏见,"普通的人每以为只有物理学、化学、生物学等自然科学才是科学,其他各种研究社会的文化的现象的社会科学,都不是科学。许多自然科学家也常常有这种偏见,以为科学是各种自然科学独有的称呼。这种见解,未免把科学的意义和范围看得太狭窄了"③。一些论者甚至提出社会科学"自然科学化"口号,认为要实现社会科学的科学化,须使社会科学向自然科学靠拢。谦弟在《自然科学与社会科学》中即提出"社会科学自然科学化"问题,认为"社会科学研究的对象——社会现象,社会科学研究的方法——一切的科学方法,都是与自然科学相似的,都是与自然科学取协调的步伐的"④。1928年7月,郭任远在《社会科学概论》中亦主张社会科学研究应"自然科学化",认为"自然科学化的社会科学是要以物理、化学、数学和生物学,尤其是心理学,为敲门砖的,砖头做得不坚固,门是不会敲得开的"。他进而主张将社会科学纳入自然科学范畴,认为"一切科学都是自然科学。社会科学是自然科学之一种"。自然科学分为三类,"第一类为物理的科学,如物理学、天文学、化学、地质学等是;第二类为生物科学,如生理学、解剖学、动物学、植物学等是。第三类就是各种社会的科学"⑤。

　　诸论者特别看重社会科学与自然科学的关联,尤其强调自然科学对于社会科学的基础作用,认为社会科学研究须以自然科学知识与方法为基础。1929年10月,孙寒冰在《社会科学大纲》中认为,社会科学与

---

　　①　吴泽霖:《新中华社会学及社会问题》(高级中学师范科用),新国民图书社1932年版,第1—4页。

　　②　谦弟:《自然科学与社会科学》(一九二八丛书之二),重庆书店1930年版,第21页。

　　③　陈端志:《现代社会科学讲话》,第1—2页。

　　④　谦弟:《自然科学与社会科学》(一九二八丛书之二),第120—121页。

　　⑤　郭任远:《社会科学概论》(新学制高级中学教科书),第88—90页。

自然科学"并非像普通一般人底观念，以为它们是相对立的，有一条绝对不可超越的界线，介乎其间"，尤其是，自然科学的理论和方法对社会科学有很大助益，"在方法上和理论上，自然科学给与社会科学的帮助和贡献，也是非常之大的"①。30年代初，一些专门阐述自然科学与社会科学关系问题的书籍相继出版，如谦弟于1930年8月出版的《自然科学与社会科学》、刘剑横于1932年9月出版的《自然科学与社会科学的关系》等。谦弟原任教于桂林广西省立第二师范，之后，他于1929年离开桂林，先后至长沙、上海、广东潮安。他在广西省立第二师范任教时便关注自然科学与社会科学间的关系问题。他在该校讲课时即称，"学社会科学的人须以自然科学的研究为其基础，不能够离开自然科学去研究社会科学。因为社会的生长、变异、发展俱要受自然的条件所决定，而社会科学所研究的总答案，九九归一不是什么社会哲学（Social philosophy），而是自然科学"②。刘剑横在《自然科学与社会科学的关系》中从社会现象与自然现象间的联系角度阐述社会科学与自然科学的关系问题。他认为，社会现象与自然现象处于"极密切的关系的场合"，属于"宇宙间的整个现象"。社会科学与自然科学不过是对两种宇宙现象进行分工研究，"两种科学都是在以研究宇宙间的整个现象为衔接，不过各为其分段的研究，社会科学比自然科学不过是研究到宇宙的物质的能量之更高的活动的现象，即人类社会现象这部分而已"，所以，社会科学与自然科学有着天然联系。他尤其强调，社会科学必须以自然科学为基础，不了解自然法则，不了解自然法则如何支配人类社会，就不能发现社会现象的"规律性"，"如果完全离开了自然现象，我们既不能说明社会现象，因之，则完全离开了自然科学，而社会科学也就不能成立"③。

自然现象与社会现象、自然科学与社会科学的异同，成为民国学界讨论的热门话题。他们一方面指出，社会现象与自然现象的属性是一致的，可以像自然现象那样被精确地考察；另一方面又认为，社会现象存

---

① 孙寒冰：《社会科学是什么？》，载孙寒冰主编《社会科学大纲》，第5页。
② 谦弟："自序"，载谦弟《自然科学与社会科学》（一九二八丛书之二），第3—4页。
③ 刘剑横：《自然科学与社会科学的关系》，亚东图书馆1932年版，第60—61、72页。

在与自然现象相异的特征，这导致社会科学与自然科学有相异之处。马克思主义论者与非马克思主义论者对此问题的认知角度有极大差异。非马克思主义者注重从社会现象的复杂性和研究者的主观性方面分析自然现象与社会现象的区别，强调社会现象中的因果法则的规律性比自然现象弱，且难以把握。马克思主义论者则强调，虽然社会现象中存在人的意志和行为，但其中因果法则的存在也是客观的。他们认为，证明社会现象中因果法则的存在是说明社会科学科学性的关键，而分析社会现象中个人意志、行为与社会因果法则的关系又是分析社会现象中是否存在因果法则的关键。他们重点辨明，社会现象中的个人意志和行为与社会现象存在因果法则并不矛盾。显然，民国学界此方面的讨论焦点集中于这样一个问题：相较于自然现象中的因果法则，社会现象中的因果法则有何特点？

一些论者强调，社会现象具有与自然现象一样的"自然属性"，社会科学同样可以达到自然科学那样的精确性。1928年7月，郭任远在《社会科学概论》中完全否认社会现象与自然现象、社会科学与自然科学的区别，认为"社会现象"属于"自然现象"，"社会科学"属于"自然科学"。他首先申明，天文学、物理学、化学等"自然科学"的研究对象与"社会科学"所研究的"关于社会生活的种种现象"，可以总称为"自然现象"，两者的"根本性质是一样的，就是，都是物观的、具体的、有一定的定律的、可以预料的、有可以精确计算之可能的"。他接着指出，社会科学与自然科学没有本质区别，"社会科学所研究的对象虽然比较他种科学的对象复杂，但是，社会的现象是有定律的，是物观的、机械的、有精确计算及测验之可能的。这几点我们是不能否认的。社会的现象既然有他种自然现象的普通的特性，那末，要是社会科学家能够努力，多做一点精确科学的工作，多用一点精确科学的方法，将来社会科学的发达是未可限定的。使社会科学将来变成精确的科学，得登自然科学的堂，这是我们的希望"。他强调，社会科学通过客观精确的研究，可以极大地促进社会的进步，"从思想方面讲，过去的新社会的理想全出于少数天才家的想像，但是，要是将来社会科学充分发达以后，社会上应兴应革的事业都要经过社会科学家精确的研究，所有的结论都是调查统计和种种有系统的、有宰制的观察的结果，不像从前专靠几位思想家所主张空空洞洞的理想,以作社会革命的指南。到那时候,只有精确的计算和客观的事实能够得到人们的信仰,思想家个人的主张与意见,是没有用的了。"① 孙寒冰于 1929 年 10 月在《社会科学大纲》中的分析与郭任远颇有一致之处。他认为,社会现象具有"自然"属性,"人类本身就是自然底一种产品,由于人类结合而发生的一切社会现象,都逃不出空间和时间底领域"。因而,社会科学的准确性与自然科学并无本质差异,"社会科学中的预测和自然科学中的不是种类的不同,只不过是程度的差别。平心而论,准确的程度,社会科学当然是及不上自然科学,但若将来人类底聪明才智增加,则未见得没有和自然科学比肩的一日"②。

诸论者在强调社会现象与自然现象同一性的同时,又分析了两者间的相异性。在这个问题上,非马克思主义论者与马克思主义论者的认知角度有相当差异。非马克思主义论者认为,社会科学与自然科学的区别主要体现在社会现象的复杂性与研究者的主观性两方面。1929 年 6 月,倾向国民党政治理论的王诗岩在《新的政治学》中分析,社会科学之所以比自然科学发展迟缓,其原因有两方面:一是社会现象比自然现象复杂。自然现象规律性强,且可以在实验室中进行实验和观察。而社会现象的形成原因复杂,其规律性难以把握,且无法在实验室中重现以供研究,更难以观察。二是自然现象的研究者身处自然现象之外,研究者的主观性较小,而社会现象研究者的主观性较大,"他本身往往就是研究对象的一份子。于是,个人的好恶偏见,概行发现,主观成分决不能够扫除干净"③。1930 年 7 月,胡一贯在《社会科学概论》中分析,社会科学之所以容易得出错误结论,其原因有两方面:一是社会现象的复杂会使研究者形成"错误的推论";二是研究者受时代环境和个人利益的影响,会对社会现象做错误解释。他认为,前种错误"可以随人类智识的进步,而改正过来,以合于真理",后者"可以依群众对于真理的

① 郭任远:《社会科学概论》(新学制高级中学教科书),第 74—75、296—297 页。
② 孙寒冰:《社会科学是什么?》,载孙寒冰主编《社会科学大纲》,第 5、25 页。
③ 王诗岩:《新的政治学》,三民书店 1929 年版,第 3 页。

觉悟,而要求有所更正",从而"社会科学的真理乃可以照耀于人间"①。1932 年 6 月,吴泽霖在《新中华社会学及社会问题》中也认为,社会科学的研究对象往往与研究者有利害关系,导致研究者在评判这些事实时抱有某种成见,同时,社会科学的研究对象比自然科学复杂,一个事实的产生往往源于多种原因,观察分析不易透彻,对一个事实的观察往往产生多种结论②。1933 年 4 月,杨幼炯在《社会科学发凡》中注意到,社会科学之所以长期被排斥于科学范畴之外,重要原因在于研究对象与研究主体的同一性及其导致的主观性。他分析,以前的人们将社会科学视作"类乎玄学的东西",而非"科学",这是因为"社会科学研究的对象——社会现象,既是'人'的单位,那么,以'人'去研究'人',无论如何也不能采取客观的态度,而去对社会现象作科学的探讨。于是,进一层说,社会科学既无科学的态度,自然不能让它列入科学的队伍中去了"③。

社会科学的科学性问题同样引起马克思主义论者的极大关注。马克思主义论者认为,证明社会现象中存在因果规律是说明社会科学科学性的关键问题,而分析社会现象中个人意志、行为与社会因果规律的关系又是分析社会现象中是否存在因果规律的关键问题。所以,他们非常关注个人意志、行为与社会因果律的关系问题。1932 年 10 月,陈豹隐在《社会科学研究方法论》中即注意到,由于人类的行为必须经过人类的目的与意识才能发生,所以,社会现象具有很强的目的性和主观性,从而造成社会科学的主观性,"社会科学的对象不像自然科学的对象那种多带客观性,而常常带着浓厚的主观性,常常会随人类社会的目的意识的斗争的结果如何而有大大的转变"④。为此,马克思主义论者重点辨明,社会现象中的个人意志和行为与社会现象存在因果规律并不矛盾,个人的意志与行为最终取决于社会因果规律。个人意志与行为构成社会现象的最基本要素,与社会因果规律间的矛盾亦最彰显,所以,马克思

---

① 胡一贯:《社会科学概论》(政治丛书第二十五种),第 22 页。
② 吴泽霖:《新中华社会学及社会问题》(高级中学师范科用),第 4—5 页。
③ 杨幼炯:《社会科学发凡》(社会科学基础丛书之一),第 2—3 页。
④ 陈豹隐讲述,徐万钧、雷季尚笔记:《社会科学研究方法论》,第 53 页。

主义论者从个人意志与行为角度解释社会现象中的因果规律问题，乃是对社会现象中是否存在因果规律问题的较具关键意义的解释。

马克思主义论者重点辨析了社会现象中的个人意志和行为与因果规律的关系问题。早在 20 年代中期，瞿秋白和萧楚女即阐述了社会现象中的个人意志问题。他们均认为，社会现象中的个人意识不能超越社会因果规律的规范。1924 年 10 月，瞿秋白在《社会科学概论》中分析，"物理现象"中的要素都是"不自觉的、无意识的"，而"社会现象"中的人则是"自动的、有意识的"，因而，"自然现象之间的联系不能以自力变成有规画的；社会现象之间的联系却能以自力变成有规画的"。例如，"物理作用"对"化学作用"的影响，纯为"任其自然"，而"经济关系"对"政治制度"的影响，"却可以有意作为的"。但是，社会现象中的"有意作为"依然"遵循着客观的因果律"①。瞿秋白这段论述对萧楚女产生了很大影响。1926 年 11 月，萧楚女在《社会科学概论》中亦表示，"自然现象中之每个分子，却没有'自觉的意识'，而'人'在社会现象中则有'自我之存在'与'我为某种或不为某种活动'之意识。自然现象之间的联系，不能以其自力变成某种有计画的规画；社会现象之间的联系，却能在一定的客观的条件之下，以人之意志而成立某种'秩序'和规画"。然而，"人的意志"并非绝对自由，社会现象并非完全由"人心"创造，人的意志只能在一定的"客观环境""因果关系"范围内拥有相对的"选择之自由"②。

20 年代末至 30 年代，随着马克思主义社会科学论著的大量涌现，社会现象中的个人意志和行为与因果规律的关系问题受到马克思主义论者的更多关注。他们一致强调，社会因果规律是人们意志与行为的最终决定因素。1929 年 11 月，高尔松、高尔柏在《社会科学大纲》中分析，虽然社会法则由"人类"造成，"人类的思惟及行为"对其有很大影响，但"人类的思惟及行为"最终取决于社会法则。他以唯物史观经济基础决定论解释了这个问题。他分析，人类的"意识和目的"取决于"物质生产力"以至"社会关系"，而"物质生产力以至社会关

---

① 瞿秋白:《社会科学概论》，第 2—3 页。
② 萧楚女:《社会科学概论》(政治讲义第十种)，第 2—3 页。

系"反映在社会发展中即成为某种社会法则①。1930 年 3 月，柯柏年在
《怎样研究新兴社会科学》中强调，社会现象中包含的人们的自由意志
与行为，并不排斥社会现象存在因果律。他认为，构成社会的个人虽有
各自的意志与行为，但其意志与行为要受社会环境的限制，因而社会现
象具有因果律，"我们知道了社会中的人，并不是绝对自由的，而他们
人底意志是由社会环境决定的，故社会现象显然是有因果律可寻求出来
的"②。1945 年 4 月，时任福建省研究院社会科学研究所所长的王亚南
在《社会科学新论》中也认为，社会现象中的个人意志与行为都是社
会环境的产物，"所有这些，都是人类的、社会的、客观存在的"③，必
须符合人类社会的发展规律。显然，马克思主义论者强调，人们的意志
与行为最终要遵循社会因果法则。

此外，作为马克思主义经济学家的王亚南于 1945 年 4 月在《社会
科学新论》中分析了社会科学法则的客观性问题。他注意到，一些人认
为，社会现象的变动不居，使社会科学难以构建"一般性的法则"，社
会科学法则存在种种时间与空间的限制。对此，他指出，社会科学法则
虽非"放之四海而皆准"，亦非永恒不变，但并不是说社会科学法则根
本不成立。针对一些人认为社会科学法则对于社会现实的解释并不准确
与客观的问题，他解释说，社会科学研究就是要做到与社会现实相一
致，"能确实反射着现实，而不是单从头脑中构成的架空的观念"④。

民国学界非常注重介绍社会科学的研究方法。然而，马克思主义论
者与非马克思主义论者对于科学方法内涵的理解，却有相当差异。在诸
非马克思主义论者看来，所谓社会科学的科学研究方法，主要为归纳
法、演绎法等逻辑思维方法以及观察法、实验法、比较法、统计法、历
史法等实证研究方法。1928 年 7 月，郭任远在《社会科学概论》中主
张社会科学应采用归纳法。他认为，所谓归纳法就是"考察许许多多的
自然现象而寻出其中共通的条理，以立为原理或原型"，此种方法分为

① 高希圣、郭真:《社会科学大纲》，第一章"绪论"第 17—18 页。
② 柯柏年:《怎样研究新兴社会科学》（增订本），第 10—11 页。
③ 王亚南:《社会科学新论》（社会科学丛书），第 14—15 页。
④ 同上书，第 11—12 页。

观察法、实验法、统计法三种。他解释,观察法就是详细观察、分析社会现象,寻出其中的"共通的条理";实验法就是将社会现象置于特定"情境"中,观察社会现象的结果。关于统计法,他表示,"现在许多的社会科学已经利用统计的方法来研究社会的问题。统计的方法虽不能得到社会变化的真正的因果,然而,统计以数学及客观的现象为基础,我们不能不认是研究社会科学的一个重要的归纳法"①。1929 年 10 月,孙寒冰在《社会科学大纲》中认为,社会科学研究应并用归纳法和演绎法。他根据法国经济学家夏尔·季德(C. Gide)撰《政治经济学原理》(*Principes d'economie politique*, 1883)所论,将这两种方法解释为三步法。他解释,"普通的人往往把演绎和归纳看做二种不相容的方法,以为用了这种方法便不能用那种方法。这种见解是不对的。其实,研究的方法只有一种,经过三个步骤:第一步,观察事实,就是不杂一点主观的意见,尽量去搜罗关于要研究的问题底事实;第二步,想像出一个普遍的解释,使我们能寻出某类事物底因果关系,换句话说,就是'假设';第三步,于是,或用实验的方法,或用观察的方法,把这种'假设'和实际的事实对照一下,以证这'假设'是不是与事实相符合"。他还认为,社会科学所采用的归纳法应以观察法、统计法、比较法、历史法、实验法等为主。他解释说:"观察法就是站在旁观者的地位,用客观的态度,去观察和调查事物底实际情形,把观察所得,一一记载下来,然后加以整理和分析的工夫。"实验法就是"在人力支配下的观察方法"。社会科学家"在可能的范围内,可以选择变化频繁的社会现象底一部分事实,来做实验,把从实验上所得到的原理原则,来说明和应用到复杂的社会现象上去。……譬如,政府在采用一种政策或法案的时候,可先在一或二个区域内实验,等到有了相当的成绩时,再逐渐推广到别的区域。"② 1933 年 4 月,杨幼炯在《社会科学发凡》中,根据孔德的意见,把观察法、实验法、比较法、历史法视作社会科学一般的研

---

① 郭任远:《社会科学概论》(新学制高级中学教科书),第 76—77、79 页。
② 孙寒冰:《社会科学是什么?》,载孙寒冰主编《社会科学大纲》,第 17—18、20—21 页。

究方法①。

马克思主义论者则认为,用以探究社会现象因果法则的科学方法,除上述一般研究方法外,尤应以唯物辩证法为根本研究方法。1932 年 9月,陈豹隐分析,统计法、历史法、比较法等"都不是一般社会科学研究上的根本的研究方法",都不能认知社会现象的"核心","那末,什么才是它的根本的研究方法呢?当然只有唯物辩证法,只有那种能触着社会现象的核心,整个的把握它,认识它的唯物辩证法"②。冯和法于1933 年 9 月在《社会学与社会问题》中指出,类比法、演绎法、归纳法只属于"形式逻辑"方法,只是"旧的社会科学"所用的研究方法,而"新的社会科学"(马克思主义社会科学)须运用唯物辩证法③。马克思主义论者在逻辑、实证研究方法基础上,强调唯物辩证法对于社会科学研究的根本方法论意义,表明他们与其他论者之间存在巨大的理论体系差异。

显然,民国时期的社会科学界深受欧美科学实证论影响,科学实证风气盛行。此种风气始自五四新文化运动时期,到 20 世纪二三十年代成为中国学界的主流思想。实际上,此种观念亦曾受到以法国哲学家柏格森(H. Bergson)、德国哲学家倭伊铿(R. Eucken)和杜里舒(H. Driesch)等西方人本主义者的理论为思想武器的非科学派的挑战,如1923 年科学与玄学的争论,只是科学派在民国社会科学界一直占据优势地位。这导致社会现象及其蕴含的因果法则成为民国学界在讨论社会科学科学性问题时的共同话语。然而,各派论者对此种话语的理解却存在相当歧异,甚至各说各话。在 1923 年科玄论战中,科学派与玄学派对于因果法则在社会现象中的涵盖范围曾产生巨大分歧;关于社会现象中因果法则与自然现象中因果法则相较所呈现出的特点,马克思主义论者与非马克思主义论者认知角度各有不同;对于探究社会现象中因果法则的科学方法,非马克思主义论者止于一般性科学实证方法,而马克思

---

① 杨幼炯:《社会科学发凡》(社会科学基础丛书之一),第 34 页。

② 陈豹隐:"序"(1932 年 9 月 18 日于北平),载陈豹隐讲述,徐万钧、雷季尚笔记《社会科学研究方法论》,第 1 页。

③ 冯和法:《社会学与社会问题》,第 53—54 页。

主义派则强调唯物辩证法的根本方法论意义。在此种歧异背后,隐藏着各派论者社会科学理念的巨大差异。

第四节 陶孟和论社会科学的科学性

陶孟和是民国时期第一代社会学家。他于 1913 年获英国伦敦大学政治经济学院经济学博士学位,同年回国后,任北京大学教授,教授社会学课程。1926 年,他主持成立中华教育文化基金董事会社会调查部。1929 年,社会调查部改名为北平社会调查所,并成为独立机构,陶孟和任所长。1930 年 3 月,该所创办《社会科学杂志》,陶孟和任主编。陶孟和在创刊号发表具有发刊词性质的《社会科学是科学吗?》一文,专门辨析社会科学是否属于科学范畴问题。陶孟和此论在民国学界关于社会科学科学性的论述中,具有典范意义。

陶孟和首先指出,在一些人否认社会科学的科学性的情况下,社会科学是否属于科学的问题,确有辨析的必要。他表示,"既然叫做社会科学,便不应发生所谓是科学与非科学的问题。但是,现在还有许多人主张,社会科学,严格的说,并不是科学,并非与自然科学同意义的科学。这种主张颇为普遍,而从做社会研究的人看来,确有辩正的必要"。在此,他完全肯定社会科学的科学性,并表示"我们并不要求社会研究已经进到与自然研究同等的地位,我们却相信社会研究者所采用的方法与自然研究者没有什么大差异,今后多数的社会研究者继续不已的努力,也可以使他进到与自然研究相媲美的地位"[①]。

陶孟和注意到了社会科学相较于自然科学的落后性。他认为,社会科学研究远远落后于自然科学,还未实现真正的科学化,"若说现在社会科学里大部分还不是科学的审定的事实与原理也不算做诬枉"。今日的社会科学发展水平就如牛顿以前的物理学或达尔文以前的生物学。因为今日的自然科学已是"根据系统的精确的观察与量计所得到的知识",而当今社会科学"大部分不过是一团武断的主张(Dogmas)、平

---

① 陶孟和:《社会科学是科学吗?》,载北平社会调查所编《社会科学杂志》第 1 卷第 1 期,1930 年 3 月,第 1 页。

凡的议论（Platitudes）、玄妙的概念与偏颇的见解"，"社会科学者系统的搜集资料，精确的观察现象，步步踏实的抽绎理论乃是最近的事"①。

陶孟和分析了中国人怀疑社会科学的科学性的原因。他指出，第一个原因是中国社会"物质救国""科学救国"的风气导致国人过于重视"物质科学"，轻视"社会科学"，"在物质救国、科学救国之声高唱入云的中国社会里，一般人都醉心于惊人的物质的进步，都迷眩于未可限量的自然科学的发展。结果，遂致鄙弃社会现象的研究，否认社会研究可以侪列于科学之林"。对此，他辩解说："若说物质科学的进步、物质工具的发明，对于社会有莫大的影响，我们固然承认。我们却不能因此便否认社会科学之成立，因为社会研究的科学的性质并不能因自然科学的进步取消。"他分析，第二个原因是中国政治的窳败、社会的扰乱，导致人们不相信社会原理的科学性。一方面，人们看到社会制度的倾颓、社会秩序的紊乱，感觉社会知识不如自然知识那样确切，亦不能制止社会的纷扰，"殊不能用来应付变幻莫测的社会状态"，于是，便"相信命定之说"，以为"人事全是偶然的"，从而成为"迷信的牺牲品"。另一方面，权力和武力的掌握者亦因中国社会的纷乱不安而"鄙视社会科学"，认为权力可以制服一切，"用武力作后盾"可以压倒一切，"便何必靠什么社会现象的道理？"对此，陶孟和辩解说，第一，"人事"并非全是偶然的，人们应该"从偶然的事物中寻求规则"。他举例说，我们对于社会革命的认识，虽不能精确地指明革命的原因有哪几个，各个原因的轻重如何，但我们多少知道社会革命确非偶然现象，多少知道一些导致社会革命的重要原因，"现在关于革命的认识诚然浅薄，但是，再努力求更正确的认识，正是社会研究者的责任"。第二，人类悲惨的历史，正是掌权者只相信"力"的作用而鄙视"社会理论"及其错误行为所造成的，所以，为了矫正这种现象，需要更清楚地认知社会现象。总之，"人事的扰攘、权力的滥用，不特不能否认，倒可以

① 陶孟和：《社会科学是科学吗?》，载北平社会调查所编《社会科学杂志》第 1 卷第 1 期，1930 年 3 月，第 7—8 页。

拥护社会科学的成立、社会研究的切要"①。

实际上,陶孟和对于社会科学科学性的分析仍以自然科学为坐标。他重点从社会现象与自然现象的同质性角度论证社会科学的科学性。他认为,通常所谓"自然现象"与"社会现象"实为一个整体,同为整个"自然"的一部分,"自然既是一个整体,社会现象当然也是自然的一部分,不能摈他于自然现象之外,尤其不应该认他做与自然相对立的现象"。他从两个方面认识社会现象与自然现象的同质性:首先,人类的生命活动与自然界其他生物一样,均属于一种"生物的现象","人类是自然界的一种生物,他的生命经过生物的程序,他的活动脱离不了生物的变动"。其次,人类的行为并不具有超自然界的性质,亦属于一种"生物的现象","在以先人类忝然自命为万物之灵的时候,人类行为常被认为超乎自然界的现象。自从近代人的研究发达以来,我们才知道人的活动并非如以先所想像的神秘,也不过是一种生物的现象"。他总结说:"这种以人类行为为生物现象,以社会关系为生物的作用(Functioning)的见解,实在是表示社会研究上一种正当的趋势。"由此,陶孟和从社会现象与自然现象的同质性角度论证社会科学的科学性。他认为,既然人类"已经由特殊的创造物的地位降到与一般的生物同类",那么,"我们研究人类或社会的态度便也不得不改变",必须将之作为"自然物"进行研究。所以,对于人类或人类社会的研究就应运用与自然科学一样的方法。虽然在社会科学尚未十分发达的情况下,人们往往运用若干"反乎自然科学的观点"观察社会现象,但是,社会科学研究在将来必定要纳入与自然科学相统一的系统之中,"社会研究的前途必要渐渐的完成他的科学的性质,渐渐的将人类一切的行为、社会现象的全体都归纳到科学系统之中,是显然无可疑的"②。

陶孟和又从研究方法方面分析了社会科学的科学性。他认为,社会科学与自然科学都必须运用一样的逻辑思维方法。逻辑思维方法"可以普遍的应用于一切学科,不论他属于那一类。人的思想必须依一定的定

① 陶孟和:《社会科学是科学吗?》,载北平社会调查所编《社会科学杂志》第1卷第1期,1930年3月,第9—10页。

② 同上书,第3—5页。

则、一定的逻辑的方式","凡分析事实,整理资料,引用证据,推理结论",均要依据一定的逻辑方法。所以,社会科学与自然科学的逻辑思维方法相同,"所谓自然科学与社会科学,在论理方法方面,是相同的,二者都依据思想的逻辑,同等的立于科学的地位"①。

陶孟和注意到,在研究方法方面,一些论者从三个方面否认社会科学的科学性:第一,社会现象比自然现象复杂,难以运用科学方法进行研究;第二,自然科学的研究注重实验,而社会现象不能供人实验,所以,对于社会现象的研究不能成为自然科学那样的科学;第三,社会现象包含人的心理和意志要素,其中的心理和意志要素"不能预测,不能精确的测定",所以,对于社会现象的研究不能发现"如自然科学上的定则"②。陶孟和对于上述三点一一作了辨析。

首先,陶孟和辨析了社会现象比自然现象复杂,难以用科学方法研究的问题。他完全否认社会现象与自然现象在复杂性上的差异。他首先分析,所谓"复杂",其中第一个含义是指"数目多"。但是,社会现象未必多于自然现象,"两界的数目都是不可胜数,不能说那一类的现象更为繁伙"。他又分析,"复杂"的第二个含义是"不定"。但是,社会现象的变化不一定就比自然现象多,"宇宙间的事物可以说没有一样在安定的地位。变化是一切现象的常态。国家固然有兴亡,地形也未尝不经沧海桑田的转变。人事变化万端,自然界又何尝不如此"。他接着分析,"复杂"的第三个含义是"不规则"。将社会现象认作"不规则"的东西是"对于社会科学成立的最有力的一种攻击",这种观点认为自然现象"是规则的、画一的、有秩序的",有"不能破坏的自然律"或"定律",同时,对于自然现象的研究均根据"自然的齐一(Uniformity of nature)的原则",而社会现象乃"个人间联合的活动或相互的感应的结果",错综复杂,漫无规则,难以做科学的研究。对此,他指出,社会现象与自然现象一样存在"规则","有些社会现象可以说是极规则的。例如,人类的男女常相配合,人类文化遗传后代,社会生活必不

① 陶孟和:《社会科学是科学吗?》,载北平社会调查所编《社会科学杂志》第 1 卷第 1 期,1930 年 3 月,第 10—12 页。

② 同上书,第 13 页。

能缺少制度，都可以认为规则的现象，易地皆然的"，人们的行为和思想亦多遵循一定的规则。他强调，"规律是一切科学研究的目标。无论对于自然界或社会界，我们所努力的都是寻求他的定则、他的条理、他的规则的性质"。他最后分析，"复杂"的第四个含义是"不能捉摸（Intangible），缺乏知觉所能认识的实在性"。有的论者认为，社会现象是"超乎物质之上的、不能用知觉直接认识的物事"，由于社会现象的不易捉摸，所以，社会科学不能依靠"直接的知识"，只能依靠"概念（Concept）或意想"。他认为，"这个见解若用来批评旧日社会科学的思想还有几分道理，因为历来关于社会政治经济的理论参杂着极大成分的主观的见解、空洞的概念或武断的主张。假使社会研究也如自然研究一样，完全采用客观的态度，观察考究，这个批评便不能成立"①。

其次，陶孟和分析了社会科学研究与实验的关系问题。他认为，自然科学与社会科学研究都可以进行实验，只是运用的程度不同，"实在说来，我们不能严格的将科学分为能实验的与不能实验的。各种现象可以供人实验的程度各不相同。例如，物理学者、化学者与生物学者即在不同的程度上支配他们所研究的现象的因子。而心理学者、社会学者也未尝不可以在教室内进行关于心理现象、社会现象的实验。从此看来，人对于一切现象都能支配，不过支配能力的深浅不同罢了。所以，实验上对于变而常的因子的支配完全是一个程度的问题"。不过，陶孟和认为，社会科学进行实验的空间比自然科学小，"我们要承认社会现象的实验是极有限的，因为社会的因子不能任人意支配的太多。社会的研究应重在系统的观察、充分的记载与细心的分析"②。

最后，陶孟和分析了社会现象中的心理要素与社会"定则"（即社会律）的关系问题。他申明，一些论者将社会现象的心理要素视作不可测知的东西，并不符合事实。因为根据近代心理行为理论，"心理现象与其他自然现象毫无差别，也有一定规则可寻，并非如吾人所想像的不可知之谜，心理现象与自然现象同样的符合一定的定则，不过是时间问

① 陶孟和:《社会科学是科学吗?》,载北平社会调查所编《社会科学杂志》第 1 卷第 1 期,1930 年 3 月,第 14—18 页。
② 同上书,第 21—22 页。

题,完全看心理学者研究的努力"①。

显然,陶孟和完全认可社会科学的科学性。但是,他又指出,人们在考察社会现象时所抱的主观倾向是社会科学成为科学的最大障碍,这是"社会科学研究上最容易犯的一个毛病。这个毛病如果不能避免,常可以使社会研究失去科学的资格"。人们对社会现象的反应往往掺杂大量个人感情因素,人们研究社会时不能完全采用"客观的态度","因为人是社会中一分子,对于他所研究的对象常怀抱一定的希望或理想,这种心理态度便妨碍他的严格的科学的观察",同时,"人对于社会,因为在他在社会里生长的时候,已经吸收了一定的成见,更发生了一定的利益关系,便常不能无私见的认识他"。他认为,这种成见极有害于社会科学研究,"社会研究若为成见或利益所壅蔽,必至曲解社会现象,隐蔽社会的真理"。他举例说:"同是一个经济现象,而因为研究的人或标榜资本方面的损害,或号呼劳动方面的苦痛,便对于他有完全不同的说明。结果,关于社会问题的著作都成互相辩驳的文章(Controversial literature)。这样的社会研究当然不配称为科学。"所以,他强调,社会科学研究必须抱一种纯粹客观的态度,"科学只是朴朴实实的探索事实,考究事实间的关系,寻求事实发现的道理。理想、希望、私人成见、利害观念,都不能参入科学研究。我们以国民的资格,可以对于政治有一定的主张,我们若对政治做科学的研究,必须抛弃一切的主张,而忠实的客观的探索政治现象。我们因经济的地位、阶级的利益,或者相信一定的经济理论,但是,在我们研究的时候,便应该抛弃一切的信仰,求经济现象正确的认识。凡是能牺牲私心、成见、希望、理想,而能耐心搜求事实,追求客观事实的真相与真理的,便是帮助社会研究进到科学的地位"②。

显然,作为中国社会科学事业的重要开拓者,陶孟和对社会科学科学性的阐述比其他论者要全面而系统得多。他既从社会现象的因果规律、研究方法等层面论证了社会科学的科学性,又分析了中国人怀疑社

---

① 陶孟和:《社会科学是科学吗?》,载北平社会调查所编《社会科学杂志》第1卷第1期,1930年3月,第25页。

② 同上书,第27—28页。

会科学科学性的社会成因以及国人考察社会现象时的主观倾向等带有社会性的问题。

第五节　中国近代社会变革背景下社会科学研究的社会实践性

中国社会科学研究始自 19 世纪末 20 世纪初的晚清，至 20 世纪二三十年代日益兴盛，呈现高潮局面。对于中国社会科学研究的兴盛，30 年代初不少论者即有切身感知。1932 年 11 月，编辑《社会科学名著题解》的徐嗣同即注意到，"近年来，我国社会科学的运动，确实比自然科学的运动来得急速而繁荣。这我们只要试看国内各书肆所出版的社会科学书籍的繁多，便可以明白了"①。曾任河南大学社会学教授的简贯三于 1933 年 4 月在《袖珍社会科学辞典》中亦注意到，中国处于"社会科学潮流高涨的时期"，"五卅运动以来，中国一般青年受社会科学潮流的激荡，自然对社会科学有浓厚的研究兴趣"②。二三十年代中国社会科学研究的兴盛，虽系中西社会与学术等多种因素交织促成的结果，但中国社会变革对社会科学研究的社会需求则为其要因。

始于 19 世纪中叶的中国近代社会，在西方文明的强烈冲击下，呈现出前所未有的、由古代向现代的巨大社会转型。这种意义深远的社会转型，尤其民国时期包括革命与改良在内的剧烈变革，确实需要一种新型的社会科学理论及社会认知模式，从多方面对这一社会转型进行解释，既对此前的中国社会进行重新认识，又对现实中国社会进行新的诠释，还需对中国社会发展前景进行规划。这是民国时期社会科学日益为人们所关注，并日趋发展，进而异说纷呈的重要原因，亦为马克思主义社会科学理论兴起的重要原因。民国时期各派学者深刻感知到中国社会变革对社会科学的巨大需求。1934 年 3 月，陈端志在《现代社会科学

---

① 徐嗣同:"序言"，载徐嗣同《社会科学名著题解》（新文化丛书），中华书局 1932 年版，第 1 页。

② 简贯三:"刊词"（1933 年 4 月 1 日），载简贯三《袖珍社会科学辞典》，著者书店 1933 年版，第 1 页。

讲话》中即注意到，在当下中国各种意识形态相激荡的形势下，社会科学几乎成为各类人士的"救世法宝"和"精神武器"。他描述说："在这新旧意识形态斗争得最猛烈的中国，社会科学的洪流，也已听见汹涌的浪声。为了国际形势的日益严重，农村崩溃的日益加速，世界划时期转变已展其序幕，许多文化运动者、社会科学家、自然科学家，乃至革命家、政治家，各以探索社会科学当做救世法宝，新兴的社会科学，几成了指导人们思想与行动的战斗的精神武器。""社会科学可以［成为］指导人们思想与行动的战斗的精神武器，在另一方面，亦可以［成为］麻醉人们思想与行动的僵化的无形药剂。"① 中国社会变革对社会科学研究的巨大需求，又反过来促使各派论者进一步认知到社会科学研究对于中国社会发展的强烈社会实践性。社会科学具有社会实践性几成各派论者的共识。

与国共两党政治较少瓜葛的学院派学者在 30 年代即感到，中国社会科学必须适应中国现实社会的需求，深入研究中国现实社会，对中国社会变革应该具有指导意义。1932 年 11 月，徐嗣同分析，人们对当前复杂社会现象的求知欲是促成中国社会科学研究迅速发展的重要原因："自然，社会现象是跟着社会的进化而形成复杂化的。因此，人们欲理解这种复杂现象的迫切要求自当倍于往昔。这样，便可以知道社会科学运动在现代能得着急速的进展，实非偶然的一回事。"② 1933 年 12 月，山西大学社会科学研究社创办的《社会科学季刊》发刊词亦称，"在学术幼稚、文化落后之中国，无论社会经济、政治、法律任何社会现象，均在迷离恍惚莫名其妙之状态中"，社会科学研究应分析中国社会现象，并有计划地改革中国社会，"惟吾人既经从事于社会科学之研究，则社会科学之任务，即吾人自身之任务，吾人不能放弃此艰巨之任务，故对于研究讨论，罔敢或懈"③。1938 年秋季学期，尚在北平的燕京大学法学院开设《社会科学概论》课程，将原分别讲授的社会学、经济学、

① 陈端志："卷头语"（1934 年 3 月 12 日于上海），载陈端志《现代社会科学讲话》，第 1—2 页。

② 徐嗣同："序言"，载徐嗣同《社会科学名著题解》（新文化丛书），第 1 页。

③ 《发刊词》，载山西大学社会科学研究社《社会科学季刊》第 1 卷第 1 期，1933 年 12 月 15 日，第 1 页。

政治学三门课程合并为一。与袁贤能、顾敦鍒合作选编《社会科学概论选读》的赵承信称，《社会科学概论》课的目的，是既要系统而简略地介绍有关"社会"的学说和方法，又要以现阶段的中国为立足点，"要介绍一种科学的理论和方法却不能离开现实"，"生在现今中国的人们当然要先了解现今的中国。我们要介绍西方的学说和方法，其目的亦正在于了解动变中现阶段的中国。所以，在空间上，我们的对象是中国，在时间上则限于现阶段"①。显然，学院派论者将社会科学的社会实践性理解为用社会科学基本理论研究中国现实社会问题。

国民党阵营的理论工作者同样强调社会科学的功能在于为国人提供改造中国社会的门径。1928 年 3 月，由国民党理论工作者组织的中国社会科学研究会创办《社会科学杂志》。杨幼炯在《发刊辞》中分析，中国由中西交通而导致的社会转型是中国社会科学产生的重要背景。自 19 世纪以来，世界各国日益连为一体，"中国渐渐失去了独立的地位，成了世界的一部分"，中国社会由此发生剧变，"在这急剧变化的局势之下，近代社会科学便从先进的欧美输入中国，而中国学者对于社会问题的认识，也逐渐的明白起来"。他又指出，社会科学输入中国，有助于解决中国内在的社会问题。中国因受"帝国主义"侵略而产生诸多社会"病象"："封建的政治"近于崩溃，而"民主政治还未完全形成"；社会思想已冲破"礼教的藩篱"，导致"宗法的社会制度发生破裂"；"帝国主义的资本势力"的侵入，"使中国经济组织紊乱不堪，生产事业更衰落达于极点"。"我们要求彻底的探求中国社会混乱之源，求根本解决的具体方针，就不得不有赖于社会科学研究的方法。……我们可以利用这种科学的方法，对于中国现实的社会问题，从事于具体的分析，以求到解决的正当途径。社会科学在今日，实是我民族求生出死的一种指路针。"杨幼炯申明，《社会科学杂志》的创办目的除学术方面外，还在于"欲在这种国民革命高涨的时候，贡献一些可以作为解决

---

① 赵承信："序"（1939 年 3 月于北平燕京大学），载燕京大学法学院编《社会科学概论选读》，第 2 页。

中国社会问题的理论，作为从事实际运动同志们的一种理论的基础"①。

　　显然，国民党派论者将为国民党领导的国家建设事业提供理论依据视作社会科学研究的重要目的。1932年，中国社会科学研究会主持编纂了一套社会科学基础丛书。当年12月，先后担任中央大学、暨南大学教授的法政学家章渊若在丛书序言中表示，在1928年国民党实现国家统一后，中国正面临"改造建设之良机"，需要对于政治制度和组织有适当的抉择和精审的规划，并使人民有"健全之智识"，"俾今后政治社会之进展，能与人民程度之进步，并驾齐驱"。此为他们编纂社会科学基础丛书之目的②。诸多国民党派论者又将研究社会现实问题视作社会科学服务于国民党建国事业的重要途径。社会科学基础丛书包括杨幼炯撰《社会科学发凡》。杨幼炯于1933年4月在此书中指出了中国社会科学研究存在的三种缺陷：第一，"只图为西洋原理与社会秩序的介绍，而不能实地的研究中国本身社会情形，甚且有不屑研究中国社会问题者"；第二，"抄袭外国材料，以外国学者片面的理论作根据，结果发表不少的误解"；第三，"把社会科学当作哲学研究，不从事社会实地调查，对于民众思想与社会现象，尤漠不关心，缺乏科学家实验的精神，造成'闭户造车'的误谬，无补于社会"。他又提出三点建议：第一，"我们应该根据科学的方法，把中国目前的现象，作根本的考察，而求到一个正确的结论"；第二，中国的社会科学研究应避免"玄想"，对"中国现代政治、经济情状"，作"具体的讨论"；第三，开展"社会调查"，这是获取中国社会"实际材料"、寻求中国社会混乱"病根"所在的根本方法③。杨幼炯所言的三种缺陷和三点建议，核心乃在强调研究中国社会具体问题。

　　20年代末30年代初，被时人称作"新兴社会科学"或"新社会科学"的马克思主义社会科学研究日益兴盛。马克思主义论者更加强调中国社会科学研究必须服务于中国社会现实问题的解决，成为改造中国社

---

　　① 杨幼炯：《发刊辞》，载中国社会科学研究会《社会科学杂志》第1卷第1期，1928年3月1日，第1—6页。

　　② 章渊若："社会科学基础丛书序"（1932年12月1日），载杨幼炯《社会科学发凡》（社会科学基础丛书之一），第1—3页。

　　③ 杨幼炯：《社会科学发凡》（社会科学基础丛书之一），第68—70页。

会、实现人民解放的重要武器。1929 年 11 月，高尔松、高尔柏在《社会科学大纲》中指出，真正的社会科学与社会现实关系密切，都是应社会现实需求而产生的，"事实上，不论那一种的科学，都是从社会的或社会各阶级的要求中产生出来的"①。高尔柏于 1930 年 3 月在《社会科学的基础知识》序言中又注意到，"现代是社会科学的时代"，而社会科学研究与社会运动"是互相联系的"，社会科学的重要任务就是"推翻那个资本主义正在发展的中国社会，改立个新的社会"，使中国社会脱离发展资本主义的轨道②。1932 年 8 月，具有中国共产党背景的北平科学研究会编印的《新兴社会科学研究大纲》称，社会科学的任务"不仅在说明社会，还要变革社会"。无产阶级社会科学具有"实践性"，"因为它是由实践而来，同时又要变成实践的"，"应当从实践中去把握和发展理论，因为一切真理的基准是实践"③。1934 年 5 月，曾与李公朴创建上海基督教青年会读书会的左翼知识分子柳辰夫在《怎样自学社会科学》中指出，学习社会科学是为了求得人民的解放，"我们要了解，我们的自学社会科学并不是学院式的读死书，也不是想拿学问来炫耀人。我们的自学社会科学是为了解决我们的问题，解放我们自己，解放全体大众"④。1936 年 5 月，李平心在《社会科学研究法》中申明，研究社会科学的目的在于认识和变革社会现实，"消极方面，是要训练自己对社会现象和历史发展的认识，以便能够适应时代的需要而生存，不致背反或乖离现实；积极方面，是要养成自己变革现实的能力，以便为争取民族解放和创造新社会而努力"⑤。

从马克思主义者强调社会科学的社会实践功能看，他们阐述社会科学理论的目的在于指导和发动当下的中国革命斗争，将社会科学的社会实践性理解为对中国革命斗争的理论指导性，所以，他们对为学问而学

---

① 高希圣、郭真:《社会科学大纲》，第一章"绪论"第 19—20 页。
② 郭真:"序"(1930 年 3 月 4 日)，载郭真、高圮书《社会科学的基础知识》，乐华图书公司 1930 年版，第 1—2 页。
③ 作者不详:《新兴社会科学研究大纲》，科学研究会 1932 年版，第 6—7 页。
④ 柳辰夫作，章乃器校:《怎样自学社会科学》(李公朴主编自学丛书)，申报流通图书馆读书指导部 1934 年版，第 31—32 页。
⑤ 平心:《社会科学研究法》(青年自学丛书)，第 16—17 页。

问的学院式社会科学研究持批评态度。1937 年 4 月，胡伊默在《社会科学读本》中强调，"那怕是一位大学教授，若离开社会生活的实际，关在书斋里过观念的生活，则他所得到的理论有十九是不正确的。……普通所说的'为学问而学问'或什么'纯学理'之类，这都是欺人或误人之谈。特别是在目前这种动荡的时代、这种扰攘不安的社会，实践的意义更特别重要，绝对应该把理论与实践统一起来"①。他们从看重社会科学的社会实践性与革命性出发，进而提出社会科学通俗化问题。1934 年 5 月，与左翼学者关系密切的李公朴在其主编的自学丛书序言中即表示，"在一般社会科学者的眼内，大半并无大众的影子，自然谈不到将社会科学通俗化，而产生以大众程度为对象的读物，普及大众中去了"②。此丛书包括柳辰夫所撰通俗读物《怎样自学社会科学》。同年 3 月，柳辰夫在其书自序中亦表示，"关于社会科学大众化，目下实在还差得甚远，作者今后甚愿在这方向更加努力，从事通俗编著"③。

马克思主义论者往往将社会科学等同于马克思主义理论，尤其将马克思主义辩证唯物论和唯物史观视作社会科学的基本理论。他们以"社会科学"名义编撰的相关著作，基本以宣传马克思主义理论为主。在当时的论著中，马克思主义社会科学被冠以"新兴社会科学"或"新社会科学"名义。李达是中国共产党早期著名理论家。他于 1927 年"四一二"政变后脱离中国共产党，同年 9 月任中山大学文学院教授。1928年，他至上海创办昆仑书店，出版各种倾向马克思主义的哲学社会科学书籍。1930—1931 年，他任上海法政大学及暨南大学教授。他于 1929年 3 月与钱铁如将日本学者杉山荣《社会科学概论》译为中文出版。杉山荣此书系统阐述了马克思唯物辩证法和唯物史观，并运用此理论简明分析了社会的构成与发展问题。李达、钱铁如将此书内容称作"新的社会科学"，强调"我们生活在现代的社会里，很痛切的感到从前的社会科学没有多大用处，诚如著者所说，因此才把这本书翻译出来，藉供国

---

① 胡伊默：《社会科学读本》（新青年百科丛书），第 53—54 页。

② 李公朴："编者序言"（1934 年 5 月 1 日），载柳辰夫作，章乃器校《怎样自学社会科学》（李公朴主编自学丛书），第 3—4 页。

③ 柳辰夫："自序"（1934 年 3 月 20 日），载柳辰夫作，章乃器校《怎样自学社会科学》（李公朴主编自学丛书），第 3 页。

内人士的参考，总可以理解到新的社会科学的立场和它的用处"①。
1930 年 10 月，李达又将苏联学者卢波尔于 1928 年 8 月撰成的《伊里奇与哲学——哲学与革命底关系底问题》以《理论与实践的社会科学根本问题》为题译为中文出版。卢波尔此书系结合社会实践探讨列宁的哲学理论。李达解释，"唯物论的辩证法"是无产阶级的"理论与实践底方法论"和"一切领域中必胜的武器"，"本书底骨子是理论与实践底统一，而内容所处理的都是社会科学上底根本问题，所以，使用了'理论与实践的社会科学根本问题'的名称"②。由李达对此书内容和题名的解释，可见其将以唯物辩证法为核心的马克思主义哲学理论视作社会科学核心要素之意。1937 年 6 月，时任生活书店总编辑的中国共产党翻译家张仲实将俄国理论家普列汉诺夫于 1908 年出版的《马克思主义的基本问题》（*Fundamental Problem of Marxism*），以《社会科学的基本问题》为题译为中文出版。张仲实介绍，普列汉诺夫虽然后来背离了马克思主义革命立场，但其早年关于哲学和历史唯物论的许多著作，却是"千古不朽的名作"，列宁对其早年著作即评价很高。此书"以很通俗的方式，关于新哲学的各种基本问题（如辩证唯物论、历史唯物论）都有一一给了个简单扼要明白而有系统的阐释"③。1940 年 3 月，左翼社会活动家邹韬奋将英国学者崩斯（E. Burns）于 1939 年出版的著作以《社会科学与实际社会》为题译为中文。此书主要内容为依据马克思主义原理探讨资本主义、社会主义等现实社会理论。邹韬奋认为，此书可称得上一部简明而准确的社会科学著作，"本书最大的优点是在这样一本简短篇幅的书里，把社会科学的基本内容，用明晰畅达的说法，完全表现出来。有了这个优点，所以，这本书可以作为研究现代社会科学的'开路先锋'"④。

---

① 李达、钱铁如："译者的话"，载［日］杉山荣《社会科学概论》，李达、钱铁如译，昆仑书店 1935 年版，第 2 页。

② 李达："译者例言"（1930 年 8 月 1 日于上海），载［苏］卢波尔《理论与实践的社会科学根本问题》，李达译，心弦书社 1930 年版，第 1—2 页。

③ 张仲实："译者序言"（1937 年 5 月 26 日），载［俄］普列汉诺夫《社会科学的基本问题》，张仲实译，生活书店 1938 年版，第 1—2 页。

④ 邹韬奋："译者序"（1940 年 3 月 25 日），载［英］崩斯《社会科学与实际社会》（韬奋著作集），邹韬奋译，生活·读书·新知联合发行所 1949 年版，第 1 页。

　　民国时期马克思主义者系统构建起革命式社会科学论述体系，而社会科学的阶级性则是此种社会科学论述体系的核心理念。他们明确指出社会科学具有阶级性，都是为所属各自阶级利益服务的。1929 年 11 月，高尔松、高尔柏在《社会科学大纲》中强调，"支配阶级有支配阶级的社会科学，被支配阶级有被支配阶级的社会科学"。支配阶级与被支配阶级各有自己的利益，"支配阶级所最最关心的是在维护、延长、稳固并开展资本的支配。被支配阶级所最最努力的是在破坏资本主义的秩序，确保劳动阶级的支配，以及根本的改造全世界"，从而形成各自不同的理论观点①。他们又指出，资产阶级学者否认社会科学的阶级性实为妄语，"资产阶级学者们常常说他们是什么纯粹科学的代表，他们以为一切地上的苦痛、一切利害的冲突、一切人世的盛衰、利润的追逐和其他地上鄙俗的事件都是同他们的科学没有一点关系的。他们的想像是这样：学者好像是个神，坐在他的宝座之上，平心静气地观察人生社会的各种形式，他们以为那鄙陋的实际和纯粹的理论没有什么关系"②。1930 年 5 月，顾凤城在《社会科学问答》中申明，任何一个阶级为了维护本阶级的利益与地位，都要建立自己的社会科学，因而"社会科学是有阶级性的"。他以资产阶级与无产阶级为例分析说"资产阶级的走卒——学者、大学教授等，他们一定想尽了方法来维持其本阶级的利益"，而"无产阶级的社会科学"则力求确立"唯物的人生观"，研究资本主义社会的经济，尤其致力于"推动资本主义的崩溃，建立劳动阶级的支配，以及根本改造全世界的资本主义的社会等"③。1934 年 5 月，柳辰夫在《怎样自学社会科学》中指出，各阶级之间相互竞争，除使用真刀真枪作武器外，还要运用"刀枪以外的道德、宗教、政治、法律、科学、艺术等等"作武器，所以，"在不同的社会阶级里会产生不同内容的社会科学"④。

　　正由于马克思主义论者特别强调社会科学的阶级性，所以，他们对

---

①　高希圣、郭真：《社会科学大纲》，第一章"绪论"第 23 页。

②　同上书，第 22—23 页。

③　顾凤城：《社会科学问答》，文艺书局 1930 年版，第 17—18 页。

④　柳辰夫作，章乃器校：《怎样自学社会科学》（李公朴主编自学丛书），第 20 页。

中国及欧美各种非马克思主义社会科学理论有着鲜明的此疆彼界观念,对学院派和国民党派理论持坚决批判态度,强调只有无产阶级社会科学才是正确的社会科学理论。1930 年 3 月,柯柏年在《怎样研究新兴社会科学》中强调,如今的社会科学分为资产阶级社会科学和无产阶级社会科学"二大敌对的阵势","布尔乔亚泛的社会科学,其主要的任务,是要尽力建立和维护资本主义制度底理论上的基础,使布尔乔亚泛能够永远地统治社会。至于普罗列搭利亚特的社会科学,其主要的任务是推翻资本主义制度底理论上的基础,指明出资本制度之必然倾覆"。他强调,只有作为无产阶级社会科学的"新兴社会科学"才是人们应该研究的正确理论,"因为只有新兴社会科学采用正确的方法去研究社会现象,故我们所应该研究的,是新兴社会科学"①。1930 年 5 月,顾凤城在《社会科学问答》中强调,"我们应当站在无产阶级的立场来研究及探寻社会科学,因为这是历史的必然。资产阶级的学者们,虽然拼命的挣扎于他们本阶级的利益,但他们那种浅薄无知的愚蠢行为,实在已经不值得我们的一驳,只要等待历史的车轮展开,他们便马上被打倒了"②。1934 年 5 月,柳辰夫在《怎样自学社会科学》中提醒大家,在目前的"社会科学分野"中充满着"有产者"散布的"毒素","我们自学社会科学,必得运用我们的鉴别力,去选择我们的食粮"③。1936 年 5 月,李平心在《社会科学研究法》中告诫人们,目前中国学校所采用的社会科学课本"多数是那些不负责的学者所编的,他们大多数是把极荒谬的理论塞进课本里去",同时,中国目前所谓学术"名流们""大多数只能贩运一些最低劣的货色给大家,对于正确的社会科学学说反而表示讨厌"。因而,"对于那些鄙视新社会科学理论的'名家们'的话却不可轻信"。他进而指出,只有"唯物辩证法"和"历史的唯物论"才是社会科学的"正宗"理论,"如果有人说这不能算是社会科学的'正宗',那就让真理去讽刺他吧。老实说,倘使一个社会科学者连这两方面的基本理论都懂不得,他就必定一辈子陷在庸俗的社会科学的

---

① 柯柏年:《怎样研究新兴社会科学》(增订本),第 23—25 页。
② 顾凤城:《社会科学问答》,第 18—19 页。
③ 柳辰夫作,章乃器校:《怎样自学社会科学》(李公朴主编自学丛书),第 23 页。

泥坑里"①。同年9月，李平心又在《怎样研究社会科学》一文中表示，诸如季特的经济学、爱尔乌德的社会学、拉斯基的政治学、杜威的教育学等，乃是"庸俗学者的见解"，如以此类学说为典范，"那你便上了老当"②。王亚南在1945年4月撰成的《社会科学新论》中则强烈指责欧美各种非马克思主义理论。他表示，西方"帝国主义国家的社会科学论坛，已经在为一些乌烟瘴气的思想和见解所笼罩"，并向落后国家输入这些"假科学、真玄学"，"通过教会及其所设立的学校，通过各种顾问，通过讲学的学者，传播有利于它们而不利于落后民族思想解放的学说"。中国从西方输入的"社会意识形态"属于"末期的、一味掩饰现实或歪曲现实的东西"。他指出，资产阶级压制社会科学的一个重要手段，就是豢养"御用学者"，拼凑适应其需要的"玄学"，"这些学说的主要目的，就是使一般人把正视社会现象的目光转移到玄之又玄的迷宫里"③。马克思主义论者对非马克思主义理论的批判，反映出20年代末30年代初被时人称作"新兴社会科学"或"新社会科学"的马克思主义社会科学研究之日益兴盛，亦可见马克思主义革命式社会科学理论与其他社会科学理论间的对立似乎最为凸显。

显然，在民国时期，各派论者均承认社会科学研究具有相当的社会实践性。他们身处中国社会受西方冲击而形成的剧烈社会转型过程之中，深切感到社会科学研究对中国社会转型的重要指导意义。不过，各派论者因各自政治立场的不同，对于社会科学研究的社会实践意义的理解又有相当差异。学院派论者希望通过自己的学术研究，为中国的社会发展与改革提供理论帮助；国民党派论者则希望将自己的社会科学理论运用于国民党领导的中国社会改造，为国民党"建国"事业提供理论借鉴；而马克思主义论者则强调社会科学的马克思主义性质，期望通过社会科学的研究与宣传，推动中国的民主革命进程。

---

① 平心：《社会科学研究法》（青年自学丛书），第23—24、101页。

② 平心：《怎样研究社会科学》，载平心等《社会科学论文选集》，生活书店1936年版，第2—3页。

③ 王亚南：《社会科学新论》（社会科学丛书），第19、37—38、31页。

综上所述，民国时期，随着中国社会科学研究的兴起，学界逐渐构建起系统而完整的社会科学话语体系。论者们就社会科学概念的缘起及学科划分、社会科学的研究对象、社会科学的科学性、中国社会科学研究的发展趋向等问题作了系统阐述。此种话语体系有其一致之处：均借鉴西方学术分科理论，试图以社会现象的不同方面对社会科学进行学科划分；均受近代科学实证论影响，肯定社会科学的科学性，将社会科学的研究对象确定为社会现象中的因果法则；均肯定社会科学具有指导中国社会转型的社会实践性。然而，此种似乎一致的话语体系却隐藏着相当大的具体理念差异。在学科划分问题上，学院派与国民党派论者以欧美学术为样板，强调社会学的基础性，而马克思主义派论者则否认社会学的独立性，强调以唯物辩证法为核心内容的哲学对其他各门社会科学的理论指导地位。各派论者对社会现象中因果法则的存在范围、与自然现象中因果法则相较所呈现出的特点、基本认知方法等问题的分析，更存在多重意见分歧。同时，大家对于社会科学社会实践性的认知，更各异其趣。诸种社会科学理念的相异，反衬出民国时期学院派、国民党派、马克思主义派三种社会科学流派分立，尤其马克思主义派与诸非马克思主义派社会科学理论对立的大致态势。显然，对于民国时期社会科学理论的研究，具有相当大的学术意义。由于民国时期社会科学研究的宽泛性，本书难以对民国时期的社会科学发展态势作全面而系统的考察，仅试图以社会学、政治学、马克思主义社会科学理论为案例，以期对民国时期社会科学研究的发展趋向作个案性剖析。

第 二 章

民国学界对美国社会学
理论的选择与融会

自严复介绍西方社会学学说起，社会学即为民国时期之显学，其引入中国既早，在中国兴盛亦速。而欲洞察民国社会学理论之内核，清理其欧美社会学理论的学术渊源则为首要。作为西来学科，如果细察民国各类社会学论说，可谓渊源有自，多为自西援入，既有所创见，亦多基于西说。不过，中国学界所临西说又极繁复。因为社会学自19世纪在欧美诞生后，无论研究对象，抑或研究方法，均呈游移，欧美各国论者的认知往往异大于同，进而形成各色流派。孔德于1830—1842年在《实证哲学教程》中仅描述社会学大致轮廓。而斯宾塞社会有机体论又为学界多数论者否定。之后，在欧洲形成法国正统社会学派、德国形式社会学派与历史社会学派等诸多学派。美国早期则兴盛心理社会学派，20世纪初社会行为分析、文化社会学以及社会行为分析与地理区位相结合的人文区位学（Human ecology）日渐兴盛。由于师承等诸种机缘，民国学界自20年代起在欧美各种派别中可谓独尊美国，各类论说多为美国理论的引介与引申[①]。问题在于，民国学界面对美国相异的社会学理论，其侧重与取舍如何，又如何运用美国各类社会学理论构建自身理

① 民国社会学者以留美出身为最多。1948年5月，孙本文在《当代中国社会学》中列举1947年12月前后在中国各大学任社会学教授、副教授、讲师者名录，其中，属中国籍者共131人，留学美国者共71人，留学法国者共13人，留学日本者共10人，留学英国者共9人，留学德国者共4人，留学比利时者有1人。孙本文又介绍，民国学界迻译社会学西书以美国为多，"初期的社会学大都译自日文，继而译自美国及英法，而尤以从美国书迻译者为多"。参见孙本文《当代中国社会学》，第280、319—327页。

论体系，其中创新成分多少？故清理民国社会学的美国学术渊源，确为民国社会学研究题中应有之义。当前学界有关民国社会学研究成果虽多，但此方面研究却尚付阙如。笔者不揣谫陋，试对此题作一系统清理。

第一节　中国化与美国范式：民国社会学研究范式构建概说

实现社会学中国化，洎乎 20 世纪 30 年代，为民国社会学界之共同理想。其核心内涵不外如下方面：系统引进欧美诸国社会学基本理论与研究范式；以融会欧美各家社会学理论为基础，构建本国社会学理论体系；将援自欧美或本国创新的学术理论应用于中国社会问题之研究。在此诸方面中，引进欧美理论为其始，而构建中国自己的社会学理论体系与研究中国具体问题则为落脚点。不过，就其中任何一方面而言，民国学界的学术历程极其繁复，不仅体现于民国学界所面对的欧美学术派系各异，而且体现于中国学界学术取舍的相异。

一　社会学中国化声中的美国范式

至 30 年代，中国学界普遍关注社会学中国化问题，实现社会学中国化口号被高唱入云。诸社会学家均强调，社会学中国化的核心在于将援自欧美的社会学理论应用于中国社会问题研究。1931 年 2 月，中央大学社会学系教授孙本文在中国社会学社第二届年会上提出，要建设"中国化的社会学"，首先应系统引介欧美重要社会学学说与方法，"就世界各国社会学上有名著作，依次迻译"，其次以欧美社会学学理研究中国历史与现实问题，而研究中国现实问题尤为重要，"我国自晚近以来，社会上发生剧急变迁。在此变迁时期所产生之各种社会问题，欲得适当之解决，必须集全国社会科学家之心思才力共同研究计划而后可"①。

---

①　孙本文：《中国社会学之过去、现在及将来》，载中国社会学社编《中国人口问题》（据世界书局 1932 年版影印），《民国丛书》第 1 编（19），上海书店 1989 年版，第 18—19 页。

1937 年 4 月，燕京大学社会学系教授赵承信亦认为，要构建"科学的中国社会学"，须由照搬西方学说，转向以科学的社会学方法研究中国社会的结构和变动过程，"近数年来国人介绍西方社会学方法的不在少数，然而不见得对于国内社会学界有什么影响，因为他们只是空谈方法，而没有将这些舶来的方法在中国的原野来作试验"①。1940 年 12 月，时在国防最高委员会参事室研究边疆民族问题的原燕京大学社会学系教授吴文藻表示，此前的中国社会学多为"舶来品"，欲实现社会学"彻底的中国化"，须将社会学理论与中国实际相验证，既要将社会学理论当作验证中国社会实际的"假设"，又要搜集中国社会事实，"以科学假设始，以实地验证终，理论符合事实，事实启发理论，理论与事实糅和一起，获得一种新综合，现实的社会学才能在中国的土壤上生根"②。

中国学者对于西方社会学理论的引介，虽始于清末，但真正发达，则自 20 年代始。孙本文于 1948 年 5 月即谓，"中国社会学比较发达的时期，只在近二十余年中"。民国社会学理论著作，1921 年以前不多，1921 年后稍见增加③。且自 20 年代始，中国学界对于社会学理论，由日本倒手转为自欧美尤其美国直接引入。孙本文又介绍，民国时期中国学者自著的社会学理论著作，"大率取材于美国人著作，真正独出心裁自成体系者究属少数"④。

与欧洲相比，美国社会学呈现更多实用特征。19 世纪末 20 世纪初，美国学界将源于法国的心理派社会学发展至极致，20 年代又形成社会行为分析、文化社会学、人文区位学以及现代农村与都市社区研究等诸多研究范式。对于美国社会学研究的此种发展趋向，孙本文等留美归国社会学者有着深切感知。1926 年 12 月与 1927 年 1 月，孙本文将美国社会学研究分作两个时期：19 世纪末 20 世纪初的早期心理社会学为

①　赵承信：《社会学产生的条件及中国社会学的建设》（1937 年 4 月），载燕京大学法学院编《社会科学概论选读》，第 560—561 页。

②　吴文藻："社会学丛刊总序"（1940 年 12 月于重庆），载［英］Bronislaw Malinowski《文化论》（What Is Culture），费孝通译，商务印书馆 1947 年版，第 1—3 页。

③　孙本文：《当代中国社会学》，第 20、280 页。

④　同上书，第 58、78 页。

系统社会学或社会学理论时期，20 世纪初兴起的社会行为分析、文化社会学、人文区位学以及现代农村与都市社区研究为分析社会学或社会学之实际研究时期。他对前者表示否定，而对后者则表示认可，认为美国早期心理社会学实为一种哲学，试图以自己主观设想的简单原理解释一切社会现象，不陷于谬误，即为片面之见；而美国新兴社会学理论"始由主观的哲学态度，渐渐入于客观的科学途径"①。由于孙本文看重社会行为分析、人文区位学、文化社会学等美国新兴社会学理论，所以，在他看来，作为社会行为分析、人文区位学重镇的芝加哥大学社会学系，要比仅独树文化社会学一帜的哥伦比亚大学社会学系实力强些。他于 1926 年 12 月表示，哥伦比亚大学社会学系虽因"文化学派领袖乌格朋之号召，名誉甚好"，"惟以严格之科学社会学衡之，瞿廷史之系统社会学，已在衰退时期。而且瞿氏年逾七旬，即将休职。所以，该校除乌氏外，已无足称道者矣"②。其所言乌格朋（W. F. Ogburn）系美国文化社会学首倡者，而瞿廷史则为美国早期心理社会学代表者季廷史（F. H. Giddings）。

心理派社会学虽源于法国，却兴盛于美国。心理派社会学于 19 世纪 90 年代由法国社会学家泰尔德（G. Tarde）首创。他主张从心理角度分析社会现象，认为"社会现象是心理的，是由个人心理的交互感动而生的结果，是互感的个人的信仰与欲望造成的"③。19 世纪末 20 世纪初，心理派社会学几乎垄断美国社会学界 30 余年。1930 年 3 月，李剑华注意到，心理派社会学在美国大有一家独大之势，"差不多掩盖了美国社会学史的全面"④。美国心理派社会学涌现出沃德（L. F. Ward）、季廷史、司马尔（A. W. Small）等著名学者。沃德为布朗大学教授。他

---

① 孙本文：《美国社会学现状及其趋势》，载孙本文《文化与社会》，东南书店 1930 年版，第 137、115—116、119—121、132 页；孙本文《社会学上之文化论》，朴社 1927 年版，第 1—8 页。

② 孙本文：《美国社会学现状及其趋势》，载孙本文《文化与社会》，第 144 页。

③ 孙本文：《世界社会学之派别及其现状》，载孙本文等《从社会学到社会问题》，中华书局 1935 年版，第 7—8 页。

④ 李剑华：《社会学史纲》，世界书局 1930 年版，第 104 页。

提出欲望（Desires）说，认为欲望是社会现象的原动力和人们行为的基础①。季廷史为哥伦比亚大学教授。他提出同类意识（Consciousness of Kind）说，认为人们因不同种族、组织、阶级等因素，形成各自不同的同类意识。同类意识是个人结合的原动力和社会形成的基本心理要素②。司马尔于1893年创办芝加哥大学社会学系，并任该系教授。他提出兴趣论（Theory of interest），认为社会学"是研究人类兴趣及其交互冲突与交互作用"的学问③。民国学界对美国早期心理派社会学多持批评态度。1935年1月，孙本文在《社会学原理》中即称，沃德社会学理论"从最近社会学的趋势看来，似不合初学之用"。季廷史《社会学原理》（*Principles of Sociology*, N. Y.：MacMillan Co., 1896）"惟以晚近社会学之发展衡之，似已失其原有价值"。司马尔《一般社会学》（*General Sociology*, Chicago：Univ. of Chicago Press, 1905）仅"为一纯粹社会学理论之作，不及实际社会问题"④。

20世纪初，密歇根大学教授柯莱（C. H. Cooley）、密苏里大学哥伦比亚分校教授爱尔乌德（C. A. Ellwood）等若干美国心理社会学家开始强调结合社会环境研究人们心理。此种理论受到孙本文等的肯定。孙本文于1935年1月在《社会学原理》中认为，柯莱《人性与社会秩序》（*Human Nature and the Social Order*, 1902）、《社会组织》（*Social Organization*, 1909）、《社会过程》（*Social Process*, 1918）三部著作，"为心理学派社会学的绝大贡献，他讨论个人和社会的关系、社会对于个人发

①　参见李剑华《社会学史纲》，第30—32、95—96页；孙本文《世界社会学之派别及其现状》，载孙本文等《从社会学到社会问题》，第8页；魏重庆《社会学小史》，商务印书馆1940年版，第18页；崔载阳《近世六大家社会学》（据民智书局1930年版影印），《民国丛书》第1编（15），上海书店1989年版，第82—84页。

②　参见魏重庆《社会学小史》，第19—21页；孙本文《美国社会学现状及其趋势》，载孙本文《文化与社会》，第116—118页；孙本文《世界社会学之派别及其现状》，载孙本文等《从社会学到社会问题》，第9页；李剑华《社会学史纲》，第52—53、97—98页；叶法无《近代各国社会学思想史》，大陆书局1933年版，第117—118页。

③　参见孙本文《美国社会学现状及其趋势》，载孙本文《文化与社会》，第118—119页；孙本文《世界社会学之派别及其现状》，载孙本文等《从社会学到社会问题》，第8页；叶法无《近代各国社会学思想史》，第120—122页；李剑华《社会学史纲》，第99—100页。

④　"附录一：社会学重要参考书籍提要"，载孙本文《社会学原理》（下）（据商务印书馆1947年版影印），《民国丛书》第2编（15），上海书店1990年版，第251、253页。

达的影响及人与人间的相关关系，最为精辟"。爱尔乌德《心理学方面的社会学》（*Sociology in its Psychological Aspects*，1912）、《人类社会的心理学》（*The Psychology of Human Society*，1925）两书为美国心理派社会学的经典著作，"从心理方面去讨论社会生活，有独到之处"，而《人类社会的心理学》"为较近的著作，把他以前学说更发挥而光大之，可作心理社会学的标准书读"①。

　　20年代，美国社会学界借鉴文化人类学理论，逐渐构建文化社会学理论体系。耶鲁大学教授孙末楠（W. G. Sumner）于1906年出版《民俗论》（*Folkways*，1906），提出民俗（Folkways）是社会学研究的主要对象，为文化社会学的理论先导。孙本文介绍，"此等民俗，并非物质的，乃属于人类之关系、俗例、制度等之一种'超机官'系统"。"孙氏之研究民俗，实开近时文化学派分析文化之先河，无可疑也。"②1927年，孙末楠的学生耶鲁大学教授恺莱（A. G. Keller）将其生前讲稿整理为《社会科学》（W. G. Sumner and A. G. Keller, *The Science of Society*, Four Volumes, New Haven：Yale Univ. Press, 1927）一书出版。孙本文对此书较为推崇，认为"此书诚晚近社会学巨著，凡研究社会学者不可不读"③。以哥伦比亚大学教授鲍亚士（F. Boas）为代表的文化人类学文化分析方法则为美国文化社会学的理论基础。鲍亚士通过对北美印第安人的考察，一改此前人类学囿于人类体质研究的传统，在1911年出版的《原人心理》（*The Mind of Primitive Man*，1911）等论著中提倡文化研究。他主张以分析一个文化区域内部的文化因子为基础，进而分析各种文化之间的关系及异同。他提出，世界各地人类在人种上差异极小，而文化差异极大。例如，欧洲社会比原始人群的发达，不在人种，而在文化成绩的积累④。此后，鲍亚士弟子罗维（R. H. Lowie）、

---

　　①　"附录一：社会学重要参考书籍提要"，载孙本文《社会学原理》（下）（据商务印书馆1947年版影印），第256—257页。

　　②　孙本文：《社会学上之文化论》，第41—43页。

　　③　"附录一：社会学重要参考书籍提要"，载孙本文《社会学原理》（下）（据商务印书馆1947年版影印），第251、255—256页。

　　④　魏重庆：《社会学小史》，第60—61页；叶法无：《近代各国社会学思想史》，第132—134页。

克鲁伯（A. L. Kroeber）、戈登卫然（A. A. Goldenweiser）以及卫史莱（C. Wissler）、笪然（A. M. Tozzer）等于 1920 年前后出版多种著作，全面发展了文化人类学研究。诸如罗维《文化与人种学》（*Culture and Ethnology*，1917）、《初民社会》（*Primitive Society*，1920）、《初民宗教》（*Primitive Religion*，1924）；戈登卫然《先代文明》（*Early Civilization*，1922）；卫史莱《人与文化》（*Man and Culture*，1923）和《社会人类学》（*Social Anthropology*，1929）；克鲁伯《人类学》（*Anthropology*，1924）等。他们认为，社会变迁主要在于文化变迁，并提出文化区（Culture area）理论，注意分析文化特质（Culture trait）、文化丛（Culture complex）、文化模式（Culture pattern）、文化传播（Culture diffusion）等问题。哥伦比亚大学教授乌格朋将文化人类学文化分析方法应用于社会学领域，于 1922 年出版《社会变迁》（*Social Change*，1922），创立文化社会学。南加州大学教授恺史（C. M. Case）亦于 1924 年出版《社会学大纲》（*Outlines of Introductory Sociology*，1924），阐述文化社会学理论。之后，20 年代末 30 年代初，美国有多种文化社会学专著出版。如爱尔乌德《文化演进》（*Cultural Evolution*，1927）；雀宾（F. S. Chapin）《文化变迁》（*Cultural Change*，1928）；汉根史（F. H. Hankins）《社会研究序论》（*An Introduction to the Study of Society*，1929）等[1]。

芝加哥大学社会学系为美国社会行为分析理论和以都市社区研究为特色的人文区位学研究重镇。其代表者有派克（R. E. Park）、蒲其斯（E. W. Burgess）及 20 年代调任纽约社会研究新校（New York new school for social research）教授的汤麦史（W. I. Thomas）等。孙本文极推崇该系都市社区研究方法。他于 1926 年 12 月表示，该系都市社区研究最为切实，"最近且创设破天荒之社会学实验室（Social Research Laboratory），从事于实际的社会搜究。欲将芝加哥社会现象，用科学方法，作系统的研究，俾使大城市社会生活得到社会学上切实根据，诚为社会学界辟一新蹊径者也"[2]。

_____

① "附录一：社会学重要参考书籍提要"，载孙本文《社会学原理》（下）（据商务印书馆 1947 年版影印），第 257—258 页；魏重庆：《社会学小史》，第 70—73 页。

② 孙本文：《美国社会学现状及其趋势》，载孙本文《文化与社会》，第 143—144 页。

社会学理论体系大致包括社会学的定义、研究对象、研究领域等诸方面。20世纪初尤其20年代为美国社会学理论体系的重要形成期。在此时期，美国学界渐形成有别于欧洲的社会学理论体系。1926年，美国社会科学研究会成立社会科学方法委员会，以研究各门社会科学的研究方法。作为美国社会科学研究会分会的美国社会学会由杨京（K. Young）、乌格朋、派克等列举了22种有关社会学研究方法的重要著作①。自20年代开始，中国社会学理论体系的构建基本参照美国。不过，其中有一个转折：20年代前中期以移植美国现成理论体系为主；20年代后期至30年代孙本文等留美归国学者融会美国社会行为分析和文化社会学等理论，力图构建新的社会学理论体系。

20世纪初美国社会学概论著作中，爱尔乌德《社会学及现代社会问题》（*Sociology and Modern Social Problems*，1910）、鲍格达（E. S. Bogardus）《社会学概论》（*Introduction to Sociology*，1913）、白克马（F. W. Blackmar）与季灵（J. L. Gillin）《社会学大纲》（*Outlines of Sociology*，1915）、海逸史（E. C. Hayes）《社会学研究绪论》（*An Introduction to the Study of Sociology*，1915）、范智儿（H. P. Fairchild）《社会学基础》（*Elements of Social Science*，1924）较受中国学界关注。白克马、季灵《社会学大纲》为威斯康星大学教授季灵根据堪萨斯大学教授白克马撰《社会学要义》（*Elements of Sociology*，1905）扩充而成，为美国大学通用社会学教材之一。20年代，陶乐勤曾将此书以《社会学原理》为题译为中文，先后由上海梁溪图书馆、新文化书店出版。1933年4月，周谷城亦将此书译为中文，以《社会学大纲》为题由大东书局出版。1937年，吴霖泽与夫人陆德音又迻译此书，由世界书局出版，取名《白季二氏社会学大纲》。曹聚仁等于1927年编著的《社会学大纲》、德普和延年于1923年合著的《社会学入门》、朱亦松于1928年编著的《社会学原理》等均参考伊利诺伊州立大学教授海逸史《社会学研究绪论》。1933年，赵卓甫将海逸史此书译成中文，由百城书店出版②。纽约大学教授范智儿《社会学基础》颇受孙本文推崇。1935年1

---

① 孙本文：《社会学原理》（下）（据商务印书馆1947年版影印），第277页。
② 孙本文：《当代中国社会学》，第27—26、43—44、48页。

月，孙本文在《社会学原理》中认为，"此书虽是为美国高级中学而作，却可为初学入门必读之书"①。

20 年代至 30 年代初，一些学者参考美国社会学理论编写若干社会学概论类书籍，诸如德普、延年《社会学入门》（世界书局 1923 年初版）、王平陵《社会学大纲》（泰东图书局 1926 年初版）、朱亦松《社会学原理》（商务印书馆 1928 年初版）、陈翊林《社会学概论》（中华书局 1930 年初版）、余天休《社会学大纲》（文化学社 1931 年初版）、应成一《社会学原理》（民智书局 1932 年、1933 年初版）、冯品兰《社会学纲要》（商务印书馆 1934 年初版）等。这些社会学论著主要引介美国成说，自创成分较少，且多引介美国早期社会学理论。这些论著承袭美国相关论述，以整体社会为社会学研究对象。德普、延年《社会学入门》认为，"社会学研究的对象和范围，是全社会，决不是或种社会，或社会的一部分"②。复旦大学社会学系教授应成一于 1932 年 11月和 1933 年 2 月先后出版《社会学原理》上下两册。他认为，社会学就是运用科学方法研究社会的科学，应以社会综合现象为研究对象，"社会学者，乃在一定环境以下之人，用其社会上最习惯、最便用之方法，对于其人之所认识以为社会者，作逐部的或整个的系统之研究也"③。冯品兰《社会学纲要》认为，社会学的研究对象"当为社会之全体，而非其某部份或某方面"④。

虽然迄 30 年代初诸多学者仍囿于对美国现成理论体系的引介，但20 年代后期，孙本文、吴景超、黄凌霜（文山）、杨开道、吴泽霖等留美归国学者开始融会社会行为分析、文化社会学等美国新兴理论，致力于构建中国自身社会学理论体系。其论著主要为孙本文撰写或主编的《社会学 ABC》（世界书局 1928 年初版）、社会学丛书（世界书局 1928年至 1930 年初版）、《社会学原理》（商务印书馆 1935 年初版）。其中，社会学丛书包括孙本文《社会学的领域》《社会的文化基础》《社会变

---

① "附录一：社会学重要参考书籍提要"，载孙本文《社会学原理》（下）（据商务印书馆 1947 年版影印），第 250 页。

② 德普、延年：《社会学入门》（学生门径丛书），世界书局 1924 年版，第 19—20 页。

③ 应成一：《社会学原理》（上卷），民智书局 1932 年版，第 2—10、75—76 页。

④ 冯品兰：《社会学纲要》，商务印书馆 1934 年版，第 7—8 页。

迁》，吴景超《都市社会学》《社会的生物基础》《社会组织》，杨开道《农村社会学》《社会研究法》，潘菽《社会的心理基础》，寿勉成《社会的经济基础》，黄国璋《社会的地理基础》，黄凌霜《社会进化》，吴泽霖《社会约制》，李剑华《社会学史纲》，游嘉德《人类起源》15种。此套丛书主要介绍美国最新社会学理论，各册撰者亦多曾留美。而孙本文于 1935 年 1 月出版的《社会学原理》为民国时期理论社会学扛鼎之作。孙本文介绍，此书内容一方面以引介欧美社会学理论为主，另一方面加以自己研究所得，"本书各章所述种种原理原则，大率以欧美多数社会学家所同意者为主。其论证散于各章各节中间，参以著者体验所得的论据"①。之后，该书几成全国通用大学教材，出版不久即被诸大学采用，1940 年又被教育部确定为部定大学用书。社会行为分析与社会文化分析为孙本文等构建的社会学理论体系的两大关键点（关于孙本文等构建的社会学理论体系，笔者将在下文作专门介绍）。

民国学界对社会学研究领域及次级学科的认识大致遵从美国学界。关于社会学研究领域，吴泽霖于 1932 年 6 月出版的《新中华社会学及社会问题》、冯品兰于 1934 年 2 月出版的《社会学纲要》均注意到，美国经济学会、历史学会、社会学会、政治学会、地理学会、教师联合会、大学商业学会等研究组织曾于 20 年代初联合组成一个负责审定各门社会科学研究领域的委员会。此委员会将社会学的主要研究领域规划为三方面：第一，研究人类在家庭、学校、邻里、公众间及与他人相处而产生的各种相互影响与活动以及由此产生的人情、风俗及社会组织；第二，研究人口问题对一切社会活动的影响，如人口数量、人口分布、人口品质（包括移民、优生、公共卫生）等问题；第三，研究贫穷和犯罪的原因及其预防与救济，同时，比较研究各种文明与野蛮社会，以明了各种社会的起源与演化方式②。关于社会学次级学科配置问题，1935 年 1 月，孙本文在《社会学原理》中介绍，欧洲学界仅关注理论社会学，而美国学界则兼及应用社会学。他根据美国社会学社对社会学

---

① 孙本文：《社会学原理》（下）（据商务印书馆 1947 年版影印），第 236 页。
② 吴泽霖：《新中华社会学及社会问题》（高级中学师范科用），第 5—8 页；冯品兰：《社会学纲要》，第 8—9 页。

研究领域的规划和美国各大学社会学系课程设置，提出将社会学分为纯理社会学、应用社会学、历史社会学、社会学方法论四类。纯理社会学包括研究一般社会行为的普通社会学及研究某些特定社会行为的特殊社会学，诸如地理社会学、生物社会学（如人口论、优生学）、心理社会学、文化社会学（如政治社会学、经济社会学、宗教社会学、法理社会学、艺术社会学）等。应用社会学包括农村社会学、都市社会学、教育社会学、犯罪社会学、社会工作等①。1944 年 12 月，孙本文注意到先后任明尼苏达大学、康奈尔大学教授的白乃德（L. L. Bernard）于 1934 年在《社会学的领域与方法》（*The Fields and Methods of Sociology*, 1934）中列举的 29 种社会学子学科：历史社会学、生物社会学、人口统计学、社会地理学、人类地境学、社区研究、农村社会学、都市社会学、民族社会学、文化社会学、艺术社会学、社会心理学、社会心病学、教育社会学、宗教社会学、法理社会学、家庭研究、政治社会学、社会伦理学、制度社会学、社会组织、社会控制、经济社会学、社会病理学、犯罪学、刑罚学、社会工作、社会调查、社会统计学。不过，孙本文认为，白乃德此种分类并不完善，既有遗漏，如系统社会学、知识社会学、社会变迁或进化等，又多重复，如人口统计学与社会统计学、制度社会学与社会组织、社区研究与农村社会学或都市社会学等②。

社区研究作为社会学中较具社会实证特征的研究领域，20 世纪初兴起于美国。社区概念虽非美国学界首先提出，但美国现代农村与都市社区研究范式对民国社会学有深刻影响。19 世纪末 20 世纪初，西方学界，如德国社会学家腾尼斯（F. Toennies）于 1887 年出版的《社区与社会》（*Gemeinschaft und Gesellschaft*, 1887）、加拿大多伦多大学教授麦其维（R. M. MacIver）于 1917 年出版的《共同社会》（*Community: A Sociological Study*, 1917）等论著，多强调社区的共同生活特征。而二三十年代孙本文、杨开道、吴文藻等所阐释的社区概念，除强调其共同生活特征外，亦强调其地域特征。中国学者此论亦受美国学界影响。20

---

① 孙本文:《社会学原理》（上）（据商务印书馆 1947 年版影印），第 71—75 页。
② 孙本文:《现代社会学的发展与趋势》（1944 年 12 月），载孙本文编《现代社会科学趋势》，商务印书馆 1948 年版，第 17—18 页。

世纪初美国学界在阐释农村社区概念时，即多强调其地域特征，如唐普逊（C. W. Thompson）所撰论文《农村社区定义》（C. W. Thompson, "Definition of a Rural Community", in J. Phelan, *Readings in Rural Sociology*, 1920）、西门斯（N. L. Sims）所撰《农村共同社会》（*The Rural Community*, 1920）、马格雷拉罕（B. A. McClenahan）所撰《社区组织》（*Organizing the Community*, 1922）等论著。

迄30年代，实现社会学中国化几成民国社会学界共识。此种认知呈现出民国学界对基于西方社会学理论构建本国理论体系，并应用于中国社会研究的紧迫感。民国学界对自身社会学理论的构建，不仅包括结合社会文化环境分析人们行为的社会行为与文化研究范式，亦包括农村、都市社区论说体系。其中，美国学术范式的影响尤其深远。

二　移植与派分

自19世纪中叶孔德提出建立社会学始，在欧美各国，社会学在研究范式、研究对象、研究领域等方面长期处于流动状态，导致社会学派别纷呈，法国、德国、英国等欧洲各国各异，美国与欧洲更截然不同。民国学界在移植欧美各家理论之时，自然面临如何取舍难题，不免有所偏重。然而，民国社会学界是否存在所谓"入主出奴"的派别？事实上，除马克思主义社会学外，民国学界虽在引介西方学说时有所偏重，但难说存在截然相隔的派别。孙本文曾于1935年1月谓，各国社会学"因历史背景不同，发展路径各异，故各国社会学流派至为分歧。初学者非入主出奴，即顾此失彼"[①]。而孙本文所谓"入主出奴"，亦只是"初学者"的情况。1948年5月，孙本文又称，其《当代中国社会学》之所以只用"流派"而非"派别"一语，是因为他否认民国学界存在"各不相容的派别"。因为"流派"比"派别"在强调各"派"之"别"的语义上较为模糊。所谓民国社会学"流派"，只可算是"有所偏重的研究趋向"，在乎各家研究"重心"不同，谈不上"划然分界"，"著者个人见解，中国社会学正在成长时期，全国社会学者正在努力建

---

① 孙本文：《世界社会学之派别及其现状》，载孙本文等《从社会学到社会问题》，第1页。

筑社会学的基础，还说不上有甚么派别。而况现代社会学原没有门户水火的派别可言，有之则仅是各专一门，各尽所长，以期分工合作完成整个社会学的使命。多数社会学者常兼长几个部门，而有综合研究的趋向。所以，我们论到中国社会学的派别，只是说有所偏重的研究趋向而已"①。

孙本文于1928—1930年主编社会学丛书，所邀参撰者多为留美同道，且多注重社会的文化环境要素，仅撰写《社会学史纲》的李剑华为留学日本出身。例如撰写《都市社会学》《社会的生物基础》《社会组织》的吴景超曾在芝加哥大学攻读硕士、博士学位，对派克诸人结合社会环境分析人们行为的人文区位学研究方法了解颇深。撰写《社会进化》的黄凌霜为哥伦比亚大学硕士，深受乌格朋文化社会学理论影响。撰写《社会约制》的吴泽霖则为威斯康星大学教授罗斯（E. A. Ross）、俄亥俄大学教授伦姆雷（F. E. Lumley）的学生，先后随二人攻读硕士、博士学位。20世纪初，罗斯和伦姆雷先后阐明社会控制（Social Control）理论。罗斯于1896年发表诸篇有关社会约制的论文，继于1901年将这些论文汇编为《社会约制》（*Social Control*，1901）一书。1925年，伦姆雷出版《社会约制的工具》（*Means of Social Control*，1925），进一步阐发社会控制问题。孙本文力主文化环境论，亦看重美国社会控制理论。他于1926年12月介绍，其注重研究社会环境与人们心理行为的关系，与芝加哥大学社会行为理论有接近之处，"其对于社会心理及社会进程之分析，有独到之处。虽其主张大致与芝加哥派有相合处，但实际亦可自成一派"②。孙本文之所以找时任上海大夏大学教授的吴泽霖撰写《社会约制》，即由于吴泽霖为罗斯与伦姆雷弟子。吴泽霖于1930年1月在《社会约制》自序中申明，其论述承袭罗斯《社会约制》与伦姆雷《社会约制的工具》相关论述③。吴泽霖强调社会行为与社会约制的关联，认为"我们一切的行为，都由适当刺激和反应所形成。我们

① 孙本文：《当代中国社会学》，第238页。
② 孙本文：《美国社会学现状及其趋势》，载孙本文《文化与社会》，第142—143页。
③ 吴泽霖："自序"（1930年1月于上海大夏大学），载吴泽霖《社会约制》（孙本文主编《社会学大纲》第11种），世界书局1931年版，第1—2页。

要约制人家，就应当产生一种适当的刺激、适当的动境，使被约制的人，丢弃他本来的行为，而产生一种新的反应"①。由于注重社会文化环境因素，孙本文等对英国心理学家麦独孤（W. McDougall）本能论多持否定态度②。麦独孤于 1908 年在《社会心理学绪论》（*An Introduction to Social Psychology*，1908）中将源于人们生理遗传的本能（Instincts）视作人们社会生活、人格发展的基础③。本能论于 1910—1920 年一度流行于欧美学界，但于 1920 年后受到美国学界猛烈攻击，约翰·霍普金斯大学教授邓禄普（K. Dunlap）、先后任明尼苏达大学和康奈尔大学教授的白乃德、芝加哥大学教授范黎庶（E. Faris）等尤为急先锋④。孙本文亦对本能论持否定态度。1948 年 5 月，他在《当代中国社会学》中，对 1922 年商务印书馆出版刘延陵译麦独孤《社会心理学绪论》颇多感慨，认为刘延陵此时尚迻译此书，表明"我学术界消息之滞迟"⑤。

美国社会行为分析理论以芝加哥大学社会学系为重镇，代表者包括汤麦史、白乃德、范黎庶、派克、蒲其斯诸人。吴泽霖于 1932 年 6 月介绍美国社会行为分析理论说，此种理论认为除性、惧、怒等少数先天简单的行为外，人类多数行为均由后天获得，"社会上一切过程和活动，

①　吴泽霖：《社会约制》（孙本文主编《社会学大纲》第 11 种），第 11 页。

②　民国时期诸多学者在受美国社会环境论影响的同时，不像孙本文全然否定麦独孤本能论。孙本文在《社会学原理》中即介绍，"关于心理遗传问题，一般心理学家、社会学家都主折中论，即信环境影响于行为力量至大，不过，同时亦信遗传亦有相当关系"。参见孙本文《社会学原理》（上）（据商务印书馆 1947 年版影印），第 194 页注 79。1928 年 5 月，朱亦松在《社会学原理》中，在介绍孙末楠民俗论和芝加哥大学社会行为分析理论的同时，又认为人们的行为由本能和"风习"（民俗）两方面决定，"所谓风习者，即指一般人们习得的动作之谓；所谓本能者，即指人们不习而能的动作之谓。故风习为后天的，而本能则为先天的也"。参见朱亦松《社会学原理》，商务印书馆 1928 年版，第 181—182 页。1932 年 11 月，应成一在《社会学原理》中将持本能论者称作"鼓动力"（Drive）派，将持社会行为分析理论者称作"基本动作"（Reflex）派，认为虽行为派较占优势，"然吾人终究不应根本推翻鼓动力论之精义"，"盖鼓动力论乃从先天上立论，说明人类何以有如此之动作，两者不可偏废"，"吾人若能认定鼓动力者，乃是一切物质所受自然拘束之现象，则鼓动力论之主张，固不害与行为论同时并存者也"。参见应成一《社会学原理》（上卷），第 229—235、243—245 页。

③　魏重庆：《社会学小史》，第 26—27 页；孙本文：《现代社会心理学的发展与趋势》，载孙本文编《现代社会科学趋势》，第 378—379、385—386 页。

④　孙本文：《现代社会心理学的发展与趋势》，载孙本文编《现代社会科学趋势》，第 380—382 页。

⑤　孙本文：《当代中国社会学》，第 120 页。

无非是各种环境——自然的、文化的——所引起个人间的反应,这些反应同时也就是一种新刺激,可以引起他人或他种的反应。这种种反应若复重做下去,便成了习惯。若为许多人共同遵守了,就变成风俗"①。此种研究范式受到孙本文等民国新晋社会学家的尊崇。

美国文化社会学的兴起,表明美国社会学研究对象由起初的内在心理,到外在的社会行为,最终到社会文化的转化。不过,美国文化社会学仍极具综合研究趋向。正如哥伦比亚大学教授亚伯尔(T. Abel)于1930年在《美国社会学杂志》撰文所言,文化是人类所有行为的总体(Totality of human behavior),包括经济、政治、技术、宗教等各方面活动及其相应产物。这些文化活动及文化产物各自形成文化的一方面(Separate aspect of culture),并分别成为特殊的社会科学研究领域,"文化的全领域,既为其他各社会科学所领有,如此,文化社会学所能求得的独立对象,势必只有'抽象的搜讨'(Abstract approach)",此抽象的解释本质上仍为"综合的、哲学的(文化哲学)"(Is a Cultural Sociology Possible, *American Journal of Sociology*, Vol. 35, No. 5, 1930)②。

在孙本文看来,孙末楠《民俗论》、乌格朋《社会变迁》、恺史《社会学大纲》为美国文化社会学基本读物。孙本文在《社会学原理》中将《民俗论》称为"社会学上有数名作",并引蒲其斯所言认其为"科学的社会学开创之书"③。1929年8月,他在《社会变迁》自序中又认为,乌格朋《社会变迁》"蔚然为社会学界晚近的巨著"④。孙本文亦很赞许恺史《社会学大纲》,将其视作"极好的社会学教科书"⑤。孙本文介绍了美国文化人类学、文化社会学提出的文化传播(Diffusion of culture)、文化累积(Culture accumulation)、文化失调(Culture lag)、文化特质(Culture trait)、文化丛(Culture complex)、文化区(Culture

---

① 吴泽霖:《新中华社会学及社会问题》(高级中学师范科用),第35—37页。

② 魏重庆:《社会学小史》,第81—82页。

③ "附录一:社会学重要参考书籍提要",载孙本文《社会学原理》(下)(据商务印书馆1947年版影印),第258—259页。

④ 孙本文:"序"(1929年8月5日于国立中央大学),载孙本文《社会变迁》(孙本文主编《社会学大纲》第9种),世界书局1931年版,第1—4页。

⑤ "附录一:社会学重要参考书籍提要",载孙本文《社会学原理》(下)(据商务印书馆1947年版影印),第252页。

area）、文化模式（Culture pattern）等理论。他介绍文化传播理论说，新文化的增加既要靠本社会新文化的发明，又要靠他社会新发明的传入，"新文化的来源，不一定靠本社会的发明，有时得采用他社会已经发明的新事物。这叫做文化传播（Diffusion of culture）"①。孙本文综合乌格朋、明尼苏达大学教授雀宾及鲍亚士弟子、加利福尼亚大学人类学教授克鲁伯等人的论述，系统阐述了文化累积问题。他分析，文化变迁导致文化累积的形成，同时，文化累积又成为人类新发明的文化基础，"发明必俟文化状况已达准备成熟之时，方始产生"，文化累积基础愈厚，文化变迁越速，"在文化基础极小之时，发明往往甚少；在文化基础极大之时，发明自然加多"②。孙本文重点介绍了乌格朋文化失调理论。他介绍，文化变迁导致文化失调，"一个社会的文化，常包括许多部分。而这许多部分，常常是互相调和适应的。但是，当社会变迁的时候，文化各部分的变迁，常常是不一致的，有的部分变迁很快，有的部分变迁很缓。在这种文化变迁或快或缓的时候，文化的各部分，便不能互相调和适应。这种现象，叫做文化失调"。文化失调是产生社会问题的根本原因。社会变迁越快，文化失调的现象就越多，社会问题也就越多③。文化特质、文化丛、文化区、文化模式概念首先由鲍亚士、卫史莱、克鲁伯等美国文化人类学家提出，后由海史各费（M. J. Hersko-vits）、卫莱（M. M. Willey）应用于社会学领域。孙本文介绍，文化特质是文化的最小单位，"文化学者，常认定几种文化特质，作为研究分析的单位"；各种相关的文化特质组成一种文化丛④；某种文化方式（Culture type）往往集中于同一地理区域，"凡属于同一文化方式的地理区域，通常称为文化区域（The culture area）"；世界上每有一种社会形式，便有一种文化模式，"凡有一种特殊的社会，便有一种特殊的文化模式"，某种文化模式对于新文化和外来文化具有选择去取的力量，"外来的文化特质或新发明的文化特质，都须适合于这种文化模式。适

---

① 孙本文：《社会变迁》，孙本文主编《社会学大纲》第9种，第42、48—49页。
② 同上书，第66—68、72—73、83—85、87—91页。
③ 孙本文：《社会的文化基础》，世界书局1932年版，第127—130页。
④ 孙本文：《社会学原理》（上）（据商务印书馆1947年版影印），第232—243页。

合于这种文化模式的，便很自然的吸取之，否则往往拒绝之"，文化模式亦对人的行为具有制约作用，"一个人出生之后，便须适应于这种社会上现成的文化模式"①。

民国学界对于文化概念的理解主要有两个理论来源，一为孙本文等遵从的乌格朋所谓物质文化、非物质文化两分法，二为吴文藻等燕京大学社会学系师生遵从的英国功能派文化人类学家马林诺斯基（B. Malinowski）所谓三因子、八方面说。两者虽具体说法各异，但核心理念相近，均以泰勒（E. Tylor）所言非物质文化为基础，增加物质文化内容。1871 年，英国人类学家泰勒在《初民文化》（*Primitive Culture*，1871）中指出，"文化是一种复杂体，包括知识、信仰、艺术、道德、法律、风俗，以及其余从社会学得的能力与习惯"②。1922 年，乌格朋在《社会变迁》中认为，泰勒忽视了文化的物质方面，其所言仅为非物质文化，还应包括建筑物、工具、工艺品等物质文化③。马林诺斯基在《文化论》（*What Is Culture*）中将文化分为"物质底层""社会组织""语言"三因子（或单列"文化的精神方面"，成为四因子），并进而将文化分为"经济""教育""政治""法律与秩序""知识""巫术宗教""艺术""娱乐"八方面（有时在经济前单列技术，成为九方面）④。费孝通认为，马林诺斯基基本继承泰勒的文化定义，在《文化论》第一节用列举的方式说明文化的内容，认为"文化是指那一群传统的器物、货品、技术、思想、习惯及价值而言"，并强调社会组织也包括在内。与泰勒相比，马林诺斯基列举的文化内容多了物质部分，而他补充的社会组织则可包括在泰勒所言社会成员从社会学得的"能力"和"习惯"中⑤。孙本文等看重乌格朋物质文化与非物质文化两分法。1929 年 8 月，他在《社会的文化基础》中解释说：文化分为物质文化、非物质

① 孙本文：《社会的文化基础》，第 77、56—58、82—86 页。
② 同上书，第 23—25 页。
③ 孙本文：《社会学上之文化论》，第 52—55 页。
④ 吴文藻：《论文化表格》（1938），载吴文藻《吴文藻人类学社会学研究文集》，民族出版社 1990 年版，第 193—196、218、222—224 页。
⑤ 费孝通：《从马林诺斯基老师学习文化论的体会》（1995 年 5 月 28 日），载费孝通《论人类学与文化自觉》，华夏出版社 2004 年版，第 47—48 页。

文化两大类，物质文化指"人力所创造之具体的事物"，如衣服、舟车、桥梁、机械、器具等，非物质文化指"人工所创造之抽象的事项"，如风俗、法律、宗教、道德等①。吴文藻诸人则偏向由马林诺斯基之说理解文化内涵。他于 1938 年在《论文化表格》一文中认为，马林诺斯基之说不仅"与事实最相契合"，而且在研究方法上具有可行性②。

　　透过 1928—1929 年孙本文与潘光旦间的争论，可窥见注重遗传要素的优生学与注重社会环境要素的社会行为和文化研究之间的分立。两派争论的学术渊源均在美国。潘光旦的社会学研究立足生理与遗传，以优生学见长，注重社会的生物基础。他于 1922 年入美国新罕布什尔州达特茅斯学院（Dartmouth College）学习生物学，获学士学位，又于 1924 年入哥伦比亚大学攻读硕士学位，学习动物学、古生物学、遗传学。1924—1925 年在哥伦比亚大学两年间，他经常到纽约冷泉港优生学记录局（Eugenics Record Office，潘光旦称"美国优生学馆"）学习。其诸多论点即来自优生学记录局达文包（C. B. Davenport）、劳莱林（H. H. Laughlin）等学者。在 20 年代，该局系美国乃至世界优生学研究重镇，冷泉港几成"世界优生成绩之总流通处"③。潘光旦此种研究趋向与注重社会行为、社会文化研究的孙本文诸人颇多不合。1924 年 8 月，潘光旦撰文强调从生物学角度研究人种改良的重要，并指出社会文化环境论的错误。他观察到，"美国社会学家十有六七主偏狭之环境说"，"自西方归来而未受生物学训练之中国社会学者大都信仰环境论，此是意计中事，习他科者一般之印象亦大率趋向是说"④。孙本文则是优生

---

① 孙本文：《社会的文化基础》，第 23—25、27—29 页。
② 吴文藻：《论文化表格》（1938），载吴文藻《吴文藻人类学社会学研究文集》，第 193—196、218、222—224 页。
③ 潘光旦：《二十年来世界之优生运动》（1925 年 5 月 12 日作于美国优生学馆），载潘光旦《优生概论》（据商务印书馆 1947 年版影印），《民国丛书》第 1 编（20），上海书店 1989 年版，第 119—122 页。
④ 潘光旦：《西化东渐及中国之优生问题》（1924 年 8 月作于美国优生学馆），载潘光旦《优生概论》（据商务印书馆 1947 年版影印），第 53 页。

论的坚决批判者①。他于 1928 年撰《文化与优生学》一文，批评优生学家忽视文化对人类的后天影响，强调人类能力并非先天的，多受后天文化影响，"我们所见人类种种方面的活动，全都是受着文化影响以后的表现，并不是人类先天就有种种能力，使他不得不有种种方面的活动"②。针对孙本文的批评，潘光旦于 1929 年 10 月在《社会学刊》发表《优生与文化》一文回应。孙本文亦在同期《社会学刊》发表《再论文化与优生学》与潘光旦商榷。孙本文对优生学的批评乃承美国文化社会学余绪。乌格朋即对优生学过分强调人类生理要素多有批评，认为"优生学家（Eugenist）以为改良人种，即所以改良社会。过重生物要素，而置文化原因于不问。彼等似乎不知文化之生长，大概由于纯粹之文化原因。一若文化之发展，只恃种族能力者"③。由于二人学术分歧极大，故孙本文主编社会学丛书，邀请吴景超而非潘光旦撰写《社会的生物基础》。而在此问题上最有发言权者是致力于优生学研究的潘光旦。潘光旦则一直对他与孙本文等的学术龃龉心存耿耿。直到抗战时期的 1941 年 8 月至 1942 年 5 月，潘光旦在西南联大所编《优生原理》讲义仍批评孙本文等门户之见过深，表示"世间一切学问是触类旁通的，做

---

① 民国时期诸多注重社会文化环境的论者并非像孙本文那样走极端，而是在指出优生学局限的同时，承认其部分可取之处。吴景超即主张，根据事实取舍生理遗传论与社会环境论，"假如事实告诉我们遗传的力量大，我们便信遗传的力量大。事实告诉我们环境的力量大，我们便信环境的力量大"。参见吴景超"自序"（1930 年 1 月于南京金陵大学），载吴景超《社会的生物基础》（孙本文主编《社会学大纲》第 4 种），世界书局 1931 年版，第 1—2 页。1932 年 6 月，吴泽霖在《新中华社会学及社会问题》中表示，"我们虽不敢完全采纳优生学家的一切办法，但是，他们的根本主张乃是无可否认的，我们只要承认天才与愚钝有遗传根据的话，至少应赞成限制低能者的繁殖的主张，至少不应使低能者自由移入境内"。参见吴泽霖《新中华社会学及社会问题》（高级中学师范科用），第 272—274 页。清华大学社会学系教授陈达在 1934 年出版的《人口问题》中认为，人口品质同受环境与遗传影响，两者作用无分轩轾，"遗传与环境不应分开讨论，应综合讨论，他们对于人口与文化的关系是相辅而行的"。参见陈达《人口问题》（据商务印书馆 1934 年版影印），《民国丛书》第 1 编（19），上海书店 1989 年版，第 232 页。1941 年 10 月，童润之在《乡村社会学纲要》中称，社会环境论与遗传论两派的说法均有根据，近来科学家都认为环境与遗传对人类品质的影响是相辅的，无孰大孰小之别。具体到个人，则因人而异，有的环境影响大些，有的遗传影响大些。参见童润之《乡村社会学纲要》，正中书局 1944 年版，第 103—105 页。

② 孙本文：《文化与优生学》，载孙本文《文化与社会》，第 27—31 页。

③ 孙本文：《社会学上之文化论》，第 63 页。

学问的人要分门别类，为的是方便，为的是容易专精，而并不是说门类之间真有很清楚的界限，不容逾越。因此，真正所谓科学的解释决不惮旁征博引，而唯恐失之偏隘；一定要于划出一块自己的园地以后，说不但我所研究的对象在此，而我所要寻求的解释也只在于此，且即此已经足够，则不但失诸偏隘，失之自封，并且失诸割裂，失诸断章取义"①。

20世纪初美国学界有关现代社区研究主要有三种路径：一为以文化社会学方法开展的现代社区研究，林德夫妇（R. Lynd & H. Lynd）于1929年出版的《中镇：一种现代美国文化的研究》（*Middletown*：*A Study in Modern American Culture*，1929）为美国此种研究的代表著作；二为芝加哥大学社会学系运用人文区位学方法开展的都市社区研究；三为农村社会学界开展的农村社区研究。孙本文受美国文化社会学影响较深，更看重运用美国文化人类学、文化社会学文化分析方法开展的现代社区研究。1935年1月，他在《社会学原理》中倡导将美国文化人类学文化分析方法应用于现代社区研究，表示"对于近代社会的文化特质，尚无人做详细精密的研究"，现代社区调查难与鲍亚士等美国文化人类学者对北美初民社区的考察相媲美，只有美国中镇（Middletown）调查较完善②。他称林德夫妇所著"系一种别开生面的社会研究。用人类学家研究初民社会的方法，以分析现代文化。以一小都市'中镇'为对象，而研究其全社会各方面的景况。在方法上为有特殊贡献之著作"③。显然，孙本文对现代社区研究亦极重视，只是由于种种机缘，未能付诸实践。吴景超等极关注芝加哥大学人文区位学都市社区研究方法。20年代始，派克、蒲其斯主持芝加哥大学社会学系开展芝加哥都市社区研究，结合各区域社会文化环境解析芝加哥各区域人们社会行为的异同及其形成原因。在民国学界，吴景超与芝加哥大学都市社区研究关系最密切，其于1929年8月出版的《都市社会学》即主要介绍芝加

① 潘光旦：《优生原理》（1949年4月），载潘光旦《潘光旦文集》（第6卷），北京大学出版社2000年版，第324页。

② 孙本文：《社会学原理》（上）（据商务印书馆1947年版影印），第234页。

③ "附录一：社会学重要参考书籍提要"，载孙本文《社会学原理》（下）（据商务印书馆1947年版影印），第268—269页。

哥大学都市社区研究方法。但由于种种限制,吴景超在此后三四十年代的教学、科研工作中未能深入开展都市调查工作。他对芝加哥大学都市社区研究只停留于理论介绍层面,倒是美国哈佛大学经济学教授格来斯(N. S. B. Gras)都市经济发展理论对其三四十年代社会学研究产生更多影响。吴景超据此发表了大量关于工业化问题的灼见,成为三四十年代中国学界主张工业化的领军者。杨开道等农村社会学者极看重美国农村社区实地调查方法,将之视作促使农村社会学步入科学之途的重要手段。杨开道于 1930 年 1 月在《农村社会》中主张,由于世界上社区种类太多,小而至于农村社区,大而至于全世界,为避免讨论陷于空泛,社区研究应从地域较小且构成较简单的农村社区研究做起,"农村人口分子比较单纯(Homogeneous),生活也比较安定,是一种绝好的研究资料"。他同时强调,农村社区研究"当然是以实地研究为主,因为实地研究,才能得着真正的事实"①。1934 年 3 月,言心哲在《农村社会学概论》中注意到,美国诸农村社会学者均强调农村社区调查的重要,例如,白勒(L. H. Bailey)于 1890 年开始在美国倡导农村调查,之后为费廉(J. Phelan)主编《农村社会学读本》(J. Phelan, *Readings in Rural Sociology*, 1920)撰写《农村调查》(The Survey)一章,吉勒特(J. M. Gillette)《建设的农村社会学》(*Constructive Rural Sociology*, 1913)、葛尔宾(C. J. Galpin)《农村生活》(*Rural Life*, 1918)均指出"农村调查是搜集农村社会最紧要的一种方法"。由此,言心哲认为,"用科学方法、客观态度,来调查农村,是研究农村社会不可少的步骤,并且是使农村社会学成为科学的必由之路"②。

民国社会学界与美国社会学研究范式直接接轨,并呈现出明显趋新态势。二三十年代诸多留美归国的社会学者大力移植 20 世纪初美国新兴社会学理论。20 世纪初为美国社会学重要成形期,美国社会学研究渐摆脱早期心理派社会学影响,呈现一系列全新研究趋向,诸如社会行为分析、社会文化研究、社区调查等,并综合上述研究范式形成以都市社区研究为特色、分析不同地理区位与文化环境中社会行为异同的人文

---

① 杨开道:《农村社会》,世界书局 1931 年版,第 2—3、7—9 页。
② 言心哲:《农村社会学概论》,中华书局 1939 年版,第 394—395 页。

区位学研究范式。民国学界对美国这些新兴研究范式划分此疆彼界的派别意识并不明显，而抱兼收并蓄的态度，所不同者，仅在运用不同理论研究不同领域。正如 1940 年 12 月吴文藻所言，中国社会学教学与研究应重视不同学派的介绍，分别阐发"一派一家之言"，俾青年有机会练成"思想体系化"的头脑，以免"思想公式化"偏向，"中国今日思想界所需要的刺激，是学派之争，而不是门户之见"①。不过，如果说民国社会学界有明显派别的话，仅孙本文等社会行为和文化论与潘光旦等优生论间的区隔较为明显。两派间的分歧正表明社会行为与文化分析渐居民国社会学理论的中心地位。

三　融会与创新

民国学界对欧美各种社会学理论多取融会态度。1948 年 1 月，费孝通谈到社区研究时认为英国文化功能学派、美国文化社会学派和人文区位学派是相通的。"在社区分析这方面，现代社会学却和人类学的一部分通了家。人类学原是一门包罗极广的科学，和社会学一样经过了分化过程，研究文化的一部分中也发生了社区研究的趋势，所以，这两门学问在这一点上辐辏会合。譬如林德（Lynd）的 Middletown 和马凌诺斯基（Malinowski）在 Trobriand 岛上的调查报告，性质上是相同的。嗣后人类学者开始研究文明人的社区，如槐南（Warner）的 Yonkee City Series、艾勃里（Embree）的'须惠村'（日本农村），以及拙作《江村经济》和《乡土中国》，更不易分辨是人类学或社会学的作品了。美国社会学大师派克先生（Park）很早就说，社会学和人类学应当并家。他所主持的芝加哥都市研究就是应用人类学的方法，也就是我在上面所说的'社区分析'。英国人类学先进白朗先生（Radcliffe Brown）在芝加哥大学讲学时就用'比较社会学'来称他的课程。"② 民国学界在融会欧美各家理论的同时，具有较强的创新意识。这一方面体现于基本理论的融

---

① 吴文藻："社会学丛刊总序"（1940 年 12 月于重庆），载［英］Bronislaw Malinowski《文化论》（*What Is Culture*），费孝通译，第 1—3 页。

② 费孝通：《现代社会学》（1948 年 1 月 16 日于清华胜因院），载梁方仲等《现代学术文化概论》（第 2 册社会科学），华夏图书出版公司 1948 年版，第 61 页。

会与创新,即以融会欧美各家理论为基础,构建诸多新理念;另一方面,也许更具学术价值者,为将引入的欧美理论及自己提出的诸多新创见应用于中国社会研究。

孙本文构建的社会学理论体系在民国社会学界具核心地位。其《社会学原理》于1935年1月的出版表明其社会学理论体系大致构建完成。其社会学理论体系的核心即为社会行为分析与文化社会学理论的结合。1948年5月,孙本文在《当代中国社会学》中提醒大家,不要把他误认为文化派学者,他"重视文化,同时也重视心理因素,而且,亦不蔑视其他如地境及生物因素"。反之,自己虽长期"对社会学方面心理学说及社会心理学始终感觉兴趣",但不能说属心理学派,因为自己亦重视文化因素,认为社会现象中心理因素与文化因素同样重要①。就某种意义言,孙本文融会美国社会行为分析与文化社会学理论而构建的社会学理论确具相当创新性。且此一观念并非孙本文所独具,吴景超、许仕廉、应成一、吴泽霖等不少论者亦与孙本文同调。

孙本文将文化分析与心理行为分析相结合的观念,自1926年返国后始萌芽,后历经十年逐步完善。其于1928年9月出版的《文化与社会》所含美国文化社会学和心理行为分析理论各半。此书所收《美国社会学现状及其趋势》一文即指出,社会行为分析、文化社会学、人文区位学诸理论渐趋合一,可以相互发明,"此三派研究之方面不同,故其所得之结论亦各异。要之,一种完全之科学的社会学不能离此三种趋势。三者互相补助而互相发明者也。社会心理学派研究社会现象之心理(主观)方面;文化学派研究社会现象之客观方面(即社会环境方面);地位学派研究社会现象之地位关系方面。虽美国社会学家未必欲统合此三派而融会贯通之,但就目前趋势而言,社会心理学派与地位学派几已有不可分离之关系,而此二者又渐渐注重于文化方面。此不但就理论上言必须联结,而事实上已经如此。譬于派克、蒲其史二教授,系汤麦史社会心理学派之健将,近来竭力倡导人类地位学,并且亦时时讨论及于文化事实。于此亦可占其趋势矣"②。孙本文首先明确了社会文化和人

---

① 孙本文:《当代中国社会学》,第241—243、246页。

② 孙本文:《美国社会学现状及其趋势》,载孙本文《文化与社会》,第137—138页。

们心理行为在社会生活中的基本定位。1928 年 9 月，他在《文化与社会》中称，文化是"物观的"，独立于人身之外而存在，从社会客观环境方面制约社会现象；态度是"人观的"，从人的内在主观心理方面制约社会现象[①]。他继而分析文化与人类心理行为的关系。他认为，一方面，文化由人创造，依靠人类的态度与行为而存在。1935 年 1 月，他在《社会学原理》中指出，"人是文化的创造者，同时又是文化的传递者、使用者、保守者。……文化的价值附丽于人的活动；文化的生命，寄托于人的使用。人是文化的表演者，人的一切行为，即是表演文化的活动"[②]。另一方面，社会文化环境对人类心理行为的影响与制约更为深刻，人类态度与行为源于所处社会环境。1929 年 8 月，他在《社会的文化基础》中说："文化虽是人的产物，但一经产生以后，人即受着文化的束缚，处处表现文化的色彩。所以，质言之，所谓个人——即我们所见的个人——无非是文化陶冶而成的个人。"这样，孙本文就将社会行为研究与文化研究相结合，主张结合社会文化环境研究人们的行为。所以，他极重视分析文化区域与社会行为的关联，认为文化区域研究是分析社会行为的重要手段。他在《社会的文化基础》中分析，生活于某一文化区域的人们的行为，往往受此文化区域特定的物质文化与非物质文化的支配，"个人的行为的方式，是一种特殊文化区域的产物"，可根据文化区域"来判断个人行为的特色"。"我们所以要分析文化特质和区别文化区域的根本目标，可说就在要了解人民的行为和推测人民的行为。"例如，生活于欧美文化区域中的人，一般信仰基督教，主张民主政治，而生活于亚洲文化区域的人，一般信仰"孔教"、佛教或伊斯兰教，不一定主张民主政治[③]。

孙本文既注重文化要素亦注重心理要素的想法乃借鉴自美国文化社会学、社会行为分析等理论。1922 年，乌格朋在《社会变迁》中即认为，研究"人类心理行为与文化之交互关系"是社会学的重要任务。不过，乌格朋在论述人类心理行为与社会文化关系时，倾向以"本性"

---

①　孙本文：《人类态度与文化》，载孙本文《文化与社会》，第 19—20、26—27 页。

②　孙本文：《社会学原理》（下）（据商务印书馆 1947 年版影印），第 237—238 页。

③　孙本文：《社会的文化基础》，第 125—126、96—98 页。

解释行为的心理基础,认为人类行为是人的本性与文化环境的混合物。① 孙本文运用芝加哥大学社会行为分析理论对乌格朋此论提出修正。1929 年 8 月,他在《社会变迁》序言中称,他"对于乌氏所论本性与文化关系诸点,颇不同意"②。他认为,乌格朋所言"本性"应为后天养成的"个性"。"个性不是先天的,而是出生以后在社会上的文化环境里面渐渐地养成的","从这种不同的文化环境里面,个人学得的文化的个别的表现,就叫做个性",人们在不同的社会文化环境中会养成不同的行为模式与个性③。

孙本文试图将美国文化社会学理论应用于中国近代社会研究。1935年,他在《中国社会之过去与今后》一文中运用此种理论分析鸦片战争前后中西文化交通对中国社会的影响。他指出,肇端于鸦片战争的中西文化交通为中国社会转变的关键,"洎夫雅〔鸦〕片启衅,而海上交通始繁。欧风美雨,遂滚滚东来。于是,文化接触之机会愈多,社会变迁之可能愈大。此数千年来安定而有特殊组织之中国社会,至是而始发生根本动摇"。由此,中国社会急剧变革,家族本位、农村本位、人伦本位等中国社会的三大特征日趋消解。物质文化方面,西方近代科技、工业设备、军事装备等大量进入中国,自给自足的农村生活日形衰落,工业都市日见繁盛;思想方面,西方自然科学、人文社会科学思想纷至沓来,"不仅科学为国人研究之中心,而其他哲学、文艺以及社会、经济各方面之新思想,亦已印入国人的脑迹",人伦本位、重人事而不重自然、重人治而不重法治等观念逐渐转变;制度方面,西方教育、司法、政治、经济、家庭、婚姻等各种制度纷纷传入中国,"小家庭与自然婚姻之制度,根本改变吾国家族本位之组织。通商都市中公司、银行、工厂等等之制度,根本改变吾国农村本位自足自给之组织。他如由德治而趋于法治,由官治而趋于自治,亦皆我国社会根本之变革也"④。

① 孙本文:《社会学上之文化论》,第 64、60 页。

② 孙本文:"序"(1929 年 8 月 5 日于国立中央大学),载孙本文《社会变迁》(孙本文主编《社会学大纲》第 9 种),第 1—4 页。

③ 孙本文:《社会变迁》(孙本文主编《社会学大纲》第 9 种),第 121—127 页。

④ 孙本文:《中国社会之过去与今后》,载孙本文等《从社会学到社会问题》,第 55—64 页。

孙本文又注重运用美国文化区域理论分析中国社会现状，倡导中国现代文化区域研究。他于1927年10月在《中国文化区域之研究》一文中提出，"我国文化，若能采用科学的文化分析法，精密辨别其文化特质之同异，编为统计，汇成族类，则必有多少方式可发见"。他尝试分析了江苏、浙江两省的文化区域分布，认为江苏省长江以南地区与浙江省仙霞岭以北地区，属同一文化区域，语言风俗相近；江苏省长江以北地区，在文化上则与山东相近；浙江省仙霞岭以南地区文化，则近于福建。他表示，此论"仅系一种粗浅的观察，固不足以言何种科学的价值，但为提倡研究起见，亦足以使研究文化者，知我国文化区域，确有分析之可能"①。1929年8月，他在《社会的文化基础》中进而提出研究中国文化区域的大致设想。他提出，"划分文化区域的工作，决不是粗浅观察所能胜任，必须采用极合于科学分析的方法，把全国文化特质，按地理区分，逐一详细考察，分类纪述；然后，汇其异同，察其远近，而划为若干区域。要之，这种区域，是从事实综合而得的结果，绝不是由想象或猜度所能断定"。"所以，要研究中国文化区域，必须从分析全国文化特质下手。"事先拟定详细的调查提纲和调查计划，再具体进行文化调查，制成文化特质分布地图，最终划定全国的文化区域②。

　　1930年1月，吴泽霖在《社会约制》中试图发展其师罗斯和伦姆雷的社会控制理论。他倾向于以文化社会学为视角分析社会约制问题，认为社会约制是人类文化的核心内容，人类如果没有社会约制能力，"那非但不能做到'万物之灵'，或将早被淘汰，形迹消灭，也是意中的事"③。他认为，罗斯于1901年在《社会约制》中所言"Social control"主要指以上驭下的"社会控制"，其内涵过狭；而伦姆雷于1925年在《社会约制的工具》中所言人们相互间的约制则比较真切。所以，他将"Social control"译为"社会约制"，而非"社会控制"。吴泽霖又结合汤麦史心理行为分析理论，辨明社会约制的工具与方法之别。他认

---

　　① 孙本文：《中国文化区域之研究》（1927年10月10日），载孙本文《文化与社会》，第31—36页。

　　② 孙本文：《社会的文化基础》，第93—95页。

　　③ 吴泽霖：《社会约制》（孙本文主编《社会学大纲》第11种），第1—2页。

为，伦姆雷有将约制的工具与方法相混淆之嫌，"拿许多约制的方法并在工具里讨论，不免是一种缺点"①。他分析，工具与方法的性质不同，工具是一种可以利用的东西，其性质是静的；方法是一种行动的过程，其性质是动的。故而伦姆雷把理喻、恐吓等视作社会约制的工具并不恰当，因为理喻、恐吓等均属社会约制的方法，而不是工具。关于社会约制的工具，吴泽霖认为，应从心理方面进行分析，"社会是由人类组合而成的。人类行为相互关系的总和，就是社会。所谓社会约制，就是约制这各种行为的相互关系。各种行为既为心理的现象，所以，谈到社会约制，就逃不了心理的范围"。汤麦史所言保守心（Security）、好新心（New experience）、求显心（Recognition）、社交心（Response）四种心理是人们行为的原动力，应成为社会约制的基本工具。关于社会约制的方法，他认为，可以分为武力、会意两种。前者用体力达到约制目的；后者通过语言文字影响人们的行为②。

民国学界在社区研究领域的突出贡献在于将英国功能派文化人类学文化分析方法整合于美国现代社区研究范式之中。无论是注重运用英国功能派人类学理论的燕京大学师生，还是孙本文等理论社会学家，对于英国功能派人类学与美国社会学理论，甚少此疆彼界的派别意识。孙本文便对费孝通译马林诺斯基《文化论》及吴文藻撰《论文化表格》评价颇高，认为"此书在文化各方面均有详明的阐释，而吴氏讨论文化表格，尤为精彩"③。吴文藻曾于 1925—1928 年在哥伦比亚大学攻读硕士、博士学位，深受该校文化人类学、文化社会学的影响。30 年代中期以前，吴文藻关注美国文化人类学胜过对英国功能派人类学的关注。1933 年芝加哥大学社会学系教授派克在燕大的讲学基本奠定了燕大师生社区理论的基础。30 年代初，美国社区理论在燕京大学学生中的影响似比我们所想象的大得多。派克来燕大讲学前后，该校学生张世文于 1933 年 12 月将哥伦比亚大学社会学系教授麦其维在加拿大多伦多大学

---

① 吴泽霖："自序"（1930 年 1 月于上海大夏大学），载吴泽霖《社会约制》（孙本文主编《社会学大纲》第 11 种），第 1—2 页。

② 吴泽霖：《社会约制》（孙本文主编《社会学大纲》第 11 种），第 29—72 页。

③ 孙本文：《当代中国社会学》，第 203—204 页。

任教期间出版的 *Community*：*A Sociological Study*（1917）译成中文，取名《社会学原理》，由商务印书馆出版。张世文把"Community"译作"人群"[①]。由此可见 1933 年前后燕大师生对美国社区理论的关注。实际上，燕大学者对芝加哥大学都市社区调查方法与英国功能派文化人类学理论是并重的。燕大社会学系教授赵承信即提出中国社区研究须并用两种理论与方法。他于 1936 年阐述了英国文化功能方法与美国人文区位学方法在中国社区研究中的应用问题。他认为，英国功能派人类学强调运用比较法（Comparative method），一方面比较各个社区之间整个文化体系的异同；另一方面，考察个别文物制度在整体社区的功能和结构。中国社区可分为边疆非汉族部落社区（Tribal community）、汉族村落社区、市镇社区、县城或省会社区、近代都市社区五类，完全可以将其理论与方法应用于中国各类社区研究。他又认为，芝加哥大学人文区位学方法同样可应用于中国城市、市镇、农村等各类社区研究。例如，"从人文区位学的观点去研究新旧北平区位形态，必然发现许多很有兴味的事实及理论来"；若能以此种方法考察中国某些较大的市镇，"对于中国内地社区经济组织必多有了解"；对于中国农村社区，可以运用此种方法研究中国农村的家族与宗族问题[②]。

杨开道试图将美国文化社会学理论应用于农村社区研究。1930 年 1 月，他在《农村社会》中表示，"农村里面虽然有共同地域、共同血系（指家族社会的农村），同时，也有共同的文化（Common culture）"。其中，农业的发明就是人类历史上的重要文化现象，"没有农业的发明，人类的衣食问题永远不能解决，那里还有余力去研究学问，欣赏美术，造成今日之文明"。他引爱尔乌德《文化演进》所言，认为农业的发明在人类社会由动物世界向知识世界的演进过程中具有关键作用，它使人类社会财富日渐增加，成为人类创造知识等各种文明的基础。他进而认为，农业文化是农村社区的基础，深刻影响着农村的生产、生活、思想观念、家庭组织等各方面。此外，农村文化还包括共同语言、社会习

[①]　孙本文：《当代中国社会学》，第 45—48 页。

[②]　赵承信：《社区研究的区位法与功能法》（1936 年），载燕京大学法学院编《社会科学概论选读》，第 593—608 页。

俗、教育、宗教等精神文化以及道路、建筑物、纪念物、坟地等物质文化。社会习俗尤其为重要的农村文化,农村"事事要受一地方风俗和成训的支配"①。

如上所言,民国学界对美国各种社会学理论多抱融会态度,派别意识较淡。这导致他们在引入美国各家理论时,不仅各位学者之间学术隔阂与龃龉不多,且易于沟通美国各家理论之同,而淡化其异。沟通与融会美国各家理论之结果,自多创见。孙本文融会美国文化社会学与社会行为分析理论,构建的社会学理论体系,不仅为民国社会学理论体系之标杆,即相较美国社会学理论亦不乏创新价值。尤其孙本文结合社会行为分析理论对乌格朋有关人类本性与社会关系的论述提出修正,进而阐述个性与文化关系问题,颇具学术突破性。燕京大学吴文藻诸人整合美国现代社区理念与英国功能派文化人类学,学术意义亦极深远,几成民国社区研究之圭臬。此外,杨开道等对美国农村社区理论的补充,均表明民国学界在引介美国社会学理论时的创新意识。与美国社会学理论相较,民国学界的创新虽为新芽,但在中国社会学史,其流风余韵,价值自呈。

第二节　民国理论社会学理论体系构建的美国学术渊源

社会学虽初创于欧洲,但洎乎 20 世纪初,美国社会学无论学者之多、论著之繁,抑或理论创新与学术影响之大,均渐超欧洲。对此,孙本文曾介绍,社会学发展之速"全世界莫过于美国"②,美国"学者之众,著述之多,诚非他国所能望其项背"③。20 世纪初亦为美国社会学之重要嬗变期。此时期,注重研究人们内在心理的早期心理社会学日渐式微,而结合社会环境考察人们外在行为的社会行为分析理论、借鉴文

---

① 杨开道:《农村社会》,第 68—71、73—74 页。
② 孙本文:《美国社会学现状及其趋势》,载孙本文《文化与社会》,第 115 页。
③ 孙本文:《世界社会学之派别及其现状》,载孙本文等《从社会学到社会问题》,第 22—23 页。

化人类学方法考察社会文化的文化社会学则异军突起。20 年代以降，随着留美归国学者渐居学术中心位置，民国社会学界遂与美国社会学潮流亦步亦趋。民国社会学理论体系之构建，虽以孙本文为祭酒，但亦为吴景超、吴文藻、吴泽霖、杨开道、许仕廉、应成一等其他诸多学者努力之结晶。他们不仅极具求新意识，所引介者皆为美国当下最新社会学理论，且对美国各家社会学理论多取融会与创新之意。他们以融会美国社会行为分析与文化社会学理论为基础，逐渐构建起以社会行为为研究对象、以社会文化分析为基础的完整社会学理论体系。

一 芝加哥大学社会行为分析理论对民国学界的影响

自 19 世纪末至 20 世纪初，由注重考究人们内在心理，到结合社会环境解析社会心理，再到结合社会环境分析人们外在社会行为，为美国社会学演进之一主脉。由此，美国早期心理社会学发展而为社会行为分析理论。芝加哥大学则为 20 世纪初美国社会行为分析理论之重镇。此派学者与芝加哥大学社会学系多有瓜葛。由此而言，芝加哥大学社会学系对民国社会学的影响不容小觑。

19 世纪末 20 世纪初，美国社会学界盛行心理社会学，美国第一代社会学家，诸如沃德、季廷史、司马尔等，多为此种社会学理论之代表。美国早期心理社会学注重由人们内在心理解析社会现象，认为"人类社会现象不过人类心理作用的表现。人类心理作用是社会现象的原动力"[1]。沃德之欲望说、季廷史之同类意识说、司马尔之兴趣说皆为美国早期心理社会学之代表理论。20 世纪初，尤其在一二十年代，美国社会学界始强调结合社会环境研究社会心理或行为，而芝加哥大学社会学系成为美国此种社会学趋向之领军者。此派学者以柯莱、爱尔乌德、汤麦史、派克、蒲其斯诸人为代表。除柯莱毕业于密歇根大学并长期担任该校教授外，他们多与芝加哥大学社会学系关系密切。爱尔乌德虽为密苏里大学哥伦比亚分校社会学系教授，但早年获得芝加哥大学社会学博士学位，为芝加哥大学社会学系创立者司马尔弟子。汤麦史亦为芝加

---

[1] 孙本文：《世界社会学之派别及其现状》，载孙本文等《从社会学到社会问题》，第 7 页。

哥大学社会学博士,1896 年毕业后留校任教,1923 年方调任纽约社会研究新校教授。派克、蒲其斯则长期担任芝加哥大学社会学系教授。柯莱、爱尔乌德等首先提出结合社会环境解析社会心理。柯莱注重研究社会环境与人格发展的关系,认为个人与社会是同一现象的两面,社会学须研究社会生活中的个人心理问题①。爱尔乌德则提出社会心理交互论,认为社会是由人与人相互的心理作用而成的集团,人们之间的相互心理关系是社会学研究的中心问题②。继柯莱、爱尔乌德后,汤麦史在《欧美波兰农民》(*The Polish Peasant in Europe and America*, 5 Vols, 1918 – 20) 等书中,派克和蒲其斯在《社会学导言》(*Introduction to the Science of Sociology*, 1921) 等书中,均强调结合社会环境分析人们外在行为。

柯莱、爱尔乌德等环境心理分析理论对二三十年代中国诸社会学论著影响广泛。时任南京第四中山大学 (后称中央大学) 教授的朱亦松于 1928 年 5 月出版的《社会学原理》即强调以社群为单位,结合社会环境考察社会成员心理。他解释,社群由社会中具有共同精神生活和物质生活的成员组成。个人深受社群的影响,"自某方面觇之,个人之所以为个人,实由社群成之。法律家、哲学家和宗教家,往往以个人为社会之单位,过于重视个人,而于人与人之交往接触所发生之果效,忽略不讲。即某派心理学家,亦视个人心理,一若为单独之物事也者。而不知个人心理之发达,须在社群环境之中,始得有其根据"③。其中,爱尔乌德社会心理交互论对中国学界影响尤其深远。赵作雄于 1920 年 12 月将爱尔乌德代表著作《社会学及现代社会问题》在中国迻译出版,极大地扩展了爱尔乌德此论在中国的影响。孙本文介绍,此书"为初学入门最佳之书。在美国本国行销二十万册,我国译本亦风行一时。可说

---

① 魏重庆:《社会学小史》,第 24 页;孙本文:《世界社会学之派别及其现状》,载孙本文等《从社会学到社会问题》,第 9 页;李剑华:《社会学史纲》,第 100—101 页;叶法无:《近代各国社会学思想史》,第 126—127 页。

② 李剑华:《社会学史纲》,第 102—103 页;魏重庆:《社会学小史》,第 25—26 页;孙本文:《世界社会学之派别及其现状》,载孙本文等《从社会学到社会问题》,第 8 页;叶法无:《近代各国社会学思想史》,第 128—130 页。

③ 朱亦松:《社会学原理》,第 2—5、12 页。

国人之稍知社会学，在初期此书的影响甚大"①。受其影响，诸多民国
社会学家对社会概念的理解，亦极强调社会成员间的心理交互作用。
1923 年出版的德普、延年合著《社会学入门》即称，"社会成立的原
素，便是'各人心的相感作用'（Mental interaction of individuals）"，人
们的相互心理作用是社会构成的核心要素，"社会是一团有意识关系的
人群，藉着各人心的相感作用，互为因果，形成以公共生活联结的一个
浑合体"②。爱尔乌德《社会学及现代社会问题》和《社会心理学概论》
（An Introduction to Social Psychology，1917）亦为王平陵于 1926 年出版
的《社会学大纲》的主要理论来源③。孙本文早年在北京大学读书期
间，即对爱尔乌德著作表现出浓厚兴趣④。他对《社会学及现代社会问
题》评价颇高，称此书为社会学初学者的理想入门著作，强调"此书
用极浅显文字，说明社会学的领域、性质以及近代各种社会问题，颇切
实应用"⑤。所以，他在阐述社会行为问题时，特别强调其中的心理交
互内涵。1928 年 8 月，他在《社会学的领域》中表示，"凡是二人以上
集合而互相交通所表现的共同行为，就是社会行为"。社会行为包含两
个基本要素，即二人以上的集合、二人以上集合后的"互相交通"。首
先要有二人以上的集合，再须有因此种集合而产生的人们之间的"互相
交通"，才能产生社会行为⑥。1934 年 3 月，言心哲在《农村社会学概
论》中亦强调，社会之所以成为社会，心理结合是最切要条件，"若是
仅止因为有同样的经济环境，或是住的地点接近，还不能成社会。必定
是因为心性相感，或者说因为'内我'（Inner self）相联络，才能成作
一种同共的生活，是之谓社会"⑦。爱尔乌德此论不仅对民国时期专业

---

① 孙本文：《当代中国社会学》，第 22—23、28 页。

② 德普、延年：《社会学入门》（学生门径丛书），第 25、63—64、66 页。

③ 王平陵："编者之言"，载王平陵《社会学大纲》，泰东图书局 1928 年版，第 1—
4 页。

④ 孙本文：《当代中国社会学》，第 241 页。

⑤ "附录一：社会学重要参考书籍提要"，载孙本文《社会学原理》（下）（据商务印书
馆 1947 年版影印），第 249 页。

⑥ 孙本文：《社会学的领域》（孙本文主编《社会学大纲》第 1 种），世界书局 1931 年
版，第 8—11 页。

⑦ 言心哲：《农村社会学概论》，第 281—282 页。

社会学家学术影响很大,且对从其他学科旁及社会学与社会问题的论者亦有较大影响。1934 年 1 月,周宪文依据爱尔乌德《社会学及现代社会问题》所言,表示"所谓社会关系,就是人与人间心理与生理的互相影响"①。

对于芝加哥大学而言,爱尔乌德对中国学界的影响仅属间接性质。较早向中国直接引介芝加哥大学社会学研究方法者,为 1925 年瞿世英译鲍格达《社会学概论》。鲍格达于 1911 年获得芝加哥大学社会学博士学位,为南加州大学教授,学术上属芝加哥学派。孙本文介绍,此书简明介绍芝加哥大学社会学系研究方法,为"代表芝加哥社会学派之初步著作",作为大学初级教本,曾在美国风行一时。瞿世英译本作为高级中学教科书,对中国学界影响较大②。不过,鲍格达此书出版于 1913 年,仅反映芝加哥大学早期社会学研究理论。而直接引介一二十年代芝加哥大学社会行为分析方法者,首推孙本文。

孙本文在美留学期间,虽在哥伦比亚大学和纽约大学攻读博士学位,对哥伦比亚大学文化社会学了解较多,但一直关注芝加哥大学社会行为研究。他于 1925 年获得博士学位后,于当年秋专程到芝加哥大学做访问研究,选修社会行为研究大师范黎庶《高级社会心理学》与《社会态度》、派克《集体行为》等课③。他对芝加哥大学社会学系评价甚高。他于 1926 年 12 月表示,"目前美国各大学之社会学科,要以芝加哥为最完备。不但所设功课较多,而且研究方法亦切实,持严格的科学态度,以分析社会现象"④。

受社会环境论影响,孙本文对英国心理学家麦独孤本能论持否定态度,认为此论已为明日黄花。1935 年 1 月,他在《社会学原理》中表示,"大概最近心理学家,似已不承认人类有种种本能。所谓人类的本性,似乎是指神经系统的一种特殊构造,就是刺激与反应的机械"。他

①　周宪文:《社会问题与社会政策》(中华百科丛书),中华书局 1934 年版,第 25、27 页。

②　孙本文:《当代中国社会学》,第 22—23、28 页;"附录一:社会学重要参考书籍提要",载孙本文《社会学原理》(下)(据商务印书馆 1947 年版影印),第 249—250 页。

③　孙本文:《当代中国社会学》,第 241—243 页。

④　孙本文:《美国社会学现状及其趋势》,载孙本文《文化与社会》,第 143—144 页。

特别强调社会环境对人们心理和行为的制约作用。他在《社会学原理》中认为，人类特质包括身体特质与心理特质两类。人类的身体特质大部分取决于遗传，而人类的心理特质则大部分由后天环境决定。而作为心理特质外在表现的人类行为，亦通常取决于环境刺激，"行为的特质，非先天的特性，而是后天获得的"[①]。

　　孙本文注重人类态度问题，进而阐述社会环境、态度、行为三者的关系。其阐述大致参考同属芝加哥学派的汤麦史、范黎庶、白乃德诸人相关阐述。汤麦史于 1918 年在《欧美波兰农民》中始用"态度"（Attitude）概念说明人的心理状态，将态度称作动作（或行为）的趋势（Tendencies to act）。范黎庶系美国学界反对麦独孤本能论之要角。他于 1925 年在《社会态度概念》（"The Concepts of Social Attitudes"，*Journal of Applied Sociology*，Vol. 9，pp. 404 – 408，1925）一文中，将态度称为"姿态""未完全的动作"或"动作的趋势"。白乃德为司马尔弟子，1910 年获芝加哥大学社会学博士学位，先后任明尼苏达大学、康奈尔大学教授。白乃德于 1926 年在《社会心理学概论》（*An Introduction to Social Psychology*，1926）中，将态度视作"未完成的或可能的适应的行为过程"（Uncompleted or potential adjustment behavior process）。孙本文综合上述意见，认为"态度"即人们应付社会环境刺激时的"心理状态"，往往决定人的行为。他又将态度称作预备的行为（Preparatory behavior），强调人的态度和行为深受所处环境的影响，"一个人自从呱呱坠地而后，处处须应付环境的刺激。在应付环境刺激的过程中，就学得无数的习惯的行为或规定的反应（Habitual behavior，or conditional response）。此种习惯的行为，渐渐累积起来，并组织而成行为的系统。此种行为的系统或习惯系统，遇到事物刺激的时候，就会自动反应。态度就是此种自动反应的习惯系统的表现"[②]。

　　孙本文大力引介汤麦史、派克、蒲其斯的人格分析（Personality a-

---

　　①　孙本文：《社会学原理》（上）（据商务印书馆 1947 年版影印），第 198、178—182 页。

　　②　孙本文：《人类态度与文化》，载孙本文《文化与社会》，第 15—17 页；孙本文：《社会学原理》（上）（据商务印书馆 1947 年版影印），第 208—210 页。

nalysis) 理论，强调将人性与人格置于社会环境中进行分析。汤麦史先后于 1918 年和 1923 年在《欧美波兰农民》《失调协之女子》（*The Unadjusted Girl*，1923）等书中提出，人类具有求新知（New experience）、求自己表现（Recognition）、求安全（Security）、求同情或感应（Response）"四种根本愿望"（The four wishes），人们这些愿望需要通过社会制度和组织进行调节[1]。派克、蒲其斯在 1921 年出版的《社会学导言》中强调"人格分析"重点在于区别"个人"（Individual）与"人"（Person）：个人仅指生物人；人则指处在社会环境中的社会人[2]。1927 年 1 月，孙本文在《社会学上之文化论》中，将汤麦史称作人格分析派代表，并强调"人"（Person）与"个人"（Individual）之不同，认为"人"乃处于社会境遇中的"个人"，要研究"个人"，须研究"个人"所处的社会及其制度[3]。1935 年 1 月，孙本文在《社会学原理》中，参照派克、蒲其斯《社会学导言》相关论述，讨论人性、人格与社会环境的关系。他首先指明人的本性与人性的区别，强调人性是在社会环境中养成的，而本性则指"人类初生时所具有特质"。他引派克、蒲其斯所言，"人类不是生下就成'人'的（Man is not born human）。人惟有与其同侪发生很缓慢的很继续有效的接触、合作与冲突，才养成人性的特质"。孙本文进而分析，"人格"（Personality）即个人所具有的"性质"，表现为个人特殊的习惯系统，同样由社会环境养成，"社会环境所供给的刺激的性质，可以决定人格的特质"[4]。在人格分析方面，孙本文尤其推崇汤麦史与齐南尼基（F. Znaniecki）合著《欧美波兰农民》。1935 年 1 月，他在《社会学原理》中极推崇此书提出的研究方法，认为第 1 册《研究法导言》有 86 页之长，对于社会研究的理论及方法有精辟的讨论，"为全书精彩"[5]。1944 年 12 月，他甚至将 1918—1920 年此书五册的出版视作社会学"真正入于有系统的客观科学的研

---

[1]   孙本文：《社会学上之文化论》，第 8—10 页。

[2]   叶法无：《近代各国社会学思想史》，第 130—131 页。

[3]   孙本文：《社会学上之文化论》，第 8—10 页。

[4]   孙本文：《社会学原理》（上）（据商务印书馆 1947 年版影印），第 198—206 页。

[5]   "附录一：社会学重要参考书籍提要"，载孙本文《社会学原理》（下）（据商务印书馆 1947 年版影印），第 267—268 页。

究"的标志①。

对美国社会行为分析的重视，实为 20 年代留美归国社会学者的普遍学术倾向。时任中央大学心理系教授兼系主任的潘菽，在 1930 年 5 月出版的《社会的心理基础》中亦表现出此种倾向。潘菽参阅了 20 年代美国心理社会学界的诸多最新读本，尤以芝加哥学派注重结合社会环境分析社会心理与行为的书籍为多，如罗斯《社会心理学》（Social Psychology，1920）、派克和蒲其斯《社会学导言》、爱尔乌德《人类社会的心理学》、白乃德《社会心理学概论》②。与孙本文一样，潘菽亦强调由人们心理交互影响导致的社会行为是分析社会的中心点。他依据爱尔乌德社会心理交互论认为，"一切社会都是个人间交互影响的动的过程（dynamic Processes）及其结果"。他又强调，行为分析是社会分析的首要问题，"个人在社会环境中的行为的方式和规律对于社会的关系是根本的、主要的。其他的条件可说是间接的、辅成的，所以，我们要了解社会，必须首先了解形成社会的个人的行为。这是社会的心理的基础"。他将社会行为分析称为"心理分析"法，认为此种方法是"最合科学的""最正当、最有希望的"，"现在社会心理学最新的趋势都是向这方面走的"。他对美国早期心理社会学提出批评，认为季廷史同类意识等理论"虽然表面上很是心理学的了，但实际都不过一种假定的解释概念"，难以反映社会的真实状况③。

20 世纪初以芝加哥大学为代表的美国社会行为分析理论，强调将社会行为置于社会环境中进行分析。在民国学界，虽然对此种理论的系统阐释仅以孙本文较充分，但诸多社会学家大都受其影响。一方面，孙本文以社会行为分析为中心构建的社会学理论体系被民国社会学界普遍认可；另一方面，派克、蒲其斯等以社会行为分析为基础、结合社会区位（Position）研究提出的芝加哥大学人文区位学理论，曾对吴景超都市社会学研究乃至吴文藻、赵承信等燕京大学学者的社区研究理论产生

① 孙本文：《现代社会学的发展与趋势》（1944 年 12 月），载孙本文编《现代社会科学趋势》，第 9—10 页，第 50 页注 1。

② 潘菽：《社会的心理基础》（据世界书局 1931 年版影印），《民国丛书》第 1 编（15），上海书店 1989 年版，第 103—104 页。

③ 潘菽：《社会的心理基础》（据世界书局 1931 年版影印），第 1—6 页。

深刻影响。

二　民国学界对美国文化社会学的移植

除德国历史派文化社会学外,20 年代所谓文化社会学主要指乌格朋首创的美国文化社会学。此时乌格朋已将文化人类学理论运用于社会学领域,而英国以马林诺斯基、布朗(R. Brown)等为代表的文化功能派理论至 20 年代末 30 年代初仍基本囿于人类学领域,尚未揭橥文化社会学旗帜。随着美国文化社会学的兴起,美国社会学研究对象由人们内在心理和外在社会行为,扩展到社会文化,是美国社会学理论的一大突破。美国社会学界逐渐意识到,不仅早期心理社会学对人们内在心理的考察不能揭示社会真相,就是之后兴起的社会行为分析亦不足以揭示整体社会现象,社会学必须进而分析作为社会实体的文化现象。

文化概念于 19 世纪末 20 世纪初分别由人类学界和社会学界提出。英国人类学家泰勒较早阐述文化概念。1871 年,他在《初民文化》一书中指出,"文化是一种复杂体,包括知识、信仰、艺术、道德、法律、风俗,以及其余从社会学得的能力与习惯"①。之后,社会学界亦从社会学角度阐述文化概念。1876—1896 年,斯宾塞在《社会学原理》(*Principles of Sociology*,1876 - 1896)3 卷本中,提出超有机体(Superorganic)概念,认为社会是一种有机体,但与生物有机体不同,可称"超有机体"②。斯宾塞所言超有机体大致包括语言、科学、风俗、哲学、艺术等。1903 年,美国社会学家沃德在《纯理社会学》(*Pure Sociology*,1903)中,将文化称作"人类成绩"(Human achievements),认为"人类成绩之总数,即谓文化"。1922 年,乌格朋在《社会变迁》中补充泰勒的定义,认为文化不仅包括泰勒所言知识、信仰、艺术、道德、法律、风俗等非物质文化,还包括建筑物、工具、工艺品等物质文化,从而将文化分为物质文化与非物质文化两部分③。

---

① 孙本文:《社会的文化基础》,第 23—25 页。
② 杨堃:《现代各国社会学之派别与趋势》,载燕京大学法学院编《社会科学概论选读》,第 551—552 页。
③ 孙本文:《社会学上之文化论》,第 38—40、52—55 页。

耶鲁大学教授孙末楠的民俗论为美国文化社会学的理论先导。其于1906年出版的《民俗论》注重民俗（Folkways）、俗型（Mores）、制度（Institutions）等问题的研究，并将民俗视作社会学研究对象。孙末楠所言"民俗"，其内涵与文化概念颇多重合之处。他将民俗视作社会学研究对象，与此后乌格朋将文化概念应用于社会学研究，实异曲同工。美国文化社会学兴起于20年代，以哥伦比亚大学为重镇，该校教授乌格朋于1922年出版的《社会变迁》为此派社会学发轫之作。乌格朋先后于1909年、1912年获得哥伦比亚大学硕士、博士学位，为哥伦比亚大学人类学教授鲍亚士和社会学教授季廷史弟子。1919年后，他任哥伦比亚大学彭纳女子学院经济学和社会学科主任、教授，并任政治学院社会学教授。他将以鲍亚士为代表的美国文化人类学考察初民社会的文化分析方法，应用于社会学领域的现代社会研究。孙本文介绍，"大概文化学派社会学家之学说，都根据新派人类学家之论点。所以，谓文化学派全系由人类学脱胎而来，亦无不可"。南加州大学教授恺史是20年代美国另一位重要文化社会学家。他于1924年出版《社会学大纲》，阐发文化社会学理论。但恺史与乌格朋并非师出同门。他于1912年在沃德门下获得布朗大学硕士学位，后进入威斯康星大学师从罗斯，于1915年获得博士学位，1923年后任南加州大学教授。文化社会学研究由于乌格朋与恺史的倡导，20年代在美国社会学界蔚成风气。孙本文认为，美国社会学研究由此从"心理学说"转向"文化分析"，由"主观臆想时期"进入"客观分析时期"①。除乌格朋、恺史外，20年代美国文化社会学代表人物还有乌格朋弟子新罕布什尔州达特茅斯学院社会学教授卫莱、哥伦比亚大学人类学系讲师海史各费，另外还有史密斯女子学院（Smith College）教授汉根史等。

孙本文曾于1922—1925年在哥伦比亚大学和纽约大学攻读博士学位，可谓美国文化社会学兴起的亲历者。他回忆，1922年秋，他在哥伦比亚大学听乌格朋《社会问题中的心理要素》课。此课虽名为《社会问题中的心理要素》，但重点分析社会变迁问题。其时乌格朋《社会变迁》正值出版，经其老师季廷史的称许，乌格朋遂得大名，俨然成为

---

① 孙本文：《社会学上之文化论》，第41—43、36—37、133—134、49页。

美国社会学界"后起之秀"。"著者适逢其会,不但亲接其讲演指导,印象极深,且因此而悟社会变迁的研究为社会学上极重要的部分"①。所以,他于1926年回国后,先后于1927年1月、1929年8月和1929年10月出版《社会学上之文化论》《社会的文化基础》和《社会变迁》,向国内引介美国文化社会学理论。孙本文曾在《当代中国社会学》中自承,自己"确为国内社会学界提倡重视文化研究的第一人,历史事实,当仁不让"②。其中,《社会学上之文化论》虽以介绍乌格朋《社会变迁》为主,亦兼及卫莱、海史各费、恺史等美国其他文化社会学者的相关论述③。

孙本文大力引介乌格朋有关文化分为物质文化与非物质文化两大类的观点。1928年4月,他在上海大夏大学演讲时称:"人类生活,原是一种对于环境的调适作用。在这种调适环境以维持生活的时候,便有种种相当的产物。文化就是这些对于环境的调适的产物。"文化是一种复杂体,包括衣服、宫室、车舟、桥梁、机械、什具等有形的物质文化与知识、信仰、艺术、道德、法律、风俗等无形的非物质文化两方面④。1929年8月,他又在《社会的文化基础》中说明,"凡人力所创造之具体的事物,叫做物质文化(Material Culture),例如衣服、舟车、桥梁、机械、器具等是";"凡人工所创造之抽象的事项,叫做非物质文化(Non-Material Culture),例如风俗、法律、宗教、道德之类,皆是"⑤。孙本文进而将文化视作社会学研究的基础。1927年1月,他在《社会学上之文化论》中提出,社会学研究应由心理分析转向文化研究,"普通社会学家,往往解释社会现象,用心理要素概括一切,以为社会现象多由心理构成,其弊即置文化于不问,卒之想象构思不能得其要领"⑥。他接受乌格朋的观点,将文化视作人类社会生活的基础,将社会变迁等

　　① 孙本文:"序"(1929年8月5日于国立中央大学),载孙本文《社会变迁》(孙本文主编《社会学大纲》第9种),第1—4页。

　　② 孙本文:《当代中国社会学》,第244—246页。

　　③ 孙本文:"例言",载孙本文《社会学上之文化论》,第1—2页。

　　④ 孙本文:《文化的特性》(1928年4月27日在上海大夏大学讲),载孙本文《文化与社会》,第1—3页。

　　⑤ 孙本文:《社会的文化基础》,第23—25、27—29页。

　　⑥ 孙本文:《社会学上之文化论》,第10—12页。

同于文化变迁。1929 年 8 月，他在《社会的文化基础》中说："文化为人类调适于环境的产物，包括一切有形无形的事物。从历史方面说，自有人类，即有文化。从地理方面说，世界上无一民族，无有文化。从人类生活方面说，人自出生以后，直至老死，无时无处，不在文化环境中生活。所以，文化是人类社会最彻底、最普遍的一种势力。"[①] 所以，文化变迁是社会变迁的核心，"社会变迁，除开人口的生物变动外，只有文化变迁"。服装、食物、房屋、陈设、用具、机器、运输的器械、制造的货物等社会物质方面的变迁，语言、风俗、道德、宗教、政治、职业等社会非物质方面的变迁，都属于文化变迁[②]。1929 年 10 月，孙本文在《社会变迁》中又强调，即便人口变迁亦深受社会文化的影响，人类可以通过避孕、堕胎等方法减少生育，可以通过发展医疗减少病痛，延长寿命，控制死亡，文化事业的发展也可以改变人口的地理分布[③]。

对于美国文化社会学的引介虽以孙本文为主，但此理论对民国诸多社会学者影响深远。黄凌霜、潘菽、应成一等在美留学期间对文化社会学有直接了解的论者，亦向国内介绍此种理论。黄凌霜为哥伦比亚大学硕士，亦为乌格朋的学生，对美国文化社会学了解颇深。1929 年 10 月，他在《社会进化》中亦强调，社会进化就是文化进化，"我们研究社会的进化差不多就是研究文化的进展"[④]。潘菽曾于 1923—1926 年在芝加哥大学攻读心理学博士学位，对乌格朋文化社会学理论亦有相当了解。1930 年 5 月，他在《社会的心理基础》中表示，文化是人类创造的一种环境，"人类所有的环境，除了天然的以外，所有由人类自己而来的都叫做文化"，"现在我们所住的、所吃的、所用的、所欣赏的、所思考的、所要改变的、所与他人讨论的，差不多没有几件不是人类自己所造的。这种种人类自己所造的生活的资料和倚托便是所谓文化的一部"[⑤]。应成一曾在威斯康星大学师从罗斯攻读社会学，回国后任上海

---

① 孙本文："序言"，载孙本文《社会的文化基础》，第 1—2 页。
② 孙本文：《社会的文化基础》，第 126—127 页。
③ 孙本文：《社会变迁》（孙本文主编《社会学大纲》第 9 种），第 10—11 页。
④ 黄凌霜：《社会进化》，世界书局 1929 年版，第 1 页。
⑤ 潘菽：《社会的心理基础》（据世界书局 1931 年版影印），第 100—103 页。

复旦大学社会学系主任、教授。1932 年 11 月，他在《社会学原理》中对乌格朋文化社会学理论有所论列，尤其重点介绍"文化落后"（文化失调）、"文化种别"（文化方式）、"文化杂组体"（文化丛）、"文化模型"（文化模式）、"文化区域"（文化区）等概念。他介绍乌格朋文化失调理论说，"文化落后"（Culture lag）名词"为奥格彭（William Ogburn）所创铸。奥氏著《社会变迁》（*Social Change*）一书，以为社会中一切文化，皆应有变迁者，但变迁之速率不同。从社会全部而言，各种文化单位，本是彼此提挈联络，不能其余单位不变而一个单位单独的变化。但是，社会上单位单独变化之事究不能免，一个单位突然告变之后，则整个文化立时发现失于调剂，文化内容，自起冲突，增加人类之痛苦"，从而引起诸多社会问题①。

承鲍亚士、乌格朋等美国文化人类学、文化社会学余绪，孙本文、黄凌霜等主张以"文化变迁"代替"文化进化"概念。近代人类学大致分为进化派（The Evolutionary School）、分播派（The Diffusionists）、批评派（Critical School of Ethnology）。进化派以英国人类学家泰勒、美国人类学家摩尔根（L. H. Morgan）等为代表，主张世界各地人类社会虽发展阶段不同，但均各自遵循相同途径和次序进化。分播派以德国格雷布内尔（F. Grabner）、英国黎佛斯（W. H. Rivers）等为代表，否认进化的存在，认为世界各民族文化通过接触而分播，世界各种类似文化同出一源。以鲍亚士为代表的美国批评派，高揭"反进化论"（Anti - evolution）旗帜，同时修正文化分播理论，将文化分播现象限于一定区域。受文化人类学影响，乌格朋亦主张以"文化变迁"代替"文化进化"概念。孙本文诸人继承乌格朋此一说法。1929 年 10 月，孙本文在《社会变迁》中称，此前社会学、人类学界所言"社会进化"，"不足以概括社会变迁，因为社会变迁，不尽是进化的。人类社会是永久继续的在那儿变迁，有许多变迁，并无进化的意味。所以，社会进化的意义较狭，而社会变迁的意义较广"②。1929 年 10 月，黄凌霜在《社会进化》中亦认为，不能单纯以"进步"说明文化演变，"我们只可以把进步当

① 应成一：《社会学原理》（上卷），第 359—361、396 页。
② 孙本文：《社会变迁》（孙本文主编《社会学大纲》第 9 种），第 1—3 页。

作历史过程中变迁特性的几种法则之一种"，"进步"概念并不能应用到文明的各方面。为此，他将所撰《社会进化》第七章题为"文化变迁的因子"，而非"文化进化的因子"。他解释说，"因为古典派社会进化段阶论之失败，批评派有标揭反进化论之说，我们为清析［晰］起见，本篇不名为社会进化或文化进化的因子，而名为文化变迁的因子"①。

20 年代中后期至 30 年代初，更多论者通过间接途径了解美国文化社会学理论。1925—1926 年，燕京大学社会学系教授许仕廉通过美国文化人类学家克鲁伯相关论述，了解到美国社会文化研究。他于 1925 年将人与社会、文化密切联系在一起，并注意到社会文化变迁问题，认为"人、文化、社会三项，是相连不分的。人之所以为人，而别于普通动物者，有文化耳。……社会而无文化，非形聚，即兽群，决不能成社会。人与社会文化互相作用，于是人事益繁，变变相寻，遂有演化"②。他介绍，克鲁伯于 1917 年夏在《美国人类学家》发表《超生理界》（The Superorganic, in *American Anthropologist*, April – June, 1917），说明生理演化与社会演化的区别；又于次年 3 月在《美国社会学杂志》发表《社会心理学之可能性》（The Possibility of a Social Psychology, in *American Journal of Sociology*, March, 1918），申明四界现象之义：最上级为文化现象；上级为心理现象；中级为初级有机现象；下级为无机现象。许仕廉由此认为，文化是超乎人的生理、心理之上的社会现象，"文化之创造，使人超出于有机界现象及心理现象之外，别发生一界现象。此现象界，与前二者，迥然不同。故吾人称为文化界现象（Cultural or civilizational phenomena），又曰超心理现象或超生理界现象（Supersychic or superorganic phenomena）"③。1928 年 5 月，朱亦松借鉴美国民俗论阐发社会文化问题。他参考孙末楠民俗论继承者恺莱撰《社会演化》（*Societal Evolution*, 1915），撰写《社会学原理》第 3 编《社会演

---

① 黄凌霜：《社会进化》，第 74、99—100 页。

② 许仕廉：《人与文化的关系》（1925 年），载许仕廉《文化与政治》（中国社会建设泛论之一），朴社 1929 年版，第 35 页。

③ 许仕廉：《科学之新分类与社会学》（1926 年 3 月），载许仕廉《文化与政治》（中国社会建设泛论之一），第 7—8、12—13 页。

化》。他将文化称作"风习"，认为"社会演化之途径，亦即文化之途径。所谓文明者，即一切制度总和是也。自广义言之，凡事之已确立固定者，皆得谓之曰制度，或谓之曰风习。是故一切创造，一切典章文物，一切风俗，一切经济生活之方式，皆可以制度二字看之，或以风习二字名之。其唯一之功用，则在于适应环境焉"[1]。余天休于 1931 年 2 月对社会文化问题的阐述亦源自孙末楠民俗论。其《社会学大纲》第 9 章"左右社会之势力"参考书目仅列孙末楠《民俗论》，未列乌格朋《社会变迁》。他介绍文化概念说："人种因处境不同，初而有风俗习惯之异，再而有文明文化之差别。文明者，人类适应环境之程序也；文化者，人类采用某种程序，而适应其环境之成绩也。文明是程序，是功力，文化是成绩，是静体。文化之要素有：（一）语言，（二）宗教，（三）道德，（四）法律，（五）政治，（六）思想，（七）风俗，（八）科学，（九）艺术，（十）家庭制度等。"[2]

20 世纪初，美国人类学研究对象由人类体质转移到人类文化，形成文化人类学。文化人类学文化分析方法，又被乌格朋诸人应用于社会学领域，形成文化社会学。孙本文等自美返国的民国社会学者，深切感知到此种美国社会学新趋势，向国内大力引介此种研究范式。美国文化社会学对民国社会学研究影响深远，与社会行为分析理论共同构成民国社会学理论体系的基础。

三　融会与贯通：民国社会学理论体系之构建

民国时期社会学理论体系的构建大致始自 20 年代后期，尤以孙本文诸人的论著为代表。其核心为以社会行为为对象、以社会文化分析为基础。其中包含美国理论因素颇多，或谓以美国理论为蓝本亦无不可。其中，爱尔乌德社会心理交互论、社会行为分析理论、文化社会学理论等对民国社会学理论体系构建的影响极大。

孙本文为民国时期构建社会学理论体系之执牛耳者。其社会学理论体系的构建，以 1928 年 7 月《社会学 ABC》为其始，中经 1928—1930

---

[1]　朱亦松：《社会学原理》，第 183 页。

[2]　余天休：《社会学大纲》，文化学社 1931 年版，第 48、68—69、74 页。

年社会学丛书的编写，至 1935 年 1 月《社会学原理》，而逐步成形，日臻完善。其可贵者，乃在引介美国各家社会学理论之余，将之熔于一炉，从而立足自我，有所创新。然孙本文构建的社会学理论体系，严格说来，并非孙本文一人成果，而是由孙本文主持的集体研究成果。社会学丛书书目虽由孙本文排定，但除孙本文所撰《社会学的领域》《社会的文化基础》和《社会变迁》3 种外，其他 12 种《都市社会学》《社会的生物基础》《社会组织》《社会的心理基础》《社会的经济基础》《社会的地理基础》《社会进化》《社会约制》《人类起源》《农村社会学》《社会研究法》《社会学史纲》则由吴景超、潘菽、寿勉成、黄国璋、黄凌霜、吴泽霖、游嘉德、杨开道、李剑华等分头撰写，而孙本文《社会学原理》各章又多参考社会学丛书各书内容。且社会学丛书内容不仅为孙本文在编撰《社会学原理》时采用，亦为其他论者采用。吴泽霖于 1932 年 6 月出版的《新中华社会学及社会问题》分为社会学的领域、社会的各种基础（生物基础、心理基础、地理基础、文化基础）、社会组织、社会变迁、社会约制、社会问题的性质等章，很多内容即以此丛书为基础编成①。

　　孙本文于 1928 年分别在《社会学 ABC》和《社会学的领域》中，以社会行为为中心阐述了社会学的主要研究领域。他认为，社会学首先须研究制约社会行为的地理（气候和地形）、生物（人口数量与品质）、心理（社会态度与其机制）、文化（文化特质和模式）四大要素。其中，地理和生物要素只是"消极限制"要素，心理和文化要素则是影响社会行为的"积极活动"要素和两大核心要素，社会行为"无非是人类心理作用和文化影响的交互作用的结果"。其次，社会学还应研究社会行为的组织、控制与变迁，诸如社会制度、社会组织、社会变迁、社会进化等②。他在此前后主编的社会学丛书书目，即大致依此。

　　虽然孙本文全面申述了社会学研究领域，但他更重视社会文化和心

---

　　①　吴泽霖："编辑大意"，载吴泽霖《新中华社会学及社会问题》（高级中学师范科用），第 1—2 页。

　　②　孙本文：《社会学 ABC》，世界书局 1929 年版，第 6—8、22—24 页；孙本文：《社会学的领域》（孙本文主编《社会学大纲》第 1 种），第 26—30、33—54 页。

理问题。1935 年 1 月,他在《社会学原理》例言中特别申明,其社会学观念受美国乌格朋、汤麦史二人影响最大,"故全书注重文化与态度之讨论"①。在此书中,他重点说明,在各种社会问题中,文化和心理问题最重要,"社会生活的重要要素,莫过于文化与社会心理的作用","现在人类社会所遇到的实际重要问题,不是如何去对付地理环境的影响的问题,而是如何去调适文化与社会心理的问题"②。所以,孙本文建构的社会学理论体系的核心即为社会行为分析与文化社会学的结合,主张将社会行为置于社会文化环境中进行分析。就某种程度而言,孙本文此论对于社会学理论具有相当创新性。

孙本文一直强调,社会学的研究对象是社会行为,这种社会行为指人们的交互行为。1928 年 7 月,他在《社会学 ABC》中即称,"社会学是研究人类社会行为的科学",社会行为即"二人以上交互影响的共同行为"③。1935 年 1 月,他在《社会学原理》中,尤其强调从社会行为角度理解社会概念,认为"凡是具有交互与共同关系,与表现交互与共同行为的一群人,都可称为社会。或简单的说,凡表现社会行为的一群人,就可称为社会"。"社会之所以成为社会,在社会上各分子间表现交互与共同行为。此种交互与共同行为,便是社会成立的根本要素。"孙本文将社会交互行为视作社会学研究对象,系综合爱尔乌德社会心理交互论与派克、蒲其斯《社会学导言》相关论述的结果。他强调社会行为具有交互性质,源自爱尔乌德观点;而他将社会行为视作社会学研究对象,则直接源于派克、蒲其斯所论。派克、蒲其斯在《社会学导言》中提出,"社会学是研究共同行为(Collective behavior)的科学"。孙本文认为,"共同"(Collective)一词不如"社会"一词更具"概括"性,所以,他进而提出社会学的研究对象应为"社会行为"④。其实,孙本文对派克、蒲其斯于 1921 年出版的《社会学导言》推崇备至。1935 年 1 月,他在《社会学原理》中强调,"有志研究社会学者不可不

---

① 孙本文:"例言",载孙本文《社会学原理》(上)(据商务印书馆 1947 年版影印),第 1—2 页。
② 孙本文:《社会学原理》(上)(据商务印书馆 1947 年版影印),第 128—129 页。
③ 孙本文:《社会学 ABC》,第 1—4 页。
④ 孙本文:《社会学原理》(上)(据商务印书馆 1947 年版影印),第 4—8、16 页。

读此书，如能阅读两三遍，则所得尤多"。他介绍，"全书所分章节及所作引论均出于派克教授的手笔。其所论述，足以代表司马尔教授所领袖之芝加哥社会学派的学说。此书在芝加哥大学社会学科，既用作初级社会学教科书，亦用为高级学生及毕业生研究社会学必须参考之书。故有芝加哥社会学科'圣经'之目"①。

孙本文构建的社会学理论，既以社会行为为研究对象，又以文化分析为基础。他将社会文化研究视作社会学研究的中心问题。1934 年 8 月，他在《社会学原理》自序中表示，社会学的任务是研究人类共同生活的原理原则，而"求生"为人类共同生活原理原则的中心要义。为了"求生"，人类社会必须进行"调适"，对内满足人类基本需要，对外解除环境之"侵迫"。而文化是影响人类社会调适的关键要素，"人类满足需要，解除侵迫，以调适环境而求生存者，其枢纽惟在文化"。文化既为人类社会调适的产物，"文化者，人类心力所造作以调适于环境之产物也"，又反过来极大地影响着人类社会的调适，"文化为人类社会之一种势力，一种支配势力。举人类生活之全体各部，莫不有文化贡献，莫不为文化支配"②。

孙本文特别强调文化对社会行为的制约作用，主张将社会行为置于社会文化环境中进行分析。他认为，人类态度与行为源于所处社会环境。1929 年 8 月，他在《社会的文化基础》中说："一个人的言语、思想、举止、行动、感情、态度，以及衣、食、住、行、用、玩种种方面的活动，无一不受社会的约制，即无时不受文化的影响。原来，一个人自从呱呱坠地而后，直至老死，无时无处不在文化的环境中生活。文化虽是人的产物，但一经产生以后，人即受着文化的束缚，处处表现文化的色彩。所以，质言之，所谓个人——即我们所见的个人——无非是文化陶冶而成的个人。"所以，一个社会之所以具有共同行为，原因在于具有共同文化，"社会之所以成为社会，不在其集合有机的生物个体，

①　"附录一：社会学重要参考书籍提要"，载孙本文《社会学原理》（下）（据商务印书馆 1947 年版影印），第 252 页。

②　孙本文："序"（1934 年 8 月 27 日于南京国立中央大学），载孙本文《社会学原理》（上）（据商务印书馆 1947 年版影印），第 1—2 页。

而在这种生物个体具有共同文化而表现共同行为"①。1935 年 1 月，他在《社会学原理》中分析得更具体，指出人的行为是由社会文化环境陶冶而成，"人的一举一动，是受社会上文化影响后得适当刺激引起的结果。……人的种种行为，是在社会上人与文化的环境中，渐渐学习而养成的"②。如此，孙本文就将社会行为研究与文化研究结合起来，强调人的行为是处于各种文化环境之中的行为，要研究人的行为，必须结合其所处的文化环境，才能有成。他在《社会学原理》中又说："我们常从一个社会的文化状态中，看出社会中各人的态度。"③

　　孙本文融会美国社会行为分析与文化社会学理论的学术思路，与其学术经历有很大关联。他很早便受染于美国心理社会学理论。1914—1918 年，他在北京大学读书期间经康宝忠的讲授了解到季廷史的"同类意识"说④。1921—1926 年在美留学期间，他同时深受心理行为分析与文化社会学两派理论熏染。他于 1922 年获得伊利诺斯大学硕士学位，之后，在哥伦比亚大学和纽约大学攻读博士学位。在哥伦比亚大学师从美国早期心理社会学泰斗季廷史与文化社会学创立者乌格朋，在纽约大学师从研究社会心理的麦独孤（R. McDougall），1925 年以《美国对华舆论分析》一文获得纽约大学社会学博士学位。同年秋，他又赴芝加哥大学社会学系，师从注重社会心理行为研究的派克和范黎庶学习。所以，孙本文自 1926 年回国后，一直将美国社会行为分析与文化社会学两种社会学理论置于同等地位。由其 1928 年 9 月辑为《文化与社会》一书的论文所含美国文化社会学和心理行为分析理论内容各半来看，他回国后任复旦大学教授几年间，对两种理论同样予以大力宣扬。1928年 6 月，他在《社会学 ABC》例言中亦申明，他特别重视文化与态度两方面对社会行为的作用，"著者相信，一切社会行为，不外乎文化与态度的交互作用"⑤。他于 1927 年 1 月出版的《社会学上之文化论》不仅在国内学界最先介绍美国文化社会学理论，对汤麦史人格分析（Per-

---

① 孙本文：《社会的文化基础》，第 125—126 页。
② 孙本文：《社会学原理》（下）（据商务印书馆 1947 年版影印），第 237—238 页。
③ 孙本文：《社会学原理》（上）（据商务印书馆 1947 年版影印），第 210 页。
④ 孙本文：《当代中国社会学》，第 224 页。
⑤ 孙本文："例言"（1928 年 6 月于上海江湾），载孙本文《社会学 ABC》，第 1—2 页。

sonality Analysis）理论亦为首次介绍，他自称"此书在当时看来，是一部介绍美国社会学重要学说的新著，在我国社会学发育时期，此书似有相当重要性"①。

不过，孙本文将社会心理行为分析与社会文化研究相结合的学术取向，仍源于美国学界。在他看来，以芝加哥大学为代表的社会行为分析与人文区位学理论强调结合社会环境分析人们心理行为，所言社会环境与文化无异。1926年12月，他在《美国社会学现状及其趋势》一文中介绍，"派克、蒲其史二教授，系汤麦史社会心理学派之健将，近来竭力倡导人类地位学，并且亦时时讨论及于文化事实"②。他又于1944年12月介绍，汤麦史、派克和蒲其斯等"注重社会态度与愿望的研究，亦以偏于心理方面，但彼等并不轻视文化的因素"，"心理社会学，就近时趋势看来，已与文化社会学发生密切关系。大概研究心理社会学者，多同时注重及文化因素"③。他介绍，汤麦史于1918年在《欧美波兰农民》第1卷中提出，分析社会价值（Social values）与社会态度（Social attitudes）同为社会学的主要任务。其所言社会价值，即人们所能感知到并据此调整个人行为的事物，"与人类学家之所谓文化无异。所以，谓氏之分析社会价值，即系分析文化，亦无不可"。他又注意到，乌格朋、恺史等美国文化社会学家亦不忽视社会心理行为研究。乌格朋在《社会变迁》中虽批评心理派社会学过于注重心理要素而忽视文化要素，但并不完全否认心理要素，认为"社会问题，无非文化与本性调整之问题。近时学者对于研究此种问题，似已有一种极大要求，即欲了解人类心理行为与文化之交互关系，及文化对于行为、行为对于文化之交互影响。我人对于无论何种问题，应研究其事实而断定二种要素势力之大小"。恺史在《社会学大纲》中提出，社会现象包括社会心理和社会文化两方面，所以，"社会学是研究社会团体行为之主观及客观二方面之科学。由人类学所集之文化（或社会价值）材料，以说明客观方

---

① 孙本文：《当代中国社会学》，第192—193页。
② 孙本文：《美国社会学现状及其趋势》，载孙本文《文化与社会》，第137—138页。
③ 孙本文：《现代社会学的发展与趋势》（1944年12月），载孙本文编《现代社会科学趋势》，第27—28页。

面;由社会或团体心理学所讨究之社会态度,以说明主观方面。惟其联合二方面,以研究其交互作用,乃有适当之发端,以研究团体之行为也"①。

许仕廉、应成一、吴泽霖等亦意识到融会美国社会行为分析与文化社会学理论问题。1927 年 12 月,许仕廉亦由汤麦史社会价值与社会态度理论注意到兼顾文化与心理行为分析问题。他介绍,汤麦史在《欧美波兰农民》第 1 卷中将文化与社会态度、社会行为密切联系,认为社会价值与态度相互影响,由此形成诸多思想、言语、制度、美术等种种生活方法和理想。"文化"就是这些东西的总称②。1932 年 11 月,应成一在《社会学原理》中提出,社会学不仅研究人的内在心理,还要研究外在的社会文化。社会除人之外,尚有政治、经济、文化、宗教等要因,应为"在一个特别环境——自然或社会——之下,所结合之个体",既包括人的要素,亦包括事的要素③。吴泽霖亦于 1932 年 6 月在《新中华社会学及社会问题》中强调兼顾社会文化要素与心理要素的研究,认为"我们对于一个人可以有两种看法:可以看作为一种生物人,专门研究他的生理、心理的构造和作用;也可以看作一种社会人,专去研究他与其他人的相互关系及影响"。为了研究"社会人",不能脱离其所处的社会文化环境④。

孙本文诸人融会美国文化社会学与社会行为分析理论,构建出以社会行为为对象、以社会文化分析为基础的完整社会学理论体系。这一理论体系为民国社会学界普遍认可。1937 年 4 月,燕京大学社会学系教授赵承信即对孙本文 1935 年出版的《社会学原理》评价颇高,认为此书是中国社会学界超脱欧美理论,构建自己的社会学理论之始。他梳理五四新文化运动以后中国社会学发展状况说,"总观过去社会学在中国所发展的,我们可以说,抄袭欧美的太多,无论是在系统上、在材料上均是如此",而孙本文《社会学原理》是个例外,"近数年来我想一定

---

① 孙本文:《社会学上之文化论》,第 43—74、134—138 页。

② 许仕廉:《论东西文明问题并答胡张诸君》(1927 年 12 月),载许仕廉《文化与政治》(中国社会建设泛论之一),第 38、48—50 页。

③ 应成一:《社会学原理》(上卷),第 78—83、125 页。

④ 吴泽霖:《新中华社会学及社会问题》(高级中学师范科用),第 19 页。

有不少的社会学同志在那里创造中国的社会学系统。孙本文先生的《社会学原理》（上海商务大学丛书教本，民国念四年一月出版，全书有七百余页）便是一例。孙先生属于文化学派，但是，本书的系统却以社会行为为中心来综合美国最新的社会思潮"①。

民国时期社会学理论体系的构建始于 20 年代后期，至 30 年代日臻完善。其理论核心为以社会行为为研究对象，以社会文化分析为基础。此种理论承 20 世纪初日渐兴盛的美国社会行为分析、文化社会学理论之余绪，具鲜明的美国学术印记。社会行为分析以芝加哥大学为研究重镇，强调结合社会环境分析人们的外在行为；文化社会学以哥伦比亚大学为研究中心，借鉴文化人类学方法，注重研究社会文化。两种理论皆为 20 世纪一二十年代美国新兴社会学理论。孙本文等 20 年代中后期由美返国的中国第一代社会学家，在大力引介这些美国最新理论的同时，多取融会贯通之意，并力图有所创新，从而构建中国自身社会学理论体系。就将美国社会行为分析、文化社会学理论提炼为一个理论整体而言，民国社会学界所构建的社会学理论体系，确有相当创新性。

第三节　民国时期社区研究理论的美国学术渊源

相较于理论社会学，社区研究偏重社会实证研究。民国时期，中国社会学界在构建理论社会学学术体系的同时，亦渐形成中国社区研究的基本范式。提及民国时期社区研究理论，目前学界往往将研究视角偏向吴文藻、费孝通等燕京大学师生对英国功能派文化人类学理论的引介与运用。然而，作为社会学中偏重社会实证研究的研究范式，社区研究则初成于美国学界。英国功能派文化人类学对中国社区研究的影响，只在燕大学者将其研究方法植入中国现代社区研究之中。无论是农村社区研究范式，还是都市社区研究方法，民国学界仍主要遵从美国学理。而且，即便致力于引介与应用英国功能派文化人类学的燕大学者，亦颇受美国学术影响，其社区研究理论所含美国学术因素仍多。尤其是，脱胎

---

① 赵承信：《社会学产生的条件及中国社会学的建设》（1937 年 4 月），载燕京大学法学院编《社会科学概论选读》，第 559—560 页。

于农村社区研究与都市社区研究的农村社会学与都市社会学理论与方法，因其 20 世纪初兴起于美国，中国学界相关研究仍以美国为典范。

一　美国现代社区研究范式与民国时期社区理念的形成

社区研究作为一种社会学研究范式，是社会学由纯理论研究趋向社会实证研究的重要手段。社区（Community）概念相对社会（Society），具有鲜明的地域性，指某个地域中具有共同生活的人类集合。此概念虽非由美国学界首先提出，但 20 世纪初美国学界现代社区研究范式对民国时期中国学界社区理念影响极深。民国学界现代社区研究范式主要来自美国。民国时期，在中国现代社区研究领域，较有成效者首推吴文藻、费孝通等燕京大学师生，其学术贡献即在将英国功能派文化人类学方法整合于美国现代社区研究范式之中，而英国功能派文化人类学迄 20 世纪 30 年代初仍基本囿于大洋洲、非洲等地初民社区研究，较少涉足现代社区研究。

社区（Community）一词于 19 世纪末 20 世纪初出现于西方学界。不过，西方学界最初在阐释"社区"概念时，多强调其"共同生活"特征。1887 年，德国社会学家腾尼斯在《社区与社会》一书中强调"Gemeinschaft"是人们以血缘、感情和伦理团结为纽带自然形成的有机群体。在北平师范大学任教的杨堃于 30 年代即以"初民的、有机体的、共产主义的"描述腾尼斯提出的"Gemeinschaft"概念[1]。之后，英语学界将腾尼斯所言"Gemeinschaft"译作"Community"（社区）。1910年，美国学者爱尔乌德在《社会学与现代社会问题》中亦强调社区的共同生活内涵，认为社区即"自然的、稳固的并且包括一切的共同生活"[2]。1917 年，时任加拿大多伦多大学教授的麦其维在《共同社会》中同样强调社区的"共同生活"要素，并进而提出，共同志愿（Common will）是共同生活的动机，共同事业（Common interests）则是共同

---

①　杨堃：《现代各国社会学之派别与趋势》，载燕京大学法学院编《社会科学概论选读》，第 546 页。

②　杨开道：《农村社会》，第 6—7 页。

生活的目的，社区尤以共同事业为基础①。

20 年代末 30 年代初，中国学界在引介西方社区概念时，除强调其共同生活特征外，更强调其区域或地域特征。迄 30 年代初，中国学界尚未将"Community"译作"社区"，或译为"社会"，或译为"共同社会""区域社会""地方共同社会""基本社会"等。如刘叔琴于 1930 年 10 月在翻译日本学者加田折二原《社会学概论》时，便将"Community"或"Gemeinschaft"一词译为"基本社会"②。1933 年，费孝通等燕京大学社会学系学生在翻译芝加哥大学教授派克文章时，首次以"社区"迻译"Community"，他们理解，社区是具体的、在一个地区形成的群体③。显然，费孝通诸人之所以将"Community"译作"社区"，很大程度源于其地域性。不过，从地域性角度理解社区概念并非始自费孝通等人，此前中国学界即已强调社区概念的地域要素。1928 年 7 月，孙本文在《社会学 ABC》中，将社区称作"区域社会"，并指明其地域特征，认为"凡一个社会和一个区域，发生密切关系的，就叫区域社会。这样，社会里的各分子，全是生活于一个区域以内，以一个区域为界限的。譬如邻里、乡村、都市等等，就是区域社会"④。20 年代末 30 年代初，杨开道对社区概念的阐释最为详尽。1929 年 8 月，杨开道在《农村社会学》中，一方面接受麦其维以共同生活界定社区概念的观点，认为"假使集合的个体，有共同的生活——共同目的和共同事业——便成了一种共同社会了。这种共同社会，可以用 Community 这名词去代表"。不过，他又以地域特征补充麦其维的社区理论，认为"农村社会还有一个紧要的观念，就是地域（Locality）的观念。普通社会是没有地域观念的，此处的人民可以和他处的人民结成社会，甚至中国的人民可以和外国的人民结成社会。但是，农村社会，是有一定区域的。他的人民，是限于一个地方以内的。他仿佛是一个缩小的国家，也

① 杨开道：《农村社会学》，世界书局 1929 年版，第 8—9 页；杨开道：《农村社会》，第 7、14—15 页。

② 孙本文：《当代中国社会学》，第 36—37 页。

③ 费孝通：《个人·群体·社会》（1993 年 7 月 24 日于北戴河），载费孝通《论人类学与文化自觉》，第 110 页。

④ 孙本文：《社会学 ABC》，第 76 页。

有人民、土地、主权三要素。所以,我们可说他是一种地方共同社会"①。1930 年 1 月,杨开道在《农村社会》中,批评麦其维忽略社区的人口与地域因素,认为其注意点"全在共同生活上面,把人口的根据和地域的限制,通通忽略了",并全面阐述了自己的"社区"定义。他认为,"Community"可以译作"共同社会"或"地方共同社会",此概念具有共同生活、地域性、自然性三个要素,"这个字的语根,本来含有共同意味。他的含意,尤其注重在共同生活一方面,所以,我们可以把他译成共同社会。除了共同生活这个涵义外,还附带有一个地域的限制,就是说一个地方的人民的共同生活。所以,详尽一点的译起来,应该当作地方共同社会,才能够表现出他那两个主要的意义。把地域作限制,凡是住在这个区域里面的人民,都是属于这个地方社会,不需要人力去发起,去参加,纯粹是一个自然的群体",所以,"一个区域内部的人民,假使有了相当的共同生活,便可叫作地方共同社会",最小者如村落,最大者如世界,聚居者如城市,散居者如农村等②。

显然,民国学界将共同生活、地域视作社区的两个基本特征。其实,孙本文、杨开道诸留美归国学者之强调社区的地域特征,美国现代农村与都市社区研究为其重要理论来源。此点,从民国学界对美国相关研究的引介中可略窥一斑。1927 年 1 月,孙本文在《社会学上之文化论》中即高度评价美国 20 世纪初兴起的现代农村、都市社区研究,认为美国此种研究乃"用科学的方法,调查分析一种局部的区域社会"③。美国学界在阐释农村社区概念时,即多强调其地域特征。1920 年,唐普逊在《农村社区定义》一文中指出,农村社区是由许多个人组成的"定域团体",具有共同的利益、目的与活动④。同年,西门斯在《农村共同社会》一书中亦提出,农村社区"是由许多比邻而居,并且有共同事件的农家所组成的",其共同事件包括共同了解(a common understanding)、共同地域(a common locality)、共同农业制度(a common

①　杨开道:《农村社会学》,第 8—9 页。
②　杨开道:《农村社会》,第 14—15 页。
③　孙本文:《社会学上之文化论》,第 1—8 页。
④　童润之:《乡村社会学纲要》,第 19—21 页。

type of agriculture）、共同血统（Common blood）。1922 年，马格雷拉罕在《社区组织》一书中认为，农村社区"是一种社会单位，由他的人口中心和附带有买卖关系的农家组成，有一定的地域限制，有共同律法、共同兴趣、共同权利以及合作组织的可能性"。杨开道认为，马格雷拉罕的定义"不惟注意地域限制和共同事件，并且还提出一个新的问题，说农村是由一个商业的中心和附近有商业关系的农民所组成的"①。

民国学界在中国现代社区研究方面取得较大成就者，主要为燕大学人，初由吴文藻倡导，由其弟子费孝通诸人实践。他们虽主要以英国功能派文化人类学为理论指导，但其现代社区理念更多来自美国学界。30年代中期以前，吴文藻等燕京大学师生对美国文化人类学、芝加哥大学都市社区研究的关注，胜过英国功能派文化人类学。1925—1928 年，吴文藻在哥伦比亚大学攻读硕士、博士学位期间，深受以该校为据点的美国文化人类学影响。他不仅聆听该校人类学系主任、美国文化人类学创立者鲍亚士及其女弟子本尼迪克特（R. Benedict）的演讲，还到纽约社会研究新校听该校教授、鲍亚士弟子戈登卫然讲解《人类学：〈原始文化〉导论》②。1932 年，吴文藻在为孙寒冰主编《社会科学大纲》所撰第三章《文化人类学》中，对美国文化人类学极表推崇，认为美国文化人类学首倡文化研究方法，所提出的"文化"概念"乃是二十世纪社会科学上最伟大的贡献"，鲍亚士等对北美印第安人的考察"开野外作业的新纪元"。吴文藻此时仅始注意到英国功能派文化人类学，表示"最近英国人类学界有一新趋势，即伦敦大学教授马凌诺斯基起而独树一帜，自称为功用学派，颇引起学术界的注意"，且未完全看好此派学术前景，认为"此派将来的地位如何很难预料"③。30 年代初，芝加哥大学社会学系以人文区位学方法开展的都市社区研究似对燕大师生影响更大。派克于 1933 年在燕大的讲学曾极大地影响该校师生的社区研究思路。费孝通回忆，派克介绍的社区研究方法曾在燕大引起很大反

---

① 杨开道：《农村社会》，第 15—24 页。

② 林耀华、陈永龄、王庆仁：《吴文藻传略》，载吴文藻《吴文藻人类学社会学研究文集》，第 339 页。

③ 吴文藻：《文化人类学》（1932 年），载吴文藻《吴文藻人类学社会学研究文集》，第 59—68 页。

响,"在 1933 年这种社区研究就在燕京大学学生里流行了起来",甚至成为燕大师生实现社会学中国化的努力方向,大家感觉"要说明中国社会是个什么样的社会,科学的方法只有实地观察,那就是社区调查"①。他于 1936 年夏进行的江苏吴江县开弦弓村调查和后来撰写的《江村经济》即深受派克社区调查方法的影响②。吴文藻亦于 1935 年高度评价芝加哥大学人文区位学研究,认为其都市调查是"科学的社区研究之开端"。他分析,"通常所说社会调查,大都以叙述社会实况为主体,至于社会事实存在的原因,及社会各部相关的意义,是不去深究的。芝加哥社会学派所创始的社区研究,比这样的社会调查,要更进一步,它不但要描写事实,记录事实,还要说明事实内涵的意义,解释事变发生的原因"。"芝加哥派的学者根据这个观点对于都市社区的种种现象,所作极精细的专门研究,如邻里、家庭解组、帮会生活、贫穷、少年犯、成年犯、自杀等等,都有很大的参考价值。"③

显然,30 年代初,在现代社区研究范式方面,吴文藻等燕京大学师生更多参考美国学界相关论述。所以,他们对于社区概念的理解,与孙本文、杨开道等趋重美国社会学理论的论者大体一致,亦强调社区的共同生活与地域要素。1934 年 12 月,吴文藻在清华大学演讲时解释,"社区"指"一地人民的实际生活",主要包括三个要素,即人民、人民所居处的地域、人民生活的方式或文化④。1939 年 3 月,赵承信亦阐述社区概念说,社区即"在连接的地面上过着共同生活"的"一群人",包括三大要素,即土地(Land)、人口(Population)、活动(Activity)⑤。

---

① 费孝通:《个人·群体·社会》(1993 年 7 月 24 日于北戴河),载费孝通《论人类学与文化自觉》,第 110 页。

② 费孝通:《从人类学是一门交叉的学科谈起》(1996 年 11 月 20 日),载费孝通《论人类学与文化自觉》,第 2—4 页。

③ 吴文藻:《西方社区研究的近今趋势》(1935 年),载吴文藻《吴文藻人类学社会学研究文集》,第 151—158 页。

④ 吴文藻:《现代社区实地研究的意义和功用》(1935 年),载吴文藻《吴文藻人类学社会学研究文集》,第 144—148 页。

⑤ 赵承信:"序"(1939 年 3 月于北平燕京大学),载燕京大学法学院编《社会科学概论选读》,第 2—4 页。

吴文藻热衷宣扬英国功能派文化人类学理论，约始于30年代中期。英国功能派文化人类学以马林诺斯基和布朗为代表。马林诺斯基为伦敦政治经济学院教授。布朗于20年代先后任英属南非开普敦大学、澳大利亚悉尼大学教授，1931年始任美国芝加哥大学教授。英国功能派文化人类学强调研究文化对于满足人类生活的功能以及某种文化元素在整个文化体系中的功能。马林诺斯基更注重前者，从满足人类生物、社会、心理三个层面需要解释文化的功能；布朗更强调后者，主张把各种文化看作一个完整的体系，把各种社会制度、风俗以及信仰看作此文化体系的组成部分，从而考究他们在整个文化体系中的功能①。迄30年代，英国功能派文化人类学仍大致囿于人类学初民文化研究，而吴文藻则倾向从社会学现代社区研究角度认知英国此种理论的学术价值，很快意识到将其文化分析方法应用于中国现代社区的问题。1934年12月，吴文藻在清华大学演讲时在提出"从社区着眼，来观察社会，了解社会"的同时，又主张将人类学文化分析理论应用于中国现代社区研究，强调"文化是社区研究的核心，明白了文化，便是了解了社区"②。1935年，吴文藻又表示，"功能学派是社会人类学中最新进，而亦是现今学术界上最有力的一个学派"，"自己常常感到国内社会科学材料内容的空虚，颇想利用此派的观点和方法，来尝试现代社区的实地研究。我深信，如果我们有计划的来分区调查国内各种文化水准发展不同的社会实况，则对于我国固有的社会结构，以及与西洋文化接触以来所引起的社会变迁（不论其为常态的或变态的），必能得到更亲切的认识、更深入的了解"③。其实，将英国功能派文化人类学理论应用于中国现代社区研究，亦出于英国学者的意愿。布朗于1935年秋来燕京大学讲学前，曾在芝加哥大学社会研究社暑期年会上，以中国社会制度和变迁为例，阐发运用人类学方法研究现代社会的意见。布朗在燕大讲学期间，

① 吴文藻：《功能派社会人类学的由来与现状》（1935年），载吴文藻《吴文藻人类学社会学研究文集》，第122—123、131—135页。

② 吴文藻：《现代社区实地研究的意义和功用》（1935年），载吴文藻《吴文藻人类学社会学研究文集》，第144—146页。

③ 吴文藻：《功能派社会人类学的由来与现状》（1935年），载吴文藻《吴文藻人类学社会学研究文集》，第122—123、127—128页。

又主持运用功能派文化人类学方法研究中国社区的讨论班，提出"中国乡村生活的社会学调查计划"①。据费孝通言，1936 年下半年，吴文藻在伦敦拜会马林诺斯基，马林诺斯基之所以以《文化论》初稿相赠，商定由费孝通译为中文，是因为他得知吴文藻等中国学者正拟议采用其理论研究中国社区后极为兴奋，认为自己虽多年考察西太平洋新几内亚特洛布陇岛（Trobriand Island），且门人遍各大洲，但独缺中国，深感"比较文化论，不能缺少中国"②。

　　燕京大学社区研究理论虽以英国功能派文化人类学为圭臬，但亦含有颇多美国文化人类学、文化社会学、人文区位学因素。吴文藻为美国文化社会学创立者乌格朋弟子，深受其理论熏陶③。所以，他较看重美国文化社会学者的现代社区调查。美国林德夫妇于 1929 年出版的《中镇：一种现代美国文化的研究》，为美国社会学界运用文化社会学理论开展美国现代社区研究的代表著作。吴文藻于 1935 年认为，此书是"今后一切社区研究的模范"和"近来社会学文献中一部空前的杰作"，其学术贡献在于活用文化人类学家的方法，"对于现代文明作全相的研究"，"像民族学家讨论初民部落的生活方式那样，来讨论一个美国都市中的生活习惯和风尚"。而且，他亦极看重芝加哥大学运用人文区位学方法开展的都市社区研究。在他看来，芝加哥大学此种研究方法与英国功能派文化人类学"就其追求社会历程的了解和实习野外工作的技术而言，颇有相通相成之处"，只不过一个研究都市社区，一个研究部落社区④。费孝通 30 年代社区调查活动除受派克介绍的社区理论影响外，亦受美国文化社会学影响。费孝通于 1935 年夏进行广西金秀县大瑶山调查和于 1936 年夏进行江苏吴江县开弦弓村调查前后，曾与妻子王同惠将乌格朋《社会变迁》全书译为中文，于 1935 年 12 月由商务印书馆

---

① 吴文藻：《布朗教授的思想背景与其在学术上的贡献》（1936 年），载吴文藻《吴文藻人类学社会学研究文集》，第 183—186、169—172 页。

② 费孝通："译序"（1940 年 11 月 14 日），载 ［英］ Bronislaw Malinowski《文化论》（*What Is Culture*），费孝通译，第 1—3 页。

③ 孙本文：《当代中国社会学》，第 204—205 页。

④ 吴文藻：《西方社区研究的近今趋势》（1935 年），载吴文藻《吴文藻人类学社会学研究文集》，第 151—158 页。

出版①。费孝通于 1993 年回忆，他翻译此书期间，对乌格朋所言印象深刻，尤其乌格朋认为科技进步引起社会变迁，科技变迁引起社会其他制度的变迁②。赵承信亦提出社区研究应并用芝加哥大学人文区位学与英国功能派文化人类学两种理论与方法。他于 1936 年表示，"区位法与功能法虽然各有它们不同的立场与不同的发展史，但在以整个社区作研究的对象这点上，它们却是相同的"。他分析，一个大社区由诸多具有各自功能的自然区域组成，所以，各种文物体制涉及的自然区域范围差异很大，有的属于小的自然区域，有的则属于整个社区。这样，既要运用区位法，亦要运用功能法。芝加哥大学都市社区研究"差不多都是区位法与功能法并用的"。而且，他认为，美国文化社会学研究与英国功能派方法亦相通，林德夫妇运用美国文化社会学方法撰写的《中镇：一种现代美国文化的研究》，对一个拥有 3.5 万居民的市镇进行"动的、功能的研究"（Dynamic, functional study），亦是运用英国功能派文化分析方法的成果③。黄迪原就读于燕京大学社会学系，后被吴文藻派到芝加哥大学学习。1936 年 3 月，他试图以美国学界文化重心说，修正英国马林诺斯基等文化功能派理论。1934 年，美国人类学者、鲍亚士女弟子本尼迪克特在《文化模式》（Patterns of Culture, 1934）中，通过分析各种文化重心（Core of culture），阐释各种特殊文化模式。1935 年，爱尔乌德在《文化为人类生活的基本要素》（Culture as an Elementary Factor in Human Social Life, Social Science, Vol. 10, No. 4, Oct. 1935）一文中，将文化分为两方面：一为主观文化，即"传统"（Tradition），包括知识、观念、信仰、情操、价值和标准；二为客观文化，即"风俗"，包括一切外表的行为习惯，认为文化重心在于主观文化方面。黄迪读到本尼迪克特和爱尔乌德的论述后，感到"文化重心"概念非常重要，认为"文化中常有一两部分较占优势，较强有力，对于其他部分的影响特别重大。……这部分便是我们所谓文化重心"。这种"文化重心"是

①　孙本文：《当代中国社会学》，第 73—74 页。

②　费孝通：《个人·群体·社会》（1993 年 7 月 24 日于北戴河），载费孝通《论人类学与文化自觉》，第 103 页。

③　赵承信：《社区研究的区位法与功能法》（1936 年），载燕京大学法学院编《社会科学概论选读》，第 593—608 页。

整个文化的"枢纽"。不研究"文化重心"，难以了解个别文化的特色。美国学界的"文化重心的研究，严格的说虽仍不出文化内部相关研究的范围，却不无相当足以补充功能学派观点的地方，至少也不缺提醒的作用"①。

　　显然，民国社会学界现代社区研究理论深受20世纪初美国农村、都市社区研究范式之影响。所以，他们在阐释社区概念时，除强调社区的共同生活要素外，亦强调社区的区域特征。尤其燕京大学师生对于社区研究理论的构建，其理论核心即在英国功能派文化分析方法与美国现代社区研究范式的结合。

二　美国农村社区与农村社会学研究对民国学界的影响

　　农村社区研究与农村社会学研究密切相关。农村社区研究注重全方位考察某个区域的农村生活，而农村社会学则脱胎于农村社区研究，以农村社区研究为基础，进而构建农村社会研究的理论体系。二三十年代为民国农村社区、农村社会学研究的起步期。民国时期，无论农村社区研究，抑或农村社会学研究，均深受美国学术影响。

　　20世纪初为美国农村社区与农村社会学研究的重要形成期。美国农村社区研究的兴起比农村社会学稍早，始于1890年白勒的倡导，20世纪初，在美国政府的推动下全面兴起。1908年，美国政府成立农村生活委员会，开展农村生活运动，促使农村社区研究全面展开②。1925年，美国国会通过农村研究补助案，进一步促进了美国农村社区研究的开展。1930年1月，杨开道在《农村社会》中注意到，美国农村社区研究呈"一日千里"之势，成为美国社会学研究的一大潮流，"将来的农村研究，不惟对于农村改良，有具体的贡献，就是社会科学，也会有不少的发现的"③。继农村社区研究兴起后，美国农村社会学亦于20年代兴起，并形成较完整的论述构架。一二十年代，美国有关农村社区与

---

　　① 黄迪：《论"文化重心"》（1936年3月11日），载燕京大学法学院编《社会科学概论选读》，第31—38页。

　　② 言心哲：《农村社会学概论》，第394—395页。

　　③ 杨开道：《农村社会》，第8—9页。

农村社会学研究的论著大量出版。早在 1913 年，吉勒特出版《建设的农村社会学》（*Constructive Rural Sociology*，1913）。1918 年，葛尔宾出版《农村生活》（*Rural Life*，1918）。之后，费廉编《农村社会学读本》（*Readings in Rural Sociology*，1920）、西门斯《农村共同社会》（*The Rural Community*，1920）和《农村社会学初步》（*Elements of Rural Sociology*，1928）、吉勒特《农村社会学》（*Rural Sociology*，1922）、桑德逊（D. Sanderson）《农民与农村社会》（*The Farmer and his Community*，1922）、傅克德（P. L. Vogt）《农村社会学概论》（*Introduction to Rural Sociology*，1922）、何桑（H. B. Hawthorn）《农村生活的社会学》（*The Sociology of Rural Life*，1926）、戴洛（C. C. Taylor）《农村社会学》（*Rural Sociology: A Study of Rural Problems*，1926）、蓝奎士（G. W. Lundquist）与高维（T. N. Caver）合著《农村社会学原理》（*Principles of Rural Sociology*，1927）、黑士（A. W. Hayes）《农村社会学》（*Rural Sociology*，1929）、沙罗根（P. Sorokin）与钱秣门（C. C. Zimmerman）合著《农村与都市社会学原理》（*Principles of Rural – Urban Sociology*，1929）等相继出版[①]。

20 年代末 30 年代初，民国学界尚未以"社区"译"Community"，多以"农村社会"指称"农村社区"（Rural Community），所谓"农村社会学"亦多指农村社区研究。杨开道为民国农村社区研究的开创者。他于 1929 年 8 月出版《农村社会学》，又于 1930 年编撰农村生活丛书 14 种，包括《农村生活》《农村社会》《农村问题》《农村政策》《农村教育》《农村经济》《农村土地》《农村自治》《农村娱乐》《农村组织》《农村领袖》《农村调查》《新村建设》《农民运动》，由世界书局出版。其所言"农村社会"即多指"农村社区"。对此，他在《农村社会学》中解释说："农村社会的英文，叫作 Rural Community，而不叫作 Rural Society。""Rural Community"本应译作"农村共同社会"，"但是，因为减短字数和使用习惯的缘故，就把他略成农村社会"[②]。其 1930 年 1 月出版的《农村社会》运用美国农村社区研究以及心理学、文化学等

---

① 魏重庆：《社会学小史》，第 75—76 页。
② 杨开道：《农村社会学》，第 8—9 页。

相关理论，构建出一套农村社区研究的大致轮廓，不仅提出了农村社区研究的基本范式，也提出了农村社区研究的主要方面，诸如农村社区的定义、人口、地域、心理、文化等。他在此书中强调社会学研究应以农村社区研究为起点，认为农村社区"是一种最小的共同社会"，以此为单位便于全方位考察社会生活，"因为农村社会和他内部分子比较简单，所以，社会学研究、共同生活研究，当然从他下手。并且，他一个社会里面，包含有许多重要的群体，所以，他的研究是社会学一大部分的研究"①。杨开道留学美国期间，先在衣阿华州立学院（Iowa State College）受教于何桑，于 1925 年获得硕士学位，后到密歇根州立学院（Michigan State College）师从白德菲（K. L. Butterfield），于 1927 年获得博士学位。所以，他阐述的农村社区理论主要源自他的两位老师何桑和白德菲，其中何桑《农村生活的社会学》和白德菲《农场主与新时代》（*The Farmer and the New Day*，1919）两书对他影响尤大。1928 年秋，他在《农村社会学》自序中介绍，其书内容"都是两位前辈的赐与"②。

　　农村社区地域结构理论为美国社区研究的基本理论，主要包括两方面，一为葛尔宾等关于社区商业中心与附近农户关系理论，二为何桑关于交通与农村社区地域大小理论。民国学界在引介这些理论的同时，又强调其对于中国农村社区研究的局限性。葛尔宾曾任威斯康星大学农业经济系副教授，1919 年调至美国农业部工作，为美国著名农村社会学家。1918 年，他在《农村生活》中首先提出，一个特殊的土地基础（a particular land foundation）与一个特殊的商业中心（a particular business center）联合组成一个农村社区社会、经济的基本单位（the fundamental Socio‐economic rural community unit）。之后，康奈尔大学农村社会组织学系主任桑德逊亦提出，"农村社会是由一个地域里面的人民组成的，他们的共同事业却聚集在一个中心"③。1930 年 1 月，杨开道在《农村社会》中认为，美国学界这种商业中心与周边村野两分法只是分

---

① 杨开道:《农村社会》，第 7—8 页。

② 杨开道:"自序"（1928 年秋于北平燕京大学），载杨开道《农村社会学》，第 1—2 页。

③ 杨开道:《农村社会》，第 26 页注 13。

析美国农村社区的结果，未必适用于中国农村。美国中西部农村不是村落式的农村（Village community），而为散开的村野（Open country）。村野里面的农民必须要到商业中心做各种买卖。而"我们中国的农村社会多半是村落式的农村社会。农村的全体都在这个村落里面，没有甚么村心、村野的分别"。何桑为美国农阿华州立学院教授，是杨开道的硕士导师。1926 年，何桑在《农村生活的社会学》中提出，如果把一个农村社区比作一个圆，那么，这个圆的半径随着交通的进步而扩大，因为由步行到马车，再到汽车，农民可以在较短的时间内在村心与村庄最外边界之间来往。何桑设想了一个"半小时社区"（Thirty - minute communities）模式，即由村心到村庄边界的来往时间为半小时，农民在步行时代可走 2 英里，马车时代可走 6 英里，汽车时代可走 20 英里，相应的，农村社区的直径由 2 英里扩大到 6 英里、20 英里。杨开道极赞赏其师何桑此种理论，在《农村社会》中予以详细介绍①。不过，1934 年3 月，言心哲在《农村社会学概论》中对何桑的此种农村社区划分方法不甚满意，认为"这种区分方法，全从交通便利上设想，把其他要素，如人口、经济、政治、社会等要素，完全不管，其不妥的处所是显而易见的"，划定农村社区区域，应考虑到共同生活、共同事业、共同关系等要素。言心哲较推崇乔启明的划分方法。乔启明在金陵大学农学院《农林丛刊》发表《乡村社会区划的方法》一文提出，应以"社会共同生活和事业"为标准划定农村社区范围。在中国，商业贸易是居民"共同生活和事业"的代表，应以商业市镇为一个区划的中心点。所以，划定农村社区应以商业市镇为中心，并参考其与周围村庄的商业贸易、宗教、教育、社会交际等关系②。

农村生活社会化（Socialization of rural life）是美国农村社区研究的重要命题。美国诸种农村社会学著作多辟专章探讨，如吉勒特《建设的农村社会学》和《农村社会学》、傅克德《农村社会学概论》、何桑《农村生活的社会学》、黑士《农村社会学》等。其中，何桑阐述最详明，其出版于 1926 年的《农村生活的社会学》专门以七章篇幅阐述农

①　杨开道：《农村社会》，第 22—23、27、42—46 页。
②　言心哲：《农村社会学概论》，第 17—21 页。

村生活社会化问题①。所谓农村生活社会化，即促使农村居民的生活、观念与周围社会相融合。杨开道于 1929 年 8 月在《农村社会学》中介绍，此种理论指"个人被社会同化，作为社会的分子"，淡化人们的"家庭思想"，把"社会思想"放在"家庭"上面，先社会后家庭，先家庭后个人，注意个人与他人合作，使社会、家庭、个人协调发展②。言心哲亦于 1934 年 3 月在《农村社会学概论》中介绍，"农村社会化"就是"使农村以内的人民，彼此联络，适应农村社会一切生活，大家努力社会全体的福利，以求农村的进步"③。不过，杨开道在介绍此种理论的同时，又指出其应用于中国农村社区的局限性。他感到，这种理论以考察美国、加拿大等移民式农村社区为主。美国和加拿大农村社区由从欧洲或美洲东岸迁来的一家一户的垦民组成，各家之间没有血缘，很少社会联系，同时，在经济上，实行土地私有和自由竞争，容易出现贫富不均。他们确实存在"社会化"问题，"起初一块地方，只有一两家，当然没有农村社会生活。后来，人民渐渐来得多了，他们为应环境的需要起见，才组成许多的农村社会，去解决他们共同的问题"。但北美农村社区的形成方式在中国和欧亚古国却"不常见"④。

　　杨开道极推崇 20 世纪初美国开展的农村生活运动（Country Life Movement），并以此为基础阐释"现代农村社会（社区）"概念。美国此一运动始于 20 世纪初，由农业调查专家白勒、密歇根州立学院教授白德菲、农村社会学家葛尔宾等倡导。他们认为，美国此前仅通过提高农村生产技术、改善农业管理等方法发展农业生产，增加农民收入，并不能完全解决农民生活问题。所以，他们倡导以社会学方法改善农村生活，提出"生活，多生活，更多生活"（Life, More Life, Still More Life）口号⑤。他们的提议受到罗斯福总统的赞同。美国政府成立农村生活委员会，邀请白勒、白德菲等开展农村生活调查，规划农村生活改

① "农村社会化"（第十一章）参考书目，载言心哲《农村社会学概论》，第 309—311 页。
② 杨开道：《农村社会学》，第 93—94 页。
③ 言心哲：《农村社会学概论》，第 299 页。
④ 杨开道：《农村社会学》，第 21—24 页。
⑤ 同上书，第 84—96 页。

良方案。之后，美国许多州成立农村生活协进会（Country life associa-
tion），全美农村生活协进会（American country life association）亦于
1919 年 1 月成立①。显然，杨开道在密歇根州立学院的博士导师白德菲
是美国这一运动的主要推动者。所以，杨开道主张将此种运动引入中
国。1929 年 8 月，他在《农村社会学》中提出，中国要从改良农业技
术、改善农业管理、运用社会学方法三方面同时解决农村生活问题，
"缺了一方面，农村生活问题，就不能完全解决，彻底解决"。为此，
须制订中国开展农村生活运动的整体计划。杨开道进而阐述"现代农村
社会（社区）"概念。他将农村社区分为村落社区（Village Communi-
ty）、封建社区（Manor Community）、现代社区（Modern Community）三
个发展阶段。他认为，在现代农村社区，由"肚皮经济"（Stomach E-
conomy）转为"社会经济"（Social Economy），进而讨论"根本的生活
问题"。现代农村社区的基本特征包括：按照社会学理拟订各种社会、
经济、政治、教育的方针与计划；人们的活动以理智为指导；适当调节
个人与社会的关系；实行完全"民治"，由农民全面管理社会；运用最
新的农业技术和农业管理方法；生活标准（Standard of Life）和生活程
度（Scale of Living）、生产效率（Working Efficiency）和社会效率（So-
cial Efficiency）均大大提高；各方面社会生活均有相当组织，农民拥有
"满足的社会生活"（Adequate Social Life）②。杨开道提出了建设中国现
代农村社区的大致设想。他提出了一系列具体措施：发展教育，增加农
民知识；发展农业科学，改良农事；发展农村经济，增加农民收入，改
善农业经济管理；发展农村交通，增进农民间的交流；增强各村内部的
分工、合作与团结；建立健全各级农民组织；培养农村管理、农业技术
等方面的农村领袖；发展社会服务，提高农民的社会服务精神；生活社
会化③。显然，杨开道描述的现代农村社区基本是美国农村生活运动的
翻版，并突出其师何桑倡导的农村生活社会化理论内容。

　　民国社会学界基于美国理论对农村社会学理论体系的构建始于 20

---

① 杨开道：《农村问题》，世界书局 1932 年 5 版，第 42—44 页。
② 杨开道：《农村社会学》，第 84—96、41—43 页。
③ 同上书，第 93—94 页。

年代末,迄 30 年代中期日臻完善,以杨开道于 1929 年 8 月出版的《农村社会学》、言心哲于 1934 年 3 月出版的《农村社会学概论》、童润之于 1941 年 10 月出版的《乡村社会学纲要》为代表。受美国影响,民国农村社会学理论以农村社区研究为基础,强调其研究对象为农村社区。1941 年 10 月,童润之在《乡村社会学纲要》中即称,学界在论述乡村社会问题时,倾向于以"共同社会"(Community)代替"社会"(Society)概念,多将"乡村社会"称作"Rural community",而非"Rural society"①。

对于农村社会学的研究对象,民国学界参照美国学界论述,强调研究农村社会或社区的社会形态、社会要素、社会生活等基本社会现象。美国学界所下农村社会学定义,多强调以基本农村社会现象为研究对象。费廉编《农村社会学读本》强调研究各种农村社会势力和要素;西门斯《农村共同社会》主张研究农村社会情形;吉勒特《农村社会学》认为,农村社会学主要考察农村社会的源起、发展,解释农村社会的事实;傅克德《农村社会学概论》认为,农村社会学主要研究农村社会情形、各种社会势力和农村文化发展②。民国学界虽接受美国学界以农村社会或社区基本社会现象为研究对象的观点,但反对美国学界将具体农村社会问题纳入社会学研究范围的做法。1929 年 8 月,杨开道在《农村社会学》中认为,农村社会学作为社会学的分支学科,主要是一种理论社会学,即"纯粹社会学"。农村社会学的研究领域是农村社会的基本"社会现象",亦即农村生活的全体或基本。虽然"广义的农村社会学"亦包括以研究农村社会问题为职事的"应用农村社会学",但并非农村社会学的主体。作为"纯粹社会学"的农村社会学,其研究领域大致有八个方面,即农村社会性质和特征、农村社会种类、农村社会起源、农村社会进化、农村社会人口、农村社会环境、农村社会生活、农村社会组织。他认为,吉勒特、何桑、桑德逊、戴洛等美国农村社会学家将农村经济、农村教育、农村卫生、农村组织、农村生活社会化等农村社会问题纳入农村社会学研究范围,多未厘清农村社会学

① 童润之:《乡村社会学纲要》,第 19—21 页。
② 言心哲:《农村社会学概论》,第 11—12 页。

的研究领域①。1934 年 3 月，言心哲在《农村社会学概论》中，同意美国农村社会学家黑士在《农村社会学》中的看法，认为农村社会学应研究"农村生活的社会现象"的产生与发展②。与杨开道一样，言心哲亦反对美国学界将农村社会问题纳入农村社会学研究范围，认为农村经济、教育、卫生等问题应由各方面专家研究，恐非农村社会学力所能及，农村社会学应缩小研究范围，集中研究"纯粹农村社会学上的问题"，"免得侵犯他科的领域"，"因为农村卫生、经济、教育等，属于专能事业，不是几个表面上一些原理原则所能奏效的"③。

民国学界虽对美国学界将具体社会问题纳入农村社会学研究范围提出批评，但在具体研究上，他们仍以中国社会具体问题为研究重点，且其具体论述框架亦未超脱美国农村社会学窠臼。言心哲在《农村社会学概论》中即提出，当前中国农村社会学应以研究中国农村社会具体问题为中心，以充实研究资料，"农村社会学的领域，无论划得如何妥当，倘使没有丰富的材料，以充实其内容，仍旧难望其发展"④。他在书中除阐述农村社会学基本理论外，辟专章论述农村人口、农村生活程度、农村社会病态与社会服务、农村卫生、农村娱乐与美术、农村领袖、农村社会心理、农村社会化、农村组织、农村家庭、农村经济、农村教育、农村调查、农村自治诸问题。其论述框架仍以美国相关论著为蓝本，其所论各章，美国诸种农村社会学著作亦多辟专章论述，如吉勒特《建设的农村社会学》和《农村社会学》、费廉编《农村社会学读本》、傅克德《农村社会学概论》、何桑《农村生活的社会学》、戴洛《农村社会学》、蓝奎士与高维《农村社会学原理》、西门斯《农村社会学初步》、黑士《农村社会学》、沙罗根与钱秣门《农村与都市社会学原理》等⑤。童润之在《乡村社会学纲要》中亦强调，确定中国农村社会学的

① 杨开道：《农村社会学》，第 1—7 页。
② 言心哲：《农村社会学概论》，第 11 页。
③ 同上书，第 24—27 页。
④ 同上。
⑤ 参见言心哲《农村社会学概论》各章参考书目。

研究内容须结合中国社会情况,"不偏重在理论的推敲"①,乡村社会学研究范围应以作为应用研究的"乡村社会问题"为主②。其书参照西门斯《农村社会学初步》编写体例,分为五编:第一编为绪论,说明乡村社会学及乡村社会的要义;第二编为乡村人口,分述人口数量、品质、移动等问题;第三编为乡村文化,包括乡村家庭、乡村教育、乡村卫生、乡村娱乐、乡村美术等问题;第四编为乡村组织,分析乡村政治、经济、文化等组织问题;第五编为乡村经济,包括生活程度、农业经营、农地分配与租佃制度等章③。

民国时期农村社区和农村社会学研究起步于 20 年代末。虽然其研究范式直接脱胎于美国,但中国学界在继承美国相关理论的同时,亦作了某些补充或修正。尤其是随着中国农村社会学研究的渐臻完善,民国学界开始明确提出建立中国化的农村社会学目标。童润之在《乡村社会学纲要》中即提出,须建立中国的乡村社会学,"以明了我国乡村社会的实况,而作改进的根据"。中国乡村社会学的内容不应与欧美完全一致,因为中国乡村问题与欧美不同,把他国乡村社会材料移至中国不一定适用。且在他国不成问题者,在中国则为绝大问题,反之亦然④。

三 芝加哥大学都市社区研究与民国都市社会学的创建

民国时期都市社会学研究深受 20 世纪初美国芝加哥大学都市社区研究的影响。二三十年代,派克、蒲其斯主持芝加哥大学社会学系运用人文区位学方法开展芝加哥都市社区研究。此种研究方法由吴景超等留美学者引介至中国,从而开启中国都市社会学研究。30 年代,邱致中以都市社区研究为基础,参照安迪生(N. Anderson)、林德门(E. C. Lindeman)合撰《都市社会学》(*Urban Sociology*, 1928),致力于构建都市社会学理论体系。而安迪生、林德门对都市社会学理论的阐述,亦与芝加哥大学都市社区研究有相当瓜葛。

---

① 童润之:"自序"(1937 年 5 月 1 日劳动节于无锡教育学院),载童润之《乡村社会学纲要》,第 1—2 页。

② 童润之:《乡村社会学纲要》,第 3—4 页。

③ 同上书,第 10—11 页。

④ 同上书,第 9—10 页。

芝加哥大学社会学系是 20 世纪初美国社会行为分析理论重镇。该系在派克、蒲其斯主持下，运用社会行为分析方法大力开展芝加哥都市社区研究，考察芝加哥不同区域中社会行为的异同，形成以芝加哥都市社区研究为特色的人文区位学派。20 年代，该系学者出版的一些论著系统阐述了人文区位学研究方法，如派克、蒲其斯编辑的论文集《都市》(*The City*：*Suggestions for the Investigation of Human Behavior in the Urban Environment*，1925) 和《都市社区》(*The Urban Community*：*Selected Papers From the Proceedings of the American Sociological Society*，1925)、潘尔满 (V. M. Palmer) 撰《社会学的实地研究》(*Field Studies in Sociology*，1928)。该系师生在芝加哥都市社区实地研究方面取得了一批专题研究成果，20 年代末 30 年代初，分别以芝加哥大学社会学丛书的形式出版。除芝加哥大学相关研究外，华盛顿大学教授麦根齐 (R. D. McKenzie) 于 1921 年出版的《邻居》(*The Neighborhood*，1921) 亦为美国人文区位学代表著作。此书为麦根齐对美国俄亥俄州哥伦比亚 (Columbia) 城的研究报告，"分析各种都市状况极精审"[①]。芝加哥大学人文区位学理论对民国社会学研究影响广泛，吴景超、孙本文、赵承信等均对此密切关注。吴景超对芝加哥大学研究方法的介绍较为详细，而孙本文、赵承信的视角则更宽广，不仅重视芝加哥大学研究的引介，且重视麦根齐的相关理论。

孙本文和赵承信根据麦根齐相关论述，介绍了美国人文区位学的基本理论。1926 年 12 月，孙本文将人文区位学称作"人类地位学派"。他介绍，区位 (Position) 是人文区位学的基本概念。人文区位学重点研究人文区位及其分布、竞争、淘汰对于人类"生活形式"的影响。麦根齐即注重研究区位在时间和空间上对社会制度和人类行为的影响，认为房屋和水是决定人类关系和社会地理分布 (Location) 的基本要素；食物、货物的生产与分配也是决定人类社会规模与安全的基本要素。在近代社会，运输路线、交通工具的变迁和新工业的发展，则为影响社区

①　"附录一：社会学重要参考书籍提要"，载孙本文《社会学原理》(下) (据商务印书馆 1947 年版影印)，第 259—260 页。

状况的重要因素①。1936 年，赵承信又根据麦根齐《都市社区》（The Metropolitan Community，1933）相关内容介绍说，人类共同生活分为"聚合的生活"（Living together）和"分离的生活"（Living apart）两类。人们生活的聚合与分离受各种生活条件的支配。人文区位学就是分析和发现导致人们生活分离与聚合的生活条件，并考察分离与聚合的相互作用和它们之间的差别。其中，竞争与合作是导致人们生活聚合与分离的基本要素。人们在社区中竞争与合作的力量不同，导致人们在社区内占据不同的"区位"。人口和文物体制的流动是社会区位变动的主要内容，并导致社区中心的形成②。

相较麦根齐的理论，民国学界更重视芝加哥大学都市社区研究，尤其致力于引介其都市社区研究的基本方法。孙本文较早向中国学界介绍芝加哥大学此种研究方法。他于 1926 年 12 月介绍，派克、蒲其斯等运用此种方法研究城市发展和城市居民的生活与行为，"是为社会学辟一新途径者也"。派克等注重研究都市社区中影响人员秩序与社会制度的各种势力以及由这种势力造成的人员秩序与社会制度③。1935 年 1 月，他又在《社会学原理》中高度评价芝加哥大学社会学丛书和潘尔满《社会学的实地研究》的学术价值，认为芝加哥大学社会学丛书"系专就都市生活之一方面，做详细研究。此皆其研究报告也。读此诸书，可知芝加哥大学社会学家之研究方法及成绩"④。潘尔满《社会学的实地研究》的优点"在于就社会学的立场，用个案研究的方法，以指示调查的途径，为社会实际研究最善之书"⑤。吴景超于 1929 年 8 月出版的《都市社会学》为民国时期第一部都市社会学专著，对芝加哥大学都市社区研究方法做了系统介绍。

民国学界相当看重芝加哥大学都市"自然区域"（Natural areas）研

---

① 孙本文:《美国社会学现状及其趋势》，载孙本文《文化与社会》，第 132—137 页。
② 赵承信:《社区研究的区位法与功能法》（1936 年），载燕京大学法学院编《社会科学概论选读》，第 593—595 页。
③ 孙本文:《美国社会学现状及其趋势》，载孙本文《文化与社会》，第 132—137 页。
④ 孙本文:《社会学原理》（下）（据商务印书馆 1947 年版影印），第 268 页。
⑤ "附录一:社会学重要参考书籍提要"，载孙本文《社会学原理》（下）（据商务印书馆 1947 年版影印），第 266 页。

究。孙本文较早于 1928 年 7 月在《社会学 ABC》中简要引述这一理论①。1935 年 1 月，他又在《社会学原理》中介绍说，在都市社区中，不同种类的人群和机构存在区域汇集的现象，一方面，语言、风俗、宗教、职业、教育、种族、贫富相近的人群往往聚居于一处；另一方面，相近的企业、事业机构也往往向一处聚集，从而形成许多不同的"自然区域"。这种自然区域表现出不同的文化特征，并对其居民的人格产生极大影响②。1936 年，赵承信介绍了派克所言"自然区域"定义：一个复杂的社区由诸多自然区域组成。自然区域有三大特征：自然区域并非一两人的工作所能造成；每个自然区域均有其特殊的功能，成为一个社区分工合作的组成部分；每个自然区域有其自身的发展史，有别于其他的自然区域 [R. E. Park：The City as a Social Laboratory, in T. V. Smith and L. D. White (ed.), *Chicago：An Experiment in Social Research*, 1929]。赵承信又介绍，芝加哥大学主要依据人口结构、文物体制、建筑样式等标准划分自然区域，重点研究各自然区域的文物体制、区域面积、居民数量。通过搜集历史资料和居民访谈考察各自然区域的发展历史，是芝加哥大学研究自然区域的首要工作③。

民国学界极重视蒲其斯提出的都市区域布局理论（蒲其斯此种理论的具体内容，请参见本章下节相关介绍）。1936 年，赵承信将蒲其斯都市区域布局理论称为"辐射形态"理论。他认为，此理论是芝加哥大学人文区位学研究的基础，该系师生的研究证实，教堂、家庭的类型、家庭的解组、犯罪、贫穷等各种社会现象和社会问题，均受这种区域布局的影响。他分析，蒲其斯发现的这种都市社区形态"可以说是资本主义制度（个人经济极度的发展）高于一切的近代都会社区发展的方式。那第一道圈市心（Loop）便是一切资本主义制度集中的焦点。这儿有控制社区其他各部的能力。都会社区的发展便是这市心的富有控制力的机关往外的发展。在经济势力高于一切的社区里，这辐射形态发展的方式

① 孙本文：《社会学 ABC》，第 33—34 页。
② 孙本文：《社会学原理》（上）（据商务印书馆 1947 年版影印），第 113—117 页。
③ 赵承信：《社区研究的区位法与功能法》（1936 年），载燕京大学法学院编《社会科学概论选读》，第 596—597 页。

是有点必然性的"①。致力于构建都市社会学理论体系的邱致中亦多借鉴蒲其斯的说法。1934 年春，他在《实用都市社会学》中分章论列了工业区域、商业区域、住宅区域诸问题②。同年 6 月，他在《都市社会学原理》中将都市区域分为商业区域、工业区域、住宅区域、教育区域四种③。

都市社会学（Urban sociology）作为一门学科，20 世纪初兴起于美国。"都市社会学"概念由裴福德（S. E. W. Bedford）于 1927 年在《都市社会学读本》（Readings in Urban Sociology，1927）中首次使用。此前，巴特里特（D. W. Bartlett）曾于 1907 年出版《模范都市——近代都市之社会学的研究》（The Better City: a Sociological Study of a Modern City，1907），喀蒲士（W. P. Capes）曾于 1922 年出版《近代都市及市政府》（The Modern City and its Government，1922）。但美国都市社会学理论体系的构建则始于安迪生与林德门于 1928 年出版的《都市社会学》。实际上，此书作者与芝加哥大学都市社区研究亦有瓜葛。安迪生与林德门撰写此书时均任教于哥伦比亚大学。安迪生于 1925 年获得芝加哥大学社会学硕士学位，学习期间随派克、蒲其斯从事都市社区研究，所撰《走江湖的》（The Hobo，1923）曾于 1923 年纳入芝加哥大学社会学丛书出版。安迪生、林德门对都市社会学理论体系的构建对邱致中有直接影响。

从严格意义上说，民国时期都市社会学理论体系的构建始于 1934 年 6 月邱致中出版的《都市社会学原理》。此前，孙本文曾于 1927 年在复旦大学开设《都市社会学》课程，但仅属"尝试的性质"，只可算"研究的发端"④。而吴景超《都市社会学》则以介绍芝加哥大学都市社区研究方法为主，并未关注都市社会学理论体系的构建问题。邱致中先

①　赵承信:《社区研究的区位法与功能法》（1936 年），载燕京大学法学院编《社会科学概论选读》，第 597—598 页。

②　参见邱致中《实用都市社会学》（江南学院丛书，都市社会学丛书第一种，上海有志书屋 1934 年春季初版）相关章节。

③　邱致中:《都市社会学原理》（都市社会学丛书第二种），有志书屋 1934 年版，第 132—143 页。

④　邱致中:《都市社会学原理》（都市社会学丛书第二种），第 263—264 页。

后于 1933 年和 1934 年受聘担任上海江南学院、暨南大学教授，讲授都市社会学。他自制讲义，撰写《实用都市社会学》《都市社会学原理》两书。他还计划编写《都市社会史》《都市社会问题》《都市社会政策》《中国都市社会》等书，并拟将安迪生、林德门《都市社会学》译为中文，刊为"都市社会学丛书"，从而"在海内学术界，辟一蹊径，以引起一般学者之不断研究"，"使斯学步入真正科学之林"①。邱致中对国内外都市社会学研究现状均不满意。他认为，自 1927 年美国学者裴福德提出"都市社会学"概念后，世界各国虽陆续出版了不少专著，"第其内容，与成为说明科学之自然科学相较，则距真正科学之途程，尚觉遥远"。他具体分析，裴福德对"都市社会学"概念的使用很含混。而芝加哥大学相关研究重点在都市社区，不在构建都市社会学理论体系，"殊少注意于学的理论体系底论究"。芝加哥大学的研究实为以实际调查方法开展的都市社区研究，"他们利用统计学，利用地图记载，利用发展史的调查，来研究都市社会"，"由此，他们却不说都市（Urban sociology），而说都市共同体（Urban community）"②。

虽然邱致中指出了芝加哥大学都市社区研究与都市社会学的差别，但他对都市社会学理论的构建仍与芝加哥大学都市社区研究有着千丝万缕的联系。且不说被他引为模范的安迪生具有深厚的芝加哥大学都市社区研究背景，实际上，他仍以芝加哥大学为都市社会学起源地，认为"都市社会学（Urban sociology），直到现在，仍作为美国的特殊社会底产物，特别是支加哥的特殊都市社会的产物"。邱致中颇受安迪生、林德门《都市社会学》启发。他认为，安迪生和林德门已超越派克、蒲其斯等都市社区研究，开始构建都市社会学理论体系，"都市社会学之在他们，已不复如派克们一样只是社会问题之研究，而又是社会组织的研究了。他们已寻出了都市社会学底对象是统一体的都市社会"。此种"统一体的都市社会"（Urban society）有异于都市社区。他介绍，安迪生、林德门提出，都市社会学应涉及所有一般社会学领域，除研究都市

---

① 邱致中："都市社会学丛书序"（1934 年春于上海），载邱致中《都市社会学原理》（都市社会学丛书第二种），第 1—2 页。

② 邱致中：《都市社会学原理》（都市社会学丛书第二种），第 258—261、263—267 页。

社区、人口统计、政府、运输、交易、经营等方面外，还应扩大研究范围，考察"统一体的都市社会"（Urban society）。都市社会学不仅研究都市人民的共同生活，考察其行为与环境，还应考察房屋、街道、地理、区域、租税、地价、建筑变迁等都市物质要素的社会意义。都市社会学应重点研究四个问题：第一，近代都市共同体（都市社区）的构成要素是什么？它又如何表现为一种社会形式？第二，都市居民的社会功能是什么？其活动具有怎样的社会学意义？第三，哪种人性和人群足以成为都市生活的标志？在何种意义上，都市要素与农村文化的"形像"相脱离？第四，与都市环境相适应的社会控制的形式是什么？[①] 由邱致中的介绍看，安迪生、林德门所言都市社会学研究内容，很大程度上仍基于芝加哥大学都市社区研究的人文区位学方法。

安迪生和林德门在《都市社会学》中提出，应将都市社区的社会学发展为"都市社会学"。他们认为，此前学界所言"都市社会学"是一个出于方便而误用的概念，实为"都市共同体"（都市社区）的社会学。邱致中接受此一提法。1934 年 6 月，他在《都市社会学原理》中提出，"都市社会"一语的英文词汇应作"Urban society"。虽然"Society""Community"两词都可译为"社会"，但实际上，"Community"应译作"共同社会"，具有"共同生活"（包括共同目的、共同事业）的意思。由此而言，吴景超在《都市社会学》中所谓"都市社会"实为"都市社区"（Urban community）。邱致中以"Urban society"表述"都市社会"，说明其所论的"都市社会学"比吴景超所论"都市社会学"在外延上更为宽泛。邱致中亦指出安迪生和林德门都市社会学理论的不足。他认为，安迪生和林德门的研究仅以欧美现代典型都市社会为对象，并过于强调研究社会问题和社会组织，不仅未顾及近代以前的都市社会史和当代其他形式的都市社会，亦未深入研究都市社会本质，虽"已达到都市社会学的大堂，但还未能入室"。邱致中提出，都市社会学既要研究都市社会的静态，考察构成都市社会的各种要素及其相互关系，还应研究都市社会的动态，考察都市社会的历史变化与发展。首先，都市社会学应超越都市社会现象和问题研究，研究都市社会本质，

---

① 邱致中:《都市社会学原理》（都市社会学丛书第二种），第 257—258、261—263 页。

"从都市社会底内部构造上去追寻现象与问题发生的缘因，及其解决的条件"；其次，都市社会学不仅要研究现代典型的都市社会，还须研究各种不同时代的都市社会和种种非典型的都市社会，并与现代典型的都市社会相比较。他认为，都市社会学是"研究都市社会底起源、分类、历史、环境、构造、问题、政策及未来预想底科学"，"其范围之广大，是远超过安迪生与林德曼所画定的都市社会问题与都市社会组织之上的"①。显然，邱致中一方面不满意安迪生和林德门仅以欧美现代都市社会为对象，主张将都市社会学研究范围由欧美式的现代都市社会，扩大到前现代的都市发展史和当代其他类型都市社会；另一方面，他主张深化都市社会学研究，既要研究都市社会问题和社会组织，还要研究都市社会的各种构成要素和社会本质。

都市社会学于20世纪初兴起于美国。芝加哥大学社会学系运用人文区位学方法开展的芝加哥都市社区研究，为都市社会学奠定了较坚实的学术基础。安迪生和林德门则以芝加哥大学研究为基础，初步构建起都市社会学理论体系。受美国学界影响，中国都市社会学亦于二三十年代兴起。吴景超等将芝加哥大学都市社区研究方法系统引介至中国。邱致中则参考安迪生和林德门所论致力于构建中国自身的都市社会学理论体系。

民国时期社区研究理论深受美国影响。杨开道、吴景超等中国第一代社会学家将20世纪初美国最新社区理论引介至中国，并逐步构建起系统而完整的社区研究理论与方法。实际上，作为社会学跨入社会实证研究的学术范式，现代农村与都市社区研究在20世纪初的美国亦为新兴学术领域。受美国学术影响，中国社区研究亦于二三十年代兴起，并以此为基础构建起中国自身的农村社会学与都市社会学理论体系。由此而言，民国时期，无论是社区研究，还是农村社会学与都市社会学研究，在时间上几乎与美国同步。而且，民国学界在引介美国现代社区研究范式的同时，亦不乏学术创新，结合中国社会实际对美国相关理论提出诸多修正与补充。尤其燕京大学师生融会美国现代社区理论与英国功

---

①　邱致中：《都市社会学原理》（都市社会学丛书第二种），第258—261、91—92、267—269页。

能派文化人类学，在中国现代社区研究领域贡献卓著。

第四节 吴景超与 20 世纪二三十年代
中国社会学研究趋向

清华大学社会学系于 20 世纪三四十年代极一时之盛，不仅聚集陈达、吴景超、潘光旦、李景汉等国内一流学者，且研究方法在民国社会学界独树一帜。1948 年 5 月，孙本文曾将清华大学社会学系与燕京大学、中央大学社会学系并称为民国社会学三大学派，认为"燕京的社区学派注重文化与功能，清华的实地调查派注重直接材料，中央的系统学派注重理论的体系，皆较为显著者"①。然孙本文所谓"实地调查派"，就陈达、李景汉等从事的人口、农村等社会调查而言似更恰当，而吴景超、潘光旦则颇注重引介美国社会学研究方法。在民国学界，直接承袭美国芝加哥大学社会学研究余绪者，恐以吴景超为首。由吴景超相关论著，似可窥见民国社会学研究之社会行为分析、以人文区位学为方法的都市社区研究诸趋向，同时，吴景超亦将芝加哥大学都市社区研究方法与美国哈佛大学经济学教授格来斯都市经济发展理论相结合，论述都市工业发展问题。显然，就引介美国社会学研究方法言，吴景超在民国学界确为要角。实际上，吴景超在民国社会学界诸留美归国学者中居学术中心位置，中国社会学社的成立即直接源于吴景超的回国。1928 年 9 月，吴景超由美至沪，时任复旦大学教授的孙本文为吴景超洗尘，并邀余天休、吴泽霖、潘光旦、王际昌、应成一、俞颂华、李剑华、温崇信、游嘉德作陪，席间决定组织东南社会学会（1930 年 2 月改称中国社会学社）②。由孙本文诸人对吴景超回国的重视，足见其在民国社会学界位置之显要。

一 吴景超与美国社会学研究方法

就其学历言，吴景超长期受美国一流社会学学府之熏染。他于

① 孙本文：《当代中国社会学》，第 278 页。
② 同上书，第 230—231 页。

1923—1925 年在美国明尼苏达大学主修社会学，获学士学位。之后，他入芝加哥大学社会学系读研究生，先后于 1926 年、1928 年获得硕士、博士学位。在明尼苏达大学，他深受社会行为派社会学家白乃德影响。在芝加哥大学，他又直接参与派克、蒲其斯等主持的芝加哥都市社区调查。由于深受美国社会学研究方法之训练，故他极重视引介美国社会学理论与方法。他于 1928 年回国就任金陵大学社会学系教授后，立即于当年秋季学期以纽约大学教授范智儿《社会学基础》为教材，在该校预科开设《社会科学初阶》课程，向学生传授社会学研究方法①。1929 年 6 月，他在《社会组织》自序中亦称："我有一个私见，以为在今日教社会科学，传授知识给学生，是一件小事。最要紧的，是引起学生对于社会科学的兴趣，使他油然有研究之志，然后教给他一点科学的方法，使他可以满足这点志愿，这才是件大事。"②

吴景超在美留学的 20 年代为美国社会学重要嬗变期。此时，社会行为分析理论、文化社会学、人文区位学研究在美国学界正方兴未艾。尤其是，派克、蒲其斯等主持芝加哥大学社会学系开展芝加哥都市社区调查，创立人文区位学理论。其留学的芝加哥大学社会学系为社会行为分析、人文区位学两大美国社会学研究新潮流之重镇，吴景超自然深得其要领。受芝加哥大学都市社区调查影响，吴景超极力提倡开展中国都市社区调查。1929 年 8 月，他在《都市社会学》中认为，要改良都市，对都市社会问题"不可不有一番研究的工夫"，找到都市中贫穷、犯罪、娼妓等社会问题的产生原因，为此，"非实地调查研究不为功"。值得注意的是，他不仅强调中国都市社区研究要依据芝加哥大学人文区位学方法，亦主张以美国社会行为分析、文化社会学理论为指导。他在《都市社会学》中强调，中国要开展都市调查，须掌握"一点方法及有用的概念"，而派克与蒲其斯《社会学导言》、柯莱《社会组织》、乌格朋《社会变迁》、孙末楠《民俗论》、汤麦史《欧美波兰农民》可为理

---

① 吴景超："自序"（1929 年 6 月于金陵大学），载吴景超《社会组织》（孙本文主编《社会学大纲》第 7 种），世界书局 1931 年版，第 1—2 页。
② 同上。

论指导①。派克与蒲其斯合编《社会学导言》集中阐述社会行为分析理论,为芝加哥大学社会学系基本教材。据孙本文介绍,"此书在芝加哥大学社会学科,既用作初级社会学教科书,亦用为高级学生及毕业生研究社会学必须参考之书。故有芝加哥社会学科'圣经'之目"②。孙末楠《民俗论》集中探讨人类社会民俗问题,为美国文化社会学之理论先导。乌格朋《社会变迁》为20年代美国文化社会学形成的标志著作。汤麦史《欧美波兰农民》则为结合社会文化环境进行社会人格个案研究的开创性著作。显然,与孙本文一样,吴景超同样重视美国社会行为分析、文化社会学诸名著,并主张将之一同应用于中国都市社区研究。

　　民国社会学理论体系的构建,以孙本文为中心的留美归国社会学者群体居于要位。孙本文1928年出版的《社会学ABC》、1928—1930年主编的社会学丛书、1935年出版的《社会学原理》,可称民国社会学理论体系构建的主体。孙本文诸人构建的社会学理论,融会社会行为分析、文化社会学等20世纪初美国新兴社会学理论,形成以社会行为为对象,以社会文化环境分析为基础的完整社会学理论体系。吴景超虽不像致力于构建社会学理论体系的孙本文那样大力引介和阐述美国社会行为分析、文化社会学理论,但他确为以孙本文为代表的注重社会行为分析、文化社会学理论的民国社会学家群体之一员。吴景超在美期间,即与孙本文多有交往。孙本文于1925年获得纽约大学社会学博士学位后,于当年秋到芝加哥大学做访问研究,并就所著《社会学上之文化论》与时在该校学习的游嘉德、吴景超、胡体乾、范定九、陈叔霏等人讨论,"尤以游、吴两君之助力为多"③。孙本文于1928年始酝酿编写社会学丛书,邀请吴景超、游嘉德、黄凌霜、杨开道、寿勉成、潘菽、黄国璋、吴泽霖、李剑华等分头撰写。吴景超对孙本文主编社会学丛书帮助颇多。《社会的地理基础》之所以由黄国璋撰写,即源于吴景超的推荐。黄国璋与吴景超曾同在芝加哥大学读书。1929年夏,在南京教书

---

① 吴景超:《都市社会学》(据世界书局1929年版影印),《民国丛书》第1编(15),上海书店1989年版,第81、83—84页。

② "附录一:社会学重要参考书籍提要",载孙本文《社会学原理》(下)(据商务印书馆1947年版影印),第252页。

③ 孙本文:"例言",载孙本文《社会学上之文化论》,第1—2页。

的吴景超至时任中央大学地理学教授的黄国璋寓所，谓孙本文正编辑社会学丛书，邀其撰写《社会的地理基础》①。孙本文主编的社会学丛书可称美国式社会学理论丛书，主旨在于介绍美国最新社会学理论，各册编撰者亦多为留美归国者。孙本文在社会学丛书序中称，"各书陈述，虽不必有独创之见，但执笔者均系国内专攻社会科学之人，对于所任各书，尤擅专长，差堪自信"②。其所言值得玩味者，一为各书"不必有独创之见"，二为各书执笔者"尤擅专长"。由此可知，孙本文初衷在于介绍美国最新社会学理论，学术创新在其次，且执笔人选择以对美国某种理论的了解深度为准。孙本文亦于1948年5月介绍，此丛书"就社会学上各种最新学理及方法，为有系统的介绍，以广传播"，借以"阐明社会学的性质及范围，以免除误解"③。其所谓社会学新学理与新方法，自然以美国为重点。丛书各册陆续出版后，吴景超、吴泽霖、李剑华、钱振亚均以此为课本，尤其吴景超通过在金陵大学社会学系的讲述，感觉此丛书"极适合于社会学入门课本之用"④。之后，孙本文于30年代撰写《社会学原理》过程中，亦与吴景超多有交流。孙本文在此书例言中即称，吴景超"对于本书的设计及内容材料，多所建议"⑤。

受美国社会行为分析、文化社会学影响，吴景超在社会环境与遗传对人口品质的影响问题上虽不像孙本文那样对强调遗传因素的优生学持批评态度，但在两者之间更强调社会环境对于人口品质的作用。所以，孙本文在主编社会学丛书时，邀请吴景超而非潘光旦撰写《社会的生物基础》。而在此问题上最有发言权者是致力于优生学研究的潘光旦。吴景超自称，他在人口品质的遗传与环境因素问题上，主张兼取两派之长，唯以事实为根据，"假如事实告诉我们遗传的力量大，我们便信遗传的力量大。事实告诉我们环境的力量大，我们便信环境的力量大"。

①　黄国璋："自序"（1930年8月5日于南京），载黄国璋《社会的地理基础》（孙本文主编《社会学大纲》第3种），世界书局1931年版，第1—2页。

②　孙本文："社会学丛书序"，载孙本文《社会的文化基础》，第1—2页。

③　孙本文：《当代中国社会学》，第34—36页。

④　孙本文："社会学大纲序"（1930年5月1日于南京），载孙本文主编《社会学大纲》（上），世界书局1931年版，第1—2页。

⑤　孙本文："例言"，载孙本文《社会学原理》（上）（据商务印书馆1947年版影印），第1—2页。

为此，孙本文曾于 1929 年 10 月将吴景超称作"折中派"。吴景超此种
认识系折中其两位老师明尼苏达大学社会学教授白乃德、芝加哥大学生
物学教授牛门（H. H. Newman）观点的结果。1923—1925 年，吴景超
在明尼苏达大学攻读社会学学士学位时，曾受业于白乃德。白乃德在美
国最先反对本能论，注重环境因素对人口品质的影响。受白乃德影响，
吴景超在美国留学期间，曾与注重遗传要素的潘光旦通信辩论约半年。
经过与潘光旦的争论，吴景超的观点"略为有点修改，不复趋于极
端"。吴景超于 1925—1928 年在芝加哥大学攻读硕士、博士学位期间，
曾选习牛门的生物学课程，牛门在课堂上曾谓，"我故意注重遗传，理
由是你们受环境说的影响太深，不如是，不能把你们的偏见矫正过来"。
吴景超受两派美国老师的影响，"在朋辈中，对于环境与遗传的论调，
比较是不走极端的"①。所以，他在 1930 年 6 月出版的《社会的生物基
础》中表示，人的智力既受遗传的影响，亦受环境的影响。一个人成为
大人物，既要有好的环境，又要有好的"脑经"，"遗传与环境，在个
人的发展上，都是重要的，虽然在某特质上，两种势力之重要的程度如
何，我们还不十分明了"。导致低能的原因既有环境因素，亦有遗传因
素，"这两种原因，在某特个案件中，也许这一种的原因多些，而那一
种的原因少些，但我们决不能看到这一方面，而忽略那一方面"。同时，
天才的形成亦受环境与遗传两种因素的影响，"我们不承认智慧阶级中
多出大人物是因为他有卓异的遗传，并不是否认遗传与成就毫无关系。
假如那样说法，便是走到另一极端了"②。

　　不过，吴景超虽在社会文化环境决定论与遗传决定论之间取折中态
度，但更强调社会文化环境对人口品质的影响作用。1929 年 8 月，他
在《都市社会学》中分析都市人口增长与人口品质关系时强调，优生
学家的看法只有"片面的真理"，人口的品质（包括人口的智力与能
力）虽一定程度受遗传的影响，但受社会环境的影响更大。他表示，

①　吴景超："自序"（1930 年 1 月于南京金陵大学），载吴景超《社会的生物基础》（孙
本文主编《社会学大纲》第 4 种），第 1—2 页。
②　吴景超：《社会的生物基础》（孙本文主编《社会学大纲》第 4 种），第 84、95、
111 页。

"社会学者与优生学者意见却有很不相同之点：优生学者把遗传看作万分重要，好像文化的命运只有遗传的势力可以左右之；社会学者固不否认遗传，但相信环境的影响，尤为重要。所以，社会学者对于上流社会中人生产率之降低，固然触目惊心；同时，他们看见都市中不良的环境，使多少青年堕落，多少可以有为的青年，不得机会发展，也是痛心疾首的"①。1930 年 6 月，他在《社会的生物基础》中，引注重从社会环境角度分析社会心理的柯莱在《人性与社会秩序》一书中所言，说明环境对人口品质的影响较遗传大。柯莱认为，在遗传与环境四种可能的结合中，有三种结合会使人走到下流的路上：好遗传与坏环境结合；坏遗传与坏环境结合；坏遗传与好环境结合。只有好遗传与好环境结合，才可以使人上进。吴景超由此认为，改良生活环境对提高人类素质更重要，"假如我们希望好遗传与好环境结合，那么，我们对于优境运动，应当是热心赞助的。譬如中国，只因教育不普及，便有多少人材，都永远埋没了"。他又表示，"遗传学在今日还未十分发达，所以，想用优生政策来改良社会，其根据是很薄弱的。反是，世界有多少天才，因为得不到机会，而与野草同腐，或本可有为的青年，因受不良环境的陶冶，因而堕落的，不可胜数。所以，改良社会，使天才得到机会，得脱颖而出；或使可以有为之青年，得向上发展，其理论上之根据，是很巩固的。我们批评改良社会的计画及优生政策时，应当记得此点"②。

如上所述，吴景超深受芝加哥大学社会行为分析与人文区位学理论影响，同时，对以哥伦比亚大学为研究重镇的文化社会学理论持赞同态度，而疏离于美国早期心理派社会学理论。吴景超此种社会学观念，与民国社会学界注重引介美国 20 世纪初最新社会学理论，以构建自身社会学理论体系的学术倾向相吻合。

二　芝加哥大学人文区位学方法与吴景超都市社会学研究

20 世纪初，芝加哥大学社会学系成为美国社会行为分析理论重镇。

---

① 吴景超：《都市社会学》（据世界书局 1929 年版影印），第 32—36 页。
② 吴景超：《社会的生物基础》（孙本文主编《社会学大纲》第 4 种），第 111—112、116 页。

自 1915 年开始,派克、蒲其斯等又主持该系开展芝加哥都市社区调查,将社会行为分析方法应用于芝加哥都市社区研究,实地考察和解析芝加哥不同区域中社会行为的特点与异同,从而形成人文区位学派。20 年代,该系此方面成果颇丰。1925 年,派克、蒲其斯编辑出版《都市》。此书是有关都市区位(Position)研究的论文集,为 20 年代美国人文区位学代表书籍,由区位关系视角研究都市发展及在都市环境中的人类生活行为。同年,派克、蒲其斯又将 1925 年美国社会学年会论文汇编为《都市社区》一书。1928 年,潘尔满出版《社会学的实地研究》,作为芝加哥大学社会学概论班学生使用的研究手册,对该系社区调查方法作了系统总结①。20 年代末 30 年代初,芝加哥大学社会学系将该系师生对芝加哥都市社区的诸项专题研究成果编为芝加哥大学社会学丛书,由芝加哥大学出版社出版。此丛书包括安迪生《走江湖的》(The Hobo,1923)、司来修(F. M. Thrasher)《流氓党》(The Gang,1926)、麻流(E. R. Mowrer)《家庭解体》(Family Disorganization,1927)和《家庭失和》(Domestic Discord,1928)、开凡(R. S. Cavan)《自杀》(Suicide,1928)、斯绍(C. R. Shaw)《少年犯罪区域》(The delinquency Areas,1929)和《摇滚男孩:一个犯罪少年的故事》(The Jack - Roller:A Delinquent Boy's Own Story,1929)、杂包夫(H. Zorbaugh)《金水岸与贫民窟》(The Gold Coast and the Slum,1929)、莱克莱斯(W. C. Reckless)《芝加哥的罪恶》(Vice in Chicago,1934)、布拉门萨(A. Blumenthal)《小镇资料》(Small - Town Stuff,1934)等。其中,司来修《流氓党》和安迪生《走江湖的》两书学术影响较大。前者为司来修研究芝加哥少年帮的报告,调查了芝加哥 1313 个少年帮,详细分析他们的历史、组织、人物、环境、原因等;后者考察芝加哥"无家庭的游民社会"的生活状况及其各种问题②。

在民国社会学界,吴景超与芝加哥大学都市社区研究关系最密切。其博士论文《唐人街:共生与同化》即为运用人文区位学方法具体考

———————————

① "附录一:社会学重要参考书籍提要",载孙本文《社会学原理》(下)(据商务印书馆 1947 年版影印),第 266 页。

② 同上书,第 268 页。

察芝加哥等地美国华人社区的研究成果①。孙本文介绍，吴景超曾于1925 年至 1928 年在芝加哥大学随派克、蒲其斯从事都市生活研究②。故吴景超高度重视芝加哥大学上述研究成果。1929 年 8 月，他在《都市社会学》中认为，派克、蒲其斯合编《都市》是都市研究者必备之书，该书首篇派克撰《都市：都市环境中的人类行为的研究》（*The City: Suggestions for the Investigation of Human Behavior in the Urban Environment*）具体说明了他关于都市研究的基本观点，学术价值最大。同时，派克、蒲其斯编《都市社区》亦有参考价值。吴景超于 1928 年离开芝加哥大学回国前后，正值芝加哥大学社会学丛书集中出版之际，故对此丛书印象深刻，遂在《都市社会学》中重点予以推荐，强调此丛书"可以代表支加哥大学研究都市的方法及成绩，想研究中国都市的人，不得其门而入的，可以取以上数书一阅"，可为中国都市社区研究的模范。吴景超较重视麻流关于家庭问题、开凡关于自杀问题的研究，认为在运用该系社区调查方法开展都市社区研究方面，两项研究较有代表性③。

吴景超为向国内系统而详细引介芝加哥大学人文区位学研究方法之最早者。他于 1929 年 8 月出版的《都市社会学》，主要内容即为介绍芝加哥大学都市社区研究方法。他在该书自序中表示，此书算不上"研究中国都市的报告"，只想达到两个目的：第一，向中国学界提示出都市社会学的研究"园地"，希望对都市社会学感兴趣的人"可以同来工作"；第二，"介绍一点西方学者研究都市的方法，以作国内同志的参考"④。孙本文亦介绍，此书"多少含有芝加哥学派的意味"⑤。吴景超撰写此书缘于孙本文的提议。1927 年，孙本文在上海复旦大学开设都市社会学课程，"颇感觉材料之不易搜集，而尤憾国内乏适当书籍，可

---

① 参见吴景超《唐人街：共生与同化》，筑生译，郁林校，天津人民出版社 1991 年版。

② 孙本文：《当代中国社会学》，第 156—157 页。

③ 吴景超：《都市社会学》（据世界书局 1929 年版影印），第 81—83、63—67 页。

④ 吴景超："自序"（1929 年 1 月 10 日于南京金陵大学），载吴景超《都市社会学》（据世界书局 1929 年版影印），第 1—2 页。

⑤ 孙本文：《当代中国社会学》，第 156—157 页。

供学生参考之用"①。1928 年，孙本文着手策划社会学丛书。恰在此时，吴景超于当年 9 月回国任金陵大学社会学系教授。孙本文便嘱吴景超撰写此书②。孙本文之所以邀吴景超撰写此书，是因为他感觉吴景超对此种研究了解最深切，为撰写此书的不二人选。孙本文解释说，"近年来，美国芝加哥大学，并且从社会学的眼光，用科学的方法，去研究都市生活的全体"，"这种研究，对于了解都市生活与解决都市问题，必有极大贡献"。吴景超"是曾经参预芝加哥大学都市社会研究的一个学者。他对于都市生活的研究，受过最新颖、最适当的训练的。所以，他写这部都市社会学，是最相宜的"③。

吴景超在《都市社会学》中介绍了蒲其斯等关于都市区域布局的研究成果。蒲其斯在《城市发展：介绍一项研究计划》（The Growth of the City：An Introduction to a Research Project，in R. E. Park and E. W. Burgess：*The City：Suggestions for the Investigation of Human Behavior in the Urban Environment*，1925）和《都市区域》［Urban Areas，in T. V. Smith and L. D. White（ed.），*Chicago：An Experiment in Social Science Research*，1929］两文中，根据对芝加哥的研究，将都市区域分为五道圈：（1）位于都市中心的商业中心区（Central business district），有高楼大厦、火车站、百货商店、大银行、大旅馆、大戏院等；（2）商业中心区向住宅区的过渡地带（Zone in transition），有一些小工业及一些破旧的房子、污秽的街道，贫民、外侨、卖淫者多居住在此处；（3）自立工人家庭住宅区（Zone of independent working men's homes），即中等住宅区域，不想离商店或工厂太远的商店伙计、工厂细工多居住在此地；（4）较完善的住宅地带（Zone of better residences），即高等住宅区域；（5）郊外区域（the Commuter's zone），靠近乡下，有大工厂，居住着依靠工厂为生者。吴景超对蒲其斯的说法作了归纳：第一道圈为商业区域，第二

---

　　①　孙本文："孙序"（1929 年 1 月 12 日于上海江湾），载吴景超《都市社会学》（据世界书局 1929 年版影印），第 1—3 页。

　　②　吴景超："自序"（1929 年 1 月 10 日于南京金陵大学），载吴景超《都市社会学》（据世界书局 1929 年版影印），第 1—2 页。

　　③　孙本文："孙序"（1929 年 1 月 12 日于上海江湾），载吴景超《都市社会学》（据世界书局 1929 年版影印），第 1—3 页。

道圈为工业与贫民住宅的混合区域，第三、第四道圈为住宅区域，第五道圈为工业区域。据此，他认为，一个都市大体包括商业、住宅、工业三类区域①。

结合社会环境分析人们的行为是芝加哥大学都市社区研究方法的核心内容。同时，其社会环境分析又与美国文化社会学所言社会文化关系密切。他们的这种都市社区研究方式，集中体现于绘制和分析都市社会问题区域分布地图工作。吴景超对此种方法作了集中介绍，称之为"暗射地图"，强调"这是研究都市问题的一个好方法，值得我们采择的"。他介绍，芝加哥大学社会学系首先通过绘制此种地图，发现不同社会问题在都市的不同分布，再分析不同地区社会问题集中的深层社会原因。芝加哥大学在调查中发现，芝加哥各城区集中存在的社会问题各不相同，这是因为各城区相异的环境导致人们行为的差异，"因为一个人的行为，处处受他环境的影响。不同的环境，可以产生出不同的行为来。都市中各区域的环境不同，所以，那儿住民的行为，也不相同"。吴景超详细介绍了派克和蒲其斯主持成立的芝加哥大学社会学实验室。实验室有很多标满芝加哥犯罪、离婚等各种社会问题的"暗射地图"。而且，实验室还保存着大量芝加哥各城区历史资料。派克和蒲其斯将芝加哥全市分为约72个区，派学生分别调查各区的历史，根据历年报纸、杂志等出版物，并结合社会访谈，撰写调查报告。吴景超认为，这些历史资料对于都市研究非常有用。"譬如我们想要知道甲区中的犯罪率，何以较他区为高，我们在实地调查之先，便可到社会学实验室中，把甲区的历史，翻开来看一下。从这些历史的报告中，我们便可得到一点线索，再去实地调查，费时少而得益多。这些调查的结果，如发现了新材料，与甲区有关的，可以作成报告，加入甲区的历史中。支加哥大学的教授与学生，对于支加哥，是不断地研究的，所以，关于支加哥的材料，也与年岁以俱增。"②

在引介芝加哥大学都市社区研究方法方面，吴景超确有开创之功。之后，借鉴此种方法开展中国社区研究似成民国社会学界普遍风气。孙

---

① 吴景超：《都市社会学》（据世界书局1929年版影印），第47—49页。

② 同上书，第60—63页。

本文即极关注芝加哥大学社会学丛书。1935 年 1 月,他在《社会学原理》中介绍,此丛书"系专就都市生活之一方面,做详细研究。此皆其研究报告也。读此诸书,可知芝加哥大学社会学家之研究方法及成绩"①。潘尔满《社会学的实地研究》作为系统阐述芝加哥大学社区调查方法的重要著作,受到杨开道、孙本文诸人的高度重视。1928 年此书出版前后,吴景超已于同年 9 月回国,故于 1929 年初撰写《都市社会学》时未及介绍。1930 年 8 月,杨开道在《社会研究法》再版序言中称,此书为美国有关社会研究方法的代表著作。自己于 1929 年撰写《社会研究法》时未见此书,故在初版自序中说美国仍缺乏社会研究方法的整体系统。他读过此书,深感此一说法已不合时宜②。孙本文在《社会学原理》中亦认为,"此书优点,在于就社会学的立场,用个案研究的方法,以指示调查的途径,为社会实际研究最善之书"③。芝加哥大学都市社区研究亦对崇尚英国功能派文化人类学的燕京大学学者产生巨大影响。1936 年,赵承信亦介绍,芝加哥大学人文区位学研究,一方面运用社会学界一般的研究方法,如实地视察(Field observation)、访问、历史材料与机关报告的利用、统计分析、图表说明等;另一方面,又创造出一系列独特研究方法,如都市自然区域研究、都市区域布局研究、都市区位变动研究等④。

吴景超《都市社会学》为民国首部都市社会学专著,开启民国都市社会学研究。1929 年 1 月,孙本文为此书作序称,"吴先生此书,就是中国第一部的都市社会学。以后中国都市研究的发展,都是靠吴先生开创之功与提倡之力"⑤。不过,吴景超此书重点在介绍芝加哥大学都市社区研究方法,未关注都市社会学理论体系构建问题。30 年代致力于

①　孙本文:《社会学原理》(下)(据商务印书馆 1947 年版影印),第 268 页。

②　杨开道:"再版序"(1930 年 8 月于燕大东园),载杨开道《社会研究法》(孙本文主编《社会学大纲》第 2 种),世界书局 1931 年版,第 1—2 页。

③　"附录一:社会学重要参考书籍提要",载孙本文《社会学原理》(下)(据商务印书馆 1947 年版影印),第 266 页。

④　赵承信:《社区研究的区位法与功能法》(1936 年),载燕京大学法学院编《社会科学概论选读》,第 595—596 页。

⑤　孙本文:"孙序"(1929 年 1 月 12 日于上海江湾),载吴景超《都市社会学》(据世界书局 1929 年版影印),第 1—3 页。

构建都市社会学理论体系的邱致中在《都市社会学原理》中即批评吴景超囿于介绍芝加哥大学都市社区研究方法，"殊少注意于学的理论体系底论究"，忽视都市社会学理论体系的构建，认为"吴景超博士底著作，其着意点只在介绍都市社会的研究于中国，所以，对于都市社会学之成为学底讨论，全未着笔。……他只抱守着支加哥派社会学者派克和蒲节士底研究方法与结果，用以输入中国，并未企图建立都市社会学的"①。

显然，吴景超对于引进芝加哥大学人文区位学理论及中国都市社会学的建立确有开创之功。不过，因诸种机缘，吴景超在此后的教学、科研工作中，对中国都市社区调查致力并不充分。倒是哈佛大学经济学教授格来斯的都市经济理论对吴景超三四十年代的社会学研究产生了更多影响。吴景超据此发表了大量有关都市工业之灼见，成为三四十年代中国学界工业化论的领军者。

三　从人文区位学到都市工业：吴景超研究旨趣的转换

二三十年代，吴景超的学术旨趣有一个明显转换，即由引介芝加哥大学人文区位学都市社区研究方法转向阐述发展都市工业问题。所以，孙本文于1948年在《当代中国社会学》中将吴景超划入注重经济因素社会学者之列②。实际上，吴景超此一学术转换仍以芝加哥大学都市区位研究为起点，试图将此种研究方法与格来斯都市发展进程理论相结合，进而提出"都市区域"概念，关注以都市工业为中心的经济发展问题。

1937年2月，吴景超将30年代发表于《新月》《清华学报》、清华大学《社会科学》、天津《大公报》、《独立评论》的16篇文章辑为《第四种国家的出路》一书，有关工业化问题的阐述占其中之大半。《提高生活程度的途径》提出"创造新工业，创造新都市"，强调发展都市工业对提高国民生活水平的重要。《发展都市以救济农村》强调都市和工业对于农业经济的带动作用，认为"都市与乡村的关系，不是敌对的，

---

① 邱致中：《都市社会学原理》（都市社会学丛书第二种），第264—267页。
② 孙本文：《当代中国社会学》，第254页。

而是互助的",中国应完善和发挥都市促进农村经济发展的功能。为此,应发展三项事业,即兴办工业、发展交通、完善金融机关。兴办工业可促使农业人口向工业转移,"我们只有希望全国的都市,从发展工业上努力,那么,一部份的农民,迁入都市,固然可以有立足之地,就是那些留在乡下的农民,因争食者减少,生活也可略为舒适一点了"。交通事业可以使农村与都市结成一种"如胶似漆"的关系;城市金融机关在周边地区设立支行或代理处,既可吸收周边地区的资金,以发展生产,亦可贷款给农民,以减轻农民利息负担。《我们没有歧路》强调机械化生产的重要,认为"筋肉的生产方法,对于人民福利上的贡献,无论从那一方面着眼,都不如机械的生产方法"。机械生产和人工生产是完全不同的两条路:一条使人富有、聪明、长寿;另一条使人贫穷、愚笨、短命[①]。吴景超这些观点系综合格来斯相关论述与芝加哥大学都市社区研究理论的结果,早在1929年8月出版的《都市社会学》中即已形成大致轮廓。

格来斯早年获得哈佛大学经济学博士学位。1912—1918年,他先后任马萨诸塞州克拉克大学助理教授、副教授。之后,他任明尼苏达大学教授。1927年,他又调任哈佛大学商业管理研究生院(Graduate School of Business Administration, Harvard University)教授。他于1922年出版《经济史入门》(An Introduction to Economic History, 1922)。格来斯将人类经济史分为采集经济、游培经济、乡村经济、市镇经济、都市经济五个时期:在采集经济时期,生产和生活资料完全依靠自然供给,同时,人类时常处于迁徙之中,某个地方的生产、生活资料枯竭后,人们便移至他处;在游培经济时期,人类虽仍时常迁徙,但生活资料的获取不仅依靠采集,还依靠驯养禽兽和培植植物,初步形成畜牧业和农业生产;在乡村经济时期,人类开始定居,畜牧和种植仍为主要生产方法,但种植比畜牧所占比例更大,同时,定时在固定地点进行的集市贸易逐渐发展;在市镇经济时期,商人阶层和商店在市镇逐渐形成,而且,市镇与附近数十里的乡村组成经济区域,市镇起初只是商业中心,

---

① 吴景超:《第四种国家的出路》,商务印书馆1937年版,第14—15、116—120、140—141页。

之后，工业也开始集中于市镇；在都市经济时期，都市拥有发达的批发业、金融业、工业、各类专门人才，尤其是都市交通便利，辐射范围广大，与其周围"附庸"间的经济联系极为密切，形成以都市为中心的方圆数百里的经济区域，并且各大都市间亦保持密切的经济联系[①]。显然，格来斯对于都市经济时期的描述，一方面指出商品批发、金融、工业等都市经济的基本构成，另一方面强调都市与其周围"附庸"地区的经济关系。

吴景超极推崇格来斯《经济史入门》。他于1929年8月在《都市社会学》中称，"数年来所读的名著，令我反覆数次而不厌的，这要算是一部"。他强调，"此书的作者，对于经济发展史，别有见地；对于都市经济的解释，尤为清晰周密"，"关于都市与附庸之关系，有一书是非读不可的，那便是格来斯教授的《经济史入门》"[②]。他又在1929年撰写的《社会组织》中表示，经济史学界一般将人类经济史分为采集、渔猎、畜牧、农业、工业五个时期，颇不完善，只有格来斯的分期法"比较最完善"。由格来斯的经济史分期理论，吴景超认识到都市经济发展的必然性。他认为，如今英、美等国家已进入都市经济阶段，中国大部分地区仍处市镇经济阶段，但已开始向都市经济发展。"人类从采集经济到都市经济，乃是一大进步。经济组织，原是要满足人类物质生活的需要的。我们对于物质生活的要求，是要充足，要优美，要多花样。都市经济，最能满足这种要求。所以，都市经济发达的国家，如美，如英，其人民的生活程度，远非那些尚在市镇经济或乡村经济之下谋生活的国家所可及。"[③] 显然，格来斯的经济史理论对吴景超影响颇大。

在都市社会学研究中，吴景超试图将格来斯的观点与芝加哥大学都市人文区位研究相结合。他在《都市社会学》中，融会芝加哥大学人文区位学理论和格来斯都市与周围"附庸"地区关系理论，提出"都市区域"概念。他认为，"都市区域"由"都市"与"附庸"两部分

---

① 吴景超：《社会组织》（孙本文主编《社会学大纲》第7种），第47—55页。

② 吴景超：《都市社会学》（据世界书局1929年版影印），第83页。

③ 吴景超：《社会组织》（孙本文主编《社会学大纲》第7种），第47—55页。

组成,"都市"正如"细胞核","附庸"就是"细胞体","我们现在谈都市,第一就要把眼光放大一点,不要只看到都市,应该还要看到都市以外的附庸。研究都市经济的人所用的单位,不是都市,乃是都市区域;正如研究生物学的人,所用的单位,不是细胞核心,乃是细胞"。他又把"都市区域"视作"经济区域"。在这个区域中,"都市"与"附庸"之间,通过商业贸易、工业生产联系起来。交通是确定某个"都市区域"范围的首要标准,"我们定一个都市的附庸,不看他与某地的远近,而看他与某地的交通","凡是某都市的铁路、河流、运河以及汽车道所能通达的地方,便有成为那都市的附庸的可能"。吴景超对都市经济基本构成的分析,既以格来斯对都市经济构成相关论述为基础,亦借鉴了蒲其斯关于都市区域布局理论。如前所述,蒲其斯在《城市发展:介绍一项研究计划》和《都市区域》两文中提出,由市中心到都市外围,依次形成中心商业区、商业区与居住区过渡地带、中等住宅区域、高等住宅区域、郊外工业区五种区域。吴景超亦认为,一个发达的都市要有零售商场,以满足城市居民的购物需要;要有批发市场和货栈,以便批发和流通周边"附庸"地区及其他都市的货物;周边要有工业市镇,以便将收集来的原料加工为工业品;要有铁路、轮船、邮政、电报等交通、通信设施,以便运输货物,与各地互通信息;要有大银行、信托公司、保险公司等金融机构,以便流通金融,并为实业开发提供资本,"一个商埠如能把以上各方面都发展满意,便不愧为一个大都市,一个经济生活的中心了"①。

由格来斯都市发展进程理论,吴景超意识到发展都市工业的必要性。格来斯根据对英美都市的研究提出,一个都市的发展要经过组织市场、兴办工业、发展交通、整顿金融四个步骤。吴景超在《都市社会学》中根据中国都市发展情况,对格来斯此一理论提出修正。他认为,格来斯此种结论主要根据英美都市发展历程做出,但中国近代都市不像英美都市那样经过长时期的自然发展过程,而是在西方工业经济推动下,在短时期内完成近代都市的转换。格来斯所言四个步骤在中国都市化进程中同时存在。他强调,"这四个步骤,并不能说是谁先谁后,因

---

① 吴景超:《都市社会学》(据世界书局 1929 年版影印),第 1—9、47—49、28 页。

为他们是同时进行，互为因果的。我们与其把他看作四种步骤，不如把他看作四个方面。无论那一个都市，总要把这四步都做到完备的地步，才可算是头等的都市"。由此，他强调，工业经济是都市发展的必然结果，"都市中的工业，可以说是应运而起的"，无论是在欧美，还是在中国，"工业多发展于都市中"。一方面，都市的一个重要功能就是将周围"附庸"地区的农、林、矿等出产物加工成工业品；另一方面，都市原料聚集，人员集中，市场覆盖广大，具有原料、人工、市场销售等发展工业的必备条件①。

如上所述，吴景超之所以在30年代高度关注中国工业化问题，与其都市社会学研究密切相关。他对中国工业化必要性的大量阐述，乃以格来斯都市经济发展理论与芝加哥大学都市人文区位研究为其理论支撑。

民国时期吴景超社会学思想与20世纪初美国社会行为分析、人文区位学、文化社会学诸新兴社会学潮流适相吻合。作为中国第一代社会学家，吴景超努力将这些最新社会学理论引入中国，并予以融会贯通，致力于构建自身的社会学理论。他尤其综合芝加哥大学人文区位学方法与格来斯都市经济发展学说，提出较系统的都市工业发展理论，并将其应用于中国社会实际研究，于20世纪三四十年代长期关注中国工业化问题。吴景超的社会学研究亦是民国时期社会学中国化过程的重要组成部分。1988年5月，雷洁琼在"纪念著名社会学家吴景超教授学术思想讨论会"上曾谓："吴景超先生是我国第一代社会学家。我们的老社会学家有一个很大的特点，是要使社会学中国化。虽然我们大多数，可以说全部都是英美留学生，但是，每一个老前辈，无论陈达同志、潘光旦、吴景超同志等，都努力研究中国社会情况，使社会学中国化，不是照抄欧美的理论。所谓中国化，就是要使社会学为国家服务。研究我们中国的问题，不是去研究外国的问题，这是我们老一辈的很大的特点。"②

---

① 吴景超：《都市社会学》（据世界书局1929年版影印），第22—24页。

② 雷洁琼："代序（2）——在纪念著名社会学家吴景超教授学术思想讨论会上的讲话"，载吴景超《唐人街：共生与同化》，筑生译，郁林校，天津人民出版社1991年版，第6—7页。

总之,吴景超的学术贡献将永远彪炳中国社会学史册!

社会学理论之传入中国,先由严复援自英国,清末民初一度以由日本引入为主。自 20 年代始,随着孙本文、吴文藻、杨开道、吴景超、吴泽霖、潘光旦、许仕廉、应成一等留美生回国,自美国引入之社会学理论遂居主流。这些留美学者极具求新意识,所引介者皆为美国当下最新社会学理论。20 年代亦为美国社会学研究之重要转型期。随着注重分析人们内在心理的早期心理派社会学日渐式微,结合社会环境分析人们外在行为的社会行为分析理论、借鉴文化人类学方法考察社会文化的文化社会学、结合地理区位分析社会行为的人文区位学等新兴社会学理论在美国日渐发达。其中,芝加哥大学尤为社会行为分析与人文区位学之重镇,哥伦比亚大学则为文化社会学研究中枢。两校社会学研究观念与方法对民国学界影响至巨。而且,20 年代亦为美国以农村、都市社区研究为基础的农村社会学与都市社会学之重要形成时期,其研究范式亦很快为中国学界所引进与吸收,两门学科在中国亦始酝酿。由此而言,20 年代以降,中国社会学研究在时间上几乎与美国同步。尤其是,民国学界试图将美国各家理论熔于一炉,由此构建起的社会学理论体系确具一定创新性。实际上,美国 20 世纪初形成的社会行为分析、文化社会学、人文区位学理论,与欧洲哲理化的社会学相较,颇具社会实证色彩。民国社会学承其余绪,其利与弊,远非本文所能评说。

第 三 章

民国时期关于政治学
研究范式的论争

政治学为民国显学，为民国各派学者共同关注，各种论著的涌现如雨后春笋。这源于政治学在民国时期所富有的社会实践性。正如高尔松于 1929 年以笔名高希圣所撰《现代政治学》所言，"'人是政治的动物'，所以，政治学在社会科学中，要算是一门最普遍、最通俗而又最为一般人所应得知道的学问"①。诚然，民国时期变动不居、矛盾激烈的政治局势，导致此学科在时人眼中有着比其他学科更独特的功利性价值。同时，就其学术方面言，民国时期亦为中国政治学之发轫期。中国政治学虽兴起于清末，但真正形成系统的研究范式则在民国时期②。民国学界所讨论的政治学研究范式，一改清末仅以日本为学术资源地之状况，而由欧美学界直接引入。然而，作为中国新学术资源地的欧美政治学界，亦非铁板一块。盛行自由主义的英国既与盛行国家主义的德国不同，美国学术与欧洲学术亦有相当差异，同时，马克思主义政治学理论又异军突起。民国学者基于不同学术背景与政治立场，面对欧美相异的

① 高希圣："例言"，载高希圣《现代政治学》（社会科学丛书第 3 种），现代书局 1929 年版，第 1 页。

② 本章主要讨论民国时期政治学研究范式问题。所谓范式（Paradigm），指某门学科的研究模式及根本问题，大致包括该学科的学科性质、研究对象或领域、研究方法等问题。具体就政治学而言，所谓研究范式主要指政治学的学科性质、研究对象或领域、研究方法等研究模式，以及政治与国家概念、作为国家研究核心论题的主权等政治学根本问题，有别于国家立法、政治制度、行政运作、国际法与国际关系、政治思想等政治学专题或专门研究。民国时期关于政治学研究范式的论述主要体现于当时各种政治学概论论著中。

政治学理论，自然取舍各异。种种因素导致民国学界对政治学研究范式的讨论繁复异常。故通过梳理民国时期各种政治学论著，系统清理民国学界基于各自政治立场而对政治学研究范式所具的不同取向，应为一值得重视的学术问题。

第一节　民国政治学的流派与科学国家学观念的歧异

确定一门学科的研究对象、学科性质与研究方法是学科范式构建的基本问题。故对此问题的讨论是民国时期诸种政治学论著的重要内容。民国政治学者借鉴欧美政治学理论，构建起包括政治学研究对象、学科性质与研究方法在内的一整套政治学研究范式。然而，民国诸政治学者因受当时复杂的社会政治环境之影响而截然分派，各派在此方面的认知歧异纷呈。学院派、国民党派、马克思主义派等诸派学者对此问题的看法同中有异，异中有同。不仅各派之间意见相异，即各派内部各位学者意见亦不尽相同。透过其相异的学术观念，可以窥见诸政治学者不同的政治立场与政治动机。

一　民国时期政治学论著的人脉与流派

政治学具有比其他学科更强的社会实践性，这导致两方面结果：一方面，此学科较早即引起中国学界重视，在清末随着中日甲午战后立宪运动之兴起，出现若干国人自撰的政治学论著①，民国成立后，政治学论著出版愈益繁多；另一方面，各政治派别均将政治学理论视作政治斗

---

① 在国人自撰的政治学论著中，杨廷栋分别于1902年11月和1908年9月出版的《政治学教科书》和《法制理财教科书·政治学》系较早者。两书内容前后相承，只是后者比前者内容更充实，分析亦更细密。《法制理财教科书·政治学》系杨廷栋在南通州师范学校任教期间的讲义。杨廷栋称，1906年秋，南通州师范学校聘其讲授法制、经济课程，"乃发箧陈书，取旧所学者并益以前闻于师友者，析为三种：曰政治，曰法律，曰经济"。参见杨廷栋"法制理财教科书编辑大意"（1908年），载杨廷栋《法制理财教科书·政治学》（中学及师范用），中国图书公司1908年版，第1—2页。显然，《法制理财教科书·政治学》为其《法制理财教科书》之一种，此外，尚有《法制理财教科书·法律学》《法制理财教科书·经济学》2册。

争工具，大力阐发符合自身政治目的的政治学理论，导致民国时期各种政治学论著的政治倾向泾渭分明。民国时期的政治学论著虽种类繁多，但大致归属三种派别：以引介欧美非马克思主义政治学理论为主的学院派政治学论著；以民生史观为基础的国民党派政治学论著；以唯物史观为基础的马克思主义派政治学论著。

单就学术研究而言，致力于引介欧美政治学理论（虽广义欧美政治学理论亦可包括马克思主义政治学理论，但笔者此处所言欧美政治学理论主要指西欧、北美等地学界阐发的各种非马克思主义政治学理论）的学院派学者显然构成民国政治学界中坚力量。此派学者大多任职于各类学校，主要以教学和科研为职事，他们多处自由论者地位，其理论倾向虽有不同，但均以学术为目的，而与现实政治保持一定距离。这些论者编撰了大量政治学著作。

张慰慈于 1923 年 2 月出版的《政治学大纲》深受民国时期诸政治学者重视，其内容被后来诸多政治学论著广泛征引。如上海广益书局于 1928 年 12 月作为考试丛书之一出版的张天百编《政治学纲要》，即大段引用此书内容。张天百所编系知识普及读物，由此可见，张慰慈此书社会影响亦大。在民国政治学界，张慰慈是具有欧美师承的较早学者之一。他于 1912—1917 年留学美国，获艾奥瓦大学哲学博士学位。1917 年回国后，他任北京大学政治学教授。20 年代后期至 30 年代初，他任上海法政大学（1924 年以女子法政学校为基础成立，1929 年更名为上海法政学院）、东吴大学、中国公学等校教授及安徽大学图书馆馆长。此种身份决定了其《政治学大纲》对民国政治学研究所具有的开创性。不过，此书由编撰到修订，均由张慰慈与高一涵合作完成，反映高一涵学术观点之处不少。张慰慈称，此书编写缘起于其所编讲义。他于 1917 年任北大教授后，因讲课所需而编写讲义。他随编随将此讲义交时任北大编译委员会编译委员的高一涵修改。高一涵亦于 1921 年在北京法政专门学校（1923 年改名为北京法政大学，1927 年成为京师大学校一部分，1928 年改称北平大学法学院，1934 年改称北平大学法商学院）、中国大学讲授政治学，对此讲义大加修订，并加写了诸多内容。1922 年暑假，张慰慈把自己的讲义与高一涵新编讲义合并整理，并由高一涵审阅，最终形成此书稿。张慰慈申明，"这一本书实在是由我和高先生两个人合作的。我们把这稿子修改了好几次，连我们自己也分不出那一部分是高先生的原著，那一部分是我的原著"①。此书虽对民国学界影响甚大，但仍主要引述美国学者观点。杨幼炯于 1947 年 1 月在《当代中国政治学》中即称，此书主要引介美国政治学家基特尔（R. G. Gettell）在康涅狄格州三一学院任教时出版的《政治学导论》（*Introduction to Political Science*，1910）的内容，"此书谓之为入门的书籍则可，若谓有若何学术上之评价，则未易言也。何则，张氏此书仅为 Gettell 氏原著之编译，其文字清畅是其所长，但未能网罗众说，吸收西洋最新之政治学原理"②。此外，1930 年 4 月，张慰慈在上海任教期间，又出版了《政治学》一书。

　　提到张慰慈，不能不说高一涵。在 19 世纪 20 年代的政治学界，二人的学术合作当属典范。高一涵于 1918 年任北京大学编译委员会编译委员，又于 1921 年兼任北京法政专门学校、中国大学政治学教授，其间，与张慰慈共同编撰《政治学大纲》。不过，与张慰慈相比，他似对现实政治更感兴趣，并深深卷入 20 年代的国民革命斗争，先后于 1925 年和 1926 年加入国民党与共产党，并先后任国民革命军总政治部编译委员会主任、国民党安徽省党部执行委员兼宣传部长等职。1927 年"四一二"政变后，他脱离中国共产党，重拾教鞭，任上海法政大学、中国公学等校教授。他在上海法政大学任教期间，参考与张慰慈合编《政治学大纲》，编撰新的政治学讲义，1930 年 2 月以《政治学纲要》为题出版。他在此书中竭力撇清与国共两党的关系，申明编写此书力避党派的"先入之见"，强调"一党一派的政治家，可以带上有色彩的眼镜子。而正在研究政治学的人，似乎以不带上有色彩的眼镜子为妙"③。其所谓"一党一派的政治家"的"有色彩的眼镜子"，显指国共两党的"先入之见"。高一涵此书与张慰慈《政治学大纲》多有重合。高一涵介

----

① 张慰慈："序"（1923 年 1 月 25 日），载张慰慈《政治学大纲》（北京大学丛书之七），第 1—2 页。

② 杨幼炯：《当代中国政治学》（潘公展、叶溯中主编当代中国学术丛书），胜利出版公司 1947 年版，第 42 页。

③ 高一涵："弁言"（1930 年元旦序于上海），载高一涵《政治学纲要》，神州国光社1931 年版，第 1—2 页。

绍，此书有一两章与《政治学大纲》"大同小异"，"好在张先生在序文中已经表明过，说该书有些地方是我们两人合编的"①。不过，高一涵除参考《政治学大纲》相关内容外，又参考美国伊利诺斯大学教授高纳（J. W. Garner）《政治科学与政府》（*Political Science and Government*, 1928）新撰了相当内容。杨幼炯即于1947年1月称，高一涵此书多取材于高纳《政治科学与政府》。② 高一涵此书似在30年代初风行一时。他在三版序中称，此书于1930年2月出版后很畅销，"这本书居然在一个月内消了两版，真是一件意外的事"③。由在中国学界影响甚大的《政治学大纲》和《政治学纲要》主要参考美国学者基特尔和高纳著作来看，美国政治学研究范式对中国学界影响不容小觑④。

　　20年代末30年代初为学院派学者出版政治学著作的高潮期。除张慰慈、高一涵所撰政治学论著外，其他各种政治学论著亦纷纷涌现。陈筑山在20年代任北京法政大学校长，并在私立朝阳大学和民国大学（1931年改名为民国学院，1946年在湖南复称民国大学，1949年并入湖南大学）兼课，后于1926年秋参加晏阳初主持的平民教育促进会。他于1928年5月出版《最新体系政治学纲要》。此书是其在北京法政大学、私立朝阳大学和民国大学的讲义。陈筑山介绍，他曾以此讲义在三校试用，"随教随编"⑤。朱采真先后于1929年5月和1930年8月出版《政治学ABC》和《政治学通论》。前者为ABC丛书之一种，后者纳入文化科学丛书。两部丛书均为世界书局出版的知识普及读物。ABC丛书发刊旨趣称，其目的在于将各种学术知识由"智识阶级"扩展到"全

---

①　高一涵："三版序"（1930年4月1日补记），载高一涵《政治学纲要》，第1页。

②　杨幼炯：《当代中国政治学》（潘公展、叶溯中主编当代中国学术丛书），第42—43页。

③　高一涵："三版序"（1930年4月1日补记），载高一涵《政治学纲要》，第1页。

④　据孙宏云研究，基特尔《政治学导论》早期曾被清华大学、南开大学采用为政治学概论教材，之后，高纳《政治科学与政府》则被清华大学、北京大学、武汉大学、燕京大学、金陵大学、金陵女子文理学院、南开大学等更多院校采用为政治学概论教材。参见孙宏云《中国现代政治学的展开：清华政治学系的早期发展（一九二六至一九三七）》，生活·读书·新知三联书店2005年版，第144—147页。

⑤　陈筑山："编辑大意"（1927年6月于北京），载陈筑山《最新体系政治学纲要》，中华平民教育促进总会1928年版，第1页。

体民众",使人人有获得各种学术的机会①。文化科学丛书发刊旨趣亦称,其目的在于对各门学科的最新学理与方法,"用通俗易解的文字,作有系统、有组织的介绍",兼顾学术专门与通俗易解两方面②。朱采真亦称,《政治学 ABC》旨在为读者提供政治学的入门知识③。李剑农为民国时期重要历史学家和政治学家,尤以中国近代政治史研究见长。他虽是辛亥革命的参与者,曾在 1906 年参加同盟会,但其政治思想并无党派背景。1934 年 11 月,李剑农以其武汉大学讲稿为基础,出版《政治学概论》。王希和于三四十年代长期担任河南大学法学院政治学教授,曾任河南大学法学院院长。1936 年 3 月,王希和以其 1934 年春在河南省政府及绥靖公署开设的公务员学术研究班所用讲稿为基础,出版《政治学要旨》。1947 年 12 月,他又出版《政治浅说》。陈之迈在30 年代任清华大学政治学系教授,全面抗战爆发后,他离开清华大学参政,曾任国民政府行政院参事、国防最高委员会法制专门委员会委员、驻美大使馆参事。他长期致力于运用美国学术范式研究中国现实行政,为民国政治学界之翘楚。1941 年 4 月,他出版青年通俗读物《政治学》。他在此书序言中介绍,此书目的在于供给青年以政治学基本常识,力图"通俗些,文字畅顺些,可以供人茶余酒后的阅读"④。1946年 9 月,佛学理论家黄忏华出版《政治学荟要》。此书为他于全面抗战时期在厦门大学任教期间,搜集整理各种政治学著作编撰而成,内容主要为条理各种现成论著。1944 年 12 月,他在弁言中称,"于社会科学中,平素对于政治学,较有兴趣。乡居无俚,思取诸有关政治学著作而读之,于书籍极端缺乏中,竟搜罗得百数十种,因钩稽成此书"⑤。廖竞存在三四十年代先后任广西省立第十一和第五中学、桂林西南商业专

---

① 徐蔚南:"ABC 丛书发刊旨趣"(1928 年 6 月 29 日),载朱采真《政治学 ABC》,世界书局 1929 年再版,第 1 页。

② "文化科学丛书发刊旨趣",载朱采真《政治学通论》,世界书局 1930 年版,第 1—2 页。

③ 朱采真:"例言",载朱采真《政治学 ABC》,第 1 页。

④ 陈之迈:"序"(1940 年 5 月于曾家岩),载陈之迈《政治学》(青年基本知识丛书),正中书局 1947 年版,第 1 页。

⑤ 黄忏华:"弁言"(1944 年 12 月),载黄忏华《政治学荟要》(上册),商务印书馆1947 年版,第 1 页。

科学校校长。他虽为国家社会党人，但其于 1939 年 1 月出版的《青年政治读本》则以简明介绍中外政治学理论为主，较少个人见解，故亦可纳入学院派论著之列。他撰写此书期间，与时在广西的国家社会党党首张君劢交往颇多。他自称，"在编辑本书时，凡有疑问，即持往张先生君劢处请教，得其详加指示，获益的地方很多"①。张君劢为其书作序称，"此书对于各派学说、各种制度，出以公正之态度，朴实说理，与现时之独伸己说而屈人说者异"②。一些与中国共产党并无瓜葛的学院派政治学者对唯物史观理论并无恶感。1943 年 2 月，时在湖南溆浦任民国学院政治系教授的邝震鸣出版《现代政治概论》。邝在书中从第三者角度指出了马克思主义政治理论的革命性。他介绍说，马克思与恩格斯等"所倡在经济上之阶级斗争与政治手段不能分离，因之一切斗争，不外为政治斗争。所择政治斗争之手段，乃非议会政策，而全为政治之直接行动——所谓革命。彼辈主张无产阶级当以资产阶级夺取封建特权阶级之权力与地位之同一方法，以夺取资产阶级之地位与权力"③。此外，1929 年 12 月在山东省立民众教育学校任职的任和声为该校教材编印的《政治学概论》，亦为 20 年代后期的重要政治学论著。

从 20—40 年代，国民党各类军事学校编撰了不少政治学教材。此类政治学论著完全以国民党政治理论为依归，具有强烈的国民党意识形态色彩。作为国民党最高军事学校，黄埔军校出版了一系列政治教材。此校于 1924 年 5 月在广州初建时称国民党陆军军官学校，1926 年 3 月改称国民党中央军事政治学校，1928 年 3 月在南京改称国民党中央陆军军官学校。1926 年 12 月该校潮州分校政治教员汪毅撰《政治学概论》，系较早的一部国民党派政治学教材。此书内容较为简练。汪毅在编后中称，"学校因为快要毕业的关系，所以，上课的时间很少，关于政治学钟点差不多归定三四个礼拜授完。用如此短促的时间，教授全部的政治学，时间上真是不够分配，并且，此地关乎政治学的各种参考书，简直是没有，因为有这两层困难的缘故，所以，这本书是随随便便

---

① 廖竞存："编辑大意"，载廖竞存《青年政治读本》，商务印书馆 1947 年版，第 1 页。
② 张君劢："张序"（1938 年 3 月），载廖竞存《青年政治读本》，第 1 页。
③ 邝震鸣：《现代政治概论》（改进文库 17），改进出版社 1943 年版，第 31 页。

乱写出来的，只可以作为分校诸同学研究政治学一个入门而已"①。此书撰写虽处于国共合作时期，但未宣扬唯物史观与阶级斗争理论，可见汪毅似与中国共产党无多大关系。1937 年 3 月该校特别训练班编印的《政治学概论》亦为国民党系统的重要政治学教材。全面抗战时期，该校西迁成都，先后于 1939 年 2 月和 1940 年 12 月出版陈颐庆《政治学教程》、杜久与张又新合编《政治学教程》等教材。陈颐庆、杜久、张又新均为该校政治教官。两部教程均以灌输国民党政治理论为鹄的。杜久、张又新《政治学教程》编纂体例即强调"以三民主义为依归，以期思想统一，意志集中，发扬黄埔之精神，养成学员生忠党爱国之德性，以期克竟抗战建国之使命"②。柳克述于 1938 年 12 月出版的《政治学》亦属黄埔军校教材系统。柳克述编撰此书时虽任湖北省政府委员兼秘书长，但他此前任国民党中央陆军军官学校政治总教官，且此书作为国民党军事学校战时政治教程出版。此外，1944 年，重庆陆军大学印行该校政治教员蔡惠群编撰的政治教材《政治学讲义》。除国民党中央系统军事学校外，隶属桂系的南宁第四集团军干部政治训练班于 1936 年 4 月印行该训练班教员李一尘撰写的政治教材《政治基础知识》。不过，李一尘此书与其他国民党军校系统政治教材有所不同，对唯物史观阶级分析方法有所阐述，认为国家是"社会的发展到了私有制度的确立，有剥削者与被剥削者这两个社会阶层对立的阶段中，然后它才发生出来的，也必然发生出来的"③。李一尘曾于 1926 年留学苏联莫斯科中山大学。

　　一些国民党 CC 系成员亦致力于编撰政治学论著，较重要者有邱培豪撰《政治学问答》和蒋静一撰《唯生论政治学体系》。1930 年 1 月，邱培豪出版以问答为体裁的政治学普及读物《政治学问答》。他是陈果夫、陈立夫同乡，1927 年自上海沪江大学政治学专业毕业后，20 年代

　　① 汪毅："编后"，载汪毅《政治学概论》（中央军事政治学校潮州分校政治部丛书之五），中央军事政治学校潮州分校 1926 年版，第 141 页。

　　② 熊铭青："政治教程及教授纲要编纂例言"（1940 年 7 月于教务组），载杜久、张又新《政治学教程》（黄埔丛书），中央陆军军官学校 1940 年版，第 1 页。

　　③ 李一尘：《政治基础知识》，国民革命军第四集团军干部政治训练班 1936 年版，第 23 页。

末任《湖州月刊》主编，受陈果夫、陈立夫、潘公展等指导。蒋静一于 1935 年 6 月出版的《唯生论政治学体系》，完全遵循陈立夫唯生论。陈立夫为其书作序称，"蒋静一同志从事党务工作有年，公余孜孜于政治学之研究，近著《唯生论政治学体系》一编"[①]。蒋静一自称，他是孙中山民生史观的坚决拥护者，亦为中国共产党及其唯物史观的坚决反对者。他自 1931 年起在国民党中央党部工作，并奉陈立夫之命主办《政治月刊》。陈立夫《唯生论》对本书影响"甚大"，"特标名为《唯生论政治学体系》者，其用意盖在乎此"[②]。

　　除 CC 系成员编撰的论著外，不少政治学论著出自国民党党政机关工作人员。这些论著多强调以三民主义为理论指针。黄开山长期任职于广东国民党党政机关。20 年代国民革命时期，他先后担任国民革命军总政治部秘书、广州国民政府政治训练所副所长。1929 年后，他先后任汕头市政厅长、新会和连县县长。1932 年 12 月，他将若干篇有关政治学的论文辑为《政治学的诸重要问题》一书出版。二三十年代，邹敬芳长期任职于国民党党政机关，曾任广州军政府军政部秘书、国民政府法制委员会委员、国民党湖南省党部指导委员等职。他先后于 1931 年 10 月和 1933 年 4 月出版《政治学概论》和《政治学原理》。全面抗战时期，马璧先后任湖南省教育厅图书审查股股长、湖南省民政厅视察等职。1940 年 8 月，他撰成《三民主义的政治学》。他表示，此书意在以孙中山政治学说为基础，构建三民主义政治学的理论系统，"孙中山先生的政治思想奠定了我国三民主义的政治基础，却没有人把他的政治思想和主张，组成有系统的政治学，殊为遗憾。作者有鉴于此，所以，才有本书的写作，要想把中山先生的政治学说深切著明的组成有科学系统的书籍，有别于其他立场的政治学"[③]。陈顾远一方面长期任职于国民党党政机关，曾任国民党中央党部民众运动指导委员会特种委员和办

---

①　陈立夫："陈序"（1935 年 6 月），载蒋静一《唯生论政治学体系》（政治月刊丛书之一），政治通讯月刊社 1935 年版，第 6 页。

②　蒋静一："自序"（1935 年 5 月于南京），载蒋静一《唯生论政治学体系》（政治月刊丛书之一），第 1—3 页。

③　马璧："从本书写作的动机说起——代序"（1940 年 8 月 30 日于湘潭芭蕉湾别墅），载马璧《三民主义的政治学》，世界书局 1946 年版，第 1 页。

公室主任、国民政府立法院立法委员、国民党中央评议委员会委员;另一方面,他先后在北京大学、上海法科大学(1926 年由上海法政大学部分师生分立组建,1930 年改名为上海法学院)、安徽大学、复旦大学、中央政治学校、中央大学等校任教。1948 年 2 月,他出版了《政治学概要》。

一些信奉三民主义理论的亲国民党政治学者撰写了大量政治学论著。其著作虽不像那些国民党政治理论宣传者那样以三民主义意识形态挂帅,但字里行间透露出明确的政治倾向。萨孟武、杨幼炯、罗敦伟是三位较著名的亲国民党政治学者。萨孟武是一位深具国民党政治背景的政治学家。他于 1928 年任南京国民党中央陆军军官学校编辑部主任,1930 年后长期担任中央政治学校行政系教授,1946—1948 年任广州中山大学法学院院长。萨孟武的政治学著作主要有《三民主义政治学》(1929 年 7 月初版)、《政治学概论》(1932 年 6 月初版)、《政治学与比较宪法》(1936 年 8 月初版)、《政治学原理》(1944 年 4 月初版)、《政治学新论》(1948 年 7 月初版)等。其政治思想存在明显转向。《三民主义政治学》受唯物史观经济基础决定论和阶级分析方法影响,后四部论著则承袭国民党民生史观。同时,《政治学概论》《政治学与比较宪法》《政治学原理》《政治学新论》在内容上依次相承,而《政治学新论》相承《政治学原理》更多。萨孟武在《政治学新论》中称,他曾于 1932 年著《政治学概论》,1935 年大加修正,改名《政治学与比较宪法》,1944 年复加修正,改名《政治学原理》,"本书乃综合上述三书,留其长,而删其短,增补之处不少"①。杨幼炯早年任职于国民党宣传出版部门,曾任国民党主办的《神州日报》和中央通讯社总编辑、民智书局编辑所所长,自 20 年代末开始历任中央大学和上海法政学院、中国公学、暨南大学教授。1947 年 1 月,他在《当代中国政治学》中申明了其三民主义理论倾向。他介绍,自己自 1923 年开始"从事阐扬三民主义的理论,鼓吹社会科学的文化运动以来,忽忽二十多年。此二十年中,作者整个的青年时代,几全部尽力于三民主义的理论之宣传工

① 萨孟武:"序"(1948 年 1 月 15 日于广州),载萨孟武《政治学新论》(大学用书),大东书局 1948 年版。

作。二十年的岁月虽觉悠久，然作者自信始终以书生致力于党的文化宣传，未尝间断"①。杨幼炯于 1935 年 5 月出版《政治学纲要》。此书系中华书局出版的通俗读物中华百科丛书之一。舒新城在丛书总序中称，"我们发刊此丛书之目的，原为供中等学生课外阅读或失学青年自修研究之用"②。罗敦伟虽在 20 世纪三四十年代大力宣扬统制经济和社会主义，但其政治观念倾向于国民党。1931 年 4 月，时在北平大学讲授政治学课程的罗敦伟出版《社会主义政治学》。此书虽名为"社会主义政治学"，但完全遵循三民主义理论，并对马克思主义唯物史观多有指责。罗敦伟在此书中，试图将三民主义民生史观与"社会主义"政治理论相结合。他在弁言中表示，"我近来治学的方法大改，即是用唯物的方法，但自始至终是真正的三民主义者。近来似乎有许多三民主义者，怕研究社会主义。其实，三民主义虽不是俄国式共产主义，可是确系社会主义。孙中山先生不仅昭示过这点，而且说师马克斯之意则可，师其方法则不可。要理解这个意思，不研究社会主义，行吗？所以，用民生史观立场研究社会主义政治理论，敢说是一件甚要的工作"③。

　　赵普巨似可归入亲国民党学者之列。他于 30 年代任北平民国学院教授，与陶希圣关系密切。1937 年"七七"事变后，赵护送陶家属由北平转移到南京，后随陶去重庆，可见两人关系非同一般。1932 年 9 月，他出版《政治学概论》，并请陶为之作序。陶希圣在序言中表示，政治学著作不仅应解答国家问题，还应解答帝国主义与革命问题，"这些问题在流行的政治学书里和传统的学校讲义里得不到解答"，而流行的政治学著作和传统的讲义阐述的主权一类论题，仅提供"一套玄学的争辩"④。赵普巨与陶一样，深受唯物史观影响。如他在《政治学概论》中认同阶级分析国家观，认为"关于国家本质的解释，此说算是最透

　　①　杨幼炯：《当代中国政治学》（潘公展、叶溯中主编当代中国学术丛书），第 68 页。

　　②　舒新城："总序"（1933 年 3 月），载杨幼炯《政治学纲要》（中华百科丛书），中华书局 1938 年再版，第 4—5 页。

　　③　罗敦伟："弁言"，载罗敦伟《社会主义政治学》，北华书屋 1931 年版，封面。

　　④　陶希圣："陶希圣先生序"（1932 年 9 月 7 日于北平），载赵普巨《政治学概论》，立达书局 1932 年版，第 2 页。

彻了"①。

由亲国民党学者编撰的政治学论著尚有王诗岩《新的政治学》、李圣五《政治学浅说》、虞棠《新政治学大纲》、桂崇基《政治学原理》等。王诗岩在 1929 年 6 月出版的《新的政治学》中强调，国民党人都应研究政治学，"中国国民党政纲，是要用兵力以扫除一切障碍，然后用政治力量去建设一个崭新的中华民国，人民才真正能享三民主义的幸福。所以，做革命党人和革命军人的，除了研究军事学外，一定要研究政治学"②。李圣五于 30 年代初任复旦大学、暨南大学教授，并任商务印书馆编辑、《东方杂志》总编。1932 年夏，他任国民党《中央日报》主笔，不久，任国民政府行政院参事、外交部顾问和总务司司长。他于 1932 年 11 月出版《政治学浅说》。虞棠于 30 年代初在广州法学院任教。1933 年 10 月，他以其政治学讲义为基础，出版《新政治学大纲》。他介绍，此书内容力图符合国民党"党治"和"三民主义科学化"的精神，重点讨论的国民生计制度、政权与治权、地方自治等问题均与民生主义、权能分开、地方自治等国民党三民主义政治理论密切相关③。桂崇基于 1925 年任广东大学教授，1927年以后任中央政治学校教授及国民党中央执行委员。1933 年 12 月，他以在广东大学、中央政治学校等校讲演稿为基础，出版《政治学原理》④。1937 年 3 月出版的南京国民党中央陆军军官学校特别训练班编《政治学概论》颇推崇此书，认为此书"比较简单明了，并且是根据总理的政治思想与我国现行的中央政治制度著成的"，希望学员购置⑤。

在异常艰苦的条件下，一些共产党人和受马克思主义影响的学者致力于政治学著作的编撰，撰写了大量政治学论著。这些论著均以马克思主义唯物史观及其阶级分析方法为理论依据，重点阐述阶级斗争问题，

① 赵普巨：《政治学概论》，第 68 页。
② 王诗岩：《新的政治学》，第 4—5 页。
③ 虞棠："例言"，载虞棠《新政治学大纲》，民智书局 1933 年版，第 1 页。
④ 桂崇基："序"（1933 年 11 月于上海），载桂崇基《政治学原理》，商务印书馆 1933年版，第 1 页。
⑤ 《政治学概论》，中央陆军军官学校特别训练班 1937 年版，第 17 页。

构建起系统的革命式政治学论述体系。在马克思主义派政治学论著中，恽代英于1926年9月编撰的《政治学概论》较早。此书是他于1926年5月至1927年1月任黄埔军校政治主任教官期间编撰的政治讲义。20年代末30年代初是马克思主义政治学论著出版的高潮期。在此时期的马克思主义论者中，陈豹隐与高尔松政治经历相似。他们均有加入中国共产党的经历，1927年"四一二"政变后与中国共产党失去联系，但仍致力于马克思主义理论宣传。陈豹隐原名陈启修，20年代初在北京大学任教期间即大力宣传马克思主义。他于1924年在苏联访学期间加入中国共产党。1927年12月至1929年7月因国民党屠杀共产党而流亡日本，与中国共产党失去联系，改名陈豹隐，发奋于马克思主义理论的著述。回国后，他先后担任北京大学、北平大学法学院（1934年改称北平大学法商学院）教授。其于1929年8月出版的《新政治学》即为他流亡日本期间的作品。他在此书中称，现代政治学大体分为资本主义政治学和社会主义政治学两派，社会主义政治学主张用"唯物的历史观点"解剖政治现象，重点分析"治者阶级和被治阶级的斗争"，进而研究"革命的真理"，从而抛弃资本主义政治学"神秘的政治哲学的性质"，具有唯物论的"确实的政治科学的性质"[①]。高尔松早年毕业于上海南洋公学，于1923年10月在上海加入中国共产党，翌年，进入由中国共产党控制的上海大学听课。1927年"四一二"政变后，他因遭国民党当局通缉，而流亡日本，与中国共产党失去联系，潜心著述。1929年6月回上海，在开设平凡书局等出版机构的同时，以高希圣为笔名，先于1929年出版《现代政治学》，后于1930年12月出版《新政治学大纲》（1932年10月以高振清为笔名再版）。其两部著作内容前后相承，后者比前者详尽，运用马克思主义唯物史观系统阐述政治学理论。他在《现代政治学》例言中申明，此书立论乃站在"被支配阶级"立场，"以确立拥护平民大众之利益的政治"，"过去的政治学，都是站在支配阶级的立场上所说的。政治学的真实性，已是完全被抹杀。它竟然成为支配阶级抑压民众的工具了"。实际上，高尔松两书依据其旅居日本期间所见日本大山郁

---

① 陈豹隐：《新政治学》，乐群书店1930年版，第23—24页。

夫撰《政治学》编写。他在《现代政治学》例言中称，"本著取材大部分根据日本大山郁夫为普罗列搭利亚特自由大学所编《政治学》一书"①。

邓初民虽不像陈豹隐、高尔松那样有曾加入中国共产党的政治经历，但其思想观念倾向马克思主义理论。20年代国民革命时期，他是武汉地区著名的国民党左派，曾任国民党湖北省党部执行委员兼青年部部长、湖北省政府临时政务委员会委员等职。1927年"四一二"政变后，他在上海一度参加中华革命党，30年代初任教于暨南大学、上海法政学院、上海艺术大学和中国公学等校，并参与发起中国共产党领导的中国社会科学家联盟，一度担任社联主席。1933年后，他先后任教于广州中山大学和桂林广西大学。全面抗战时期，他与中国共产党关系密切，在担任成都朝阳学院政治系主任的同时，加入救国会和中国民主同盟。1932年10月，他在上海参与社联活动期间，以田原为笔名出版《政治学》。抗战胜利后，1946年7月，他在上海从事民主运动期间，又出版《新政治学大纲》。《政治学》似以其在暨南大学等校讲义为基础撰成。他在《政治学》自序中介绍，此书始撰于1931年春，脱稿于1932年暑假②。此时正是他任教于暨南大学等校前后。《新政治学大纲》以"新政治学"代指马克思主义政治学。他介绍，这种"新政治学"产生于1848年革命后的欧洲，在建立"新社会体系"的斗争中，"革命的前辈们创建他们的新哲学、他们的社会主义理论，同时，也创建了他们的新政治经济学"③。

秦明于1929年11月出版的《政治学概论》、傅宇芳于1932年5月出版的《马克思主义政治学教程》、郑晖于1946年3月出版的《政治生活与政治学读本》（上海潮锋出版社1946年版），亦为民国时期重要马克思主义政治学著作。秦明在《政治学概论》中竭力划清马克思主义政治学与其他流派政治学的界限。他申明，此书意在做"政治

① 高希圣："例言"，载高希圣《现代政治学》（社会科学丛书第3种），第1、2页。
② 田原："自序"（1932年10月13日），载田原《政治学》，新时代出版社1938年版，第1页。
③ 邓初民："自序"，载邓初民《新政治学大纲》，生活书店1946年再版，第1—2页。

学的清道工作"，根据"正确的社会科学的认识"，介绍"真正的国家"与"科学的国家观"，"使中国的青年们，晓得政治学还另有这么一套"。他提醒大家，"政治学在阶级社会中，也是支配阶级的一种武器——精神上的武器"，"我们要当心受骗，当心被种种毒质所鸩杀"。他批评张慰慈《政治学大纲》"绝不是站在正确的科学立场出发，里面还充满着鸦片、酒精、麻醉青年的药剂"①。傅宇芳将马克思主义政治学称为"新兴社会科学"的政治学，认为只有此种政治学才是解释政治现象的唯一正确理论，"只有去从现代新兴社会科学的领域中去探究这种学理"。他申明，资产阶级政治学帮助资产阶级完成麻醉人民的"反动任务"，使人民安于资产阶级"政治统治"，而无产阶级政治学则揭露社会的"阶级统治关系"，说明"阶级斗争之必然性"，"它以社会进化的任务说明普罗列塔利亚底斗争是必要的道路。它站在广大劳动贫苦群众之前，建立着推翻布尔乔亚的客观的理论"②。

　　虽然周绍张是 30 年代初在上海为叶青料理生活和抄稿的南充同乡，亦是叶青主编的《二十世纪》的主要撰稿人，但他于 1933 年 2 月出版的《政治学体系》仍受中国共产党理论影响，大致属于马克思主义政治学论著范畴。叶青背叛中国共产党后，于 1930 年至上海任辛垦书店总编辑。辛垦书店于 1929 年由中国共产党党员杨伯恺等创办，曾大力宣传马克思主义。30 年代初，杨伯恺、任白戈、沙汀等中国共产党人士仍在书店工作。杨伯恺同时担任中国共产党上海沪东文化支部书记。周绍张此书为杨伯恺主持编写的"体系"丛书之一种。杨伯恺为"体系"丛书所撰序言称，中国不应仅仅介绍西方的"个人主义文化"，而应创造中国自己的"第三种文化"，为此，中国应进行"正面的理论之积极的建设"③。其所言"第三种文化"，即为马克思主义文化之意。

---

　　① 秦明：《政治学概论》（新社会科学丛书第 11 编），第 79 页。

　　② 傅宇芳：《马克思主义政治学教程》，长城书店 1932 年版，第 2—3、48—49 页。

　　③ 杨伯恺："'体系'序言"（1932 年 7 月 29 日），载周绍张《政治学体系》，辛垦书店 1933 年版，第 1—2 页。

二　国家:对于政治学研究对象的认知

政治学研究对象问题是政治学学科范式的重要方面。在此问题上,自清末迄民国,中国学界承欧美余绪,多将国家视作政治学研究对象①。然而,这并不是说各学者在此问题上没有歧见。一方面,各派论者在肯定国家是政治学研究对象的同时,基于各自立场从不同方面对此论题进行补充;另一方面,还有一些论者,尤其是马克思主义论者,试图否认国家是政治学研究对象。对于政治学研究对象的不同表述,隐藏着各论者不同的政治动机与观念。

自清末至民国,中国政治学研究范式先援自日本,继从欧美尤其美国引入。将国家视作政治学研究对象,几成 19 世纪末至 20 世纪中叶各国政治学界共识。清末中国学者迻译的日本政治学著作,即多将政治学研究对象确定为国家。1907 年 4 月郑篯译述的小野塚喜平次《政治学》将政治学分为广义政治学与狭义政治学,认为广义政治学即国家学,为研究国家现象诸学科的总称,包括政治、法律、经济诸学;狭义政治学既从理论上说明"国家之事实",亦从应用上研究国家"政策之基础"②。小野塚喜平次所言狭义政治学,近似于民国时期中国学界所言政治学定义。进入民国后,中国学界关于政治学研究对象的表述,多受美国影响。关于政治学研究对象的表述,对民国学界影响最大者莫过于美国学者基特尔和高纳。美国伊利诺斯大学政治学教授高纳于 1928 年出版的《政治科学与政府》颇受民国学界重视。顾敦鍒和孙寒冰先后

---

① 孙宏云所谓"从国家学到实证主义政治学"命题,似不符合民国时期政治学研究范式的实情。孙宏云认为,清华政治学者受美国行政研究的影响,摈弃欧洲"玄理的国家论",注重政府实际运作的行政问题研究。钱端升主张政治学应研究政府起源与发展、政府组织与职能、政治活动与原动力、国际关系等问题。浦薛凤主张政治学应研究政治思想及政治制度、国际关系、宪法等政治现象问题。参见孙宏云《中国现代政治学的展开:清华政治学系的早期发展(一九二六至一九三七)》,第351—360 页。实际上,作为政治学根本研究对象的国家问题与上述政治学具体问题研究,均为政治学并行的研究领域,后者均可纳入国家研究范畴。陈之迈即言,现代政治活动研究多包含于国家范围之内。现代的国家范围极宽泛,许多以前在国家范围以外的事情现在都可归纳于国家之中。所以,"政治学就是国家学"一语"就现在的情形说来是不错的"。参见陈之迈《政治学》(青年基本知识丛书),第2—3 页。

② [日]小野塚喜平次讲述,郑篯编辑:《政治学》,商务印书馆 1913 年版,第 13—14、17—18 页。

于 1933 年 10 月和 1934 年 9 月将此书译为中文出版，均认其为较完善
的政治学教科书。顾敦鍒认为，"政治学大纲之作，中西版籍甚多，但
有的专讲国家理论，有的仅论政府制度，又有的只是殖民地的专著，多
难使人满意。唯独高纳（Garner）教授最近所著《政治学大纲》（原书
名政治科学和政府论'Political Science and Government'）一书，能免上
述缺陷，而是一部完备与健全的政治科学书"①。孙寒冰亦称，"原书观
点，虽不尽与余同，然其论述政治之理论与实际，精微宏辟，凡一学
说、一问题，莫不剿往综今，旁征博引，意赅言简，不遗巨细，诚为一
比较完善之政治学教本"②。高纳将政治学定义为研究国家的科学，认
为"政治科学是以国家为研究的出发点，亦以国家为研究的终止点。概
括起来，政治科学的基本问题包括：（一）研究国家的起源及其性质；
（二）考察各种政治制度的性质、历史和形式；（三）从这些研究中，
尽力推求出政治生长和政治发展的公律"③。1933 年 11 月，孙一中将加
利福尼亚大学伯克利分校政治学教授基特尔《政治学》（*Political Sci-
ence*，1933）译为中文出版。基特尔亦将政治学视作研究国家之学，表
示"政治学的定义简单的说起来，就是国家的科学（Science of state）"④。
高纳和基特尔关于政治学研究对象的表述，对民国学界影响甚大。例
如，1939 年 2 月，国民党政治学者陈颐庆在《政治学教程》中即引基
特尔所言"政治学者，国家之科学也"，高纳所言"政治学是始于国
家，终于国家的学问"，认为国家是政治学研究的主要内容⑤。此外，
1932 年 8 月，吴友三、缪元新、王元照将印度加尔各答大学政治学教
授季尔克立斯（R. N. Gilchrist）《政治学原理》（*Principles of Political Sci-
ence*，1921）译为中文。吴友三介绍，在他们迻译之前，此书曾被清华
大学和南开大学采用为教材，"采用以来，颇能增加学生对于政治学之

　　①　顾敦鍒："译序"（1933 年夏），载［美］高纳（James Wilford Garner）《政治学大纲》
（*Political Science and Government*），顾敦鍒译，世界书局 1933 年版，第 1 页。
　　②　孙寒冰："译者序"，载［美］迦纳（J. W. Garner）《政治科学与政府》（第 1 册），孙
寒冰译，商务印书馆 1947 年版，第 1 页。
　　③　［美］迦纳（J. W. Garner）：《政治科学与政府》（第 1 册），孙寒冰译，第 17 页。
　　④　［美］基特尔：《政治学》，孙一中译，大东书局 1933 年版，第 1 页。
　　⑤　陈颐庆：《政治学教程》（黄埔丛书之二十九），黄埔出版社 1939 年版，第 1—2 页。

了解"①。季尔克立斯亦称,"政治科学之中心对象,即为国家,故其范围当限于与国家相关之研究"②。

受欧美学界影响,从清末至民国,中国学界多将国家视作政治学研究对象。杨廷栋先后于 1902 年 11 月和 1908 年 9 月在《政治学教科书》和《法制理财教科书·政治学》中认为,政治学是研究国家之学。他在《政治学教科书》中设专章阐述国家问题,强调"凡考求政治学者,须先知国家为何物"③。他又在《法制理财教科书·政治学》中介绍,"政治学为专门名词,在英语为 Political science。伯伦知理所定之界说曰:政治学为有关国家政事之科学,并诠释国家之性质,暨其作用之学问是也"④。进入民国时期,将政治学视作以国家为研究对象的科学,进一步成为学界共识。1930 年 1 月,邱培豪在《政治学问答》中认为,政治学是"研究国家性质及其作用之一种科学"⑤。1933 年 2 月,桂崇基在《政治学原理》中表示,"政治学是研究一切关于国家现象的科学"⑥。1934 年 11 月,李剑农在《政治学概论》中称,"政治学便是以国家为研究对象的,或竟可称之曰国家学"⑦。全面抗战时期,陈之迈于 1941 年 4 月在《政治学》中更细致地辨析了政治学研究对象问题。他注意到,有人认为政治学的研究范围应更宽泛,应以一切人类政治活动为研究对象,人类社会各种政治活动并不限于国家范围。对此,他解释说,现代的国家范围极宽泛,许多以前在国家范围以外的事情现在都可归纳于国家之中,所以,对于现代政治活动的研究多包含于国家范围之内,因而"政治学就是国家学"一语"就现在的情形说来是不错

① 吴友三:"译者例言"(1932 年 6 月于上海真如),载〔印度〕季尔克立斯(R. N. Gilchrist)《政治学原理》(*Principles of Political Science*),吴友三、缪元新、王元照译,孙寒冰校,黎明书局 1935 年版,第 9 页。

② 〔印度〕季尔克立斯(R. N. Gilchrist):《政治学原理》(*Principles of Political Science*),吴友三、缪元新、王元照译,孙寒冰校,第 5 页。

③ 杨廷栋:《政治学教科书》,作新社 1902 年版,第 3 页。

④ 杨廷栋:《法制理财教科书·政治学》(中学及师范用),第 1—2 页。

⑤ 邱培豪:《政治学问答》(百科问答丛书之七),大东书局 1930 年版,第 1 页。

⑥ 桂崇基:《政治学原理》,第 1 页。

⑦ 李剑农:《政治学概论》(原国立武汉大学丛书),第 2—3 页。

的"①。陈之迈的此一辨析在当时学界具有较大影响。国民党陆军大学政治教员蔡惠群于 1944 年在《政治学讲义》中便同意陈之迈的看法。他表示，政治学研究的对象就是国家。有的学者认为政治学应研究人类所有政治活动，不应限于国家以内。这是一种陈旧的看法。现在国家所包括的范围广泛，"许多从前在国家范围以外的事件，现在都归纳在国家之中"②。

在政治学研究对象问题上，中国学界并未墨守西方成规，而是提出了诸多自己的见解。这呈现出两种观念，一是在承认国家为政治学研究对象的基础上，将诸多其他政治领域纳入政治学研究对象范畴；二是不少学者，尤其是马克思主义派学者，对仅以国家为政治学研究对象的论点提出质疑。

张慰慈受基特尔影响提出，政治学一方面应以国家为研究对象，同时亦应研究人们在政治社会中的关系及政治心理与动作（活动）。1923年 2 月，张慰慈在《政治学大纲》中，一方面，认为国家是政治学的研究"题目"，"政治学是研究国家如何发生，如何进化，找出因果变迁的公例（历史的政治学）；并观察现在国家的性质及组织和所处的环境、所发生的变端（叙述的政治学）；更从这种性质、组织、环境、变端之中，找出根本观念和具体的原理原则（纯理的政治学）；拿来做怎样应付现在政治环境，解决现在政治问题，创造新政治局势的工具（实用的政治学）"。另一方面，他又提出，政治学应研究人们在政治社会中的关系与心理③。1930 年 4 月，他又在《政治学》中将人们的政治关系与心理称作政治关系与动作，认为政治学所研究的"人群的现象"属于"人与人在社会上所发生的关系中的一种"，"政治学的目的，就是研究人与人在这种有政治组织的社会中的一切动作"④。张慰慈此论对民国学界影响较大，其关于政治学应研究国家与人们的政治关系、心理与动作的观点，被此后诸多学者广泛引用。例如，国民党中央军事政

---

① 陈之迈：《政治学》（青年基本知识丛书），第 2—3 页。
② 蔡惠群：《政治学讲义》，陆军大学 1944 年版，第 2—3 页。
③ 张慰慈：《政治学大纲》（北京大学丛书之七），第 5、2 页。
④ 张慰慈：《政治学》（万有文库第一集一千种，百科小丛书），商务印书馆 1930 年版，第 1—4 页。

治学校潮州分校教员汪毅于 1926 年 12 月即在《政治学概论》中表示，一方面，国家是政治学的研究对象，同时，政治学亦应研究"人民的心理及人和人在政治社会上的关系"①。张慰慈关于政治学应研究国家的发生、进化、性质、组织、环境及以此解决现实政治问题的观点，更被诸多学者广泛引用。1929 年 12 月，任和声在《政治学概论》中亦称，"吾人应先追溯国家之原始及进步，寻出历史上之公例（应用逻辑上归纳方法），再观察现在国家之性质、组织及种种变端，从此种性质、此种组织、此种变端之中，更寻出原理原则（亦应用归纳法）。然后，根据原理原则，应用之于现代政治环境，以解决现代政治问题（应用演绎方法）"②。1946 年 9 月，黄忏华在《政治学荟要》中同样表示，政治学包括历史政治学，"研究国家如何发生，如何进化，寻出因果变迁底公例"；叙述政治学，"观察现在国家底性质同组织，和所处底环境，所发生底变端"；理论政治学，从国家的性质、组织、环境、变端中"寻出根本观念和具体的原理原则"；实用政治学，将政治原理原则作为"应付现在底政治环境，解决现在底政治问题，创造新政治局势底工具"③。显然，张慰慈《政治学大纲》所言政治学研究范式在民国学界影响深远，而张氏所论又颇受美国学者基特尔影响。

张慰慈提出的政治学应研究人们在政治社会中的相互关系的观点，更被诸多学者阐发。如廖竞存于 1939 年 1 月在《青年政治读本》中表示，政治学是"研究人类在政治社会中互相关系的一种科学"④。诸多学者发挥张慰慈所言，提出政治组织亦为政治学重要研究内容。1932年 9 月，赵普巨在《政治学概论》中认为，政治学研究的政治现象主要是国家，人们在政治生活中的相互关系和政治组织是其中要义。政治学要研究政府的体制、组织和功能，人民与政府的关系，国家与国家的关系。⑤ 1932 年 11 月，李圣五在《政治学浅说》中认为，政治学的研究对象不仅包括国家，还包括人们在政治社会中的相互关系以及由此形成

① 汪毅：《政治学概论》（中央军事政治学校潮州分校政治部丛书之五），第 2、4 页。
② 任和声：《政治学概论》，山东省立民众教育学校 1929 年版，第 1—2 页。
③ 黄忏华：《政治学荟要》（上册），第 5—7 页。
④ 廖竞存：《青年政治读本》，第 2 页。
⑤ 赵普巨：《政治学概论》，第 14 页。

的政治组织，不仅研究"国家的基础、国家的主要性质"，还应研究"政治组织的形式、作用与发展"①。一些学者基于政治学应研究人们的政治关系，反对将政治学研究对象限于国家范围之内。1929 年 6 月，国民党派学者王诗岩在《新的政治学》中即提出，因为政治学主要研究"人与人在政治社会内的关系"，所以，政治学研究并不限于国家范畴，不仅包括以国家起源、国体、政体、主权、政府组织等国家问题为研究对象的"静的政治学"，还包括以社会、经济问题为研究对象的"动的政治学"②。1931 年 4 月，罗敦伟在《社会主义政治学》中认为，政治学不仅研究国家，还应研究人们在政治社会中的相互关系，"政治学是理解人类政治生活，是研究这种政治生活的相互关系的学问"。所以，将政治学解释为研究国家的学问存在很大缺陷。如果将政治学解释为研究国家的学问，那么，政治学的意义也就难以厘清③。

国民党派学者较关注国民党政府的社会控制与政党专政问题，所以，他们提出政府与政党问题应为政治学的研究重点。1931 年 10 月，邹敬芳在《政治学概论》中将政党专政与政府运作方式视作政治学研究重点。他提出，政府现象是政治现象的中心，而政党是政府的原动力，所以，"现代政治现象，大抵可以说是以政党现象为中心"。他又认为，政府现象的特征是社会支配问题，即社会中的一部分人对其余的人的"强力的支配经营"；政党现象的特征是夺取政权与执政问题，即各社会集团之间的夺取与维持政权的斗争④。1937 年 3 月南京国民党中央陆军军官学校特别训练班编印的教材《政治学概论》亦强调政府与政党为政治学研究的重要内容，"政治学要研究的，不限国家如何发生，如何进化，其本质若何，目的何在等等问题而已；国家各机关的组织与职权，人民对于国家的权利与义务，政党的结构与活动，以及国家与国家间的关系，都是政治学所不可忽略的现象或事实"⑤。另一些国民党

① 李圣五：《政治学浅说》，商务印书馆 1932 年版，第 4 页。

② 王诗岩：《新的政治学》，第 4—7 页。

③ 罗敦伟：《社会主义政治学》，第 4 页。

④ 邹敬芳：《政治学概论》（政治经济丛书之一），会文堂新记书局 1935 年版，第 1—3 页。

⑤ 《政治学概论》，中央陆军军官学校特别训练班 1937 年版，第 5—6 页。

派学者进而强调行政问题是政治学的研究重点。杨幼炯于 1935 年 5 月在《政治学纲要》中，将政治学分为系统研究国家现象的理论政治学（Theoretical politics）和具体研究国家行政的实际政治学（Applied politics）。前者"包括许多国家理论的知识"，说明国家的基本性质，包括国家的起源、性质、要素和目的；后者"注重在解决国家与政府各方面的种种实际问题"，说明国家的动作或行政的实际行动，包括政治组织和行政原则①。1940 年 12 月，杜久、张又新在《政治学教程》中也认为，政治学既要研究国家性质，亦要研究国家组织。国家性质研究属于政治学抽象理论部分的"国家论"，国家组织研究则为"政府论"，属于政治学的具体部分②。

马克思主义派学者对仅将政治学研究对象确定为国家的论点提出质疑。他们从中国革命实践出发，多强调政治学应以研究社会阶级性为中心，重点研究政党与革命问题。1926 年 9 月，恽代英在《政治学概论》中强调政治和政治学的阶级性。他表示，"政治学是什么？自有历史（有阶级制度）以来，政治总是统治阶级（压迫阶级）之治术。封建政治，是封建阶级（君主、贵族）统治其他阶级之术；资本主义政治，是资产阶级统治其他阶级之术；无产阶级专政的政治，是无产阶级统治其他阶级之术"③。1932 年 5 月，傅宇芳在《马克思主义政治学教程》中认为，仅以国家为政治学研究对象未把握政治学的实质，政治学的研究对象应为"阶级的统治权力"，因为政治现象是"由社会经济关系所发生的阶级矛盾现象"，亦即"统治阶级对于被统治阶级的有组织的权力之支配的表现"。傅宇芳从阶级对立角度阐述政治学的定义，认为政治学就是"阐明人类底阶级社会中支配权力之运动法则，以为社会运动之指针的科学"④。显然，傅宇芳所谓政治学为"社会运动之指针的科学"，乃基于中国现实革命斗争。1932 年 10 月，邓初民在《政治学》中感到，国家范畴虽可包括政权或政府，却难以包括政党与革命。他主

① 杨幼炯：《政治学纲要》（中华百科丛书），第 1—3 页。

② 杜久、张又新：《政治学教程》（黄埔丛书），第 1—3 页。

③ 恽代英：《政治学概论》，中国国民党中央军事政治学校政治部宣传科 1926 年版，第 2 页。

④ 傅宇芳：《马克思主义政治学教程》，第 20 页。

张，政治学的研究对象应为政治现象。他在自序中介绍，自己于1931年春至1932年暑假撰写此书期间，前后删改和增补之处很多。关于政治学研究对象问题，"原来的讲义，是以国家为政治学研究的对象的，把政府、政党等等，都一起包括在国家中，但后来觉得这是不大妥当的，便把它改了，——改为政治学所研究的对象是政治现象"①。他解释，国家范畴难以涵盖阶级论、革命论等内容，政党、革命虽与国家有密切关系，但"决不能拿国家这一概念来包括"。他认为，政治现象概念比国家概念更宽泛，国家、政权、政府、政党、革命诸方面均可包括于其中，"总起来说，政治学的对象，便是政治现象；分开来说，主要的政治现象，便是国家、政府、政党、革命等现象"。所以，他主张，政治学研究对象主要是包括国家、政权、政府、政党、革命等在内的政治现象，"政治学是研究国家、政权、政府、政党、革命等政治现象的科学"②。1946年7月，邓初民在《新政治学大纲》中又表示，"单纯把国家作为政治学的对象"已不适应"现阶段的政治范畴"，"国家决不能是政治范畴的全部"，政治的基本内容应为"社会阶层的基本矛盾"③。所以，"新政治学"（即马克思主义政治学）须以"阶级矛盾"为立论基础，"新政治学的基本特征，是它把政治关系的运动法则放置在阶级对立上，而以'阶级矛盾'为政治关系之基本内容"④。与邓初民一样，1946年3月，郑晖在《政治生活与政治学读本》中亦认为，政治学的研究对象应该是政治现象和政治运动的法则，国家并不能涵盖政治学研究对象的全部，因为革命等问题并未包括在国家问题之内，"从前的政治学者都认为政治研究对象，只是限于国家诸问题。国家固然是近代政治现象上最重要的一部分，一切政治问题都集中到国家问题上去解决，但我们知道，在任何那一个进步的国家里，他们的构成也不是单纯的，他们也有许多政治生活是不通过政府机关而生效果"⑤。

---

①　田原："自序"（1932年10月13日），载田原《政治学》，第1页。

②　田原：《政治学》，第5—6页。

③　邓初民：《新政治学大纲》，第3页。

④　邓初民："自序"，载邓初民《新政治学大纲》，第1—2页。

⑤　郑晖：《政治生活与政治学读本》（潮锋青年丛书之一），潮锋出版社1946年版，第83—84页。

马克思主义派政治学者主张政治学以阶级对立与斗争为研究中心，是出于中国民主革命的现实需要。1946 年 7 月，邓初民在《新政治学大纲》中即分析，仅把国家视作政治学研究对象，在过去，由于阶级矛盾所反映的上层建筑较为单纯，或许不算错，而在阶级矛盾日益尖锐、上层建筑日趋繁复的近代，则不适用，因为由阶级矛盾引起的政党、革命等政治现象，已不仅是纯粹的国家问题①。

三 政治学是一门科学：关于政治学科学性的讨论

民国时期，无论学院派学者，还是国民党与马克思主义派学者，均将政治学纳入科学范畴，认可政治学的科学性。然而，科学的标准是什么？作为社会科学之一分支学科的政治学与自然科学有何区别？政治学研究的鹄的为何？各派政治学者对此作了大量讨论。由此可以看出，民国政治学界深受科学实证论影响，科学主义盛行。

民国政治学界盛行的科学实证论多移植自欧美。20 世纪上半叶，将政治学视作一门科学几成欧美学界共识。中国学界迻译的西方诸种政治学论著均大量阐述政治学的科学性问题。吴友三等于 1932 年 8 月所译印度学者季尔克立斯《政治学原理》将政治学称为"Political Science"，而非"Politics"，便含有将政治学归于"科学"之意②。顾敦鍒和孙寒冰先后于 1933 年 10 月和 1934 年 9 月所译美国学者高纳《政治科学与政府》亦将政治学纳入科学范畴，认为"科学的方法可以应用于社会现象，也可以应用于自然现象。有的人以为只有物理学者或自然科学家的头脑才是科学的头脑，这种主张我们却不敢赞同"③。陶兹人于 1938 年 4 月迻译德国政治学者萨洛孟（G. Salomon）撰《政治学概论》则以"以政治学为科学"为题作全书结论，强调政治学属于科学，必须以科学方法研究政治学，其核心是客观的态度④。民国政治学界深

① 邓初民：《新政治学大纲》，第 5 页。
② ［印度］季尔克立斯（R. N. Gilchrist）：《政治学原理》（*Principles of Political Science*），吴友三、缪元新、王元照译，孙寒冰校，第 1—2 页。
③ ［美］迦纳（J. W. Garner）：《政治科学与政府》（第 1 册），孙寒冰译，第 22 页。
④ ［德］萨洛孟（Gottfried Salomon）：《政治学概论》（汉译世界名著），陶兹人译，商务印书馆 1938 年版，第 347—348 页。

受欧美科学实证论影响，无论是学院派学者，还是国民党与马克思主义派学者，均认可政治学科学性，承认政治学是运用科学方法研究国家等政治现象的科学。

学院派学者大多将政治学视作研究国家问题的科学。1923 年 2 月，张慰慈在《政治学大纲》中即表示，政治学属于科学范畴，是一种"科学的国家知识"。政治学的目的是研究人们在国家这种有组织的社会中的"动作"①。1946 年 9 月，黄忏华在《政治学荟要》中也认可政治学是"科学的国家知识"的观点，认为政治科学（Political science）名称"现在已经得世人底公认，用他称呼各种拿国家做研究中心底学问"②。大家普遍强调政治学的任务为认知国家等政治现象的因果律。1930 年 2 月，高一涵在《政治学纲要》中重点从政治现象的因果律角度分析政治学的科学性。他认为，由于包括政治现象在内的人类社会现象受因果律支配，所以，政治学等各门社会科学便具有一定的公例，"社会现象与自然现象一样，都完全受因果律的支配"，政治学等社会科学即奠基于这种社会的因果律，"在那有因果关系的自然现象上，既然能够建设起来自然科学，那么，在这有因果关系的社会现象上，又何以不能建设起来社会科学呢"③。他们又强调，政治学的科学性体现于研究方法的科学性。1941 年 4 月，陈之迈在《政治学》中强调，政治学研究必须采用科学方法，"研究政治学者现在所采用的都是科学的方法。处在现代而研究政治学也得采用科学的方法"④。1946 年 9 月，黄忏华在《政治学荟要》中亦分析，对于政治现象的研究须采用科学方法，"科学底范围，非常广大，宇宙间所有一切的现象和事物，都是科学底材料"。"学者现在大率都承认国家现象虽然赶不上物理现象那样有一定的顺序，但是也有一种被定律所支配底连续性。而这些现象，就是科学研究底适当的题材"⑤。

在政治学科学性问题上，国民党派学者大致接受学院派学者的意

① 张慰慈：《政治学大纲》（北京大学丛书之七），第 10—11 页。
② 黄忏华：《政治学荟要》（上册），第 10—11 页。
③ 高一涵：《政治学纲要》，第 7—8 页。
④ 陈之迈："如何研究政治学"，载陈之迈《政治学》（青年基本知识丛书），第 172 页。
⑤ 黄忏华：《政治学荟要》（上册），第 10—11 页。

见,认为政治学是研究国家问题的科学。大家均肯定政治学的科学性质。1926 年 2 月,汪毅在《政治学概论》中引述张慰慈的观点,亦认为政治学是"科学的国家知识","政治学的对象既然是国家,一人群的一种组织,政治学的目的就是研究人与人在这种有组织的社会中之动作"①。1933 年 4 月,邹敬芳在《政治学原理》中表示,"政治学是以社会现象的一方面——政治现象为认识对象的科学"②。大家均强调,政治学的科学性体现于对政治现象因果规律的探求。1932 年 9 月,赵普巨在《政治学概论》中认为,政治现象等各种社会现象与自然现象一样有因果关系,政治学即研究政治现象中的因果关系,所以,政治学乃社会科学之一种,而不是"直觉的玄学"③。马璧在 1940 年 8 月撰成的《三民主义的政治学》中表示,"政治学是一种社会科学",所谓科学,乃是"有系统、有条理的学问,也就是研究对象的因果律"④。1947 年 1 月,杨幼炯在《当代中国政治学》中亦指出,政治学的科学性在于考究政治现象"受定律所支配的连续性"和"因果关系",从而寻求政治现象的"公律和原则",用以解决"国家的具体问题"⑤。

马克思主义派学者同样强调政治学的科学性。1929 年 8 月,陈豹隐在《新政治学》中认为,政治学的科学性有待提高。他注意到,"从来所谓'政治学'"包括太多"哲学的议论",导致政治学相较于其他社会科学,"缺乏科学的基础"⑥。1932 年 10 月,邓初民在《政治学》自序中称,此书的撰写力求站在"科学"的立场,"区区之意,即想以严格的科学的立场,在目前的政治学界,做一番'除旧布新'的工作,也就是'站在促进中国科学的进展而建设一种科学的政治学底见地上'来写这本书(政治学)"⑦。不过,他们从唯物论出发,更强调政治学的客观性,认为政治学的科学性体现于对政治现象的客观规律的探究。邓

---

① 汪毅:《政治学概论》(中央军事政治学校潮州分校政治部丛书之五),第 6—10 页。
② 邹敬芳:《政治学原理》(法学丛书之一),会文堂新记书局 1937 年版,第 3—4 页。
③ 赵普巨:《政治学概论》,第 13—14 页。
④ 马璧:《三民主义的政治学》,第 20 页。
⑤ 杨幼炯:《当代中国政治学》(潘公展、叶溯中主编当代中国学术丛书),第 1—2 页。
⑥ 陈豹隐:《新政治学》,第 19—20 页。
⑦ 田原:"自序"(1932 年 10 月 13 日),载田原《政治学》,第 2—3 页。

初民在《政治学》中即强调，政治学的科学性源于政治现象及蕴含于其中的因果律的客观性，认为政治学之所以成为科学，在于"把它的对象作客观的分析，以探求对象之中的因果律"。他分析，"科学的对象，是离开研究者的主观而独立的客观的东西。对象之中的因果律，也是客观的东西。科学者的职责，就在于认识这种客观的对象，发现它的因果律"。政治学者必须对政治现象进行客观分析，不能掺入"主观的价值的批判"，"在于探求对象之中的因果律，不在于估评它的价值，在于求'真'，不在于求'美'或'善'"①。

政治学是否具有社会实践性亦为民国学界聚讼纷纭的话题。学院派学者虽然从学术研究角度，承认政治学理论解决社会政治问题的某种现实功用，但亦有论者从学术独立角度回避政治学的社会实践性；国民党派学者对政治学社会实践性的分析，多出于维护国民党当局主导的政治建设角度；马克思主义派学者则明确申明政治学的阶级性及其指导革命斗争的实践性。1923年2月，张慰慈在《政治学大纲》中以实用主义为视角分析了政治学的实效性。他认为，政治学者既要研究政治学的原理原则，又要以政治学原理原则解决实际政治问题，"应用这许多原理原则来解决此刻的政治问题，改革政府的组织，及改良行政方面的种种事务，必须政治家多才多能才能做得到"②。陈之迈则明确否认政治学对于实际政治活动的指导作用。1941年4月，他在《政治学》中表示，政治学研究与实际政治活动有相当区别，政治学研究者不可忘记自己是以研究学问为职责的，"研究政治学的人不应当妄想利用他们的研究所得解决政治上的问题。解决政治问题的不是政治学者，而是实际的政治家。政治学者更不应当悬解决政治问题为其研究政治学的使命，因为他们的职责仅在于搜集整理事实来增加充实对于人类政治活动的知识"③。国民党派学者多强调政治学理论对国民党主导的国家政治建设的理论借鉴功能。1933年10月，虞棠在《新政治学大纲》中即认为，"我们研

---

① 田原：《政治学》，第7页。

② 张慰慈：《政治学大纲》（北京大学丛书之七），第12—13页。

③ 陈之迈："如何研究政治学"，载陈之迈《政治学》（青年基本知识丛书），第172—173页。

究政治之目的，就是想怎样能得到政治的好制度，怎样使人人能得到政权，人类同跻自由幸福的乐土，等等问题"[①]。其所言"政权"指孙中山所称选举、罢免、创制、复决四大民权。1947 年 1 月，杨幼炯在《当代中国政治学》中强调政治理论对于中国现实政治建设的意义。他表示，"政治理论是一个民族建国的基本，为一切建设的前提。……一个国家的政治建设，可以在许多的活动上表现出来，并且运用多面的形式，但要使政治建设的成功，必须赖有一种人民的公共信仰，所以，政治理论在政治建设上极为重要"[②]。他又称，"政治科学对于我们有许多实际上的帮助，一方面，可以使我们求得健全的原则，做良善的政治行动的基础，一方面，可以驳斥悖理的政治哲学之理论"[③]。

马克思主义派学者特别关注政治学的阶级性，并认为这是导致某些政治学研究疏离于科学的重要原因。1929 年 8 月，陈豹隐在《新政治学》中指出，各种政治学说都服务于某个阶级的利益，"一切有系统的政治学说，都是为应付实际的需要的缘故，为主张或拥护某种阶级的利益的缘故而发生出来的东西"。卢梭、洛克等的自由民权说，代表着当时新兴资产阶级的利益，马克思科学社会主义思想代表着无产阶级利益，即便那些抱着"为学问而做学问"精神的教授们，"他们仍然是代表着某种阶级的利益的"[④]。1932 年 10 月，邓初民在《政治学》中分析，社会阶级矛盾导致政治学研究者具有更多主观性。由于政治以阶级矛盾为基本内容，政治学研究者往往基于自身利益，不能或不愿暴露政治的真相，以免与现实政治和政治的支配者相抵触。同时，执政者只容许与现实政治无抵触且有利于现实政治的学说，与现实政治相抵触的政治学说"难免不被支配者所蹂躏"。由此，他批评诸多政治学论著的非科学性，"我们所见到的许多政治学的著作，或者是代表着支配者的利益，或者是提出一些不合现实的理想，把国家当作绝对的东西看待，或者是搜集一些现成的政治学说，编纂为政治学的辞典，像这样的政治

①　虞棠：《新政治学大纲》，第 5 页。
②　杨幼炯："自序"（1945 年 9 月 22 日于重庆春风万里楼），载杨幼炯《当代中国政治学》（潘公展、叶溯中主编当代中国学术丛书），第 1 页。
③　杨幼炯：《当代中国政治学》（潘公展、叶溯中主编当代中国学术丛书），第 2 页。
④　陈豹隐：《新政治学》，第 195—197 页。

学，是不能取得科学的称号的"①。从政治学的阶级性出发，马克思主义派学者均强调政治学对革命斗争的指导意义。1932 年 5 月，傅宇芳在《马克思主义政治学教程》中认为，政治学是劳苦大众求解放的重要武器，"我们底政治科学，对于一般的劳苦大众及被压迫人民是一种普遍而实用的武器。它对于一切政治行动和社会运动是一种丝毫不可疏忽的指导原理。正唯在艰苦复杂的现代统治支配之下，政治科学正是我们要求解放所必须讲求的有力武器"②。邓初民亦申明，政治学必须服务于社会实践，成为指导人民进行社会改造和革命斗争的有力武器。1946 年 7 月，他在《新政治学大纲》中申明，"科学决不是理论的游戏——政治科学亦然"，作为马克思主义政治学的"新政治学"必然是中国革命人民"新的斗争武器"和"新的战术战略"。"新政治学"研究必须与社会实践相结合，"研究新政治学，主要是把研究的基础，放置在社会的实践，尤其是政治的实践上，拿社会的实践与政治的实践的实际经验来推动政治，改造政治，又从实际中来充实政治学说，发展政治学说，来求政治学说与政治理论的深入"③。1946 年 3 月，郑晖在《政治生活与政治学读本》中表示，研究政治学的目的，在于寻求现实政治问题的解决途径，政治学理论源于革命斗争，又指导革命斗争，"我们研究政治学，决不在获得一大堆政治掌故、名词诠注、玄妙的理想与空口的叫啸"，"因为政治学不是由空想中获得，他是从实践的争斗生活中产生。所以，他是作为实际政治生活的指针，他是指示政治生活进步性的必然结果"④。

四　科学方法的内涵：对于政治学研究方法的分析

如上所述，民国政治学界科学主义盛行，一致将政治学纳入科学范畴。所以，大家均主张政治学研究应采用科学方法。1930 年 2 月，高一涵在《政治学纲要》中即强调，既然政治学属于科学范畴，"那么，

---

① 田原：《政治学》，第 8 页。
② 傅宇芳：《马克思主义政治学教程》，第 16 页。
③ 邓初民："自序"，载邓初民《新政治学大纲》，第 1—2 页。
④ 郑晖：《政治生活与政治学读本》（潮锋青年丛书之一），第 82 页。

研究政治学的方法也当然要科学化了"。他介绍，政治学方法的科学化始于19世纪下半期，"十九世纪下半期，是一个创造社会科学的时期，故许多学者都想用研究自然科学的方法，来研究政治学"①。然而，科学方法的内涵是什么，亦即什么是科学方法，各派学者的理解却有着相当差异。在民国政治学界阐述的科学方法中，以观察、实验、归纳等为主的科学实证研究方法，尤其美国实用主义方法，受到学院派与国民党派学者重视；以民生史观为基础的三民主义方法则受到部分国民党派学者的大力吹捧；马克思主义派学者则强调唯物史观的研究方法。不过，唯物史观方法对民国政治学界的影响，并不限于马克思主义派学者。某些非马克思主义派学者，甚至某些国民党派学者，或多或少受唯物史观理论影响，尽管大家对唯物史观理论内涵的理解有所歧异。

　　民国政治学界深受欧美19世纪以降盛行的科学实证观念影响，此观念尤其得到学院派与国民党派学者大力宣扬。1923年2月，张慰慈在《政治学大纲》中注意到，孔德把研究社会现象的方法分为观察、实验、比较三种。密尔（J. S. Mill）重视物理的或具体的演绎方法、历史的方法。伯伦知理（J. K. Bluntschli）则重视历史的方法、哲学的方法。他由此提出，政治学研究应并用比较的、实验的、历史的、心理学的方法，"应用的政治学，应该把人看作国家的主体，把一切政治看作人类心理作用的表征，用历史的研究法，把政治现象变迁进步的因果探求出来，抽出进化的原因，找到进化的路线，更把各国、各时、各种制度，各种学说，用比较的方法研究出他们的长短优劣，拿来做我们现在的人研究现在政治现象和政治制度的工具，做指导现在的人应付现在环境的方针"②。1928年5月，陈筑山在《最新体系政治学纲要》中看重观察法和逻辑推理法，认为在认识和叙述政治现象的真相时，重点运用实际的观察法；在探求和解释政治现象的原因时，重点运用论理（逻辑）的推理法③。1935年5月，杨幼炯在《政治学纲要》中认为，政治学研究应运用观察、归纳、演绎与比较等方法，"事实的观察，最为重

① 高一涵:《政治学纲要》，第8—9页。
② 张慰慈:《政治学大纲》（北京大学丛书之七），第20—21、30页。
③ 陈筑山:《最新体系政治学纲要》，第12—13页。

要，尤应以事实为基础，由归纳法求到结果，再以这结果为前提，而行演绎法，以取出他的精神"[1]。

美国实用主义（胡适称之为实验主义）方法对民国政治学界影响深远，受到学院派与国民党派学者的共同推崇。他们均强调，政治原理与政治制度均为假定，判断其是否具有价值、是否为真理的标准全在其实际效果。将实用主义方法应用于政治学研究，首先得到了诸多学院派学者倡导。1923年2月，张慰慈在《政治学大纲》中较早从政治学角度向国内介绍实用主义研究方法。他阐述了科学的实效性，认为"科学原来是人造的，是为人造的，是人造出来供人用的。所以，科学的目的，就在指导人类的行为。判断科学的功用，全看他在人生实际上有什么效果，对于人生行为发生什么影响"。所以，科学是人们应付环境、解决实际问题、指导人们行为的工具[2]。他借鉴胡适根据杜威五步法总结的三步法，强调任何科学原理都只是暂定假设[3]。他认为，科学是假定的真理。宇宙现象是无穷无尽的，人类的知识只能"猜"到一层是一层，只能是一个"不完全"和"暂时假定"的解释。科学家求得科学律例要用三层功夫：第一，搜集事实，其方法有观察和试验两种；第二，暂定假设，即把所见的事实连贯起来，假设一理；第三，实地试验，多求事实，考察它们的结果，看能不能合乎预想的假设。由实用主义观念出发，张慰慈亦强调政治学原理是用以解释"政治社会中万事万物现象"、应付环境的人造假说，"政治学里边的原理原则，都是从某时某地某种情形中找出来的，做救济某种环境的工具"。张慰慈特别强调，

---

① 杨幼炯：《政治学纲要》（中华百科丛书），第6—7页。

② 张慰慈：《政治学大纲》（北京大学丛书之七），第9—10页。

③ 1919年4月，胡适在《实验主义》一文中介绍了杜威关于思维方法的五步法：第一，思想的起点是一种疑难的境地；第二，指定疑难之点究竟在什么地方；第三，假定种种解决疑难的方法；第四，把每种假定所涵的结果，一一想出来，看哪一个假定能够解决这个困难；第五，证实这种解决使人信用，或证明这种解决的谬误，使人不信用，亦即证实或证伪。参见胡适《实验主义》，载胡适《胡适全集》（第1卷），安徽教育出版社2003年版，第307—312页。1921年7月，胡适在《杜威先生与中国》一文中，将杜威五步法归结成三步：第一，从具体的事实和境地下手；第二，一切学说理想、一切知识，都只是待证的假设，并非天经地义；第三，一切学说和理想都须实行来试验过，实验是真理的试金石。参见胡适《杜威先生与中国》，载胡适《胡适全集》（第1卷），第361—362页。

政治学必须采用实验方法。他介绍,"凡国家公布一种新法律,发明一种新制度,或决定一种新政策,无一日不在随时试用,随时修正之中。要想判断他的利弊,必定要看试验的结果如何。因为政治学是人生对付政治环境的工具,所以,他的价值全由他的效果决定"。他认为,实验方法的优长为:第一,把政治原理认作一种假定,使之有随时修正的机会;第二,认定政治原理的价值取决于其自身效果,凡没有效果的政治原理便没有价值①。张慰慈此段论述后来被诸多学院派和国民党派学者反复引用,却遭到马克思主义派学者的批评。

诸学院派学者均引张慰慈所言,倡导实用主义研究方法。1928 年12 月,张天百在《政治学纲要》中引张慰慈的话说,政治学是一种"假定的真理","政治学的原理原则,都是人造的假设,用以解决社会中万百事物的现象的。这种原理原则,也就是用以应付环境的一种工具"。"大凡国家公布一种新法令或发明一种新制度,无日不在试验与修正。我们如果要判断他的利弊,一定要看试验的结果而定。"② 1929 年5 月,朱采真在《政治学 ABC》中亦认为,实验方法是一种极重要的科学方法。虽然政治学的事项不能像自然科学那样在实验室求得解决,但无论哪种政治制度,在施行过程中,处处都有受到试验的机会。实验的方法就是根据试验所得的效果,说明它的价值③。1929 年12 月,任和声在《政治学概论》中认为,实验方法的功用在于考察某种政治原理的社会效用,"吾人试以政治上之原理为假定的,持此种原理见诸实行之后,视其所生效果如何。若不见效,则为无价值之原理。无价值之原理,自可摒弃之而不惜。故政治之原理,可随时代而修改,可随适应之结果而变更。此又试验的方法价值之所在也"④。1934 年11 月,李剑农在《政治学概论》中借鉴张慰慈所论介绍实用主义方法说,科学方法包括搜集事实、暂设假定、实地证验三个层面。所谓搜集事实,就是运用观察或人工试验方法了解各种事物的自然现象及其变化形态;所

① 张慰慈:《政治学大纲》(北京大学丛书之七),第 7—8、10—11、24—26 页。
② 张天百:《政治学纲要》(考试丛书之五),第 3、5—6、23—24 页。
③ 朱采真:《政治学 ABC》,第 10—11 页。
④ 任和声:《政治学概论》,第 4 页。

谓暂设假定，还不是最后的断定，亦即将各种事实连贯起来，暂设一个假定；所谓实地证验，就是再搜求新事实来证验这个假定①。

国民党派学者亦多接受实用主义理论。1926 年 12 月，汪毅在《政治学概论》中便引用张慰慈《政治学大纲》所论实用主义方法。他表示，政治学原理是用以说明政治社会各种现象的"人造的假设"和"应付环境的一种工具"，"凡是有真理的、有价值的政治学上的原理原则都是能实验出来他的效果，否则便不是真理，也就没有价值了"。凡国家公布一种新法律，创造一种新制度，或采用一种新政策，无一日不在实验和修正中，要判断其利弊，要看实验的结果如何②。1937 年 3 月，南京国民党中央陆军军官学校特别训练班所编教材亦认为实验方法重要，表示"采用这种方法的人，以为国家公布某项法律，采用某种制度，施行某种政策，都是实验，都是从实行期中找出利弊，来断定是否适用。他们把政治上的实施，看作假设，以便随时有修正的机会。一种政治制度在试验中得到最好的效果的，就是合理的有价值的制度"③。1938 年 12 月，柳克述在《政治学》中亦赞赏实验研究方法，认为"现在有一部分学者应用这个方法去研究政治，他们的前途，必大有希望"④。蔡惠群于 1944 年在《政治学讲义》中非常看重实验方法。他介绍说，"政治学上的实验的方法，是把国家这一政治现象当作试验室，把各种政治原理拿去实验，以观察其实效、决定其价值的一种方法"。他强调，实验方法是证明某种政治原理是否正确的重要科学方法。要证明政治原理的正确性，需要以"实验（或实践）"为标准证明它与政治现象是否一致，"如果在实验上证明了它的真实性，那种政治原理便是真理；否则，便非真理"⑤。

实用主义方法受到马克思主义学者的坚决否定。1932 年 10 月，邓初民在《政治学》中以唯物论为视角指出了实用主义方法的非客观性。

---

① 李剑农：《政治学概论》（原国立武汉大学丛书），第 6—10 页。

② 汪毅：《政治学概论》（中央军事政治学校潮州分校政治部丛书之五），第 6—10、16—20 页。

③ 《政治学概论》，中央陆军军官学校特别训练班 1937 年版，第 14—15 页。

④ 柳克述：《政治学》（军事学校战时政治教程），青年书店 1938 年版，第 4—7 页。

⑤ 蔡惠群：《政治学讲义》，第 16—17 页。

他介绍,实用主义是"以实验的效用为真理的标准的一种主义","政治学上的实验的方法,是把国家这一政治现象当作试验室,把各种政治原理拿去实验,以观察其实效,决定其价值的一种方法"。他指出,此种研究方法过于注重实效,"观念显出其实效时,就叫做真理。至于那观念与它的对象一致与否,却不成问题。只要那观念显出实效,就不问对象的有无,都是真理"。他分析,实用主义存在重实效、轻客观的缺陷,因为人的观念是对认识对象的反映,观念正确与否在于它是否与认识对象一致,"但实验主义,却主张观念的真理性并不在于它与对象一致,而在于它所显出的效用。甚至那观念没有对象,也是可以的"①。

在 20 年代末 30 年代初,是否并用唯物辩证法与唯物史观及其阶级分析方法,是马克思主义政治学理论与其他政治学理论的分水岭。马克思主义派学者不仅阐明了运用唯物辩证法研究政治学的重要性,还强调政治学研究必须采用唯物史观及其阶级分析方法。1929 年 11 月,秦明在《政治学概论》中强调将马克思主义唯物辩证法方法与唯物史观及其阶级分析方法相结合。他一方面申明政治学研究必须运用"唯物辩证法"对政治现象"加以正确的观察或说明";另一方面,又分析了社会经济基础与上层建筑的关系,认为包括生产关系和生产力在内的"生产关系"的总和是"社会的基础",政治、法律等都是建立于社会基础之上的"社会建筑"。他同时强调,正确的政治观必须基于阶级分析方法,一些"支配阶级"的御用学者"把一切有利于支配阶级"的社会制度"永久化,绝对化",所提出的社会科学理论只是"麻醉群众,驯服奴隶,使被支配的一切奴隶们,伏伏贴贴的永跪在支配者的脚下"的"含有麻醉意味的毒酒",绝不是"正确的社会科学"②。1932 年 5 月,傅宇芳在《马克思主义政治学教程》中一方面强调,政治学研究的基本方法应该是唯物辩证法,认为"人类社会中的政治现象(包括其所依以存立的客观背景)在其被人们所实践的过程中,它是充满了辩证法的。而且,指导人类这种政治生活的基本观点,不能不是唯物论的。这样,我们人类在政治生活过程中就必须把握着政治理论中的唯物辩证法

---

① 田原:《政治学》,第 22—23 页。
② 秦明:《政治学概论》(新社会科学丛书第 11 编),第 2—4、14—15 页。

了",另一方面,他又指出,政治学还应以"史的唯物论"为研究方法。他介绍,"史的唯物论"以客观的社会经济现象为基础,重点分析阶级剥削与对立,"史的唯物论对于所谓政治现象,并不是全体人类底民意或心理或人性的结果,更不是神意或自然发生的事实。它只不过是人类阶级社会中在经济上社会上占优势的阶级统治被剥削阶级的表现而已"。他进而强调,政治学的科学性在于严格把握阶级斗争,"所谓普罗列塔利亚的政治科学,原本是阶级对立矛盾及其斗争和发展之政治现象的抽象的体系。故其正确性与严格性之所在,唯有依赖于阶级斗争的政治斗争之一贯的合法则性的正确把握"①。邓初民于 1932 年 10 月在《政治学》中将唯物辩证法称作"现实论理学",认为这是"政治学上的唯一的科学的研究方法"。他介绍,此种研究方法立足政治的整体性,在全面分析关于国家、政权、政府、政党、革命等政治材料的基础上,普遍研究各种政治要素;以运动和矛盾的观念,研究政治的发展法则,认为宇宙万物均处于不断运动中,而事物的"内部对立"则是运动的根本动因,"一切运动或发展,都由于对立物的斗争"。他又指出,"现实论理学"立足"现实的经济生活关系"分析"政治形态",认为"经济关系是社会的基础,政治形态是上层构造,是从这个基础分化出来的",而由社会经济关系导致的社会阶级关系是政治学研究的重要视角,"我们如果考察到那一个阶级为着那一种目的去使用国家的权力,就能够理解到那种政治形态的构造和机能,一切都是由社会的阶级关系规定着"②。1946 年 7 月,邓初民在《新政治学大纲》中直接把"现实论理学"称作"唯物辩证法"。他将唯物辩证法政治学研究方法总结为五个方面:第一,从经济生活的关系去说明政治形态;第二,从社会矛盾、社会斗争中把握各种政治现象的发生、发展和变迁;第三,全面观察和分析各种政治要素的关联形态,以构建统一的政治"形像";第四,从研究政治的发展过程中提出政治的普遍发展法则;第五,依据研究所得的具体政治原理,进行政治生活实践③。郑晖在 1946 年 3 月出版的《政

---

① 傅宇芳:《马克思主义政治学教程》,第 38—39、29、61 页。
② 田原:《政治学》,第 33、25—29 页。
③ 邓初民:《新政治学大纲》,第 20—21 页。

治生活与政治学读本》中亦主张唯物辩证法与唯物史观并用。他一方面强调唯物辩证法是政治学研究的基本方法,"我们研究政治学的人,首先要研究这事物基本运动的法则,研究政治学术的方法论——唯物辩证法",另一方面,他指出了唯物史观对于政治学研究的功用。他申明从经济方面研究政治问题的重要性,认为"政治生活与经济生活有着不可分的关系。政治是经济矛盾的集中表现,集中解答",同时,他又强调阶级问题对于政治学研究的重要性,认为"一个研究政治问题、政治学说或政治史的人,如果忽略了社会的阶级存在,或忽视了阶级运动的作用,那么,他是无法了解政治的。因为除了原始共产社会以及将来共产主义社会是没有阶级分别,整个政治史就是一部阶级斗争史"①。

　　而国民党派学者罗敦伟、马璧、蔡惠群等虽认可唯物辩证法研究方法,却不同意唯物史观。1931 年 4 月,罗敦伟在《社会主义政治学》中提出了一套系统的政治学研究方法。他将社会主义与三民主义相结合,并试图将唯物辩证法与唯物史观分割开来,坚决反对阶级斗争与社会革命。他首先申明,其所言"社会主义政治学"与三民主义政治学完全一致,"三民主义既是社会主义之一,自然三民主义的政治学也是社会主义政治学之一"。但他又说明,马克思以拥护无产阶级利益、实行财产公有、强力的民主革命道路三要素界定社会主义,并不全面,而日本学者河上肇以废除资本家资本私有制(即资本家经济组织)阐释社会主义的特征更为合理。显然,他认为社会主义的要义在于废除现代资本主义制度,而不在拥护无产阶级利益、通过革命道路实现社会主义,甚至不在完全实现财产公有制。这样,他就把所有反资本主义私有制的学说均纳入社会主义范畴。所以,罗敦伟反对马克思主义阶级斗争学说。他申明,其所言"社会主义政治学"不同于站在无产阶级立场说话的"无产阶级政治学",并不具有阶级性。苏共理论家布哈林主张社会科学的阶级性,是基于"无产阶级的私心"。同时,他反对通过社会革命实现由资本主义向社会主义的转变。他将社会主义政治学分为两派,"一派比较温和,对于现存制度虽然否认,可是并不完全推翻,如基尔特社会主义者的政治学;一派比较激烈,对于现在政治制度完全反

---

① 郑晖:《政治生活与政治学读本》(潮锋青年丛书之一),第 17、86—87 页。

对，另有理想的社会，如马克斯主义者与列宁主义者的政治学"。他说明，三民主义的政治学也是一种"特殊的社会主义政治学"，政治运动的目的同于激烈派，而行动又与温和派相近。他一方面承认唯物辩证法的合理性，又试图将其与唯物史观及其阶级分析方法相切割。他主张，社会主义政治学应运用马克思、恩格斯唯物辩证法研究方法，"马克斯最大的功绩并不是别的，而是新的研究方法之发现，辩证法的唯物论成立以来，社会科学的基础，也就完全改变了"。他认为，唯物辩证法的社会研究方法包括如下方面：以运动的观点，即从"变动不已"的方面研究社会现象；运用"否定之否定"定律分析社会发展，强调任何社会现象的运动不是同一现象的反复，而是扬弃"旧的形态"，形成"新的形态"的过程；主张社会事物的发展，源于其内在矛盾；从各种社会"事象"之间的联系中研究各种社会"事象"，"不可单独留意他的本身"；注重分析社会事务的普遍性与特殊性[①]。应该说，罗敦伟对唯物辩证法论点的介绍还算系统，但丝毫未提及马克思主义认识社会问题的另一个重要方法，即唯物史观及其阶级分析方法。马璧的思路与罗敦伟近似。他在1940年8月撰成的《三民主义的政治学》中将唯物辩证法称作"现实论理学"，认为"现实论理学的方法的名词，不是狭义的社会主义学者所独占的"，这是一种从事物的具体现实入手研究事物的实质与背景的"进步的"研究方法，"用现实论理学的方法来研究政治学，首先要研究政治组织和政治现象的实质，并且研究政治组织和政治现象的背景，这当然是政治学进一步的研究方法"。但是，他不同意唯物史观论者"认为经济的关系决定政治的构造"，将经济视作政治的基础的观点。他提出，决定政治构造的并非经济，而是知识阶级，"有资产的人，不一定可以操纵政治，只是有智识的人才可以操纵政治"[②]。1944年，蔡惠群在《政治学讲义》中对唯物辩证法的政治学研究方法似乎并不排斥。他也将唯物辩证法称为"现实论理学"，认为这种研究方法是最近数十年来新兴的研究方法，"它在学理上已成立为一个无从否认的方法论"。所以，"依据学术研究的态度，加以叙述，对研究政

---

① 罗敦伟：《社会主义政治学》，第1—2、4、7—10、13—18页。
② 马璧：《三民主义的政治学》，第32—33页。

治学或有帮助"。他认为,"现实论理学"政治学研究方法包括如下原则:由"人类现实经济生活的关系"说明"政治形态";由"政治形态全体性"研究政治,全面分析各种政治现象,从而得出"政治的统一的型像";由政治发展过程研究"政治形态";由"社会具体事实"探求政治现象。他对"现实论理学"研究方法的介绍,与1946年7月邓初民在《新政治学大纲》中所论"唯物辩证法"政治学研究方法基本一致,可说两人的阐述源自同一文本。但是,他删掉了邓初民所言"从社会矛盾、社会斗争中把握各种政治现象的发生、发展和变迁",之所以如此,是因为他反对唯物史观阶级分析方法,认为国家"代表全体人民的利益",而非"代表一部分人的利益"①。

　　不过,对于唯物史观的态度,国民党派学者亦非铁板一块,一些人亦或多或少受到唯物史观影响。萨孟武后期政治学理念虽与国民党当局意识形态相一致,但其早期政治理念在声称以民生史观为基础的同时,明显受唯物史观经济基础决定论的影响。1929年7月,他任南京中央陆军军官学校编辑部主任期间,在《三民主义政治学》中将孙中山阐述的民生观念理解为经济问题,认为"所谓民生是指食衣住行,食衣住行完全属于经济问题,所以,总理所谓'民生',可说便是经济","民生史观就是用'经济'说明社会进化的原因","由此种种,便可知道,社会上一切现象都是随着经济组织——技术的变化而变化的了"。他进而分析,民生史观所言经济关系包括生产工具等技术问题和原始共产制度、奴隶制度、农奴制度、资本主义制度等组织问题两方面。相对于组织问题,技术问题是社会进化的根本原因,因为经济技术是"经济组织变更的根本原因。没有农具的发明,绝对不能由自然经济而进于农业经济,没有汽罐的发明,绝对不会生出工业资本主义"。他由此认为,人类社会已经历了原始共产经济、奴隶经济、农奴经济、资本主义经济四个发展阶段②。不过,萨孟武所论遭到崇信陈立夫唯生论的CC系分子蒋静一的质疑。1935年6月,蒋静一在《唯生论政治学体系》中表示,他对萨孟武所论"绝对不敢苟同",因为"技术的进步,固足以影响社

---

① 蔡惠群:《政治学讲义》,第20—22、72页。
② 萨孟武:《三民主义政治学》,新生命书局1929年版,第5—9、17—18、21页。

会的文明，但仅以技术的成功，解释民生史观，这不啻戴了着色的眼镜，来窥测大千世界"①。赵普巨受陶希圣影响，1932 年 9 月，在《政治学概论》中主张运用唯物史观方法研究政治学。他以唯物史观理论分析人类社会发展史，认为经济是政治的基础，政治形态的变动是经济进化的反映。而经济进化阶段的划分，应以生产关系为标准。依照这种划分方法，人类社会可以分为原始共产经济时代、奴隶经济时代、封建经济时代、资本主义经济时代四个发展阶段。相应的，人类政治史亦分为奴隶政治时代、封建政治时代、资本主义政治时代三个阶段。从唯物史观出发，赵普巨注意到了资本主义政治学与社会主义政治学的分野，并倾向于社会主义政治学。他介绍，现代政治学分为资本主义政治学和社会主义政治学两大系。资本主义政治学只论述"政治的表面统一""主观的政治学说"，目的为维持现存的社会秩序，而社会主义政治学兼述"政治内部的矛盾""客观事物对于学说制度的影响"，目的为打破现状，推动政治的进展。他认为，"将来社会主义要代替资本主义而兴起，既是历史上必然的命运，那么，我们研究现代政治学当然不应再拘泥于资本主义思想之中了"②。1936 年 4 月，隶属桂系的南宁第四集团军干部政治训练班教员李一尘在《政治基础知识》中亦受唯物史观阶级分析方法的影响。他以第六章《革命论》专门论述革命问题，认为"革命是被压迫者用暴力手段推翻压迫者的统治，以改变旧的社会关系，使社会经济向前进展的一种剧变的社会运动。亦即是由这一个社会形式过渡到另一个社会形式的一种变革。……一九一七年的俄国大革命，是劳动民众起来推翻资本家阶层的统治，确立了劳动者的政权，进行社会主义经济的建设的一种剧变，亦即是从资本主义社会过渡到社会主义社会的一种变革"③。李一尘之所以深受唯物史观影响，其在莫斯科中山大学的留学经历似为重要原因。

政治学的研究对象为何，学科性质如何，此学科研究应采用何种研究方法，是民国政治学界极关注的问题。学院派、国民党派、马克思主

---

① 蒋静一：《唯生论政治学体系》（政治月刊丛书之一），第 57 页。
② 赵普巨：《政治学概论》，第 17—18、39—40 页。
③ 李一尘：《政治基础知识》，第 262 页。

义派学者在援引欧美政治学研究范式的同时,又基于这些研究范式,从各自政治理念与立场出发,作出相异的阐释。学院派与国民党派学者多认可国家为政治学研究对象,而马克思主义派学者则强调社会阶级、政党与革命等问题亦为政治学重要研究内容。在政治学学科性质问题上,各派学者均深受欧美科学实证主义影响,将政治学归于科学范畴。然而,对于政治学科学性的具体内涵,各派学者意见却不尽相同。学院派与国民党派学者多强调政治学的科学性在于分析政治现象的因果规律,而马克思主义派学者从唯物论出发,进而强调认识主体对政治现象及其内在因果规律认知的客观性。在政治学研究方法问题上,学院派与国民党派学者均追捧实用主义等欧美科学实证方法,而马克思主义派学者则强调唯物辩证法与唯物史观方法的重要。政治学理念的相异,隐含着各派学者不同的政治立场与动机。

第二节　政治与国家概念认知的各异

政治与国家是政治学的两个核心概念。由于其在政治学中地位之重要,民国时期各派学者对政治与国家概念的不同阐释便成为其各自政治理念的基础,亦成为区别各政治学流派的重要标杆。正如张慰慈1923年2月在《政治学大纲》中所言,对于国家概念的不同解释,是导致各种政治学说分歧的关键,"凡研究一种学问,第一步的入手方法是确定这种科学内所有重要名词的意义,初学的人必须十分注意这一层。大概一种科学的原理原则差不多都是包括在各该科学内重要名词之中的"。"各种的政治学说、政治学理,也是完全发源于不相同的'国家'的概念。"① 进而言之,对于政治与国家概念内涵的不同阐释,深切反映出各派学者相异的政治倾向。

一　对政治概念认知的相异

欲厘清民国学者所论国家概念的基本内涵,首先需要对其所论政治概念作大致梳理。因为在民国政治学界看来,政治概念与国家概念密切

---

① 张慰慈:《政治学大纲》(北京大学丛书之七),第31页。

相关，国家现象是政治现象的主体部分。透过民国政治学者对政治概念的不同表述，既可窥见其国家观念的歧异，更可窥见其政治倾向的各异。

对于政治概念的解释，孙中山于 1924 年 3 月在《民权主义》第一讲中所言"政治两字的意思，浅而言之，政就是众人的事，治就是管理，管理众人的事便是政治"①，在民国政治学界有广泛影响。国民党派学者多据此解释政治概念；诸学院派学者虽指出孙中山此论的不足，但多持接纳态度；而马克思主义派学者则从社会阶级分析理论出发，指出其不足。

国民党派学者所解释的政治概念多依据孙中山所下政治定义。1938年 12 月，柳克述在《政治学》中表示，孙中山对政治的此种解释"不但是最简单明了，而且极合乎时代意义"。他进而认为，既然政治是管理众人的事，那么，政治学"也就是一种研究关于管理众人的事的原理原则，从中理出精密的系统的理论和能够实地应用的政策的科学"②。1940 年 12 月，杜久、张又新在《政治学教程》中亦据孙中山所言，认为"国家如何管理这些众人的事，或说，如何管理国家的事，就是政治"③。诸国民党派学者由此强调政治对于社会及民众的强制管理内涵。1933 年 10 月，虞棠在《新政治学大纲》中认为，孙中山所言政治定义"实为确当不移，不止说出现代政治的实质，且有超时代的精神"。他之所以如此推崇孙中山的定义，是因为他特别看重政治组织对社会的管理职能。他认为，政治组织对于"普通社会组织"来说，是一种"指导调和及强行的制度"，"现代社会的组织，譬如未成年的孩童，又如不健全的病者，而政治组织是其监护人，又为其医师"④。南京国民党中央陆军军官学校特别训练班于 1937 年 3 月编印的《政治学概论》对政治概念的阐释，以孙中山"管理众人之事"为基础，强调对民众人身、权力、财产的强制管理，认为"国家成立后，关于人民本身及

① 孙中山：《三民主义》（1924 年 1—8 月），载《孙中山全集》（第 9 卷），中华书局1986 年版，第 254 页。

② 柳克述：《政治学》（军事学校战时政治教程），第 1—2 页。

③ 杜久、张又新：《政治学教程》（黄埔丛书），第 3—5 页。

④ 虞棠：《新政治学大纲》，第 3—4 页。

其事与物的强制管理，叫做政治"。此书又解释，孙中山所言"管理众人之事"，其中所谓"事"，既包括"与民众全体有关的事"，亦包括"民众个人相互间的事"，甚至有时包括"民众个人的私事"；"管理"的对象不限于"民众的事"，亦包括"民众的本身及其共有或私有的物"；"管理"的性质不同于一般所谓"管理"，"多少总含有一点强制性"①。

诸多学院派学者在认可孙中山所下定义的同时，又据西方学界所下政治定义补充孙中山观点。1929 年 5 月，朱采真在《政治学 ABC》中认为，孙中山所言管理众人之事，只是对政治概念最广义的解释。而对政治概念狭义的解释，是将政治视作与国家根本活动直接相关的国民和国家机关的行为②。1946 年 9 月，黄忏华在《政治学荟要》中以伯伦知理所论引申孙中山所言政治定义，认为孙中山所言政治是"管理众人的事"与伯伦知理所言"政治是统治国家底一切行为，是国家底实际行为"观点相近，孙中山所言"众人"就是国民全体，"众人的事"就是国事。他同时注意到，孙中山所言政治是全民政治，否认政治的阶级性。他分析，"中山先生在说明政治两个字底意思，同时就透露了他所主张的政治，是全民政治。所谓全民政治，是国家政治不由任何一阶级主持，而主权在全体国民（Of the people）——民有。所以，所谓'管理众人之事，便是政治'，就是说政治是为全体人民管事，为整个国家造福底工具"③。

马克思主义派学者从阶级分析方法出发，指出孙中山所下政治定义未能揭示政治的阶级对立与斗争本质。1932 年 2 月，傅宇芳在《马克思主义政治学教程》中批评孙中山所下政治定义说："所谓民治，其真相即不过是社会上有钱有势，或有知识足以替那有钱有势的布尔乔亚阶级统治普罗列塔利亚特及贫苦民众的表现而已。所谓'管理众人之事'即不外是管理一部份人压迫其他广大群之事情而已。因此，可知这种说

---

① 《政治学概论》，中央陆军军官学校特别训练班 1937 年版，第 2—3 页。
② 朱采真：《政治学 ABC》，第 1—2 页。
③ 黄忏华：《政治学荟要》（上册），第 4—5 页。

法，仅仅是布尔乔亚阶级麻醉普罗阶级的迷语"①。1932 年 10 月，邓初民在《政治学》中指出，不能将政治解释为管理众人之事，因为政治的核心是阶级矛盾与斗争。他分析，政治现象"是以阶级矛盾为其基本内容的。有人解释政治学，说政治学就是治理国家、治理人民之学。这是一种很抽象的说法。在事实上，有了政治现象的社会，'国家'或'人民'并不是一个利害一致的整体，即不是一个没有阶级矛盾的和谐体。所谓超然于国家与人民之上的'管理''治理'是绝对不会有的"②。1933 年 2 月，受马克思主义唯物史观影响的周绍张在《政治学体系》中认为，把政治视作"管理众人底事"是错误的。他解释，政治是"治人的而非治事的""政治非管理众人底事，而是管理众人"。既然政治是"管理众人"，"那末，谁来治谁呢？简单地说，就是统治者治被统治者"③。

一些受唯物史观影响的国民党派学者亦对孙中山所下政治定义提出质疑。1932 年 9 月，赵普巨在《政治学概论》中表示，孙中山将政治阐释为"管理众人的事"，虽此种说法"为我国今日一般研究政治学的人所赞同"，但并未说明政治的本质，因为"严格的说，管理众人的事并非仅属政治，同时，政治也不止于管理众人的事，而只以管理众人的事一语来解释政治实不足表达政治之本质"④。1936 年 4 月，李一尘在《政治基础知识》中从阶级分析方法出发，质疑孙中山的定义。他认为，孙中山此种说法只是对"未来政治理想"的描述，"是一种理想的政治，而不是孙先生就过去的政治或现实的政治所下的定义。政治乃是权力的活动，权力的要素是武力。过去的政治，乃是少数人统治多数人的政治。这只是熟读孙先生的三民主义及其一切著述的人们，自然会体察得到"⑤。

各派学者对政治概念的上述分歧源于其对政治现象理解的歧异。而民国学界尤其是马克思主义派与国民党派学者之间争论的焦点在于是否

---

① 傅宇芳：《马克思主义政治学教程》，第 9—10 页。
② 田原：《政治学》，第 1 页。
③ 周绍张：《政治学体系》，第 12—13 页。
④ 赵普巨：《政治学概论》，第 3—5 页。
⑤ 李一尘：《政治基础知识》，第 16 页。

应从社会经济和阶级斗争角度解释政治现象。马克思主义派学者主张,须由社会经济基础出发,以阶级分析方法分析政治现象;国民党派学者多基于民生主义立场,从人类的共同生活与生存角度分析政治现象。

马克思主义派学者多从"强制权力"角度理解政治的特征,并指出此种"强制权力"的目的在于经济利益的攫取,进而阐述政治的阶级剥削与斗争本质。他们首先指出了政治的"强制权力"特征。1929 年 8 月,陈豹隐在《新政治学》中将"政治生活"理解为"强制权力的生活",认为"人类关于强制权力的生活,就是政治生活,所以,强制权力又可以叫做政治权力,缩短起来,就是政权"①。同年 11 月,秦明在《政治学概论》中强调政治的"组织性"与"强制性",认为政治是作为阶级性、强制性组织的国家在社会生活中的表现形态,"政治一名词的内涵,也有组织的意义、强制的意义,而在社会生活里,同是一种社会制度"②。他们又进一步指出,作为政治特征的"强制权力"的目的在于"经济利益"的攫取。陈豹隐在《新政治学》中即指出,政治的核心在于夺取经济利益,"政治生活就是人类关于那些为经济利益的有秩序的取得而存在的强制权力的生活"。政治权力的真正目的在于"经济利益的有秩序的取得",有权力的人可以强迫没有权力的人服从他的命令,为其提供财货、劳力等经济利益③。由以攫取经济利益为目的的强制权力,马克思主义派学者阐述了政治的阶级剥削与经济斗争本质。1932 年 5 月,傅宇芳在《马克思主义政治学教程》中指出,政治是阶级对立的产物,"我们现在所说的'政治'二字,是指人类社会中发达到了奴隶社会,那种阶级对立已经具体化了的时代所表现出来的概念"。他如此定义政治概念:"人类社会经济关系中,因一阶级对于其他阶级为要保障其经济上、社会上占在支配地位,而由此社会经济的自然矛盾现象中产生出来的、超越于社会关系之上的、有组织的权力之统治的表现,便是'政治'。"所以,他指出,"政治现象,就是阶级对立、阶级斗争的现象。由此,我们就可以毫无疑问地了解政治现象表示出来的国

---

① 陈豹隐:《新政治学》,第 7 页。
② 秦明:《政治学概论》(新社会科学丛书第 11 编),第 9—12 页。
③ 陈豹隐:《新政治学》,第 10—11 页。

家是统治阶级用以压迫被统治阶级工具"①。同年 10 月，邓初民在《政治学》中指出，阶级、阶级矛盾和阶级斗争是各种政治现象的核心内容，"我们在以政治现象为对象，而探求它们的发生、成长、没落之一般的与特殊的规律时，必需要论述到阶级，不，必需要以阶级的论述为其出发点。阶级是一根红线似的把各种政治现象贯串起来的。如果把政治和阶级分开了来观察，那便无论如何不能得到政治现象之真正理解"。"政治现象的基本内容既是阶级矛盾，而阶级矛盾必然要发展为阶级斗争。"② 马克思主义派学者强调从阶级斗争角度理解政治问题，属于一种革命话语。邓初民于 1946 年 7 月在《新政治学大纲》中即点明了此问题的要害："由于社会阶层矛盾产生了国家、政府、政党，同时也产生了革命。社会阶层矛盾正如一根红线似的把全部政治范畴的各种政治形态贯串起来而结集到决定政治变革乃至社会变革的'革命'这一范畴，这是社会阶层矛盾的顶点，这也是政治科学的总结穴。"③

国民党派学者多依据民生史观，从人类生存和共同生活角度理解政治现象。他们反对马克思主义派学者的经济基础决定论，更反对将政治现象的本质视作阶级矛盾与斗争。1931 年 4 月，罗敦伟在《社会主义政治学》中主张，对于政治现象的解释，虽可借鉴马克思主义唯物史观由经济基础认知政治现象的思路，但须以三民主义为正宗。他分析，三民主义的民生主义与马克思主义的经济基础决定论有一致之处，三民主义"所谓'民生'，当然是包括经济的生活，而且以经济生活为基础，与马克斯派的解释虽不相同，并不完全相反"。但是，马克思主义唯物史观仅以"生产关系"认知政治现象并不全面，许多"浅薄的共产主义者"否认"经济以外的一切影响"，完全错误。政治不仅以"生产关系"为基础，还受精神生活、意识形态的影响，"一班流俗的社会主义者或者误解社会主义的人，以为生产关系既是政治法律的基础，那末，一切精神生活过程都不能够与政治发生影响，这是非常错误的。因为生

---

① 傅宇芳：《马克思主义政治学教程》，第 6—7、11、39 页。
② 田原：《政治学》，第 35 页。
③ 邓初民：《新政治学大纲》，第 249—250 页。

产关系仅仅是基础，并不能禁止其他的东西与政治构造发生关系"①。
1935年6月，陈立夫在为蒋静一《唯生论政治学体系》所作序言中，
从民生史观出发，强调"共生共存"对于政治的基础作用，反对人类
之间的相互斗争。他认为，"盖戕人以自存，或自戕以存人，均非共生
之道。必先为合力之生产，然后为公允之分配，始可获得大众平等之生
存。此种共生共存之原则，谓之道；而基于此原则之言动云为之应用，
谓之德。是故，以个人对集团之正确行为而言，谓之道德；以机体对众
人之合理管理而言，谓之政治，其实俱为民生之需要而设也"②。与陈
立夫一样，马璧在1940年8月撰成的《三民主义的政治学》中亦基于
民生哲学，从安全生存和共同生活的角度解释政治的意义。他认为，安
全生存和共同生活是人类在复杂社会中需要解决的两个重要问题，"政
治的目标就是人类在一定的社会范围里，发生合理的组织与活动，以求
达到安全生存和共同生活的境地"。他解释说，其所言安全生存和共同
生活与孙中山观点相同，孙中山的"政治目标是要做到政治地位平等，
并且要做到世界大同，这是和作者所讲安全生存的目标相合；他的民生
主义，以做到经济地位平等为目的，是与作者所讲的共同生活的目标相
合"。马璧反对以经济基础和阶级斗争解释政治。他认为，"有一部份
的见解，以为政治便是阶级与阶级的矛盾，政治关系为经济关系所决
定。这些论调便是布尔塞维克的口吻，这是把政治看做经济的附庸，也
失去了政治的意义"③。1948年2月，陈顾远在《政治学概要》中对陈
豹隐从"强制权力"角度理解政治内涵提出质疑，认为仅将政治生活
视作"人类关于强制权力之生活"并不全面，"只为一部分之事实，殊
不可作为政治之全部解释"。因为在今日民主国家中，人们除受强制权
力的制约外，还保有相当自由，"吾人不能用强制权力生活解释政治生
活，正与不能用自由平等生活解释政治生活为同"。他依据民生史观，
强调政治的目的在于为人类求生存，谋利益，"政治之目的即系为大众

---

① 罗敦伟：《社会主义政治学》，第26、24—25页。

② 陈立夫："陈序"（1935年6月），载蒋静一《唯生论政治学体系》（政治月刊丛书之一），第1—2页。

③ 马璧：《三民主义的政治学》，第1、4、35页。

谋利益，至少亦须与最大多数人之利益相调和，而解决其求生存问题，继续不断地走上最高而最后之目标所在之康庄乐园，反是者即为病态"。所以，他既反对马克思主义派由经济基础考察政治现象的研究方法，亦反对将阶级斗争视作政治现象的本质。他认为，将经济视作政治等上层建筑的决定因素是错误的，"吾人固不否认经济物质对于社会进化之影响，但人非机器，此简单之基础能决定其所谓上层建筑之一切变化乎？"他又认为，将生产关系简单说成是阶级关系也是错误的，"所谓生产关系者，乃指生产过程中人与人之相互关系，换言之，即人类在财产关系中，在生产机关之分配关系、交换关系及雇佣关系中，互相关联，以行生产及营谋社会生活之谓"。所以，阶级斗争对于政治的影响，"亦不过社会现象上之病态，当然不足说明社会现象或政治现象之全体"[1]。

二　对国家三要素或四要素说的认知

19世纪末20世纪初，将国家视作由领土、人民、主权（或包括政府）构成的政治团体的国家三要素（或四要素）说，几成西方政治学界之共识。此种学说自清末以降极受中国学界关注。中国学界所译诸种西方学者论著，均对此学说作集中阐释。不过，民国学界所译西方诸种政治学论著多持国家四要素说。美国学者基特尔于1933年出版的《政治学》颇受中国学界重视。此书在美国出版不久，即于同年由孙一中译为中文出版。基特尔倾向国家四要素说。他申明，国家概念包括物质的元素、主权两大要素。物质的元素又包括领土（Territory）和人民（Population）两方面；主权则包括组织（Organization）和统一（Unity）两方面。所谓组织，指强迫人民服从的政府组织；所谓统一，指组成一个国家的人民和领土不能再成为更大政治组织的一部分[2]。顾敦鍒和孙寒冰分别迻译美国学者高纳于1928年出版的《政治科学与政府》亦倾向国家四要素说。高纳认为，国家的构成要素包括："一群为了共同目的而结合的人民"；"占有地球面积之固定的一部份，为人民的家居之所"；"不受外国的统治"；"有一个表示和执行集合意志之共同的最高

---

① 陈顾远：《政治学概要》，昌明书屋1948年版，第2—3、6—7页。

② ［美］基特尔：《政治学》，孙一中译，第10—16页。

威权或机关"①。吴友三等所译印度学者季尔克立斯于 1921 年出版的《政治学原理》亦认为国家包括人群（人民）、一个固定居所（领土）、一个统一人民的组织（政府）、对内的最高性及对外的独立性（主权）四个要素②。显然，关于国家概念，西方学界有国家三要素说与四要素说之别，或以为国家系由领土、人民、主权三要素构成的政治团体，或在三要素之外，加上政府要素。

　　国家三要素说，在清末即为中国学界熟知。1908 年 9 月，杨廷栋在《法制理财教科书·政治学》中即称，"国家"有如下性质：有众多之人民、人民与土地有永久之关系、国家全体之结合、主权者与服从者之区别、国家为有机体。其所言"主权者与服从者之区别"，指国家或全体国民拥有的主权，"然此所谓主权者，所谓服从者，非仅指君臣而言。界限之广狭，由政体而殊。故有一人或数人为主权者，亦有合国民全体而为主权者。如民主之国，一国之民皆服从者，即一国之民皆主权者也"③。进入民国时期，此种国家学说更为中国学界普遍接受。

　　对于应采三要素说还是四要素说，学院派学者并无定论，有采三要素说者，亦有采四要素说者。朱采真、任和声、李剑农、陈之迈等采三要素说。1930 年 8 月，朱采真在《政治学通论》中称，"国家的成立须要具备下列三种要素：（一）人民，（二）领土，（三）统治权。所谓统治权，在政治学上常常称做主权"④。1929 年 12 月，任和声在《政治学概论》中亦认为国家包括土地、人民、主权三种要素⑤。1934 年 11 月，李剑农在《政治学概论》中表示，政治学所言国家具有三个要素：国民、国土、国权。国家是一种人群的团体；此一人群团体必须固着在地面的某一部分；固着于某一地区的人群必须拥有"国权的组织"，或为专制的君权，或为近代法学家所谓主权⑥。1941 年 4 月，陈之迈在《政

　　① ［美］迦纳（J. W. Garner）：《政治科学与政府》（第 1 册），孙寒冰译，第 92—93 页。
　　② ［印度］季尔克立斯（R. N. Gilchrist）：《政治学原理》（*Principles of Political Science*），吴友三、缪元新、王元照译，孙寒冰校，第 24 页。
　　③ 杨廷栋：《法制理财教科书·政治学》（中学及师范用），第 2—4 页。
　　④ 朱采真：《政治学通论》，第 71 页。
　　⑤ 任和声：《政治学概论》，第 12—18 页。
　　⑥ 李剑农：《政治学概论》（原国立武汉大学丛书），第 16—18 页。

治学》中认为，国家应具备"物的原素"和"国家力量的源泉"两个基本条件，"所谓国家原料共有两种，土地与人民；所谓力量的源泉就是主权"①。而张慰慈、倪竞存、张天百、王希和、廖竞存、黄忏华等则采四要素说。1923 年 2 月，张慰慈在《政治学大纲》中认为，国家有四种要素：有为公共目的而活动的一群人民；占有地球上一定的土地；有表示和执行公共意志的机关；只受一个最高统治权的支配。简言之，就是土地、人民、组织和主权。土地和人民是国家的物质要素。组织也是不可少的。主权是国家与别种社会相区别的关键②。1928 年 4 月，倪竞存在《政治学纲要》中认为，国家包含如下要素：一簇有共同利益和目的的人民；固定的土地（领土）；对内无上、对外独立的国家意志；执行这种意志的机关——政府；安乐而高尚的生活目的③。其所言"国家意志"，近于其他论者所言主权。1928 年 12 月，张天百在《政治学纲要》中援引张慰慈《政治学大纲》观点，认为国家具有四个要素：有为同一目的活动的人群、占有一定的土地、有表示和执行公共意志的机关、只受一个最高统治权的支配④。1936 年 3 月，王希和在《政治学要旨》中认为，人民、领土、政府与主权是国家的基本要素，"既有人民与领土，而无一种政治组织，以发抒、实施人民之意志，管理公共之事业，则为乌合之众，不成国家。……此外，又须有主权，即最高权力，否则，对内不能支配一切人民与团体，对外则受外力之限制，而不能自主"⑤。1939 年 1 月，廖竞存在《青年政治读本》中表示，"国家之基本要素有四：（一）人民，（二）领土，（三）政府，（四）主权。如果一个国家缺乏其中要素之一，便不能成为国家，更不能行使国家的职务"⑥。1946 年 9 月，黄忏华在《政治学荟要》中认为，国家由物质要素和精神要素（或称实体要素和心理要素）两部分组成。物质要素包括为公共目的而活动的一群人民、一块为人民所永久

---

① 陈之迈：《政治学》（青年基本知识丛书），第 9 页。
② 张慰慈：《政治学大纲》（北京大学丛书之七），第 34—37 页。
③ 倪竞存：《政治学纲要》（高级中学大学预科），文化学社 1928 年版，第 3—4 页。
④ 张天百：《政治学纲要》（考试丛书之五），第 31—34 页。
⑤ 王希和：《政治学要旨》，中华书局 1936 年版，第 6 页。
⑥ 廖竞存：《青年政治读本》，第 21 页。

居住的土地。精神要素包括主权（对内的主权和对外的独立）、组织
（一个表示和执行人民公共意志的机关）①。

不过，一些学院派学者亦对国家三要素或四要素说提出修正。1928
年5月，陈筑山在《最新体系政治学纲要》中提出，国家构成要素除人
民、领土、主权外，还有经济要素。他认为，经济要素对于国家特别重
要，经济集团是国家中人民结合的重要形式，"经济的关系，为人民的
结合之一大基础，故经济的组织，影响于政治的组织者极大"，经济关
系对于代议政治、平民政治、家族政治有重大影响。人民和领土仅为
"构成国家躯体之要素"，而经济则为"国家之血液"，"有躯体而无血
液，国家必不能生存"，而且，产业革命以后，工商业的发达，"国与
国的竞存，恒集中于经济，故经济显然为国家要素之一"②。

相较于学院派学者，国民党派学者中虽有一些人主张国家三要素
说，但多数论者宣扬国家四要素说，强调政府要素的重要性。主张三要
素说者仅有柳克述、陈颐庆等。1938年12月，柳克述在《政治学》中
表示，所谓国家，首先必须是一种人群的团体，其次必须占有一定的土
地，同时，这一群人必须有一种精神上彼此相互联结的东西，即国权的
组织，亦即主权（Sovereignty）或统治权③。1939年2月，陈颐庆在
《政治学教程》中认为，国家主要有人民、土地、主权或统治权三种构
成要素④。而汪毅、王诗岩、萨孟武、邱培豪、李圣五、杜久、张又
新、蔡惠群、陈顾远等更多国民党派论者主张国家四要素说。1926年
12月，汪毅在《政治学概论》中认为，国家有四种要素：有为公共目
的而活动的一群人民；占有地球一定土地；有表示和执行公共意志的机
关；有一定成文的或不成文的法规，规定政权的范围及其执行的方
法⑤。1929年6月，王诗岩在《新的政治学》中认为，国家包括人民、
土地、表示和执行"公众意思"的组织和机关、要求人民服从国家意
志的主权，"一群有组织的人民，占领了一定的土地，有固定的表示和

① 黄忏华：《政治学荟要》（上册），第43页。
② 陈筑山：《最新体系政治学纲要》，第19—20、38、65—66页。
③ 柳克述：《政治学》（军事学校战时政治教程），第8—12页。
④ 陈颐庆：《政治学教程》（黄埔丛书之二十九），第15—16页。
⑤ 汪毅：《政治学概论》（中央军事政治学校潮州分校政治部丛书之五），第2—3页。

执行公共意志的机关，并且具备最高无上的权力，对内可以指挥个人及各种团体，对外不受其他任何个人及团体的干涉的，就叫做'国家'"①。1936 年 8 月，萨孟武在《政治学与比较宪法》中认为，国家包括人民、领土、统治组织、主权四个要素，"大凡一群人民定住于同一领土之上，利用统治组织，以行使独立最高的权力，就构成一个国家"②。1930 年 1 月，邱培豪在《政治学问答》中表示，国家具有四种要素：有为公共目的而活动之一群人民；占有地球上一定之土地；有表示及执行公共意志之机关；只受一个最高统治权之支配③。1932 年 11 月，李圣五在《政治学浅说》中表示，国家的构成要素包括：人民；永久居住之领土；可以发抒人民意志之政府；对内有主权以处理国事，对外独立而不受他国之管辖或支配④。1940 年 12 月，杜久、张又新在《政治学教程》中申明，国家三要素说并不全面，应在人民、土地、主权三要素之外再加上政府要素⑤。1944 年，蔡惠群在《政治学讲义》中称，"国家是人类的政治组合物，具备着精神和物质的两种要素，即人民、土地、主权与政府组织是也"⑥。1948 年 2 月，陈顾远在《政治学概要》中认为，从社会现象上说，国家的构成要素包括人民、土地、实力（即主权，对内统治人民，维持有秩序的生活，对外营谋独立及自由）、有系统之组织（有确定的政府进行国家活动）⑦。

之所以多数国民党派学者主张国家四要素说，乃出于对政府社会功能的关注。1932 年 11 月，李圣五在《政治学浅说》中即强调，一个国家"必须有政治组织，即必须有个政府以发抒实施人民之意志，决定公共的政策，并且对外以代表国家。假若没有政府，即无共同的意志与行动，仅属乌合之众而已"⑧。1940 年 12 月，杜久、张又新在《政治学教程》中亦称，"欲使一个国家立足于世界上，仅仅有人民，有土地，有

①　王诗岩：《新的政治学》，第 7—8 页。
②　萨孟武：《政治学与比较宪法》，商务印书馆 1938 年版，第 10 页。
③　邱培豪：《政治学问答》（百科问答丛书之七），第 15 页。
④　李圣五：《政治学浅说》，第 5 页。
⑤　杜久、张又新：《政治学教程》（黄埔丛书），第 24—25 页。
⑥　蔡惠群：《政治学讲义》，第 27—28 页。
⑦　陈顾远：《政治学概要》，第 10—11 页。
⑧　李圣五：《政治学浅说》，第 7 页。

主权，自然是不够的。所谓人民、土地、主权三个要素，不过是最根本的而言。又从近代历史来看，有主权而没有政府，往往会成个有名无实的国家"①。

马克思主义派学者则从国家阶级性与帝国主义侵略角度，批评国家三要素说和四要素说。他们指出，一方面，此种说法掩盖了国家的阶级实质；另一方面，列强侵略导致的各弱小国家领土、主权的不完整，早已使此说在现实国际社会中难以成立。1929 年 8 月，陈豹隐在《新政治学》中认为，国家的核心要素是强制权力，故国家三要素说并无学术价值。他表示，一般的政治学家从"领土、臣民、权力"入手研究国家，"所谓国家三要素说，却是无意义的。为什么说无意义呢？因为，一则土地和人口本是一切团体所必不可少的基础，决不能特别把他们看成是国家的要素，二则国家这种强制团体和别的共同的团体的区别，只在权力的有无，如果要主张国家要素说，也只有认权力为要素，至于土地和人口两种东西，那只不过是国家存立的基础或条件罢了"②。显然，在陈豹隐看来，所谓强制权力，主要是一个阶级压迫另一个阶级的强制权力。同年 11 月，秦明在《政治学概论》中对张慰慈等基于国家四要素说阐述的国家定义提出批评。他认为，张慰慈等"历数土地、人民、主权等国家的要素，然后结合之成一简短的定义"，这个定义"只算是列举了平等的、同等重要的国家之诸要素，究未能显示国家之本质"。国家的本质是阶级的区分与压迫。他举例说，"封建国家"并无所谓"人民"，只有作为土地占有者的国王和贵族以及作为非土地占有者的农奴③。1932 年 2 月，傅宇芳在《马克思主义政治学教程》中认为，国家四要素说没有说明国家的阶级压迫实质。他表示，一些不理解阶级国家论的政治学者，单单复述欧美政治学者的意见，将人民、土地、政府、主权、权力、财富等视作国家构成的基本要素，不了解"国家存在的意义是统治阶级用以压迫或治服被榨取阶级"的事实④。1932 年 10

①　杜久、张又新:《政治学教程》(黄埔丛书)，第 24—25 页。

②　陈豹隐:《新政治学》，第 25—26 页。

③　秦明:《政治学概论》(新社会科学丛书第 11 编)，第 6—7 页。

④　傅宇芳:《马克思主义政治学教程》，第 104 页。

月，邓初民在《政治学》中从帝国主义侵略和阶级斗争角度批驳了国家三要素说。他认为，以土地、人民、主权三要素阐释国家概念是错误的。土地很难说是构成国家的必要要素，因为列强在中国的势力范围即造成中国领土的不完整，"请问中国是不是国家？或者是的，而英日美等之实际的国家范围里，又同时各有各的中国"。他又分析，仅以抽象的人民为国家的要素，掩盖了人民属于不同阶级的实质，"至于近代资本阶级的社会里，明明分着阶级，而人民两字却是各阶级的总和的意思，其实即在以人民否认阶级，这也是支配者科学的理想之一，自欺欺人的手段"。而国家的对内主权实际是"一阶级的独裁制"，弱小国家的对外主权在帝国主义侵略下则难以得到维护，"许多小国弱国各方面都受束缚，即使国际联盟一万次的宣言承认，也是无用"①。

三　对国家功能与阶级国家论的不同认知

国家目的与功能亦为各派学者讨论的中心论题。民国政治学界意识到，应从两方面认知国家概念，既应从国家的组织与结构角度认知人民、领土、主权、政府等国家构成要素，亦应从国家的动态角度认知国家的功能与目的。1930 年 2 月，高一涵在《政治学纲要》中即介绍，近代关于国家的定义有两种：第一种定义从静的方面观察国家的组织和形体，强调国家是"由土地、人民、主权三要素合成的政治的地域团体"。第二种定义从动的方面观察国家的活动和职能。此种定义随着国家的活动和职能的变更而对国家的具体解释因时因地而不同。国家的活动和职能有时侧重武力，有时侧重道德力，有时侧重宗教力，有时侧重知识力，有时侧重经济力，因而，有人说国家是武力的团体，有人说国家是道德的团体、维护宗教的机关、发展文化的机关、满足衣食住等"必要"（Necessity）的机关、"经济阶级斗争的工具"，等等②。从国家的目的与功能角度认知国家问题，各政治派别分歧较大。在民国学界，多数学院派学者将国家的目的与功能定位于维持社会秩序、谋求社会公平与公共福利，国民党派学者则多从民生史观角度将国家的目的与功能

①　田原：《政治学》，第 109 页。
②　高一涵：《政治学纲要》，第 35—36 页。

定位于谋求人民生存,而马克思主义派学者则立足革命话语,将国家定位为阶级压迫的工具。

西方学界多将国家目的与功能定位于维持社会秩序、谋求社会公平与公共福利。1939年1月,廖竞存即注意到,西方学者阐述的国家目的包括三方面:增进个人幸福,维持人民间的秩序、和平及公道;增进社会团体幸福,保护公共利益,做个人或自由团体不能做或做不好的社会事业;增进人类文明,发展世界文化①。学院派学者多接受西说。1923年2月,张慰慈在《政治学大纲》中认为,国家目的在于维持国内社会秩序,公平处理各社团的争议,"国家的目的,就想维持全体的和平秩序,裁判各社会的争议,使各种社会皆有平等发展的机会"②。1928年4月,倪竞存在《政治学纲要》中从社会公共利益角度定位国家的目的,认为"从前国家的目的是消极的,即以防御外侮、保持和平、惩罚犯罪、判断诉讼为主旨,现在国家的目的是积极的,却以增进个人幸福、图谋社会繁富、传布世界文化为专职"③。同年5月,陈筑山在《最新体系政治学纲要》中提出,国家权力的合理性基于两方面:第一,满足人类生活的需要。人类生活不外财富的生产与消费、艺术的创作与赏鉴、科学技术的研究与发明、教育与被教育等活动。人类要满足这些生活,需要"社会协同的力量"。第二,维持人类生活社会秩序的需要。由于社会成员之间关系复杂,意见抵牾,利益冲突,故需要建立一种社会秩序④。1936年3月,王希和在《政治学要旨》中认为,国家的目的有三方面:维持国内人民之间的秩序与正义;促进国民的群体福利与公共利益,"以求国民全体之进步";促进"人类文化之增进"。他解释,"国家必须以个人的善之增进为最初之使命,然后以各个人相连结之能力,进而求群体利益之增加,最后则以整个国家之力量,以求人类文明之发展与世界之进步"⑤。1941年4月,陈之迈在《政治学》中表示,近代国家的重要责任是"设立政府为人民谋幸福","政府在

① 廖竞存:《青年政治读本》,第16页。
② 张慰慈:《政治学大纲》(北京大学丛书之七),第34—37页。
③ 倪竞存:《政治学纲要》(高级中学大学预科),第3页。
④ 陈筑山:《最新体系政治学纲要》,第130—133页。
⑤ 王希和:《政治学要旨》,第14页。

这种的国家之中是负有森严的责任，它所要直接办理或间接督促办理的事情相当的繁多，它的机构要充实而健全，它的工作应具高度的效率"。西方各国政府的职权范围在 19 世纪有极大的扩充，教育、公共卫生、公用事业等从前政府不过问的事情都归入政府职权范围以内①。出于对国家目的与功能的上述认知，诸多学院派学者对马克思主义派主张的阶级分析国家观提出质疑。1930 年 8 月，朱采真在《政治学通论》中质问说，马克思主义"既然主张国家本质的是压迫，那末，国家一日不归于死灭，就是这种压迫的力一日也不停止。这其间是谁受着压迫呢？甲阶级压迫乙阶级固然是当得咒诅的，但是，倒转来乙阶级压迫甲阶级，也是免不了去做旧制度的牺牲品"②。

　　国民党派学者对国家目的与功能的阐释多遵循孙中山民生史观话语，将之定位于谋求人民生存。此种认知视角与学院派学者将国家目的与功能定位于维持社会秩序、谋求社会公平与公共福利有诸多相似之处。所以，一些国民党派论者对学院派的说法亦表认同。例如，张慰慈于 1923 年 2 月在《政治学大纲》中关于国家目的之论即得到任教于国民党军事学校的汪毅、杜久、张又新等的认同。汪毅于 1926 年 12 月在《政治学概论》中引张慰慈所言称，"国家的目的，就想维持全体的和平秩序，裁判各社会的争议，使各社会皆有平等发展的机会"③。1940 年 12 月，杜久、张又新在《政治学教程》中亦称，国家的目的在于维持全体人民的和平秩序，裁判各个人、各社会组织与团体间的争执，使各个人、各社会组织与团体都有平等发展的机会④。但是，更多的国民党派学者则立足民生史观分析国家的目的与功能。1933 年 12 月，桂崇基在《政治学原理》中认为，国家的目的是"谋全体人民的生存"，"原始的国家固然单求抵御外侮，保护和平，在消极方面，使人民不枉死于天灾人祸。日后社会进化，彼此间关系益密，于是在积极方面，还要求繁荣康乐，使身体精神日益向上发展"。为此，国家必须尽保民、

① 陈之迈：《政治学》（青年基本知识丛书），第 154—155 页。
② 朱采真：《政治学通论》，第 33 页。
③ 汪毅：《政治学概论》（中央军事政治学校潮州分校政治部丛书之五），第 22—23 页。
④ 杜久、张又新：《政治学教程》（黄埔丛书），第 7—8 页。

养民、教民的职责，"亦惟如此，国家才有存在的意义和价值"①。1935
年6月，蒋静一在《唯生论政治学体系》中强调，国家是人类共同生存
的组织，"换言之，就是人类想达到他们共同生存的目的，所以才有国
家的组织"②。1937年3月南京国民党中央陆军军官学校特别训练班所
编教材同样强调，国家的目的是为人民求生存，"国家要达到这种为人
民求生存的目的，必须对于人民尽卫、养、教的职责，然后人民才能享
受安乐美满的生活，且必须如此，国家才有存在的价值"③。该书解释，
国家的第一个目的是"卫民"，即保卫人民，对内除暴安良，对外御侮
保境；国家的第二个目的是"养民"，即解决人民物质生活、精神生活
等需求；国家的第三个目的是"教民"，即设立学校，对人民厉行智
育、德育、体育教育④。1944年，蔡惠群在《政治学讲义》中强调，国
家是人类为了达到生存美满的目的而制造的工具。他分析，"中山先生
从历史上研究的结果，发现国家的起源并不是自然力，而是人为力所创
造，换句话说，即是人类为求达到生存的美满目的起见，所以才用人为
的力量来组织国家。关于此点，中山先生在《民族主义》演讲词上说
得非常清楚。国家既是人为力的制造品，可以证明中山先生是把国家看
做人类为达到本身生存目的而造成的工具和方法"⑤。

在国家的目的与功能问题上，萨孟武的认识前后转向明显。其
1929年7月出版的《三民主义政治学》仍受唯物史观阶级分析方法影
响，而其1932年6月出版的《政治学概论》、1936年8月出版的《政
治学与比较宪法》、1944年4月出版的《政治学原理》、1948年7月出
版的《政治学新论》等论著则基于国民党民生史观。1929年7月，萨
孟武在《三民主义政治学》中仍偏向由阶级分析方法认知国家的性质。
他由孙中山民生史观生存话语推论到阶级压迫问题。他分析，国家是
"阶级支配的团体"，"有了阶级，而后才有国家"。人类都有生存的欲
望，需要取得生存资料。这种生存资料不外衣食住行四种，总称为"经

---

① 桂崇基：《政治学原理》，第21—22页。
② 蒋静一：《唯生论政治学体系》（政治月刊丛书之一），第23页。
③ 《政治学概论》，中央陆军军官学校特别训练班1937年版，第52页。
④ 同上书，第52—57页。
⑤ 蔡惠群：《政治学讲义》，第70页。

济财"。人们获得"经济财"的方法有两种，一是劳动，二是强夺。
"由是有力量的人，遂谋压制无力量的人，而强夺其物，从而人类在经济方面，遂生出掠夺和被掠夺二种阶级。这两种阶级若任其自由斗争，不加阻止，则社会必由混乱而崩坏。到了崩坏的时候，掠夺阶级已不能再为掠夺阶级。所以，掠夺阶级要永久保存自由的地位，须用强制的武力，维持社会的秩序，而压制被掠夺阶级的反抗。应这必要而产生的，便是国家。国家既然产生，掠夺阶级便成了支配阶级，被掠夺阶级便成了被支配阶级。"[1] 之后，萨孟武在国家目的与功能问题上放弃阶级分析方法，转向民生史观方法。他在《政治学与比较宪法》中将国家目的总结为治安、文化、经济三种目的，其中，治安目的包括对外抵抗侵略、对内维持社会秩序两方面，文化目的包括对文化的保护与培植、统制与指导等方面，经济目的包括保护或统制私人资本、发展国家资本等方面[2]。他在《政治学原理》和《政治学新论》中，以国民党民生话语为基础，放弃《三民主义政治学》由生存推论到阶级压迫的思路，将阶级压迫从生存话语中剥离开来。他在《政治学原理》中提出，人类的生存是国家产生的根本原因。人类为了生存而群居于一个地域，并进行协力与合作，从而形成社会。同时，人类出于繁殖的需要，组成血缘性的家族、氏族和部落，并形成治人的酋长与治于人的群众，进而形成作为国家雏形的统治组织。国家的形成过程有两种形式，一是部落间为了掠夺财货而相互征服，征服部落为了迫使被征服部落劳动而组织统治机关，从而形成国家；二是血缘相近的部落为了抵抗敌人攻击，结为"攻守同盟"，并选举领袖与中央机关，最终形成国家。国家的两种产生形式均出于人类生存的需要，"国家的发生固然有两种形式，一种是由征服而成立，另一种是由防卫而成立，然而，我们由此也可以知道，国家是人类为了解决自己的生存，乃用合群的武力，造成的一种团体"。所以，他认为，国家目的与人类生活目的相一致，"举凡人类的生活目的，国家认为应当统制或应当保护者，均得以之为国家的目的"。由此，他将国家目的总结为卫、养、教三方面。卫即治安目的，养即经济目

---

[1]　萨孟武：《三民主义政治学》，第26—27页。
[2]　萨孟武：《政治学与比较宪法》，第16—17页。

的,教即文化目的①。

由于注重从民生角度理解国家的目的与功能,所以,国民党派学者反对马克思主义派倡导的阶级斗争国家论,认为国家的功能恰恰在于通过调节各种社会群体或团体的矛盾,以增进人类社会的福利。1931年4月,罗敦伟在《社会主义政治学》中认为,根据孙中山的分析,阶级斗争理论根本不适用于中国。孙中山将阶级斗争视作一种社会"病症",而非社会普遍规律。所以,"阶级斗争,在中国国民革命,不能适用"。他又注意到,孙中山将阶级斗争视作社会的"病症"与英国基尔特社会主义者(Guild socialist)柯尔(G. D. H. Cole)的"职能的国家说",颇有一致之处。他介绍,柯尔以职能原理说明国家本质,认为"国家只是管理某一部分政治职务的机关",国家即便有"阶级私意",也只是国家的黑暗面,而非其本质②。1933年10月,虞棠在《新政治学大纲》中认为,调解国内各种势力的纷争是国家的重要任务,"国家对于国内各种社团,或涉及国际的社团,或各民族各阶级各人民相互间发生的关系,有监督纠正的责任,基于公平进化的原则,应用调和方法,使其互助或合作,而免除斗争",阶级压迫与斗争绝非国家的职能③。1937年3月南京国民党中央陆军军官学校特别训练班编印的《政治学概论》声称,依社会阶级立论的国家观"认定国家就是某一阶级为维持本阶级的利益,抑压利害相反的其他阶级的实力机关","这种论调虽有点近乎事实,但与人类组织国家的目的相反,故不足采"。此书强调,调和社会阶级矛盾是国家的重要功能,"若就政治方面观察,则国家是许多团体的保护者或同盟者。国家为调和阶级斗争、维持社会秩序、保障公共利益起见,对于在政治上或经济上处境恶劣的合法团体,常常予以实力的保护或物质的援助,使它们能够改良发展,以与对立的团体并存"④。1944年,蔡惠群在《政治学讲义》中依据孙中山所言,强调国家的全民性。他认为,"国家这个东西,究竟是代表一部分

① 萨孟武:《政治学原理》,黎明书局1944年版,第1—2、4、11—14页。
② 罗敦伟:《社会主义政治学》,第103、34—35页。
③ 虞棠:《新政治学大纲》,第18页。
④ 《政治学概论》,中央陆军军官学校特别训练班1937年版,第22、24—25页。

人的利益的，还是代表全体人民的利益呢？这本是国家本体论中的重要问题。依据中山先生的见解看来，国家是应该代表并包括全体人民的利益的。他曾说，'吾人的要求，则在于全体平民组织政府，以代表全体人民利益。'惟其因为中山先生主张国家是应该代表全体人民的利益，所以，他极力反对为任何个人或任何阶级所专有、所独裁的国家"①。

身处民主革命斗争实践中的马克思主义学者所阐述的国家理论，多凸显其阶级斗争内涵，明确阐述了国家的阶级性问题。他们立足革命话语，将国家功能定位为阶级压迫的工具。1926年9月，恽代英在《政治学概论》中申明国家的阶级性："国家是什么？国家是统治阶级的工具。国家机关，都是适合于用来压迫被治阶级的。在原始时代，没有阶级，便没有国家。中世纪的封建诸侯、军队，便是封建阶级压迫人民的工具。近世纪的三权鼎立与军队、警察，是资产阶级压迫平民的工具。俄国的苏维埃、红军，是无产阶级压迫资产阶级和反革命派的工具。""目前中国的国家，是帝国主义者与其走狗宰制国内被压迫各阶级的工具。"②1929年8月，陈豹隐在《新政治学》中指出，国家是一种强制团体，其目的在于强迫没有权力的人向有权力的人提供经济利益。所以，国家内部充满着阶级斗争，"那部分没有权力的人们的利益，与另一部分保有权力的人们的利益，两种东西，在根本上就是相冲突的：前者的经济利益，被后者用一种有秩序的办法，强制取得一部分去，并且，前者常常立于被后者强制的地位，后者常常立于强制前者的地位。因为这个缘故，所以，前者才叫做被治阶级，后者才叫做治者阶级（或简称为被治者和治者）"③。同年11月，秦明在《政治学概论》中指出，一班"御用学者"对于国家的研究，完全站在"支配阶级"立场，是"含有麻醉意味的毒酒"，绝非真正科学的"国家"理论。他们"站在支配阶级的利益上，以主观的、虚构的叙述代替客观的、科学的研究"，"用些空泛的政治、法律等名词来辗转训释"。他强调，"阶级的国家论"是唯一正确的国家理论，"国家是人类社会之一种阶级的组织"，

① 蔡惠群：《政治学讲义》，第72页。
② 恽代英：《政治学概论》，第3页。
③ 陈豹隐：《新政治学》，第11、14—15页。

"没有阶级的时候，便没有国家，国家是与阶级生同床死同穴的一对恩爱的永恋的夫妻"。他解释，国家是阶级矛盾不可调和的产物，"社会因生产力发展而形成了两个阶级——压迫阶级与被压迫阶级、榨取阶级与被榨取阶级，这个压迫阶级与榨取阶级为要抑制被压迫阶级与被榨取阶级，在外表上便须在一种站在社会之上的力。这种从社会所产生的，站在社会之上，又从社会离开的力，便是所谓国家"。所以，国家并不是代表全社会的或调和阶级利害的机关，而是"一阶级压迫他阶级的机关"①。1932 年 5 月，傅宇芳在《马克思主义政治学教程》中也指出，各种非马克思主义国家论的共同缺点是"超阶级"，"这些理论根本不承认国家是社会经济上的矛盾所发生的阶级对立的产物"。"如果从严整的考古学、社会进化史、政治史及经济史各方面考究起来，国家底起始，是阶级社会的发生以后的事情。而且，从来的国家都是统治阶级用以对于被榨取的阶级之有组织的权力支配的表现。"② 1932 年 10 月，邓初民在《政治学》中强调，必须站在阶级立场研究国家，"由阶级对立的观点来观察国家，是唯一的正确的观察这一问题的方法"。国家是一种"阶级的组织"，"因为有了国家存在，所以，经济上占居优势的阶级，能够通过国家这个机关，变为支配者，去支配那个在经济上处于低劣地位而要侵犯私产制度并扰乱社会秩序的阶级，同时，后者就变成被支配者"③。1946 年 3 月，郑晖在《政治生活与政治学读本》中强调，阶级压迫是国家存在的根本原因，"我们要深切的了解，国家的存在根本是在压迫阶级用以剥削被压迫阶级，榨取他们的剩余劳动价值"。"国家含有一种政治权力，统治阶级用这一个政治权力压制被压迫阶级，获得经济上的特权，榨取剩余劳动价值。"④

在国家的目的与功能问题上，马克思主义派学者既不同意学院派学者将国家目的与功能定位于维持社会秩序、谋求社会公平与福利的观点，亦不同意国民党派学者由民生史观对国家目的与功能进行的解释，

---

① 秦明:《政治学概论》(新社会科学丛书第 11 编)，第 4—5、8—9、16—23 页。
② 傅宇芳:《马克思主义政治学教程》，第 91—92 页。
③ 田原:《政治学》，第 2—3、68 页。
④ 郑晖:《政治生活与政治学读本》(潮锋青年丛书之一)，第 20、28—29 页。

认为阶级压迫才是国家的核心目的与功能。1929 年 8 月，陈豹隐在
《新政治学》中不同意将政治强制权力的目的说成"谋自由幸福或一般
利益""增加人类的文化价值"。他分析，把政治强制权力的目的视作
"谋自由幸福或一般利益"的说法，"只图鼓吹国家至上主义，却忘记
了在政治的下面常常有大多数人的牺牲和不自由"；而把政治强制权力
的目的说成"增加人类的文化价值"，所根据的事实是对的，因为"自
从人类有了政治生活之后，人类文化的确有了空前的进步"，但结论却
是错的，"因为一般保有强制权力的人们，并没有把人类文化放在眼里，
所谓人类文化在事实上的进步，只不过是他们意料所不及的结果罢
了"①。1932 年 10 月，邓初民在《政治学》中同样批评各种超阶级国家
论以谋社会幸福、办理公共事务、发展文化定位国家功能的非科学性。
他指出："现在正自有人说，国家是谋自由幸福或一般利益的工具，但
他们却忘记了在国家底下大多数人的牺牲和不自由；正自有人说，国家
是处理一个公共集团的公共事务的工具，殊不知这也不过是一个乐观的
空想。更自有人说，国家是促进文化或增高文化的，国家是维持法律实
行的，但这都是形式主义者的肤浅观察，更找不出丝毫的科学的意味
来。"② 1946 年 7 月，邓初民又在《新政治学大纲》中批评张慰慈忽略
了政府概念的阶级性。张慰慈于 1930 年 3 月在《政治制度浅说》中将
政府视作"为人民或人民的团体服务"、管理"公共事务"的组织，认
为政府的"政治的行动"就是管理个人和团体的行为③。邓初民认为，
张慰慈没有发现政府的"集团对立性"。他分析，张慰慈说政府的目的
是"为人民或人民的团体服务"，问题是什么是"人民"和"人民的团
体"。实际上，"人民"和"人民的团体"背后隐藏着由"集团对立"
导致的"政治支配"。所以，政府是"执行政治任务"的国家机关，而
"政治则以阶层矛盾为其主要内容而表现出来的一种活动及行为，国家
即是支配者与被支配者之对立的统一体"④。

① 陈豹隐：《新政治学》，第 8—10 页。
② 田原：《政治学》，第 104—105 页。
③ 张慰慈：《政治制度浅说》，神州国光社 1930 年版，第 1、18 页。
④ 邓初民：《新政治学大纲》，第 109—110 页。

政治概念的基本内涵是什么？如何认识西方学界盛行的国家三要素或四要素说？又如何定位国家目的与功能？此为政治学研究的三个基本问题。民国政治学界在此方面的阐释可谓截然分派。学院派学者多承欧美学界余绪，强调政治现象即是与国家现象直接或间接相关的国民与国家机关的行为，完全接受注重分析国家构成要素的国家三要素或四要素说，并主张国家的功能在于维持社会秩序，谋求社会公正与公共福利。国民党派学者则遵循孙中山所言"管理众人的事"理解政治概念内涵，并以民生史观为视角理解国家目的与功能，对国家三要素或四要素说持接受态度。马克思主义派学者则基于革命需求，注重分析政治与国家概念的社会阶级属性，指出国家三要素或四要素说的缺陷。如此相异的阐述并非仅反衬各派学术理念的相左，亦反映出其现实政治倾向的各异。

第三节　一元主权论与多元主权论：
对国家权威性的认知

主权是国家研究的核心论题。正如张慰慈于 1923 年 2 月在《政治学大纲》中所言："国家既是最高的社会，主权又是这个最高社会的特征，所以，我们专以研究国家性质为目的政治学中，不能不以主权的研究为第一个重要问题。"[①] 主权概念最初由 16 世纪法国学者布丹（J. Bodin）提出。迄 20 世纪初，西方学界所言主权，多为一元主权论，认为国家所具有的主权具有最高性和唯一性。自 20 世纪初始，西方学界始盛行多元主权论，认为主权并非国家所独有，其他社会团体亦具有某种主权，国家主权亦不具有最高性，其支配范围有一定限制。清末至20 世纪 20 年代初，中国学界多接受西方一元主权论。多元主权论对中国学界产生影响始自 20 年代后期，以英国学者拉斯基（H. J. Laski）理论影响为大。同时，欲分析西方主权论对中国学界的影响，不能不提到19 世纪德国集体主义国家观与英国自由主义国家观以及 20 世纪初英国国家"团体说"。德国集体主义国家观主张强化国家权威，与一元主权论一样关注国家权威性问题，虽在清末受学界重视，但在民国时期饱受

---

① 张慰慈：《政治学大纲》（北京大学丛书之七），第 167 页。

批评。而英国自由主义国家观与国家"团体说"则为多元主权论理论先导，受到民国学界更多肯定。

一　中国学界对一元主权论与19世纪德国集体主义国家观的认知

20世纪初以前西方学界盛行的一元主权论与19世纪德国集体主义国家观颇受民国学界关注。此两种理论虽同具强化国家权威的共性，但在中国学界命运却有所不同。自清末以迄20年代中期，中国学界多主张一元主权论。即便20年代中期以后，虽多元主权论受到中国学界吹捧，但部分学者仍持一元主权论立场，学界呈现一元主权论与多元主权论并存的局面。而主张个人服从国家的19世纪德国集体主义国家观，虽受到清末学界的重视，但饱受民国学界批评。

自16世纪法国学者布丹首次提出主权概念后，西方学界主要盛行一元主权论。张慰慈介绍，布丹于1576年在《共和篇》（*De La Republique*，1576）中首次使用主权概念。布丹认为"主权是在公民和臣民之上的最高权力，不受法律限制的"，具有最高性、永久性、唯一不可分割性三种要素[1]。陈筑山介绍，一元主权论包括三个要点：第一，至高无上，即超乎人民及各种团体的权力之上；第二，绝对无限制，即对内对外不受任何限制；第三，唯一不可分，一方面，国家的主权唯一不可分割，另一方面，主权为国家所特有，国家中的团体和个人不能有主权[2]。黄忏华介绍，16世纪欧洲学界提出一元主权论的社会背景是中世纪封建势力的衰落与近代民族国家的兴起。当时，新兴民族国家对内平息封建割据势力，对外抵制罗马教皇的权力，从而创立主权学说，提出国家享有主权，以便扩大国王势力而图国家统一[3]。

清末至20年代初，中国学界大力介绍西方一元主权论，并认为主权与人民的自由与人权相辅相成。1908年9月，杨廷栋在《法制理财教科书·政治学》中阐释了一元主权论。他认为，"主权为无上无限之大权。凡权之有限者，不可谓之主权。既曰主权，即不应更有为之限

---

[1]　张慰慈：《政治学大纲》（北京大学丛书之七），第167—168页。
[2]　陈筑山：《最新体系政治学纲要》，第76—78页。
[3]　黄忏华：《政治学荟要》（上册），第58—59页。

者，否亦主权自限之耳"。国家的主权与人民的自治、自由权并不冲突，人民的自治与自由须置于国家主权所能允许的范围内，因为"特各个人自治、自由之界限，为国家之主权所定已耳。主权愈重，则各个人自治、自由之权亦愈真愈确"①。朱学曾等于1913年4月译美国学者巴路捷斯《政治学及比较宪法论》亦持一元主权论，认为主权是"绝对的、无限制的普通国家本来之权力，而于臣民及由臣民而成各种团体之上者也"，主权观念并无损个人自由，"此主权说者，论理上、实际上，不特无损害于个人之自由及个人之权利，反为确实担保之惟一保护者也。否则，弱肉强食之时代，而自由权力，果何存乎？"② 至20年代初，张慰慈在1923年2月出版的《政治学大纲》中仍持一元主权论立场。他表示，国家无论对内对外，必有最高无上的权力。各社团对内虽有支配的权力，但总要在国家支配权力之下。如有必要，各种社团都要接受国家的指挥命令③。

即便在20年代后期以后多元主权论对中国学界影响渐大的情况下，诸多学者仍赞同一元主权论。1928年4月，倪竞存在《政治学纲要》中将国家视作对全社会拥有各种强制权力的机构，认为国家拥有对内无上、对外独立的"最高意志"，"对于这种意志，群内分子都得要服从他，其他各国都不得干涉他，并且还有一个执行这种意志的机关，叫做政府，用来内保治安，外御外侮，以期享受安乐而高尚的生活"。国家的职能在于以"强力"管束人民的行为，维持人民的秩序，"政府的精神便在能用有意识和有组织的势力管束群内人民的行为，使之不离社会生活的常轨。有违抗的，国家又可以应用外部的强力（即武力）强制他服从"④。1929年12月，任和声在《政治学概论》中也赞同一元主权论。他表示，"主权（Sovereignty）之特性有五：一为永久性，其命运与国家相终始者；二为国家唯一意志之代表；三为最高无上；四为无限制；五为不能分割。主权即普通认为政治组织之特征，在法律上如有一

①　杨廷栋：《法制理财教科书·政治学》（中学及师范用），第7—8页。
②　［美］巴路捷斯：《政治学及比较宪法论》，［日］高田早苗译，朱学曾等重译，商务印书馆1913年版，第55页。
③　张慰慈：《政治学大纲》（北京大学丛书之七），第39—40页。
④　倪竞存：《政治学纲要》（高级中学大学预科），第1—2、4页。

特定人或特定机关，能决定社会一切份子（无论其为个人、为团体）之权利义务，且能决定自身之权利义务，而不受任何法定较高权力之支配者。其次，此特定人或特定机关能以实力使该社会中各份子服从其命令，即主权真义所在"①。王希和亦一直鼓吹一元主权论。他于 1936 年 3 月在《政治学要旨》中称，主权对国内具有独立性与统一性。所谓独立性，即在法律上不受任何限制，主权行使者可决定国内人民与团体的权利义务，并迫使人民与团体服从法律，"主权有绝对的独立性，唯其独立，故在法律上言，对内对外，皆不受任何的限制，被限制之主权，则非国家之最高权力，换言之，即不成其为主权"②。他又于 1947 年 12 月在《政治浅说》中重申，"主权就是国家的最高权（或国家的政治强制力），或称统治权。……构成主权的要素不外两种：一是独立性；一是统一性。主权有独立性，所以，在法律上，主权不受限制。……至于主权的统一性，是指主权不可分割的。如果主权可以分割，那末，一国之内便有两个主权了"③。

不过，在全面抗战时期，中国学界出于举国团结的抗战需要，极关心增强政府权威问题，更关注一元主权论。1939 年 1 月，廖竞存在《青年政治读本》中从坚持抗战、维护国家独立角度赞同一元主权论，表示"国家的主权是国家最高的权力，是绝对的、不可分的。……假是〔使〕一个国家的主权缺乏这几种性质，它对外就不能保全独立，对内就不能维持统一。主权对于国家之重要，竟好像人的生命一样，如主权丧失，就好像人丧失生命，国家当然不能存在，或被他国征服，或变做他国的保护国，若一半主权丧失，则称为半保护国"。廖竞存之所以赞同一元主权论，乃出于对抗战时期强化政府社会功能的关注。他认为，国民应当拥护政府，"政府是为国家执行民意的机关，如认定国家当爱，则政府必须拥护，其理至显，因为假是〔使〕人民不拥护政府，则政府的功能即不能表现，而失其为国家为民执行职务和意志的效用"④。

① 任和声：《政治学概论》，第 16 页。
② 王希和：《政治学要旨》，第 26 页。
③ 王希和：《政治浅说》（中华文库初中第一集），中华书局 1947 年版，第 13—14 页。
④ 廖竞存：《青年政治读本》，第 23—24、200 页。

陈之迈特别强调国家对于反侵略斗争的重要性，所以，他于 1941 年 4 月在《政治学》中肯定一元主权论。他表示，虽然布丹阐发主权学说以后，西方学者对主权概念有各种诠释，但是，主权是国家与其他社会组织的根本区别。在各种社会组织中，只有国家享有主权。一个国家的最高权力只能属于国家有两重意义：第一，在国家以内，没有任何人、机关或其他力量可以支配、左右国家；第二，在国家以外，没有其他的国家可以支配这个国家，这个国家绝对不受其他国家的干涉。他对多元主权论持批评态度。他介绍，虽然多元主权论对传统主权论进行尖锐刻薄的攻击，但其偏颇之论遭到许多人的批评。许多论者认为多元主权论是一种极端的自由主义或幻想的无政府主义，根本与事实不符。曾经提倡多元主权论最有力的拉斯基近年也放弃了早年的主张①。

19 世纪以伯伦知理和黑格尔（G. W. F. Hegel）等为代表的德国集体主义国家观，强调国家的绝对性，忽视个人对于国家的自由与权力。张慰慈介绍，伯伦知理提出"国家有机体说"，将国家视作"有机体"，认为国家是"人类有机体的偶像"。人类的天性除个人的判别外，还有"协同一致"的倾向。这种倾向导致个人服从国家权力的本能②。高一涵介绍，黑格尔提出国家的"真我"与"真意思"说，认为在个人"日常经验的、意识的实在我"之上，还存在一个"理想我"，即"真我"。此"理想我"或"真我"就是国家。同时，在个人"日常经验的和意识的""实在意思"（Actual will）之上，还存在一个"真意思"（Real will）。此"真意思"即为国家的"意思"（Will）。国家是个人的扩大，"个人的小我"必须服从"国家的大我"，服从国家是个人的唯一义务，"个人要努力向上，只有忍着痛苦，屈抑自己的实在意思，以顺从真意思，故服从国家统治就是使个人向上的方法"③。陈筑山介绍，黑格尔亦主张一元国家观，否认国家内一切社会团体的主体性，认为国家是包括一切团体的"全体社会"，其他一切社会仅作为国家的一部分

---

①　陈之迈：《政治学》（青年基本知识丛书），第 10—13 页。
②　张慰慈：《政治学大纲》（北京大学丛书之七），第 159—161 页。
③　高一涵：《政治学纲要》，第 36—38 页。

而存在。① 显然，德国此种国家观主张个人服从国家，在强化国家权威问题上，与一元主权论颇为同调。此种国家观招致民国多数学者批评。在民国学界，无论持一元主权论抑或持多元主权论的学者，均否定 19世纪德国国家学说。1923 年 2 月，张慰慈在《政治学大纲》中在接受一元主权论的同时，又批评伯伦知理国家有机体说，认为此说把人民看作社会的有机组成部分，忽视了个人的独立价值、人格、意志②。1928年 5 月，陈筑山在《最新体系政治学纲要》中指出了黑格尔国家观的专制政治本质，认为此种国家观"以个人完全服从于国家的意志，美其名曰真自由，不外是带着假面具的专制"③。同年 12 月，张天百在《政治学纲要》中认为，伯伦知理以有机体方法研究国家是错误的。此种方法把国家视作社会的有机体，把国家进化等同于生物的进化，以解剖学术语和生物学方法分析国家的机能，"如果照社会有机体说的方法去研究政治学，那末，把国家的人民看作无目的、无自由意志、无独立生命一样"④。1930 年 2 月，高一涵在《政治学纲要》中对伯伦知理和黑格尔理论均持批评态度。他指出，伯伦知理国家有机体说有严重缺点，就是把人民看作"国家的机械"，忽略了人民的独立价值，"人民既然离开国家便没有独立的价值，当然没有独立的人格，更当然没有独立的意思，单成为全体的机械了。既然把人民看作无自己的目的，无独立的人格，无自由的意志，那么，便是人民为国家的工具，不是国家为人民的工具了"。他又指出，黑格尔"真我"说以国家为主，会形成"专制主义"，并质问说，"现在人类的实际生活，果真把国家当作真我，当作最高道德吗？现在的国家果能真正成为真善美的理想体吗？人类到现在，不是还有许多行为，通同不受国家管束吗？"⑤ 1932 年 9 月，赵普巨在《政治学概论》中亦表示，黑格尔国家"真我"说是 19 世纪盛行的国家主义的理论基础，造成"国家绝对尊严""国家万能"的观念，"人民几乎完全为国家而活着"。此种学说只是一种"玄学的理念"，并

---

① 陈筑山：《最新体系政治学纲要》，第 99—102 页。
② 张慰慈：《政治学大纲》（北京大学丛书之七），第 159—161 页。
③ 陈筑山：《最新体系政治学纲要》，第 99—102 页。
④ 张天百：《政治学纲要》（考试丛书之五），第 20—22 页。
⑤ 高一涵：《政治学纲要》，第 16—17、42—44 页。

不能说明国家这种"实体"的本质,并成为后世军国主义、侵略主义的理论根据①。1933 年 2 月,周绍张在《政治学体系》中将黑格尔国家理论称作一元主权的绝对论,认为它是"国家主义底国家观固有之特色","单纯的绝对主权论,是不十分合乎科学的"②。

二　以拉斯基为代表的多元主权论对中国学界的影响

20 世纪初,西方学界始兴起多元主权论(Pluralistic theories of sovereignty)。所谓多元主权论,一方面否认国家主权的至高地位,另一方面否认国家对主权的独占性,认为国家只是社会团体之一种,其他社会团体与国家一样在各自范围内享有某种主权。1947 年 1 月,杨幼炯在《当代中国政治学》中注意到,多元主权论是现代政治学研究的重要趋向,"从前单一主权论者认定主权的观念,是含有'最高'与'至上'的意思,就是说主权是国家的意志力,最高独立,不受其他任何人的命令,能超越于一切社会权力之上,能够做各种争端的仲裁者。但自多元主权论出来之后,主权最高的信念为之动摇"。多元主权论者认定,近代社会组织繁复,诸多非政治团体亦很重要,有些社会团体比国家更能代表人民的利益,从而更能得到人们的服从,所以,国家并非"独一无二的组织",许多社会团体是与国家一样的"主权体","主权应为许多团体所共享,主权并不是不可分开的,国家也不是至尊的、无限的"③。西方多元主权论的代表者虽包括法国学者狄骥(L. Duguit)以及英国学者拉斯基、柯尔、麦其维等,但拉斯基则是此种理论最具代表性的学者,其理论对中国学界影响亦最大。实际上,多元主权论除极大影响中国学界的国家主权观念外,亦成为中国思想界民主观念的重要理论支撑。凡持多元主权论立场者,多主张民主政治。

多元主权论的提出,与 19 世纪英国自由主义国家观和 20 世纪初英国国家"团体说"有很大关系。两种国家观均为多元国家观。19 世纪英国自由主义国家观初步提出,国家内部的各种社会团体对于国家具有

---

① 赵普巨:《政治学概论》,第 60—62 页。

② 周绍张:《政治学体系》,第 80—81 页。

③ 杨幼炯:《当代中国政治学》(潘公展、叶溯中主编当代中国学术丛书),第 7—8 页。

一定独立性。1928 年 5 月，陈筑山在《最新体系政治学纲要》中将此种国家观称作国家的"互保会说"。他介绍，此种国家观始于洛克（J. Locke），经边沁（J. Bentham）、密尔鼓吹，至斯宾塞大盛。此种国家观主张，国家目的在于保护个人的自由权，国家的职权有一定限制，个人在国家职权之外有行动自由；国家与其他"特殊组合"并立，并非包括其他一切"特殊组合"的"全体社会"①。1930 年 2 月，高一涵在《政治学纲要》中将英国自由主义国家观称作股份公司的国家观（Joint‐Stock‐Protection‐Society）。他介绍，此种国家观基于人们的自由观念，认为人们的自由权利是"天赋人权"，国家是由个人自由意志组成的"国民互相保护的股份公司"，其目的是保护人们的自由权利②。20 世纪初以英属加拿大多伦多大学教授麦其维为代表的国家"团体说"正式提出，国家亦为社会团体，与其他社会团体具有某种平等地位。陈筑山介绍，此种国家观主张国家仅为一种团体（Association），与其他社会团体有"共通性"，否认国家是"全体社会"。陈筑山又介绍，国家"团体说"的主要论著为麦其维《共同社会》。此外，英国新教会论将教会视作与国家并立的团体之一，英国基尔特社会论（National guilds）将基尔特（行会）视作与国家并立的团体。如裴吉士（J. N. Figgis）《于近世国家之教会》（*Churches in the Modern State*，1914）、霍布孙（S. G. Hobson）《国民基尔特》（*National Guilds*，1917）、柯尔《产业自治》（*Self-Government in Industry*，1917）等③。

民国时期，相较于主张增强国家权威的 19 世纪德国集体主义国家观，19 世纪英国自由主义国家观与 20 世纪初英国国家"团体说"受到中国学界更多肯定。1928 年 5 月，陈筑山在《最新体系政治学纲要》中对英国自由主义国家观保障个人自由与民主表示肯定，"互保会说否认国家为全体社会，谓国家职能有一定的范围，承认其他社会的独立存在及国际间的社会关系，与尊重个人的自由"，是"比较正当的国家观"。但他又指出此种国家观过于放纵个人自由，过于强调其他社会组

---

① 陈筑山：《最新体系政治学纲要》，第 102—107 页。
② 高一涵：《政治学纲要》，第 38—40 页。
③ 陈筑山：《最新体系政治学纲要》，第 107—109、78—83 页。

织对于国家的独立性。陈筑山完全赞同英国国家"团体说"，表示自己所持见解与"与团体说根本相同"。他认为，英国国家"团体说"一方面与英国自由主义国家观一样主张国家仅为各种社会团体之一种，又修正英国自由主义国家观，指出国家有统治其他社会团体的"特殊性"①。显然，在陈筑山看来，国家"团体说"既保障了个人民主自由和社会团体的自主性，又肯定了国家对个人与社会团体的某种强制性。1930年2月，高一涵在《政治学纲要》中亦赞同国家"团体说"，认为"国家只是管理人类一部分事务的团体，在国家之外，还有许多社会存在，并且，关于那非政治的事务，个人往往与国家不生什么关系，他同别种特别团体的关系往往比同国家的关系更要密切。由此可见，国家只不过是全体社会中的一种社会，并不能算是全体社会"②。1936年5月，陈启天将麦其维《政治学》（The Modern State，1926）译为中文出版。陈启天介绍，此书"用多元和功能的观点讨论国家与政治"③。麦其维一方面将国家视作一种团体，认为"国家如同家庭或教会一样，是一种团体，国家如像家庭和教会，包含着一群分子，为特定的目的，而由一定的途径组织成功"；另一方面，又认为国家与其他团体有相当区别，声称国家"依政府所公布的法律而活动，为达此目的，赋予强制的权力，以维持社会秩序之普遍的和外部的情形"④。

西方多元主权论兴起于20世纪初。其要义为一方面否认国家主权的最高性，认为国家主权有其适用范围，不得侵犯其他团体和个人应有的权力，同时，否认国家对主权的独占性，认为教会、工会、政党等其他社会团体与国家一样拥有各自的主权。1928年5月，陈筑山在《最新体系政治学纲要》中介绍，多元主权论"为一元的主权论之反动"，其要点有三个：第一，国家主权非至高无上，与其他团体和个人权力平等；第二，国家主权有一定限制，以其支配范围为限；第三，国家主权

①　陈筑山：《最新体系政治学纲要》，第102—109、110页。

②　高一涵：《政治学纲要》，第42—44页。

③　陈启天："译者序"（1935年11月于上海），载［英］麦其维（R. M. MacIver）《政治学》（The Modern State），陈启天译，中华书局1941年版，第1—2页。

④　［英］麦其维（R. M. MacIver）：《政治学》（The Modern State），陈启天译，第1—5、14页。

可以分割，其他团体和个人的独立权亦可称为主权①。1930 年 2 月，高一涵在《政治学纲要》中又介绍，此种理论认为国家作为一种团体，与其他社会团体或组织的职能对等，故主权"不能为国家所专有"，应为各种团体或组织所同有，全国共同事件由国家管理，各种特殊事件由各该团体分别管理。高一涵又介绍多元主权论兴起的社会背景说，近代之所以兴起多元主权论，是因为近代是"对峙的劳动团体"抬头和"万能的国家主义"衰败的时期，社会生活由集权趋向分权。多元主权论的目的在于形成工业社会的自治②。法国学者狄骥否认国家主权的存在。萨孟武介绍，狄骥认为国家权力不是最高的，国家须受法律的约束，而法律又基于社会的"连带关系"。既然国家不拥有最高权力，那么，国家也就没有主权③。与狄骥根本否认国家主权的存在不同，拉斯基、柯尔等英国学者仅否认国家对主权的独占性，并不否认国家主权的存在。据翻译拉斯基《政治典范》的张君劢介绍，拉斯基的多元政治学说"意在打破此至尊无上之主权，而造成各个人、各社团自发自动之习尚也"。依拉斯基学说，一国之内有教会、工会、政党等各种社团，"所谓国家者，非能举人类一切活动而概括之，乃此种种社团中之一而已"，应承认国家之内各社团的"自主权"，取消国家的"强制"性，由国家与各社团"平均分权"④。朱采真介绍，英国基尔特社会主义者柯尔在《产业自治》等书中将国家与基尔特（Guild）视作平等的团体，认为国家与基尔特保有共同主权（Co - sovereignty）⑤。柯尔又提出，由国民基尔特统制一切生产机关，将生产机关收归公有，从而建立工人的产业管理机构。同时，由国家负责立法、司法、保健、教育等非经济的职能⑥。

　　多元主权论对中国学界的影响大约始于 20 年代后期。1928 年 5 月，

　　①　陈筑山：《最新体系政治学纲要》，第 78—83 页。

　　②　高一涵：《政治学纲要》，第 61—62、77 页。

　　③　萨孟武：《政治学与比较宪法》，第 13 页。

　　④　张士林："赖氏学说概要"，载 ［英］拉斯基（H. J. Laski）《政治典范》（Grammar of Politics）（第 1 册），张士林译，商务印书馆 1930 年版，第 5—6 页。张士林为张君劢笔名。

　　⑤　朱采真：《政治学通论》，第 100 页。

　　⑥　黄忏华：《政治学荟要》（上册），第 107—111 页。

陈筑山在《最新体系政治学纲要》中综合西方一元主权论与多元主权论，提出"多样的统一说的主权论"。他解释，"多样之统一"（Unity in variety）一语"可以避免一元的主权论与多元的主权论两者之偏弊，而阐明主权之真性质"。他认为，"一元的主权论之偏弊，在以主权为国家所特有，而且绝对无限制。循其意义之所指，必至国家内之一切团体及个人，尽没入于国家，而毫无自由生活独立存在之价值。多元的主权论之偏弊，适在其反面，即以主权不为国家所特有，而且否认国家主权有最高性与惟一性。循其意义之所指，必至国家与一切团体及个人，各各自由独立而无共通一致结合统一之体制"，自己所提理论"一方承认一切团体及个人有一定范围之主权，一方承认国家主权除受其他团体的及个人的主权范围之制限外，有完全的最高性与惟一的中心性"①。1930 年 2 月，高一涵在《政治学纲要》中倾向多元主权论。他认为，"国家只在自己权限以内才有主权。在全体社会中，国家只占一个重要的地位，并不能占高出一切社会之上的万能地位"。他申明，自己反对"神圣不可侵犯和绝对无限与无所不包的主权论"，"主权万能说不过是学理上的空论，在实际上便绝对不能实现"，"一元的主权论纯粹是一种悬想的假设，如果照实际的政治说，这种理论实在是没有根据"。无论何人，都属于从家族、村落到国家等各种"团体"，"国家的意志并不是处处可以通行，国家的权力有时候也受种种的限制。国家虽然是一种强制的组织，但是，国家的强制力有时候也不能发生效用"②。同年 8 月，朱采真在《政治学通论》中也赞同多元主权论。他认为，"主权的最高性、永久性和不可分性适用在欧洲十六七世纪中央集权制的国家，固然是顺应时势的要求，这种学说也可以风靡一代。等到后来联邦制和地方自治制渐渐发达，一元的主权论已经是不能解释一切了"。他解释说:"主权本来不是国家的特性，其他各种团体也得保有主权。大凡从家族、乡村组织到国家组织，其间正不少经济的、政治的、宗教的团体，各有支配其所属分子的力。人民有时服从国家的权力，有时也服从其他团体的权力。一元的主权论以为国家的主权是最高、绝对而不可

---

① 陈筑山:《最新体系政治学纲要》，第 83—85 页。

② 高一涵:《政治学纲要》，第 50、71—74 页。

分。其实，这种权力何尝不是到处受着牵制。况且，固执主权的旧说，既然是不合实情，倒不如基于社会上分工协作的原理，各有各的机能，各有各的权力。国家本身原是一种人类集合的团体，就和其他团体一样，并无独自享有神秘的、神圣不可侵犯的主权之必要，并且在事实上又是不可能。所以，一个国家里面只许一个主权存在，不准其他主权和它并立，确是缺乏圆满的理论。在联邦国家或自治制度发达的国家，尤其是觅不到充足的理由解释一元主权论。"①

西方多元主权论对中国学界影响最大者莫过于英国伦敦政治经济学院（the London school of economics and political science）教授拉斯基。拉斯基于1925年出版的《政治典范》（*Grammar of Politics*，1925）为其多元主权论代表作，1930年10月，张君劢以张士林为笔名将其译为中文出版。张君劢对拉斯基政治思想评价甚高，认为拉斯基几为英国现代政治思想集大成者，拉斯基"虽以英国现代思想之先导言之，不如槐氏②、麦氏③，然集合各派之长，而汇成一系统，非他人所能及也"。不过，张君劢亦注意到拉斯基对一元主权论的让步。他介绍，"社团地位重矣，国家之性质果与之等乎？社团出于各个人之自由组织，而国家不然，一也。社团之目的限于一部，而国家职业之范围甚大，二也。为打破主权无上之说，不能不降国家于社团之列，然主权之全部，即令施行职业自治、地方自治等方法分配于各社团，而国家之地位，亦未必果与社团等也"。故拉斯基在《政治典范》中"稍变其说"，指明国家与其他社团的区别，认为国家成员不像其他社团成员那样可以自由出入，其他社团没有领土，而国家有领土，同时，国家是"公共职务之法人团体"，具有筹划人民公共需求的职能，故"其地位势必凌驾一切而上之"。他注意到，拉斯基将"平均酌剂"（Coordination）的地位赋予国家，"是以多元主义者之资格，隐示对于一元主义之让步矣"④。中央大学政治学系教授杭立武亦极追捧拉斯基理论。杭立武之推崇拉斯基在很

① 朱采真：《政治学通论》，第98—100页。

② 即费边社主要代表人韦伯夫妇（Sidney and Beatrice Webb）。

③ 即英国首位工党首相麦克唐纳（J. R. MacDonald）。

④ 张士林："赖氏学说概要"，载［英］拉斯基（H. J. Laski）《政治典范》（*Grammar of Politics*）（第1册），张士林译，第2、6—7页。

大程度上出于师承。他于 1929 年获英国伦敦大学政治经济学院政治学博士学位,为拉斯基的学生。1932 年秋,他将其撰《政治典范要义》和《读〈拉氏政治思想之背景〉书后》两文及萧公权撰《拉氏政治思想之背景》辑为《政治典范要义》出版①。杭立武在此书中系统介绍了拉斯基履历、学术论著及其政治学理论。他高度评价拉斯基《政治典范》,认为此书"不特集拉氏个人思想之大成,且足使近代反政治一元主义之论说,得一系统结晶之作"②。不过,相较于杭立武对拉斯基理论的全面肯定,萧公权在《拉氏政治思想之背景》一文中却指出拉斯基理论的内在矛盾。他分析,拉斯基大体接受英国学者顾林(T. H. Green)伦理个人主义,承认国家中公善的存在,"故国家服役于众人之共同及普遍目的,而其他之社团皆不过满足人生片面之需要。此国家之地位所以必高出于一切组织之上也"。同时,依照拉斯基的观点,国家的最高目的是保护个人人格的自由发展,如果这样,社会中就不可能有其他权威挑战国家的权威。萧公权认为,"此等理论上之冲突,虽未必影响拉氏全部思想之真价值,然大纯小疵之叹,则至少不能免矣"③。杭立武对萧公权的说法颇不以为然,认为萧公权误会了拉斯基的原意。首先,拉斯基所言国家与其他社团的职能与性质是两回事,其所言"国家服务于人生共同及普遍之目的,而其他之社团,则皆为满足人生片面之需要",乃就国家与其他社团的职能而言,国家与其他社团职能的区别并不能说明两者性质不同,国家与其他社团的性质是一样的,这两者的地位亦无高下之分。其次,拉斯基所言保护个人人格的自由发展是国家与其他社会组织的共同目标,国家只是社会中的一种政治组织,"不过为达此目标之一种方法,遂安得谓应有绝对威权"④。

在民国政治学界,凡接受多元主权论者,往往具有较多民主政治关

① 杭立武:"序"(1932 年 12 月 26 日),载杭立武《政治典范要义》,商务印书馆 1947 年版,第 1—2 页。

② 杭立武:《拉氏小史》,载杭立武《政治典范要义》,第 4 页。

③ 萧公权:《拉氏政治思想之背景》(附录一),载杭立武《政治典范要义》,第 66—67 页。

④ 杭立武:《读〈拉氏政治思想之背景〉书后》(附录二),载杭立武《政治典范要义》,第 74—75 页。

怀。1928年5月，陈筑山在《最新体系政治学纲要》中即从民主政治角度对一元主权论提出批评，认为一元主权论"在理论上是否正确，及在事实上诚否符合，姑置不论。其流毒为专制国家之论据，极为显然"。他提出的"多样的统一说的主权论"试图兼顾主权的最高权威与人民的自由民主。其所言主权的完全最高性、最终强制性、唯一中心性，强调了主权的最高权威；其所言主权的有限活动性，意在将国家主权限于一定活动范围，从而为人民提供一定自由民主的空间①。1930年2月，高一涵在《政治学纲要》中强调，民意是国家主权存在的基础，"主权的真确意义，并不在国家有强制的权力，却在人民的共同承诺。人民承认国家有最高的权力，也许因为他们自己的意志表示在这公共意志之内，也许因为他们知道这种权力是为普通人民谋公共幸福，为政治社会所必不可少的要素，所以才服从他"②。

三　国民党派与马克思主义派学者的主权观

与诸多学院派学者主张多元主权论不同，多数国民党派学者从维护国民党专制统治需要出发，主张增强国家与政府权威，从而主张一元主权论。而马克思主义派学者则申明主权的阶级实质。

增强国家与政府权威问题为国民党派学者所极度关注。1926年12月，汪毅在《政治学概论》中强调政府存在的必要性。他表示，政治学"认为政府有存在之必要，是不能推翻的。人民方面所有的种种需要，非有团体力量不能满足，又非有强制执行机关不能达到种种的目的"③。1933年10月，虞棠在《新政治学大纲》中强调国家范畴中支配者与被支配者的服从关系。他认为，"有土地，有人民，仍未算国家，领土内的人民须要有切实的组织。这种组织并不是普通社会的组织，乃系成立一种政府制度，并认定人民的权利义务。而且这种规定，不容许各份子的自由违从，依于权力的表现而带有强行性。故一方为支配者，

---

① 陈筑山：《最新体系政治学纲要》，第74—76、78页。
② 高一涵：《政治学纲要》，第71—74页。
③ 汪毅：《政治学概论》（中央军事政治学校潮州分校政治部丛书之五），第49页。

他方当为服从者"①。1935 年 5 月，蒋静一在《唯生论政治学体系》中
强调，个人与国家联系密切，"国家是一个'大我'，人民是一个'小
我'，'大我'有高度的发展，'小我'然后有充分的享受。'小我'的
才智，得着正常的指导，然后'大我'的生命，方有远大的光辉。二
者相依为命"。他进而分析，一方面，国家是人类共同生存的组织，
"当然要代表全民族生存的意志"；另一方面，人们对于国家的贡献和
服务是国家进化的原动力，国家的发展需要人民"不间断地贡献其智能
于国家"②。1937 年 3 月编印的南京国民党中央陆军军官学校特别训练
班教材强调国家的强制力。此书表示，"国家具有强制其团员（人民）
服从其规则（法律）的权力，除在革命的时候，只有国家有强人服从
的权利，只有国家可以采用监禁、放逐或处死刑的手段"。"若从法律
方面观察，国家是立于一切团体之上的。无论什么团体，须经国家的允
许，才能成立。国家为使它们不至逾越法律规定的范围，时时监视它们
的行为，甚至节制它们的活动，一遇违法的事情发生，便强制解散。"③
1939 年 2 月，陈颐庆在《政治学教程》中特别申明国家对社会具有干
涉力。他认为，国家具有其他社团所没有的强制力，国家"无论对于何
人、何事，都可行使必要的强制权"；国家"对于人民可以要求永久与
绝对的服从"④。1944 年，蔡惠群在《政治学讲义》中主张国家的权威
高于个人的自由。他认为，虽然孙中山极看重民权，"不过，中山先生
所主张的民权，与一般自由主义者所主张的民权，颇有不同。他虽然尊
重个人自由，而仍然是主张以国家的自由为前提。如果在国家没有得到
自由之前，他认为个人的自由是谈不到的，而且是无意义的"⑤。萨孟
武亦特别强调国家与政府的统制作用。1944 年 4 月，他在《政治学原
理》中表示，国家为了防御外敌与维持治安，"当然可以统制国民的行
动，而在必要之时，尚须统制社团的行动，否则，工会、商会、学会、

---

① 虞棠：《新政治学大纲》，第 7—11 页。
② 蒋静一：《唯生论政治学体系》（政治月刊丛书之一），第 23、59—60 页。
③ 《政治学概论》，中央陆军军官学校特别训练班 1937 年版，第 23—24 页。
④ 陈颐庆：《政治学教程》（黄埔丛书之二十九），第 1—2 页。
⑤ 蔡惠群：《政治学讲义》，第 71 页。

教会将各执己见，各行其是，而致治安不能维持了"①。1948 年 7 月，他在《政治学新论》中又表示，国家的最高主权表现为政府最高机关的强制权，"国家须由机关发表其意思。一方国家的机关多至无限，他方国家的意思必须统一。由是，在无数机关之中，须有一个最高机关，而最高机关的意思则可拘束其他机关。所以，在事实上，最高机关的意思就是国家的意思，最高机关的行为就是国家的行为。因之，国家的主权也可以说是寄托于最高机关"②。

由于国民党派学者注重增强国家与政府权威，故而，他们多赞同一元主权论。1930 年 1 月，邱培豪在《政治学问答》中肯定主权的绝对性与最高性，认为主权"是国家行使于一切人民及一切人民团体之上之原始的、绝对的、无限的、独立的、无所不包的权力"③。1932 年 11 月，李圣五在《政治学浅说》中强调国家主权的至高无限性。他认为，"政府对于国境以内之人与物，可以行使至高、无限、独占的权力"。国家作为"主权者"的权力是不能限制的，被治者服从治者是国家存在的首要条件，"服从管理是国家存在之必要的条件，而国家之中亦必须有人或有一部分人发政施令，至于他们这种权能是用暴力掠夺来的，抑由人民赋与的，他们的政令是违背民意的，抑顺应民意的，由国家存在的观点论，均不成问题，主要在人民能服从或被驱使着服从这命令"④。1932 年 12 月，黄开山在《政治学的诸重要问题》中认为，多元主权论只能兴盛一时，不能存在一世。各种"劳动组合"等新兴社会团体之兴起是多元主权论出现的社会背景。而现代社会各种社会团体"群雄割据"的状态只是由于社会生活的"中心势力"衰弱而导致的过渡时期，"一自旧势力恢复，或优越的新兴势力出现，则中心势力亦从而确立。中心势力的确立，即群雄割据的社会生活消灭"。这种社会"中心势力"的恢复表现为政治思想，便为"一元主义的思想"的复活，"若不知时代及各种社会环境与政治思想之关系，而妄以多元的国

①　萨孟武：《政治学原理》，第 8—9 页。
②　萨孟武：《政治学新论》（大学用书），第 24—25 页。
③　邱培豪：《政治学问答》（百科问答丛书之七），第 60 页。
④　李圣五：《政治学浅说》，第 7—8、12 页。

家视为普通的真理，实知其一而不知其二的"①。1936 年 8 月，萨孟武在《政治学与比较宪法》中认为，"在现在，最高决定权常属于国家，所以，只惟国家才有最高主权，亦因国家有最高主权，故能维持社会的治安"。狄骥等人的观点并不准确，今日各国法律是否合于社会"连带关系"姑且不论，"然其由国家制定，则为一种事实，而国家制定的法律有最高效力，可以拘束国内一切人民及一切社团，也不能否认。既是这样，则制定最高效力的法律的国家当然有最高的主权"。拉斯基的主张亦不全面，如果国家与其他各种社团在各自范围内拥有各自最高主权，互不干涉，那么，"在同一领土之内，对于同一的人民，若因事项的不同，而存在两个以上的最高主权，实可发生许多纠纷。我们固然可以说教会对于宗教有最高的主权，工会对于产业有最高的主权，但是，教会的命令与工会的命令发生冲突之时，若没有一个最高机关，决定人民应该服从那一个命令，则社会秩序不能维持，势必陷入无政府状态之中了"②。1937 年 3 月南京国民党中央陆军军官学校特别训练班编印的《政治学概论》强调主权具有永久性、独占性、不可让与性、不可分割性、不受限制性，"主权既是一国的最高权力，则一国只能有一个主权。如果把主权分割，便是使一国中同时有数个权力存在。若谓这数个权力系处于同等的地位，则都不能算是最高的权力，便无主权可言。若谓这数个权力中有一个是最高的，其余的都是处于从属的地位，则只有前者是主权"③。1944 年，蔡惠群在《政治学讲义》中赞同一元主权论，表示"国家的意思可以拘束国内一切人民与一切社团的意思，如人民与社团发生争议时，最后由国家予以裁决，因之，国家之有最高主权，至无疑义"。他批评拉斯基多元主权论说，"拉氏以为国〔家〕不外是社会团体之一种，国家与其他社团的地位均属平等，各在其职能范围内，各有最高主权，彼此不相干涉。这种见解，亦不合于实际情势。如在同一领土内，对于同一的人民，不相同一的社会，因事项的不同，而存在两

---

① 黄开山："多元的国家观"，载黄开山《政治学的诸重要问题》，神州国光社 1932 年版，第 229、245—246 页。

② 萨孟武：《政治学与比较宪法》，第 13—14 页。

③ 《政治学概论》，中央陆军军官学校特别训练班 1937 年版，第 44—45 页。

个以上的最高主权，对于彼此争执和纠纷之难以得到最后的合理的解决，是可以想象的。例如教会与工会如具有最高主权，但两最高主权发生冲突时，没有一个驾乎二者以上的最高主权，决定其是非，裁制其冲突，则社会秩序无法维持，人类安宁，无从保障，必然地使整个社会陷于无政府的状态中。所以，多元论者的国家主权学说，是不合实际情况的高论"①。

马克思主义派学者对于一元主权论与多元主权论之争集体失语。他们并不关心所谓一元与多元主权问题，而重点阐述了国家主权的阶级实质。1929 年 11 月，秦明在《政治学概论》中指出，国家主权具有"阶级性"。他分析，"在许多国家定义中，为一般御用学者所不肯明白说出的，大概就是国家'主权'的根本意义，——大概就是国家主权的阶级性"。这个问题不解决，国家的本质和定义就永远搞不清楚。一些学者把主权阐释为"公共意志""社会之活动的意愿""势力的总汇"，都掩盖了主权的"阶级"本质。"主权！主权！打开天窗说亮话，便是阶级的权力。""社会人类因社会发展到一定的阶段，把人类分裂为两阶级对立的时候，一阶级便不得不假强制力以维持于自己有利的社会关系，即经济组织与政治制度。同时，还要假此强制力抑制其他阶级。此种强制力就是所谓'主权'。"② 1932 年 5 月，傅宇芳在《马克思主义政治学教程》中亦指出，资产阶级政治学者宣扬的主权理论，仅将主权视作国家统治中枢，是一种"空洞的主权理论"。所谓主权不过是统治阶级的工具，"全民的主权，是一句骗人的话"。"辩证唯物论的观点，则以为主权即统治阶级之超越的力量表现于阶级统治的实权之主宰之意。故主权属于统治阶级独有之权"③。马克思主义派学者主张的主权阶级性，遭到一些多元主权论者的批评。朱采真于 1930 年 8 月在《政治学通论》中注意到，阶级国家论者认为主权具有阶级性，在资本主义社会，国家主权实质是资产阶级的阶级权力。朱采真从多元主权论角度批评说，所谓国家的最高、绝对主权根本不存在，"资产阶级

---

①　蔡惠群：《政治学讲义》，第 45—46、49—50 页。

②　秦明：《政治学概论》（新社会科学丛书第 11 编），第 7—8 页。

③　傅宇芳：《马克思主义政治学教程》，第 172—173 页。

何尝真个有了这种最高的、绝对的主权?"所以,主权的阶级性是无从谈起的①。

　　政治学界讨论的一元主权论、多元主权论问题,与实际政治层面的专制、民主政治观念密切关联。西方一元主权论兴起于 16 世纪欧洲统一民族国家形成、消除封建割据之际,注重维持国家的强制权力。而 20 世纪初西方兴起的多元主权论则基于英国 19 世纪自由主义国家观,强调缩小国家权力的范围,强化各社会团体之功能,增强个人的民主与自由。清末至 20 世纪 20 年代前期,中国学界主要受一元主权论影响。20 年代后期以降,多元主权论在中国学界日益兴盛。两种主权论在中国之消长,亦成为同时期民主与专制观念的重要学理基础。这表现在国民党派学者出于维护国民党当局政治权力需要,多宣扬一元主权论;而在中国学界看来,多元主权论与自由主义国家观以及民主政治有千丝万缕的关联。马克思主义派学者则基于革命立场重点辨析主权的阶级属性。

　　民国学界所言政治学研究范式仍为西来。民国政治学者以欧美政治学研究范式为蓝本,力图有所发挥,从而构建中国式的政治学研究体系。总体而言,民国政治学者深受 19 世纪末欧美科学实证论影响。他们承欧美余绪,以国家为研究对象,并将科学实证研究方法纳入政治学研究,形成科学国家学研究范式。然而,各派政治学者面临西说,由各自政治立场而有取舍与偏重,由此形成学院派、国民党派、马克思主义派三种政治学理论体系并陈局面。学院派学者多注重遵循欧美政治学研究范式,强调运用美国实用主义等科学实证方法。他们出于中国民主政治关怀,日益关注多元主权论。国民党派学者则试图将学院派学者阐述的欧美研究范式与孙中山民生史观相结合,构建适应国民党统治需要的政治学体系。马克思主义派学者则强调政治学研究应并用唯物辩证法与唯物史观方法,构建起革命式的政治学研究范式。此三种政治学理论之间,同中有异,异中又有同。对于科学实证论的接受,似为各派学者的共同取向。国民党派学者多赞同学院派学者宣扬的实用主义方法。而马克思主义派学者主张的唯物史观及其阶级分析方法成为另外两派学者辩

----

① 朱采真:《政治学通论》,第 102 页。

驳的焦点。由此而言，政治改良论与政治革命论之分野几成民国政治学理论之分水岭。问题在于，在以革命手段重构中国社会仍为民国社会主要发展趋向的情况下，政治改良论是否能够满足中国政治发展的需求？

第 四 章

民国时期社会科学话语中的
马克思主义思潮

　　民国时期，在中国社会科学研究日益兴盛的过程中，马克思主义社会科学（时人往往称之为"新兴社会科学"或"新社会科学"）研究亦迅速兴盛，进而形成一个对中国社会影响巨大的马克思主义社会科学流派。如果说马克思主义作为一种理论体系在中国的传播始于1919年五四运动之后，而马克思主义社会科学研究则兴起于20世纪20年代中期，至30年代臻于壮大。在此，我们似乎应对民国时期中国共产党主导的马克思主义理论宣传与同时期马克思主义社会科学著述有所区隔。所谓马克思主义理论宣传，主要是将马克思主义相关理论原则，以某种方式普及于各界人士，重点不在理论体系的系统和深入阐发，尤其不涉及社会科学理论体系与研究范式的阐述与构建问题；而马克思主义社会科学著述，虽亦涉及面向社会民众的普及化问题，但重点在于社会科学理论体系与研究范式的阐述与构建，撰著者亦以致力于学术研究的学者为多。从地区上说，上海则成为马克思主义社会科学研究的中心。马克思主义社会科学研究一方面与中国共产党领导的新民主主义革命相辅相成；另一方面，研究与宣传马克思主义社会科学理论的论者群体则不限于中国共产党人士，亦包括曾经与中国共产党有组织瓜葛但后脱离中国共产党的人士，甚至包括虽与中国共产党无联系但倾向马克思主义的学者。从而，在中国形成一个颇具社会影响力的马克思主义社会科学论者群体。他们大力从事马克思主义社会科学的理论撰述与宣传，构建起完整的马克思主义社会科学论述体系与话语系统。马克思主义社会科学研究二三十年代在中国的兴盛，从另一个侧面彰显出中国共产党领导的新民主主义革命在中国成功的历史必然性，亦即中国共产党领导的新民主主义革命在中国的发展，并不仅是农村包围城市的革命武装斗争的问题，同时亦出于巨大的社会理论需求。显然，在分析和考察民国时期社会科学理论体系构建过程中，考察其中的马克思主义社会科学话语系统，当具有重要的学术价值。

第一节　论者群体、文本承续与各方反应

在分析民国时期马克思主义社会科学话语之前，大致介绍一下其论者群体及承载这种学术话语的文本情况是必要的，因为只有如此，才能理解这种学术话语的思想情境。同时，民国时期马克思主义理论文本之间，具有相当的文本传承，通过梳理这种文本传承，可以呈现马克思主义社会科学话语的传播脉络。而且，马克思主义社会科学理论与同时期其他社会科学理论呈现相当的学术对立，在当时学术界引起强烈的学术反响。通过分析这种学术反响，可以反映出其在当时中国整体社会科学研究中的学术地位。

一　民国时期马克思主义社会科学论者群体及其论著

民国时期的马克思主义社会科学研究兴起于 20 年代中期。尤其是 20 年代末 30 年代初以后，以上海地区为中心，涌现出大量马克思主义社会科学论著，并进而形成一个颇具社会影响力的马克思主义社会科学论者群体。马克思主义社会科学研究的兴盛，既是中国共产党理论宣传的结果，亦与一些左翼知识分子的自发学术努力有关。这个论者群体大致包括三类论者：中国共产党理论宣传工作者、曾参加中国共产党后脱党但仍信奉马克思主义的人员、虽与中国共产党无组织瓜葛但倾向马克思主义的人员。

瞿秋白撰《社会科学概论》和萧楚女撰《社会科学概论》是民国时期较早的马克思主义社会科学论著。1923 年初，瞿秋白从苏联回国。同年夏，他出任上海大学教务长兼社会学系主任。1924 年夏，他在该校与复旦大学、南洋大学、东吴大学等校共同举办的夏令讲学会上，开

设《社会科学概论》讲座，此讲稿于 1924 年 10 月由上海书店初版。之后，在长期的民主革命斗争中，此书成为中国共产党努力宣传的文本。中共中央于 1929 年在上海成立华兴书局，作为马克思主义论著的出版发行机构。1930 年 6 月，华兴书局将此书以德国人"布庄德耳"著、"杨霞青"译《社会科学研究初步》名义印行。中国共产党以"霞青"名义介绍，此书可以给青年们提供一个认识社会的门径，帮助青年们找到改造社会的方法，"现在许许多多的青年，时常苦于摸不着寻找认识和理解社会的门径，以致更无法找到改造社会的方案"。"德国布庄德耳的这本短短的著作，虽然不是什么包罗万象的大作，但它却能够给现代青年一个研究社会科学的门径。"① 1947 年 3 月，此书又以《给初学社会科学者》为题由上海集成书屋印行，著者署名为"布朗德尔"，译者改为"余在铭"。其译者序与《社会科学研究初步》内容相同，只是在文末加了一段话："现在，艰苦悲壮的八年抗日战争，已经结束，多灾多难的胜利也已过了一年又半载，但是，我们的国家独立了没有？回答是'没有'。所以，中国青年的责任没有完结，还得为求和平统一而奋斗。同时，我们得镇静下来，研究社会科学，认识这个社会。"② 集成书屋在翻印此书时，似乎并不知道其为瞿秋白撰《社会科学概论》。上海解放后，集成书屋于 1949 年 6 月再次翻印此书。集成书屋在印成后才弄清此书的真实作者，遂于同年 8 月在书末加印启事称："本书在国民党反动统治时期（1947 年初），根据版权页上载有'欢迎翻印'字样之布朗德尔著余在铭译《给初学社会科学者》一书排印二千本，藉供当时革命青年团体之秘密学习。上海解放之初，各界青年对于社会科学的初步知识更有迫切需要，本店乃据原版再版二千本。乃至再版印成，始悉此书原为瞿秋白同志的遗著（并非译文，原始书名为《社会科学概论》），故其内容深入浅出，为其他社会科学著述所不能比拟。"③

---

① 霞青："译者序"（1929 年双十节于柏林），载［德］布庄德耳《社会科学研究初步》，杨霞青译，华兴书局 1931 年版，第 1—2 页。

② "译者序"，载［德］布朗德尔《给初学社会科学者》，余在铭译，集成书屋 1947 年重印版，第 6 页。

③ 集成书屋："启事"（1949 年 8 月 15 日），载［德］布朗德尔《给初学社会科学者》，余在铭译，封底。

中国共产党早期党员萧楚女于1926年11月编撰的《社会科学概论》，是他任黄埔军校政治教官期间的讲稿。此书较系统地阐述了马克思主义社会科学理论，包括总论、社会及其意义、经济及社会之真实基础、政治、法律与道德——伦理学说、风俗与文化六部分。

1927年"四一二"政变后，中国社会科学界形成马克思主义与非马克思主义两大阵营。虽面临国民党的政治与理论高压，但马克思主义社会科学著作却开始大量涌现，进而形成马克思主义社会科学研究的高潮，呈现出所谓"新兴社会科学"或"新社会科学"日益兴盛局面。

中国共产党左翼文化人士为了宣传马克思主义社会科学理论，撰写了大量相关著作。杨剑秀原名欧阳本义，1925年毕业于上海大学社会学系，后任中国共产党上海闸北区委书记，系中国共产党重要理论宣传工作者。他于1927年参加南昌起义后，又于1928年加入创造社，并任1930年成立的左翼作家联盟、左翼文化界总同盟组织部书记。他于1929年6月出版《社会科学概论》。杨剑秀此书虽多有借鉴萧楚女《社会科学概论》之处，但在20年代末30年代初马克思主义社会科学理论宣传方面，社会影响颇大。祝伯英，又名亦英，30年代曾任中共中央文化工作委员会（简称文委）书记，并参加社联工作。1933年12月，他出版《社会科学讲话》。此书包括哲学与社会科学、社会学入门、经济学纲要、社会简史、社会思想述要、经济思想史、社会问题概论、政治常识、国际政治经济之研究、中国经济问题共十讲。但他后来脱党，担任中山大学哲学系教授。1939年9月，王明之等撰写的马克思主义社会科学论著《新社会科学基础知识》由上海三户书店出版。此书特别强调，社会实践必须站在马克思主义的正确立场，此书目的即为"对于实践工作者建立了正确的立场，免得受伪科学的理论的氛围所欺骗，所迷惑"[①]。从此书所具鲜明的马克思主义立场看，撰写此书的王明之、林哲人、卢宁夫、萧达四人可能具有中国共产党身份。上海光华出版社分别于1946年和1949年出版韶华译《社会科学简明教程》和胡明译《社会科学简明教程》，两书虽所标译者不同，但均据苏联教本译出，

---

① 三户编辑部："代序"（1939年4月1日），载王明之、林哲人、卢宁夫、萧达《新社会科学基础知识》，第3页。

内容完全一致，只是后者增加了《辩证唯物论》和《历史唯物论》两讲。由此看来，韶华与胡明实为同一译者。

不少马克思主义社会科学著作由具有中国共产党背景的理论宣传机构所编。1932 年 8 月，北平科学研究会编印了一本《新兴社会科学研究大纲》。这本小册子旨在系统研究马克思列宁主义理论，试图"最有系统的把握马克思列宁主义的理论"。此大纲提出，马克思列宁主义理论体系主要包括三方面：（1）资本主义的解剖、帝国主义论、一战后第三时期；（2）阶级与阶级斗争、国家理论与无产阶级独裁、民族问题、农民问题、妇女问题、青年问题；（3）唯物论与观念论、唯物辩证法与辩证法的唯物论、唯物史观、意识形态论①。显然，此大纲将马克思列宁主义理论体系归结为资本主义与帝国主义剖析、阶级分析与无产阶级专政的国家理论、唯物辩证法与唯物史观理论三方面。1938 年 9 月，延安解放社出版《社会科学概论》，之后，1940 年 6 月，该社又将此书进行增订，重新出版。此书各章由中国共产党理论工作者杜民、刘芝明、徐懋庸、徐冰、苏华、杨松、陈伯达、艾思奇等分头撰写。此书主要运用唯物史观分析人类社会发展史以及世界无产阶级革命与中国革命问题。1940 年 3 月，其增订版序言称："这本书第一版是在一九三八年九月出版的。当时编著这本书的目的，在于帮助从事抗战建国的青年读者们去初步了解人类社会发展的规律和最近二十余年来国际形势之发展，以便于他们进一步去读马克思、恩格斯、列宁、斯大林的古典著作，并便于他们去独立观察和研究世界现实及其发展的历史规律。"②

诸多中国共产党人士出于马克思主义理论宣传需要，致力于马克思主义社会科学通俗读物的编撰。此类论著以柯柏年《怎样研究新兴社会科学》、顾凤城《社会科学问答》、曹伯韩《通俗社会科学二十讲》较重要。柯柏年原名李春蕃，其经历与杨剑秀颇为相似。20 年代，他也曾在上海大学社会学系学习，并加入中国共产党。"四一二"政变后，他改名柯柏年，继杨剑秀之后，曾在中国共产党上海闸北区委工作，任

① "说明"，载作者不详《新兴社会科学研究大纲》，第 1—3 页。

② "增订本序言"（1940 年 3 月 8 日），载社会科学研究会编《社会科学概论》（增订再版），解放社 1940 年版，第 1 页。

第三街道支部书记。之后，他参加中国共产党上海左翼文化领导工作，曾任 1930 年 5 月成立的中国社会科学家联盟（简称社联）党组成员。他于 1930 年 3 月出版《怎样研究新兴社会科学》。柯柏年此书旨在以通俗读物的形式向民众宣传马克思主义社会科学理论，内容浅显易懂，其所谓"新兴社会科学"即马克思主义社会科学。他在自序中表示，"它告诉了青年们：新兴社会科学是什么？新兴社会科学为什么比旧社会科学优越？它又告诉了青年们：自己研究新兴社会科学时应该怎样自修，应该读哪一本？"① 此书一度流传很广，其再版自序称："这本书出版了四个多月，就卖去了二千本。"② 顾凤城在 20 年代末曾任共青团嘉定县工作委员会书记，30 年代初任光华书局编辑，曾任 1930 年 11 月光华书局创办的《读书月刊》主编，后成为小说作家，并为左联成员。1930 年 5 月，他出版《社会科学问答》。此书采用问答体裁，旨在向民众普及马克思主义社会科学理论。顾凤城在自序中介绍，"这本书的编著，是专门供给一般初学社会科学的青年看的，也可以说是一本社会科学的入门书"。他又介绍，"本书本来是我个人的读书录。现在加以整理编纂，成为此书"③。显然，此书乃由顾凤城摘抄整理当时各类马克思主义社会科学论著而成，诸多内容摘自杨剑秀《社会科学概论》和高尔松、高尔柏《社会科学大纲》。曹伯韩又名曹典琦，是 30 年代活跃于上海地区的中国共产党文化人士。他于 1924 年加入中国共产党，1936 年任李公朴、柳湜、艾思奇等创办的读书生活出版社编辑。他于 1937 年 1 月在读书生活出版社出版《通俗社会科学二十讲》。此书运用通俗而浅显的语言，向社会大众介绍马克思主义社会科学的基本理论。他在前言中表示，自己只想"在通俗化运动上获得一点抛砖引玉的结果"，"至于内容方面，所谈到的原不过是社会科学里面几个最基本而浅近的原则"。他又称，"我对于社会科学是没有什么素养的，不过，对于通俗化运动颇有一点兴趣。在几年以前，我们的文化界还没有注意

①　柯柏年："自序"（1930 年 3 月 6 日），载柯柏年《怎样研究新兴社会科学》（增订本），第 1 页。

②　柯柏年："再版自序"（1930 年 8 月 4 日），载柯柏年《怎样研究新兴社会科学》（增订本），第 4 页。

③　顾凤城："序"（1930 年 5 月 25 日于上海），载顾凤城《社会科学问答》，第 1 页。

到通俗化，那时，我个人早有这样的感想：坊间介绍新社会科学的译作，一天多似一天，虽然是可喜的现象，可是，一般读者却很少能读懂它们的"①。

　　一些曾经加入中国共产党，但后来脱党，而仍信奉马克思主义的知识分子编撰了不少社会科学著作。高尔松、高尔柏兄弟在马克思主义社会科学理论宣传与介绍方面极具代表性，二人合撰了一系列马克思主义理论著作。高尔松笔名高希圣、高振清、高圯书，而高尔柏则长期以郭真为笔名②。本书第三章已经提到，高尔松曾在 20 年代加入中国共产党，1927 年"四一二"政变后流亡日本。他于 1929 年 6 月回上海，与高尔柏创办平凡书局。同年 6 月，高尔松与高尔柏等合作出版《社会科学大词典》。他们在"刊行之辞"中提到，"现代的社会科学，已分成为有产者的和劳动者两方面的学说了。所以，同是一个社会科学名词，就有不同的解说"。他们由此分析，社会科学研究与中国的社会改造密切关联。当下人类社会正处在资本家与劳动者两大阵营相对立的"骚扰与乱动的境域"中，"资本主义的高度发展，使人类社会划分为二大层：一方是所有生产机关，垄断世界经济的资本家及其所属人员；一方是失去生产机关，以出卖劳动力维持最低最恶劣的生活的劳动者及其相同人员"。社会科学的功用即为解答当下社会变革的问题，"现在的社会组织，是否已到了可变革的时期？要回答这个问题，除了研究社会科学，简直没有第二方法"。正因为社会科学的此种功用，"中国的学术界已热烈地拥护社会科学，研究社会科学，想运用社会科学，企图改造

---

①　曹伯韩："前言"（1936 年 10 月 19 日），载曹伯韩《通俗社会科学二十讲》，读书生活出版社 1939 年版，第 1—4 页。

②　关于二人的笔名情况，《社会科学大纲》于 1929 年 11 月由平凡书局出版时署名高希圣、郭真。上海解放后，《社会科学大纲》于 1949 年 6 月由平凡书局再版时，则署名高尔松、高尔柏。可见，高希圣应为高尔松，郭真应为高尔柏。因为此时上海已解放，他们没有必要用化名出版此书。另外，1930 年 4 月与郭真合撰《社会科学的基础知识》的高圯书，应为高尔松。《社会科学的基础知识》于 1930 年 4 月由乐华图书公司出版时，署名郭真、高圯书，而1931 年 6 月再版时，封面则将印行者标为新文艺书店，将著者标为郭真、高希圣，而封二仍将印行者标为乐华图书公司，将著者标为郭真、高圯书。参见郭真、高圯书《社会科学的基础知识》，封面、封二。另外，高尔松亦曾以高振清为笔名。高尔松曾于 1930 年 12 月由平凡书局出版《新政治学大纲》，1932 年 10 月，他又以高振清为笔名将此书由上海社会经济学会再版。

今日的社会"①。同年 11 月，他们又合作出版《社会科学大纲》。此书站在马克思主义立场，系统地阐述了社会科学的基本理论以及社会论、文化论、唯物论、资本论、民族论、国家论、政党论、法律论、战争论、阶级论、宗教论、人口论等专题性理论问题，在民国时期马克思主义理论著作中影响深远。1930 年 4 月，他们又合编《社会科学的基础知识》。此书第一章"社会科学"由《社会科学大纲》缩写而成，全书大部分编写工作由高尔松完成。高尔柏在序言中说："在二月前，乐华图书公司约我编辑这本书，并且要我很快编成。可是，我为了有其他的事，不能赶编，乃由圯书担任编著。只因要紧完稿，我也帮他写了一些，自然，成分是非常少的。"②

　　在脱离中国共产党的马克思主义论者中，陈豹隐、沈志远亦极具代表性。本书第三章曾介绍，陈豹隐曾于 20 年代加入中国共产党，1927 年因国民党屠杀共产党与中国共产党失去联系。30 年代，他先后任教于北京大学、北平大学法学院（1934 年改称北平大学法商学院）。他于 1932 年 10 月出版的《社会科学研究方法论》为其在北平大学法学院的讲义，由其学生代为记录、整理。他在序言中说明，"这个讲义的上篇是徐万钧先生替我笔记的，下篇是雷季尚先生替我笔记的"。此书内容不少取材于日本相关书籍。他在序言中申明，"这个讲义虽然取材于各书——特别是唯物辩证法大半取材于最新颖、最正确、最能将辩证法具体化了的广岛定吉、直井武夫共译西罗科夫等所著的《辩证法的唯物论教程》，但是，我自己却也有许多独特的主张"③。沈志远亦为民国时期著名的马克思主义理论家。他于 1925 年加入中国共产党，1926 年 12 月赴莫斯科中山大学学习，其间参与《列宁选集》的中文翻译工作。他于 1931 年 12 月回上海，任社联常委，并于 1933 年任教于暨南大学。1933 年 6 月，他因病与中国共产党失去组织联系。之后，他于 1936 年任北平大学法商学院经济系主任。他在上海、北平任教期间，致力于马

　　①　"刊行之辞"（1929 年 3 月），载高希圣、郭真、高乔平、龚彬编辑《社会科学大词典》，世界书局 1935 年版，第 5—6、1—2 页。
　　②　郭真："序"（1930 年 3 月 4 日），载郭真、高圯书《社会科学的基础知识》，第 4 页。
　　③　陈豹隐："序"（1932 年 9 月 18 日于北平），载陈豹隐讲述，徐万钧、雷季尚笔记《社会科学研究方法论》，第 2 页。

克思主义理论的著述。全面抗战期间,他任重庆生活书店总编辑,并主编《理论与现实》。1944 年 9 月,他参加民盟,后于 1945 年 10 月当选民盟中央委员。他于 1936 年 9 月出版《妇女社会科学常识读本》。1939年 9 月,他介绍,此书由他在《妇女生活》杂志发表的 12 篇文章辑成,"在三年零四个月以前,我曾经在本刊上连续发表了十二篇谈社会科学常识的短文,后来合订成书,叫做《妇女社会科学常识读本》,到现在已经销到了六版以上"①。1947 年 2 月,他又以《妇女社会科学常识读本》为基础,出版《社会科学基础讲座》。他在自序中表示,"这本书并非完全新著,而是以旧作《社会科学常识读本》上下两册为基础,从头到尾加以增订修改之后的产物"②。

此外,李平心、胡伊默等论者亦有脱党经历。李平心于 1925 年 8月进入上海大学社会学系学习,开始接触马克思主义理论,后于 1927年 2 月加入中国共产党。30 年代初,他与中国共产党党组织失去联系,长期从事马克思主义理论著述。他于 1936 年 5 月出版的《社会科学研究法》是一部通俗读物,以生动而大众化的语言,对马克思主义基本理论作了系统阐述。胡伊默亦曾于 20 年代加入中国共产党,并被派至莫斯科中山大学学习,回国后,在中国共产党湖北省党组织工作。30 年代,他因与中国共产党失去组织联系而脱党,后任教于暨南大学。1937年 4 月,他出版《社会科学读本》。此书对马克思主义基本理论的解释不仅通俗,文字流畅,而且相较于其他相关论著较为翔实。胡伊默此书阐述了社会科学概念及其研究方法,并分别介绍了社会学、经济学、政治学、意识形态学、特殊问题研究、历史学等学科的基本内容。他介绍,"按照社会构成与发展的系统,依先后本末的顺序,把各主要部门的社会科学,作简明而有系统的解释。以社会学始,以历史学终"③。

一些虽与中国共产党无组织瓜葛但倾向马克思主义的知识分子也致

---

① 沈志远:"小序"(1939 年 9 月 16 日),载沈志远《大众社会科学讲话》,妇女生活社、生活书店 1940 年版,第 1 页。

② 沈志远:"著者自序"(1946 年 12 月于香港),载沈志远《社会科学基础讲座》,智源书局 1947 年版,第 1 页。

③ 胡伊默:"后记"(1937 年 3 月 28 日),载胡伊默《社会科学读本》(新青年百科丛书),第 221 页。

力于马克思主义社会科学理论著作的编撰。在此类论者中，柳辰夫、王亚南等较具代表性。1934 年 5 月，柳辰夫编撰《怎样自学社会科学》，由申报流通图书馆读书指导部出版。柳辰夫为 30 年代活跃于上海地区的左翼知识分子，曾与李公朴创办上海基督教青年会读书会。申报流通图书馆系申报总经理史量才于 1933 年秋邀请李公朴等在上海创办的宣传左翼思想的机构，李公朴任馆长。上海地区的各界群众可在此借阅书籍，图书馆还以通信方式指导上海及外地群众读书。此书旨在向民众普及马克思主义社会科学知识。柳辰夫在自序中强调此书的通俗化特点，表示"上篇在文字构成上，我采用了几个实际的问题作为学习的出发点，由是而说明为什么我们要学习社会科学，怎样学习社会科学，最后仍复回到展在我们当前要研究的实际问题上去"①。王亚南是民国时期著名马克思主义经济学家，曾于 1938 年与郭大力合作翻译出版《资本论》三卷本。他于 1944 年在福建永安任福建省研究院社会科学研究所所长。次年秋，他至福建长汀任厦门大学经济系主任兼法学院院长。1945 年春，他在福建永安撰成《社会科学新论》。他在序言中介绍，"这部书主要是在福建写成"。"它的出版，希望能多少有助于一般社会人士特别是一般青年研究者，对于时代，对于科学的明确认识。"②

此外，陈端志、刘剑横、李季达亦是 30 年代受马克思主义影响的左翼论者。陈端志在 30 年代任职于上海博物馆，全面抗战时期曾任国民政府社会部秘书。30 年代，他以左派史家和博物馆学家闻名，先后于 1935 年 5 月和 1936 年 7 月出版《五四运动之史的评价》和《博物馆学通论》。他于 1934 年 3 月出版的《现代社会科学讲话》包含相当多的马克思主义观念。由此看来，他即便不是纯粹的马克思主义者，亦可说深受马克思主义理论影响。他在此书"卷头语"中表示，此书以倡导"新兴社会科学"自任，"本书的编辑，就是要想使那沉湎在帝国主义时代的中国群众和中国青年，给与正确的新兴社会科学的一个指标"。

---

① 柳辰夫："自序"（1934 年 3 月 20 日），载柳辰夫作，章乃器校《怎样自学社会科学》（李公朴主编自学丛书），第 1 页。

② 王亚南："序"（1945 年 4 月于永安野马轩），载王亚南《社会科学新论》（社会科学丛书），第 3 页。

他注意到,"新兴社会科学"在中国社会受到各方面的压制,"不独疯狂的文化毁灭者,正在用中世纪僧侣们虐待科学思想家的高压手段,向新兴社会科学进攻,同时,捍御旧制度的道学者,亦在毁谤与曲解各种社会制度和社会形态。更有投机取巧欺骗群众的书贩子,假借名目,标榜学理,把相反思想,蛊惑青年,遂使新兴社会科学,终于不能从浓重的尘雾中显露真面目,即使有零星短篇的启蒙作品,而于进一步学习社会科学的人,就不容易获得一个正确的轮廓"①。不过,他对国民党三民主义并不排斥。他表示,孙中山"倡导三民主义和以三民主义为基础的国民革命,以促进中国革命的进行。这是孙中山先生之所以'伟大'和孙中山先生之所以称为'先知先觉'"。中国社会自国民党执政以来未有起色,并非三民主义的缺陷,而是国民党当局"人谋之未臧","中国的社会经济,中国的民族文化,并不以实行了三民主义和以三民主义为基础的国民革命而稍有起色,这当然是人谋之未臧,不可以是而尽归咎于'主义',更不可以是而便归咎于孙先生"②。显然,他对国民党当局的执政作为持批评态度。刘剑横于1932年9月出版的《自然科学与社会科学的关系》,运用唯物论、辩证法和唯物史观论述了科学概念、宇宙现象间的联系性、社会现象与自然现象的关系、社会法则与自然法则的关系、自然现象与社会现象的关系等问题。他反对统治阶级的"歪邪的社会科学",提倡"新的真正的"的"社会科学",声称"在社会科学,是久被统治阶级的学者将他歪邪了!到现在,这种歪邪的社会科学,仍然随着统治者的权威,在社会中张扬他的魔力,是一件客观的事实。至于那真正的社会科学,他在现今不是没有发生,然而,他尚遭受着不幸的命运,因之,尚不为一般的社会所了解,我们不能不引为遗憾!这本小册子,对于社会科学的新的真正的科学的指示,自信是曾用过相当的力量的"③。李季达于1937年6月出版的《怎样研究社会科学》亦包含诸多马克思主义观念。此书作为上海一心书店万有小丛书之

① 陈端志:"卷头语"(1934年3月12日于上海),载陈端志《现代社会科学讲话》,第1—3页。

② 陈端志:《现代社会科学讲话》,第376页。

③ 刘剑横:"序言"(1929年4月6日),载刘剑横《自然科学与社会科学的关系》,第2页。

一出版。万有小丛书的编撰大致以唯物史观为指导，其刊行缘起称，"本小丛书所编译的范围取材于多方面，立论全以唯物史观为根据"①。

1930年6月，一位署名"公直"的作者依据英国左派理论家约翰·史武勒契（J. Strachey）撰《社会主义的理论与实践》（*The Theory and Practice of Socialism*）第一、第二编，编撰《大众社会科学讲话》，由世界书局出版。史武勒契曾于20年代加入英国工党，30年代脱党后成为马克思列宁主义者，再后来成为凯恩斯主义者。公直介绍，"史武勒契是被公认为正统的马克思派作家的。他写这一本书，以目前英美资本制度作出发点，研究它的基本缺陷究在什么地方，用什么方法可以补救，补救的时候应从何处入手，应经过怎样的步序"。所以，自己根据约翰·史武勒契所论编写的这本书"是根据马克思、恩格尔思、列宁、史丹林的思想系统来编的一本讲解马克思派的社会科学的入门书"②。实际上，公直所编此书内容主要为批评资本主义社会的弊端，并阐述社会主义与无产阶级专政理论。

显然，自20年代末30年代初开始，被冠以"新兴社会科学"或"新社会科学"之名的马克思主义社会科学研究迅速兴起，不仅涌现出大批相关著作，亦形成马克思主义论者群体。在相关论著中，既有专业性的理论著作，亦有旨在向民众宣传马克思主义理论的通俗读物。而其写作动机也有相当不同，中国共产党及其理论宣传工作者多出于推动中国新民主主义革命的现实需求，而一些与中国共产党曾有组织关系或从无组织联系的论者，则多出于自身的思想信仰。

二 马克思主义社会科学论著的文本承续

民国时期各种马克思主义社会科学论著之间的文本传承颇为明显。通过梳理这种文本传承，或可大致厘清某些论点的文本来源，亦可呈现马克思主义社会科学话语的传播脉络，甚至看出某种理论观点的社会宣

---

① "万有小丛书刊行缘起"，载李季达《怎样研究社会科学》（万有小丛书），一心书店1937年版，第2页。

② 公直："编者序言"（1930年1月），载公直《大众社会科学讲话》，世界书局1949年版，第1页。

传过程。

30 年代初,一些论著被中国共产党理论宣传机构所重视,被当作基本学习材料进行推广。1932 年 8 月,具有中国共产党背景的北平科学研究会编《新兴社会科学研究大纲》即介绍,柯柏年《怎样研究新兴社会科学》、杨霞青译德国布庄德耳著《社会科学研究初步》(实为瞿秋白《社会科学概论》)、李达译苏联卢波尔著《理论与实践的社会科学根本问题》是研究社会科学的重要参考书①。显然,柯柏年于 1930 年 3 月出版的《怎样研究新兴社会科学》、瞿秋白于 1924 年 10 月出版的《社会科学概论》、李达于 1930 年 10 月译的《理论与实践的社会科学根本问题》等著作被 30 年代初中国共产党理论界所推重。其中,李达迻译之书系苏联学者卢波尔于 1928 年 8 月撰成的《伊里奇与哲学——哲学与革命底关系底问题》,其内容为结合社会实践探讨唯物辩证法等列宁的哲学理论②。

萧楚女于 1926 年 11 月出版的《社会科学概论》对杨剑秀产生了很大影响。杨剑秀于 1929 年 6 月出版的《社会科学概论》,多有引述萧楚女所论之处。萧楚女在阐述社会科学研究对象的抽象性时说:"此等科学之对象,大都是抽象的,虽显著如一国之政治组织,巨册之法典条文,乃至买卖、征兵、罢工、战争等明明白白之事实,然要皆只可以脑系中之思索与表现思想之语言文字,以推求说明其理性质素之所在,却终不能如自然科学,可以视听嗅触诸学及精微之仪器,以求得其香臭、甜苦、软硬、轻重、大小、黑白、高低等之具体的形质。"③ 杨剑秀亦称:"此等科学的对象,大都是抽象的,虽显著如一国的政治组织、巨册的法典条文,乃至买卖、征兵、罢工、战争等明明白白的事实,然都只可以用思想与文字来推求说明其因果关系的法则性,却终不能像自然科学一样,可以用视听触嗅诸觉及精微的仪器,以求得其香臭、甜苦、软硬、大小、轻重、黑白、高低等具体的形质。"④ 萧楚女在阐述社会

---

① 作者不详:《新兴社会科学研究大纲》,第 8 页。

② 参见李达"译者例言"(1930 年 8 月 1 日于上海),载 [苏] 卢波尔《理论与实践的社会科学根本问题》,李达译,第 1—2 页。

③ 萧楚女:《社会科学概论》(政治讲义第十种),第 1—2 页。

④ 杨剑秀:《社会科学概论》,第 5 页。

生产的源起时说，"人类取其生活资料于自然界，最初是采取自然界中现成之物（如果品、禽兽），与高等动物猿猴等是一样的。此时人类生活还说不上'生产'两字。人类应于生存上之必要，必须设法战胜自然之压迫，但这不是单独的个人所能做的，大家必须互相结合起来。所谓'社会'便从此起点。但结合的动机，在最初，并不是大家意识得'要如此'，然后才起而实行的。人类之团结，也和其他动物之爪牙喙翼一样，是一种天然的生存竞争之武器（其他动物亦每因生存的需要而有一种团结）"①。杨剑秀也称："原始社会的时候，人类为维持其生存起见，便必然要取其生产资料于自然界。最初是采取自然界现成的东西（如果品、禽兽等），与高等动物如猿猴等并没有什么大的分别，此时人类生活还说不上'生产'二字。随后，人类应于生存上的必要，必须设法战胜自然界的压迫，但这却并不是单独一个人所能做的，大家必须互相结合起来，然后才能达到这个目的。所谓社会于是才由此起点。但这相互结合的动机，并不是什么'心的相感作用'或'内我相联络'的关系，实在是因为要生存却不能不设法去战胜自然。要战胜自然却又不能不相互团结。故人类的团结，也和其他动物的爪牙喙翼一样，是一种天然的生存竞争的工具或武器。"② 萧楚女在论述生产工具发展对生产关系演变的促进作用时说："综合言之，则是工具（劳动方法）之性质变（工具性质之变即生产方法之变），则生产量亦变。占有分配之方式变，则社会内'人的结构'（即人与人之间的关系）当然亦要随之而变。没有私人占有及交易分配之时，必无贫富；有了私人占有工具之时，然后世界上方才发现'资本家'和一无所有之卖力者（工人），才有'阶级'。"③ 杨剑秀亦称："工具的性质变，劳动的生产量亦变，工具及生产量变，占有方式（私有生产工具或公有生产工具）和分配方式（各取所需、物之交易或货币交易）亦变；占有及分配方式变，社会内'人的结构'当然要变。例如，公共占有及各取所需时，必无阶级；私人占有及交易分配时，必有贫富；私人占有生产工具者为资本

① 萧楚女：《社会科学概论》（政治讲义第十种），第5—6页。
② 杨剑秀：《社会科学概论》，第48—49页。
③ 萧楚女：《社会科学概论》（政治讲义第十种），第8页。

家,绝无所占有者为工人。"①

　　杨剑秀《社会科学概论》诸多内容又于1930年5月被顾凤城《社会科学问答》大量引述。杨剑秀在阐述科学概念时说:"科学者,从一切混沌错综的自然现象和社会现象中,探求其因果关系的法则的一种有系统的智识也。""自然现象和社会现象,都是异常的错综复杂的,我们人类能够运用我们在劳动时所得的一切经验,去将这些错综复杂的一切自然现象和社会现象,加以观察分析和综合,因而求得这一切现象的原因和结果,并发见其共同的因果法则,而这些法则又确合乎客观的对象,这便是从我们人类的劳动经验中,整理成系统了的科学智识。"② 顾凤城亦称,"科学者,从错综复杂的现象中,探寻因果关系的法则之学问也"。"自然现象和社会现象中,是很错综复杂的。我们将这些错综复杂的现象,加以分析和探寻,因而发现其因果关系的法则,这便是科学的任务。"③ 杨剑秀在说明人类生产活动是社会现象与自然现象联系的纽带时说:"人类所组成的社会是生长在自然界之中,人必须以自己的劳力通过技术以达自然界而摄取其物质的营养,人类社会才能存在。这种以劳力摄取自然界的物质的过程便是所谓生产。社会中既有一种生产方法,各人分配在这种生产过程里,便形成某种物质的经济关系。在这种物质的经济关系的基础上,又渐渐建立起种种的精神关系来——政治、法律、宗教、道德等——这些精神关系自然是受那物质的经济关系的支配的。假如人类一天完全停止了物质的经济关系——生产,那社会立即可以灭亡,同时物质的经济关系一变,则其他的社会现象也要跟着变,也是必然的道理。"④ 顾凤城亦称:"人类所组成的社会生长在自然界之中,必须以劳力采制自然界的物质以为营养,人类社会方能存在,这种'以劳力采制自然界的物质'之过程,便是所谓生产。社会中既有一种生产方法,各人分配在这种生产过程里,便成立某种的物质关系。因物质的经济关系之需要,社会中便

---

①　杨剑秀:《社会科学概论》,第54页。
②　同上书,第1—2页。
③　顾凤城:《社会科学问答》,第1—2页。
④　杨剑秀:《社会科学概论》,第11—12页。

发生各种精神关系（政治、道德等）。这些精神关系当然受那物质关系的支配。这是研究社会科学方法中之不二原则。因为'人生长在自然界（物）之中'，是一件绝无疑义的事实。既无如此，当然物质的经济关系（生产）完全停止，则社会立刻灭亡。物质的经济关系变，则其他社会现象亦变。"① 杨剑秀在阐述社会科学分类时说："大致而论，经济是社会的基础，政治、法律、道德、宗教、风俗、艺术、哲学、科学便是这基础上的产物。社会便是这各种各样的社会现象及其联系的总和。研究这些社会现象的总和的便是社会学。经济、政治、法律、宗教、道德等都是社会的某一种职能，简而言之，研究经济现象的便是经济学，研究政治现象的便是政治学，研究法律现象的便是法律学，研究道德或宗教现象的便是伦理学或宗教学。"② 顾凤城亦称："大致而论，经济是社会的基础，此外有政治、法律、道德、宗教、风俗、艺术、哲学、科学。社会便是这种种社会现象及其联系之总和。研究这种社会现象之总和，是社会学。经济以及其他是社会的某一种职能，研究某一种的社会现象（职能）的，便是经济学、政治学、法律学等等。"③

顾凤城《社会科学问答》除引述杨剑秀《社会科学概论》外，亦有引述高尔松、高尔柏于 1929 年 11 月出版的《社会科学大纲》之处。高尔松、高尔柏在描述社会科学与自然科学的区别时说："从社会现象中抽去因果关系之法则的是社会科学，从自然现象中抽出因果关系之法则的是自然科学。"④ 顾凤城亦称："从社会现象中抽出因果关系法则的东西，即是社会科学；从自然现象中抽出因果关系法则的东西，即是自然科学。"⑤

陈端志于 1934 年 3 月出版的《现代社会科学讲话》多有引述陈豹隐于 1932 年 10 月出版的《社会科学研究方法论》内容之处。陈豹隐在阐述马克思主义"辩证的唯物的社会观"的形成是人类社会科学成熟

---

①　顾凤城：《社会科学问答》，第 11 页。

②　杨剑秀：《社会科学概论》，第 12—13 页。

③　顾凤城：《社会科学问答》，第 19—20 页。

④　高希圣、郭真：《社会科学大纲》，第一章"绪论"，第 10 页。

⑤　顾凤城：《社会科学问答》，第 12 页。

的标志时说:"这种社会观的代表者,不消说,是马克司。……一方面,他在方法上克服了旧来的唯心的、唯物的、实证的、实践的、机械的、辩证的等等不正确或不完全的方法,建设了辩证的唯物的方法——真正的唯一的社会科学的研究方法,另一方面,因为有正确的方法的缘故,他打破了一切不正确的不完全的社会观,抓住了社会现象和自然现象、生物现象并精神现象等等的区别和关联,发见了真正的社会科学的对象。因此,所以可以说,到了这时,社会科学才完全成熟。"① 陈端志亦称:"这种社会观的代表者,便是完成科学的社会主义的马克思。一面他在方法上克服了旧来的唯心的、唯物的、实证的、实践的、机械的、辩证的等等不正确或不完全的方法,建设了辩证的唯物的方法——真正唯一的社会科学的研究方法,另一方面,因为有正确方法的缘故,他打破了一切不正确的不完全的社会观,抓住了社会现象和自然现象、生物现象和精神现象等等的区别和关联,发见了真正的社会科学的对象。所以,到了这时社会科学才完全成熟。"②

　　日本学者杉山荣的论著对民国时期马克思主义社会科学理论影响很大。1930 年 10 月,张栗原、温盛光将杉山荣所论分别以《社会科学理论之体系》③《社会科学十二讲》为题,译为中文出版。杉山荣在此书自序中表示,他试图将马克思、恩格斯的著作提炼为一个统一的理论体系,"马克斯和恩格斯之社会的理论,散见于他们遗著的无数之文献中,一部分是为统一的形式,但一部分又是为断章的形式",他"试为了统一他们之散于许多文献中之他们底社会的理论,加之补缀和为体系的,使构成为容易理解他们底社会科学之形式"④。温盛光对杉山荣此书评价极高,表示"在混沌的中国社会中,现实社会之种种的矛盾,非应用马克斯与恩格斯之全部的社会学说之后,才有解决的可能","著者杉山荣先生是日本社会学专家。他关于社会科学是有深刻的观察、透辟的

① 陈豹隐讲述,徐万钧、雷季尚笔记:《社会科学研究方法论》,第48—49 页。
② 陈端志:《现代社会科学讲话》,第25 页。
③ 上海神州国光社 1930 年 10 月初版。
④ 杉山荣:"原序"(1929 年 12 月),载〔日〕杉山荣《社会科学十二讲》,温盛光译,乐华图书公司 1930 年版,第1 页。

议论、精确的文字和丰富的著述"①。温盛光是中国共产党烈士温盛刚之兄，20年代曾东渡日本，在东京开饭馆，与日共及秋田雨雀等日本左翼作家关系密切，1927年因与日共来往密切被日本当局逮捕，1928年被驱逐回国。温盛刚于1933年4月任中国共产党两广临时工作委员会领导的中国文化总同盟广州分盟宣传部长，次年8月，被国民党当局杀害。张栗原系二三十年代马克思主义理论家。他于20年代国共合作时期，曾作为左派人士参与国民党湖北省党部工作，30年代，先后任中山大学、暨南大学教授，1937年全面抗战爆发后任广东文理学院教授。

杉山荣另一部著作《社会科学概论》关于科学与因果关系及其法则的阐释，对民国学界影响尤其巨大。1929年3月，李达、钱铁如将杉山荣《社会科学概论》译为中文出版。杉山荣称，"科学是探寻因果关系的作业。因而科学的目标，是在于从混沌的现象中抽出因果关系的法则"。"因果关系，是各种现象间的依存关系。即是因为有了A现象，即有B现象继起的关系。""不可把因果关系当做已成停滞状态的孤立两现象间的依存关系来考察。向来世人把因果关系当作死物看待，以为在一定的瞬间，有已成停滞的A现象，他一瞬间，同样有已成停滞的B现象，在两者之间有依存关系存在时，这就叫做因果关系。这种见解是错误的。一切的现象，都要当做生成、流动的过程来把握。""科学的目标，不在于发现单纯的因果关系，而在于发现'因果关系的法则'。""法则是现象和现象间相关联的必然性。即是有了A现象，即有B现象继起的必然性。""总括起来，所谓因果关系，是各种现象间的依存关系。所谓法则，是各种现象间相关联的必然性。所以，因果关系的法则，就是各种现象间之必然的依存关系，即是因为有A现象，而必然的有B现象继起的关系。""由错杂的现象之中，发现那样的关系，才是科学的目标，才是科学的使命。"②

杉山荣此论首先于1929年11月被高尔松、高尔柏《社会科学大纲》全面引述。高尔松、高尔柏在《社会科学大纲》中表示，"科学的

---

①　温盛光："译序"（1930年6月13日），载［日］杉山荣《社会科学十二讲》，温盛光译，第1—2页。

②　［日］杉山荣：《社会科学概论》，李达、钱铁如译，第1—4、6—7页。

任务是在发见出因果关系的法则，就是从混沌的现象中抽出因果关系的法则”。“因果关系是各个现象间的依存关系，由甲现象而继起乙现象的关系。”“不要把因果关系认为既成停滞状态下两个孤立现象间的依存关系。向来，世人往往把因果关系当作死物看待，以为在一定的瞬间有既存停滞的甲现象，在另一瞬间有既存停滞的乙现象，在两者间，有因果关系的存在时，便称为因果关系，但这样的解释是差误的。一切的现象须依生成、流动的过程而加以把持。”“科学的目标不单在因果关系的发见，而且是在‘因果关系的法则’的发见。”“所谓法则是现象和现象间之关联的必然性，有了甲现象，不可避地继起乙现象的现象。”他们总结说：“所谓因果关系是各现象间的因果关系。所谓法则是各现象间关联的必然性。至所谓因果关系的法则，不外是各现象间必然的依存关系。”“从错杂的现象中，发现出这样的关系一事，这才是科学的目标，才是科学的使命。”①

经高尔松、高尔柏《社会科学大纲》的宣传，杉山荣相关论述在中国马克思主义社会科学界广泛流传。马克思主义或受马克思主义影响的论者关于科学与因果关系及其法则的阐述，多援引杉山荣的表述。1930年5月，顾凤城在《社会科学问答》中称：“不可把因果关系当做已成停滞状态的孤立两现象间的依存关系来考察。一切的现象都要当做生成流动的过程来把握。我们往往把因果关系当作死物看待，以为在一定的瞬间有已成停滞的甲现象，他一瞬间，同样有已成停滞的乙现象，在两者间有依存关系存在时，就叫做因果关系。这是不对的。”② 1934年3月，陈端志在《现代社会科学讲话》中即称，“法则是现象和现象间相关联的必然性。即是有了A现象，便有B现象继起的必然性”③。1937年4月，胡伊默在《社会科学读本》中表示，“承认并且说明一切现象中的因果关系，这就尽了科学的职责吗？不然，还有最重要的，是研究出并确立起现象间的因果法则，这是科学之所以成立的基本的支点”④。

---

① 高希圣、郭真：《社会科学大纲》，第一章“绪论”第1—6页。
② 顾凤城：《社会科学问答》，第3—4页。
③ 陈端志：《现代社会科学讲话》，第7页。
④ 胡伊默：《社会科学读本》（新青年百科丛书），第7页。

1937 年 6 月，李季达在《怎样研究社会科学》中亦称，"所谓因果关系，是各现象间的因果关系。所谓法则，是各现象间关联的必然性。至所谓因果关系的法则，不外是各现象间必然的依存关系，即是有了甲现象，必然地由此继起乙现象的关系"。"从错杂的现象中，发现出这样的关系一事，这才是科学的目标，才是科学的使命。"① 王明之等于 1939 年 9 月出版的《新社会科学基础知识》表示，"所谓因果关系者，就是现象与现象之间的依存关系，譬如说有了甲现象的发生，便会有乙现象的继起的关系"②。

通过上述对二三十年代各种马克思主义社会科学论著的文本对比，可见当时一些重要理论观点在各种文本之间次递传承，进而可以窥见诸多马克思主义论点有一个学术乃至社会传播的过程，形成一个马克思主义理论传播谱系。同时，由杉山荣相关论著对中国马克思主义者的巨大影响来看，日本学界对民国时期中国马克思主义社会科学理论的影响不容小觑。

三　各方对马克思主义社会科学理论的反应

马克思主义社会科学研究从 20 世纪 20 年代中期兴起，至 30 年代日臻壮大，由此形成一个具有广泛学术与社会影响的思想与理论流派。这必然引起各种政治或学术阵营的强烈反应。应该说，马克思主义社会科学理论与其他各种非马克思主义理论之间的对立，是民国时期社会科学研究的一大特征。

从 20 年代末开始，国民党当局大力查禁宣传马克思主义的社会科学书籍③。从国民党当局 30 年代编纂《中央取缔社会科学反动书刊一

---

① 李季达：《怎样研究社会科学》（万有小丛书），第 8—9 页。

② 王明之、林哲人、卢宁夫、萧达：《新社会科学基础知识》，第 1 页。

③ 国民党当局曾于 30 年代编纂《中央取缔社会科学反动书刊一览》一册，系统收录自 1929 年 3 月至 1936 年 6 月查禁的所谓"社会科学反动书刊"书目。据此书凡例称，此书所收书目主要为"社会科学"类，而"关于文艺部分之反动刊物，概不列入"。此书以国民党中央宣传委员会编《中央取缔反动书籍杂志一览》为基础，但《中央取缔反动书籍杂志一览》仅收 1929 年 3 月至 1934 年 7 月所查禁书目，故此书增入 1934 年 8 月至 1936 年 6 月所查禁书目。参见"凡例"，载《中央取缔社会科学反动书刊一览》，出版时间、出版地、出版者不详，第 1 页。由其凡例看，此书大致编于 1936 年 6 月以后。

览》所收书目来看，国民党当局查禁的社会科学类书籍，多为中国共产党人士所撰理论宣传著作。1930 年 6 月上海光华书局出版的《社会科学讲座》第 1 卷于同年 7 月遭到国民党当局查禁，查禁缘由为"宣传共产主义"①。此书包括如下论文：朱镜我《马克思主义的基础理论》、吴黎平《唯物史观》和《社会主义》、林伯修《国家与法律》、王学文《经济学》、柯柏年《经济史底阶级性》、郭沫若《经济方法论》、潘东周《中国国民经济的改造问题》、冯乃超《社会方法论的问题》、柳岛生《新兴教育的产生》、李德谟《土地问题材料》、荫《关于帝国主义的文献》②。显然，此书系中国共产党一部重要理论著作，作者均为中国共产党重要理论工作者。柯柏年撰《怎样研究新兴社会科学》在1930 年 3 月出版后不久，即于同年 11 月遭国民党当局查禁，查禁缘由为"宣传共产"。1930 年 6 月，中国共产党将瞿秋白《社会科学概论》改头换面，以德国布庄德耳著，杨霞青译《社会科学研究初步》为题，由上海华兴书局印行。1931 年 1 月，此书亦被国民党当局查禁，查禁理由是"宣传共产主义，鼓吹阶级斗争"。顾凤城于 1930 年 5 月出版的《社会科学问答》，也于 1931 年 7 月遭国民党当局查禁，查禁理由是"鼓吹阶级斗争"。杨剑秀于 1929 年 6 月出版的《社会科学概论》，至1934 年 9 月出版至第 7 版。1935 年 4 月，此书也遭到国民党当局查禁，理由是"宣传共产主义"③。

实际上，国民党当局对一些由非中国共产党人士编撰的马克思主义社会科学著作，审查并不严格。高尔松、高尔柏等于 1929 年 6 月出版的《社会科学大词典》在排版后，曾由出版商世界书局呈国民党上海市党部宣传部审查。不过，对于这部具有明显马克思主义倾向的词典，国民党上海市党部宣传部似未作严格的内容限制，仅要求删除与共产党直接相关的内容，其回函称："贵局送请审查之《社会科学大辞典》取材颇佳，编列得体，应准审定备案。惟社会科学家传略中关于江亢虎、

---

① 《中央取缔社会科学反动书刊一览》，第 6 页。

② "目录"，载社会科学讲座社编《社会科学讲座》（第 1 卷），光华书局 1930 年版，第1—2 页。

③ 《中央取缔社会科学反动书刊一览》，第 11、15、22、56 页。

李大钊等五人之传略及社会科学名著介绍第三七页关于共产党之宣传等节，仍请删除。"①

在二三十年代，马克思主义社会科学论著受到一些学院派知识分子、国民党论者、青年党论者的指责。不过，此三类人士的批评角度截然不同。学院派知识分子主张社会科学研究应站在纯客观的立场，指责马克思主义社会科学有理论预设、先入为主之嫌；国民党论者则站在民生主义立场，反对唯物史观的经济基础决定论；而青年党论者从国家主义立场指责马克思主义的唯物史观。

学院派知识分子反对马克思主义社会科学论著的马克思主义理论预设，主张社会科学研究应像自然科学观察自然现象那样研究社会现象。郭任远系民国时期著名心理学家。他于1918—1923年留学美国加利福尼亚大学伯克利分校，获心理学博士学位，深受美国行为主义理论影响。回国后，他任上海复旦大学教授、副校长，并于1925年创办复旦大学心理学系。1927年，他调任南京第四中山大学（1928年5月改名为中央大学）教授。他于1928年7月出版《社会科学概论》。他介绍，此书作为一部社会科学的入门书，虽未能系统反映自己主张的行为主义理论，但"这本书带有极端行为主义的色彩，到处都可以看得出来的"。他表示，社会科学研究应采取注重实际观察的自然科学的立场，而不应成为"任何主义"的"宣传品"，"我主张社会科学也应当和其他自然科学一样，须极力注重实际上的观察的"，"这本书对于现在的社会制度的不好的地方极力批评，但是，绝对不提倡任何主义。这是因为我不要离开自然科学者的立场，更不愿把这本书做带有色彩的宣传品"。他注意到，这种抛开成见的实证立场，在当时中国理论界"左右"分裂的境况下，难免陷于窘境，"因为我极力批评现有的社会制度的缘故，一般头脑守旧的先生们，看这书后，一定要骂我'赤化'了。但是，我恐怕 C. P. 先生们反要怪我旗帜不显明哩！我认为，从自然科学的立场，丢开色彩与成见以讨论社会问题，这种'左右为难'的危险是免不了的"。他尤其反对以阶级分析为研究方法的唯物史观。他认

---

① "国民党上海特别市党部执行委员会宣传部回函"，载高希圣、郭真、高乔平、龚彬编《社会科学大词典》，扉页。

为，阶级分析方法只是一种"单纯的抽象观念"，难以全面反映社会现象的复杂要素及其成因。他分析，有些社会科学者以生产方法、财富、职业等为标准，将人们分为"有产阶级和无产阶级"等不同的阶级。这些划分阶级的标准都是"抽象的"，"都是分类的人的主观的见解，不是社会里面实在是这样分的"。同时，社会现象的成因极复杂，社会阶级只是社会现象成因的一方面，"社会生活是千复杂，万复杂的。无论是合作的现象，或是冲突的现象，或是其他的现象，都有极复杂的因果关系"，不能以阶级分析这种"单纯的抽象观念"抹杀其他方面，并以阶级分析曲解附会复杂的社会现象，"我们应当除去一切的成见而把这些现象综合分析，而求出其真正的因果"①。

　　1929 年 10 月，时任上海劳动大学经济系主任的孙寒冰主编了一本《社会科学大纲》。此书撰者除孙寒冰外，还包括上海澄衷中学历史教员黄维荣、复旦大学社会学教授应成一、安徽大学文学院院长章益、复旦大学商学院院长李权时、复旦大学政治学系主任吴颂皋、安徽大学法学院院长端木恺。孙寒冰申明，社会科学研究者应抛弃主观的成见和预设，"一般研究社会科学的人最大的毛病是在不能把手段与目的、事实与价值，划分清楚。他们在解释社会现象时，不等到以客观的态度，用科学的方法，研究得一个彻底的究竟时，便凭着些由'信仰''成见''感情''常识'等组成的空洞的理想，来妄事揣摩"。他认为，社会科学家"应当把他底力量完全注意在事实底探讨和分析上"，"一个研究社会现象的人，勿论对于资本主义的观察也好，对于共产主义的观察也好，不拘你喜欢这个或不喜欢那个，都应该用冷静的头脑去研究，如同自然科学家研究自然现象一样。他对于俄国底共产主义和英国底资本主义的态度，应该像化学家对于轻气或养气的态度一样，不杂以些微的个人爱憎的偏见"。他强调，"当我们站在社会科学家的地位时，便应把所有的社会现象，当作'事物'来研究，把这种事物用客观的态度，素朴的叙述出来。我们应该完全根据事实，而不凭主观和臆断"②。在孙寒冰所指责的先入为主的"信仰""成见""感情""常识"中，马

---

① 郭任远：《社会科学概论》（新学制高级中学教科书），第 2—3、28—29 页。
② 孙寒冰："社会科学是什么？"，载孙寒冰主编《社会科学大纲》，第 26、28—29 页。

克思主义为其重要所指。

国民党论者则以民生主义为立场，大肆指责马克思主义社会科学理论。国民党学者对社会概念的阐释多基于民生史观，认为社会是人们为求生存而结成的团体。1933 年 4 月，国民党籍著名政治学家杨幼炯在《社会科学发凡》中从民生史观角度解释社会概念说："社会进化的原动力是人类的要求生存。人类为要求生存，而结成一个'群'。所以，社会的起源是群，群是人类社会最初的起点，也就是组织最原始的形式。"[1] 胡一贯为国民党著名官方文人。他早年毕业于东南大学，后留学日本，1927 年回国后，任南京中央陆军军官学校教官兼编辑部主任。1930 年 7 月，其《社会科学概论》由该校政治训练处印行。此书副题为"唯生史观的社会科学"，以"唯生史观"为基础阐述了一整套社会科学理论。他以"唯生论"为基础，认为"社会是各个人为生存而成立的共同生活体"。他解释，人类既有"生命"，就必须满足"生的意志"，而"生的意志"表现为两种现象，即"物质生活"和"精神生活"。人类的"物质生活"产生"生产关系"，人类的"精神生活"产生"政治关系"和"伦理的规范"，从而形成一种总体的"社会关系"。"人类既有此社会关系，乃可以共同生活，而造出一整个有组织的团体。"[2] 国民党论者阐释的社会概念，显然与马克思主义论者从社会劳动生产出发，注重从社会经济角度分析社会结构的社会观念有相当区别。

胡一贯大肆抨击马克思主义唯物史观。他认为，唯物史观包括唯物论与辩证法两部分。其中的辩证法并没有错误，错误的是其中的唯物论。他注意到，马克思主张"物质"为"精神"的因子，而在社会问题上，"经济"又是"物质"的"代表"，故马克思"以经济为社会的基础建筑"，而"依生产工具而存在"的"生产力"又是"经济"的"实在"，"这样一来，我们就可以知道马氏的唯物史观，其以经济为社会组织之基础，以生产力为经济现象之实在，乃一由于唯物论的了"。他声称，对于人类社会的认识，应以"唯生论"为基准，而非"唯物论"。"唯物论者"将孙中山所言"民生"解释为"经济"，将"民生

① 杨幼炯：《社会科学发凡》（社会科学基础丛书之一），第 16 页。
② 胡一贯：《社会科学概论》（政治丛书第二十五种），第 79—80 页。

史观"解释为"经济史观"是错误的,"所谓民生实包生命、生计、生活、生存四者之言,决不仅限于经济,换言之,即民生史观决非经济史观"。胡一贯虽不认可唯物论,但认可辩证法。他认为,社会科学研究须采用"辩证法"研究方法。他介绍辩证法研究方法说:"我们对于社会现象,不能把它当做死物看待,不能把它分成段片的去认识。一切现象都是不断的流动,不断的生长消失。……复次,一切现象都不是孤立的。此种现象的出现,适足为彼一现象的手段的。……所以,我们对于社会现象,必须观察其间的关系。总之,所谓辩证法的追求,就是我们对于现象,要在其本质上,在其关系上,在其生成和经过上,去认识它的真实。"他主张,辩证法研究方法是可取的,"辩证法的实质,既根据事实而来,所以,我们观察事实,如能需用辩证法,则可以对于事物,把握其流动生长之处,否则,就不能见事体之整个性与事体间之关系了"①。

值得注意的是,胡一贯虽批评马克思主义唯物史观及其经济基础决定论,但在一定程度上认可社会科学的阶级性。他认为,"传统的理论"往往成为"特权阶级"维护其特权的工具,而新出现的真理性理论往往成为"破坏特权阶级的武器",受到特权阶级的摧残。他注意到,最近的社会科学受"阶级与真理"的影响,分为"资本主义的社会科学"和"社会主义的社会科学"两类。"资本主义的社会科学"的主张者是属于"支配阶级"的"资本家及其走狗",其目的在于维护资本家阶级的统治,将社会现象视作不变的、静止的东西。而"社会主义的社会科学"的主张者多为"无产阶级",无产阶级为了破坏"资本家的资本主义生产制度","常以变动的、生成的理论,去解释社会科学",将社会制度视作"常随人类生存的方法而变更"的东西。胡一贯认可"社会主义的社会科学",认为"社会主义的社会科学,较资本主义的社会科学为合理","更自时代的需要言之,资本主义的制度,已经完成其历史的使命,而达于黑黯篇幅,大多数的人类,再不能忍受此种制度的罪恶,应以人为的力量,助长此制度的自灭"。他解释,国民

---

① 胡一贯:《社会科学概论》(政治丛书第二十五种),第17、39、42—43、52—53、65页。

党的民生主义就是一种"社会主义社会科学"，"本党的民生主义，就是社会主义，所以，社会主义的社会科学，当为全国所需要的科学。我们正宜利此时期，研究社会主义的社会科学，为世界上真理的学者声援，为本党三民主义下一个强有力的注脚"①。胡一贯对辩证法与社会科学阶级性的表述，说明马克思主义某些理论要素对 30 年代初国民党庞杂的社会科学理论仍有某些影响。

马克思主义某些理论要素对国民党论者的影响确非偶然现象。例如，一些国民党阵营的论者便对唯物辩证法和唯物史观均持接受态度。何思源于五四新文化运动期间在北大读书时曾参加新潮社。他于 1919 年秋从北大毕业后，赴美国和欧洲留学，1926 年冬回国任广州中山大学经济系教授和系主任，并兼图书馆馆长和政治训育部副主任。他在中山大学任教期间，加入国民党。从 20 年代后期开始，他长期任职于国民党山东省党政部门。1927 年 5 月，中山大学政治训育部将其在中山大学社会科学研究会讲稿以《社会科学研究法》为题印行。何思源在一定程度上认可唯物史观，认为"这种思想是否完全周密，是否全体贯彻，我们暂不论他。但就现社会上各种关系说来，一个社会的经济状况，确是此社会的政治法律的基础。政治及法律是他的表面，经济实情是他的真体"②。1936 年 7 月，作为国民党人的郭海清③亦称，他撰写《近五十年中国思想史》即以唯物辩证法为研究方法，"本书自有一种观点和方法，所用的方法是新的科学方法，即唯物辩证法和辩证法唯物论。作者之所以用这种方法，并非有什么成见和信仰什么主义，只是相信在今日只有这种方法能解决问题，较为妥当，不得不用它"④。

---

① 胡一贯：《社会科学概论》（政治丛书第二十五种），第 22—25 页。

② 何思源：《社会科学研究法》（中山大学政治训育丛书之十二），中山大学政治训育部宣传部 1927 年版，第 15—16 页。

③ 郭海清，字湛波，1932 年毕业于北京大学哲学系，后加入国民党，任邢台河北省立第四师范学校训育员、大名河北省立第七师范学校训育主任。因在 1932 年冬至 1933 年春大名七师学潮中受学生排挤，他回到北平，于 1934 年 9 月撰成《近三十年中国思想史》，1935 年 11 月由北平大北书局出版。1936 年 8 月，他又将此书改名为《近五十年中国思想史》，由北平人文书店再版。

④ 郭湛波："再版自序"（1936 年 7 月 4 日于北平），载郭湛波《近五十年中国思想史》，人文书店 1936 年版，第 9 页。

常乃惪等青年党人由国家主义立场批评马克思主义社会科学理论。常乃惪于 1925 年加入青年党，后成为青年党重要领导人，曾任青年党中央执行委员兼宣传部部长、中央常委兼文化运动委员会主任。1935年 2 月，他出版《社会科学通论》。他介绍，中华书局原邀请青年党另一位领导人李璜撰写此书，"这部小书本是由中华书局委托友人李幼椿先生编著的。去年秋季，幼椿卧病了好几个月，因为对出版者保守信约的缘故，就转托我来代编"。常乃惪此书旨在由社会有机体理论，宣扬国家主义观念。他在自序中称，此书理论"自有一贯的系统"，采用"生物有机体派社会学说"①。他强调，社会有机体说的核心要义在于指出社会是一种有机的统一体，"阐明社会现象须注意生物学原理，人类社会不是人造的东西，社会是一种生活的统一体，与孤立的个人之综合不同"，并且社会不仅是"生活的统一体"，还是一种"有机体"，部分与部分之间相互依赖，相互分工。他认为，各门社会科学均应以人类的"集团"生活即"人类的群生活"为研究对象，尤应研究社会"集团""社会集体的有机组织"，"自有人类以来，就有了社会集体的有机组织，社会越进化，这种组织的发展越大越强"。在常乃惪所言社会"集团""社会集体的有机组织"中，国家乃是一种最重要的形式。如此，他就将话题转到论证国家主义理论的合理性上。常乃惪将国家视作人类最高的社会集团形式，认为社会有机体的演进分为家族社会、部族社会、民族社会、国族社会四个阶段，依次递进。他直言，"国家是社会进化最高的阶段"，"任何国家都有一个中央政府和各级的地方政府。他们执行整个国家所需要的任务，并且有联络中央政府与全体国民间的种种的媒介组织，犹如脑神经藉神经系统的力量可以与全体发生联系的一样。在政治组织统摄之下，产生了经济组织、文化组织、军事组织等等附属的机关，将整个国家变成一个敏捷的有机体，无论对外对内，一切举动都是一致的，犹如一个有理智的人类个体的活动一样"②。

常乃惪注意到，当下社会科学分为英美自由主义与马克思主义两大

---

① 常乃惪："自序"（1932 年 5 月），载常乃惪《社会科学通论》（中华百科丛书），中华书局 1935 年版，第 1 页。

② 常乃惪：《社会科学通论》（中华百科丛书），第 6—7、10—11、18、36 页。

阵营。他将马克思主义社会科学称作"伪社会科学"。他在《社会科学通论》中胪列参考书时表示，"在现今浅薄孤陋的中国社会科学出版情形之下，所有的社会科学著作，不属于支离破碎的英美派个人主义社会学，即属于牵强附会的马克司派伪社会科学，真正有价值的著作非常缺少"①。他重点批评了马克思主义唯物史观经济基础决定论。他认为，唯物史观的核心为"注重经济的地位"，应称作"经济史观"，"唯物史观的名称涵义太广，不甚切合，不如称为经济史观，较为恰当"。他进而分析，唯物史观以"经济"为"人类的唯一原始本能"，"一部马克思主义的理论及实际，无不从经济史观出发，而经济史观的学说则建立于经济欲望为人类唯一欲望的错误学说上"，这个"出发点"是错误的。"经济欲望"并非"人类唯一的欲望"，人类还有性、求智、爱美、权力等本能，这些本能导致社会组织产生种种区别。社会组织的演变"决非单纯的经济原因所能包括，而经济欲望也不见得比其他欲望有独占的专利权"。攻破了经济基础决定论，就攻破了马克思主义社会科学理论的整体，"这个根本的错误一经攻破，则一切由此错误出发点而建设的空中楼阁的理论系统自一齐倒塌下来，不足一驳"。他从生物有机体论得出结论说，社会组织进化的"原动力"是"生物的本性"，而"不仅是经济一端"，"社会组织的进化完全受着生物学法则的支配，与一切个体生物一样"②。

马克思主义社会科学理论在二三十年代受到国民党当局的极大压制，同时，亦受到来自学院派、国民党派、国家主义派等非马克思主义知识界的批评与指责。这本身就说明马克思主义社会科学理论在当时社会影响力的扩展，在时人眼中，已成为一支不能不重视的思想与理论流派。

综上所述，从20年代中期起，马克思主义社会科学研究迅速兴起，中国学界出现了一个由中国共产党人士、左翼知识分子组成的马克思主义社会科学论者群体，进而形成一个马克思主义社会科学流派。马克思主义社会科学理论，以唯物辩证法、唯物史观为研究方法，各位论者将

①　常乃惪："参考书"，载常乃惪《社会科学通论》（中华百科丛书），第1页。
②　常乃惪：《社会科学通论》（中华百科丛书），第89—90、93—94、20页。

马克思主义的核心观点相互传承,形成了一个马克思主义理论传播谱系。同时,随着马克思主义社会科学研究的兴盛,其在中国学界的地位日益彰显,并与其他非马克思主义理论呈明显对立态势,招致诸多非马克思主义论者的批评。其在民国学界引起的强烈反响,正说明其社会思想影响力的增大。

第二节　唯物辩证法:社会科学的方法论

马克思主义论者集中阐述了"新兴社会科学"或"新社会科学"即马克思主义社会科学的基本研究方法。他们反复申明,唯物辩证法是马克思主义社会科学的基本方法论。他们一方面阐述了唯物辩证法的构成,强调马克思、恩格斯在历史上第一次将唯物论与辩证法有机结合起来;另一方面,他们均将唯物论与辩证法的基本内容作为阐述重点,向读者大力推荐。其此方面的系统论述,说明唯物辩证法在20世纪二三十年代即作为一种完整的理论体系被中国学界大力传承,并在一定程度上成为被中国学界所熟悉的公共话语。

一　哲学:科学研究的总方法论

历史上,从未像马克思主义这样将哲学与科学紧密联系起来。这与马克思主义强调的哲学的客观性与唯物性直接相关。历史上一些其他哲学理论一般将哲学视作一种哲理,至于这种哲理是否符合客观事实,则并不太关心。马克思主义认为,哲学作为一种人类认识自然、人类社会乃至人类自身身体与心理的方法论,它本身具有唯物性,其思维方法必须符合客观实际,因而它本身就是一种科学,理应成为包括自然科学与社会科学在内的所有科学研究的总方法论。这一点,亦为民国时期马克思主义社会科学论者反复申明。

马克思主义论者首先申明,哲学是科学研究的总方法论。1933年9月,中国农村经济研究会成员冯和法在《社会学与社会问题》中认为,"科学"是从"哲学"中脱离出来的一个分支。在方法上,科学必须采用推理的方法,这种方法必须借助于哲学。科学中的许多重要概念,需要由哲学进行彻底解释。在研究对象上,哲学对整个宇宙现象进行综合研究；科学仅研究宇宙千万现象中的某一方面①。1937 年 4 月，胡伊默在《社会科学读本》中认为，各门科学法则必须符合哲学的总法则，哲学是科学的指导，"哲学所研究出的法则与理论，是一切科学的法则与理论的综合。各种科学固然有自己的特殊的领域，但它所得出的根本法则，不能与哲学的总法则相违反。所以，哲学可以看作科学的指导，或者说，哲学是一切科学研究之总的方法论。一切科学研究，以哲学理论作为它的出发点，把它作为方法上的指导"②。显然，在马克思主义论者看来，哲学是各种科学法则的综合与概括，因而本身就是一种科学，具有科学性。

由于马克思主义者均承认社会科学的科学性，将社会科学视作与自然科学一样的科学的组成部分，所以，他们同样强调哲学亦是社会科学研究的总方法论。1933 年 12 月，祝伯英在《社会科学讲话》中以《哲学与社会科学》开篇，将社会科学总论视作一种哲学。他认为，各门科学研究宇宙各方面的规律，而哲学则研究"宇宙的全体"，探寻"宇宙万物变化总规律"。所以，哲学对于自然科学与社会科学"都同样有方法上重要的意义"，"尤其是在社会科学中，比任何科学都容易被宗教、传说、流俗观念所俘虏，所以，哲学的介绍更其重要"③。1936 年 9 月，沈志远在《妇女社会科学常识读本》中亦申明，哲学是社会科学的基础和总方法论。他表示，哲学是研究自然、社会和人类思维等一切现象的"总法则"，社会科学受"领导人类一切知识部门"的哲学的指导，"社会科学跟一切其他的知识部门有着一个共同的哲学基础"④。沈志远又于 1947 年 2 月在《社会科学基础讲座》中把哲学称作社会科学研究的"基本锁钥"。他表示，"'社会科学底哲学基础'一语是什么意思呢？简单明白地说，这就是我们认识社会现象（社会生活、社会运动、社会发展史）所必需的基本锁钥。缺少了这个锁钥，我们就无法把握社会现象和社会历史底基本法则"⑤。

---

① 冯和法：《社会学与社会问题》，第 7 页。
② 胡伊默：《社会科学读本》（新青年百科丛书），第 26—27 页。
③ 祝伯英：《社会科学讲话》，开明书店 1947 年版，第 1、5 页。
④ 沈志远：《妇女社会科学常识读本》（妇女生活丛书之一），第 5—6 页。
⑤ 沈志远：《社会科学基础讲座》，第 1 页。

由于马克思主义论者强调哲学是包括社会科学在内的所有科学的总方法论，同时，他们又认为只有唯物辩证法才是最正确的哲学理论，所以，他们就认为，唯物辩证法是社会科学的根本研究方法。1947年2月，沈志远在《社会科学基础讲座》中即称，"这样的哲学，就是唯物辩证法或辩证法唯物论的哲学。它是一切科学之哲学的理论基础，也是社会科学底哲学理论基础，同时，又是世界观和方法相统一的哲学"①。

二　唯物辩证法：社会科学最正确的研究方法

唯物辩证法是最正确、最根本的社会科学研究方法，被马克思主义论者反复申述。这构成其马克思主义社会科学理论体系的基础，并成为他们向社会各界说明的重要知识点。

马克思主义论者强调，只有唯物辩证法才是最科学的方法论和思维方法。1932年10月，陈豹隐在《社会科学研究方法论》中表示，唯物辩证法"是科学方法中最高级的方法，所以，也可称为科学的方法论。科学所以成为科学，在能分析客观事象，发见其存在及运动的法则，预知事象变化的因果性、必然性。而辩证法的科学观点，即最能达到此项任务"②。1936年9月，沈志远在《妇女社会科学常识读本》中将辩证唯物论称为"新唯物论"，强调这是"最科学的宇宙观"。他又赋予辩证唯物论社会革命的含义，认为这是"负有消灭阶级和建设社会主义的无阶级社会之伟大历史任务的先进社会集团底革命宇宙观"，"这一种新哲学是劳工集团藉以作自身解放争斗的思想武器，它是最高的和最严格的科学性跟最彻底的和最不妥协的革命性相结合的思想体系"③。

马克思主义论者重点介绍了唯物论与辩证法之间的有机联系。1929年6月，杨剑秀在《社会科学概论》中申明，"辩证法到了大思想家马克思和恩格斯的时候，才与唯物论结合而形成辩证法的唯物论或唯物的辩证法，而为马克思主义的哲学基础"④。1932年8月，北平科学研究

① 沈志远：《社会科学基础讲座》，第3页。
② 陈豹隐讲述，徐万钧、雷季尚笔记：《社会科学研究方法论》，第59页。
③ 沈志远：《妇女社会科学常识读本》（妇女生活丛书之一），第32—33页。
④ 杨剑秀：《社会科学概论》，第31页。

会编印的《新兴社会科学研究大纲》强调，"彻底的唯物论是马克斯、恩格斯的，他们把唯物论与辩证法结合，成为辩证法的唯物论"。"辩证法的唯物论是数千年人类思维发展最高的成果。"① 一些论者向读者说明，综合费尔巴哈唯物论与黑格尔辩证法并将之提升，是马克思主义唯物辩证法的理论来源。1934 年 3 月，受马克思主义影响的陈端志在《现代社会科学讲话》中指出："马克思和恩格斯从赫格尔采取辩证法使它颠倒，再从费尔巴哈采取唯物论，使它深化，然后把两者综合起来，便形成了辩证法的唯物论或唯物的辩证法，而成为马克思哲学的基础。"② 1933 年 12 月，祝伯英在《社会科学讲话》中将马克思主义唯物辩证法称作"新哲学"。他介绍，此种"新哲学"将黑格尔辩证法与费尔巴哈唯物论相结合，"新哲学，最正确的哲学，就应该将黑格尔的辩证论倒置过来，将辩证律放在物质的基础上。黑格尔不是一位彻底辩证法者，费尔巴哈不是一位彻底唯物论者"③。

　　马克思主义论者进而指出，唯物辩证法是唯一正确的社会科学研究方法。他们重点申明，社会科学研究仅仅运用统计法、比较法、观察法、归纳法、演绎法等社会科学一般研究方法还不够，还必须采用唯物辩证法作为研究方法。1930 年 5 月，顾凤城在《社会科学问答》中强调，研究社会科学须以马克思主义辩证唯物论为指导，"辩证法的唯物论是每一个研究社会科学的所首先应当把握的。这是马克斯主义的哲学基础。这是无产阶级斗争的武器，是我们每一个青年所应当理解和把握的"④。1932 年 9 月，陈豹隐在《社会科学研究方法论》序言中分析，社会科学研究虽然有统计法、历史法、比较法等一般研究方法，同时，各门社会科学又各有"特殊的方法"，如经济学研究法、政治学研究法等，"但是，这些方法都不是一般社会科学研究上的根本的研究方法。为什么？因为这些方法都不是触着社会科学的对象——社会现象——的核心，而可以整个的将它把握起来，认识出来的方法。那末，什么才是

①　作者不详：《新兴社会科学研究大纲》，第 67 页。
②　陈端志：《现代社会科学讲话》，第 58 页。
③　祝伯英：《社会科学讲话》，第 11—12 页。
④　顾凤城：《社会科学问答》，第 71 页。

它的根本的研究方法呢? 当然只有唯物辩证法, 只有那种能触着社会现象的核心, 整个的把握它, 认识它的唯物辩证法"①。1934 年 3 月, 陈端志在《现代社会科学讲话》中表示, 社会科学的基本方法应该是"辩证法的唯物论", "现代社会科学既是全部人类历史的真正运动过程中的一页, 那么, 现代社会科学的研究方法, 无疑的, 应从辩证法的唯物论做出发点。它不仅奠定了社会发展学说的基础, 并且是研究社会科学的至高无上的法则"②。1936 年 5 月, 李平心在《社会科学研究法》中把唯物辩证法称作"唯物的动的逻辑"。他介绍说, 此种方法包括"辩正法或动的逻辑"、唯物论两方面, 唯此才是研究社会科学的真正科学方法③。

显然, 唯物辩证法已成为二三十年代中国社会科学话语中的基本论题。马克思主义论者已经勾勒出唯物辩证法的理论轮廓, 且将之视作社会科学研究的基本方法论, 并向社会大力宣扬这种哲学理论。

三　唯物论与唯心论的分野:社会科学的根本问题

唯物论与唯心论的分野成为马克思主义社会科学论者着重阐明的核心话题。马克思主义论者反复申明, 这是马克思主义哲学的最基本问题, 对于社会科学的性质具有决定作用, 成为某种社会科学属于何种阵营的分水岭。他们首先指出, 采用唯物论还是采用唯心论是哲学的基本命题。1932 年 10 月, 陈豹隐在《社会科学研究方法论》中表示, "认识论根本问题乃是全哲学中的最高问题, 历史上一切对此根本问题的论争, 不问其名称如何, 都可以归入两个营垒之中, 即唯物论的营垒与观念论的营垒"。他又将唯物论与唯心论的分立视作阶级性的表现, 认为唯物论多代表被压迫阶级, 唯心论多代表统治阶级, "这两个营垒的分立, 是由于阶级的分立。在历史上, 从大体上说来, 观念论是代表统治阶级的意识形态, 而唯物论则常站在被压迫阶级一方面"④。1933 年 12

---

①　陈豹隐:"序"(1932 年 9 月 18 日于北平), 载陈豹隐讲述, 徐万钧、雷季尚笔记《社会科学研究方法论》, 第 1 页。

②　陈端志:《现代社会科学讲话》, 第 41 页。

③　平心:《社会科学研究法》(青年自学丛书), 第 44—45 页。

④　陈豹隐讲述, 徐万钧、雷季尚笔记:《社会科学研究方法论》, 第 65 页。

月，祝伯英在《社会科学讲话》中指出，"思惟和存在的关系，是哲学中基本的问题之一。这个问题的解决，就决定哲学的基本分派"①。1936 年 9 月，沈志远在《妇女社会科学常识读本》中表示，世界是由物质构成，还是由精神构成，物质决定精神，还是精神决定物质，"这便是一切哲学底最基本的问题，也是划分哲学基本派别的唯一的关键问题"②。他们进而指出，唯物论与唯心论问题是决定社会科学性质的关键要素、划分某种社会科学属于何种阵营的分水岭。1929 年 6 月，杨剑秀在《社会科学概论》中申明，唯物论问题是"关于社会科学内的最根本的先解问题"③。1934 年 4 月，陈端志在《现代社会科学讲话》中注意到，社会科学可以划分为两大阵营，"有许多现象、许多问题、许多法则，在人类历史上一向可分为两个对立的阵营：一派是主张物质占优势，精神为从属的，即所谓唯物论派。另一派是主张精神为根本，物质是副本，即所谓唯心论派。这两个对立的阵容，斗争得非常激烈，那些名目上彼此不相同的学派，实际上都划分到两个阵营里"④。

不少论者将唯心论称作"观念论"，并阐明了唯物论与唯心论之间的基本区别。他们指出，唯物论以物质或存在为本位解释宇宙现象；而唯心论则以精神或意识为本位解释宇宙现象。1929 年 6 月，杨剑秀在《社会科学概论》中介绍，唯心论的核心要义在于"精神是基础，是本源。精神是物质之母，物质是精神的儿，一句话，宇宙间一切事象的发端都是'精神'，即所谓观念"。而唯物论"以物质为基础，为本源。物质是精神之母，精神却是物质的儿，宇宙间一切事象的发端都是物质，并不是那躲藏在神秘的外衣里的什么精神！"⑤ 1932 年 8 月，北平科学研究会编印的《新兴社会科学研究大纲》介绍，唯物论与唯心论的区别源于对"思维与存在""精神与自然"这种根本哲学问题的不同解答，"凡属主张精神先于自然的，是观念论"，"凡属主张自然先于精

①　祝伯英：《社会科学讲话》，第 5—6 页。
②　沈志远：《妇女社会科学常识读本》（妇女生活丛书之一），第 7 页。
③　杨剑秀：《社会科学概论》，第 19—20 页。
④　陈端志：《现代社会科学讲话》，第 39 页。
⑤　杨剑秀：《社会科学概论》，第 18—19 页。

神的,是种种的唯物论"①。1933 年 12 月,祝伯英在《社会科学讲话》中介绍,观念论主张"宇宙根源是精神、灵感、情感、意识、思想等";唯物论则主张"宇宙的基本是物质","客观存在"是"第一位东西",人的思维和行为都是"物质组织(即脑子)"对"物质与物质环境"所发生的作用②。1937 年 6 月,李季达在《怎样研究社会科学》中也分析说,"唯心论者以为精神是宇宙间一切现象之母,他们以精神解释物质,以主体解释客观,以思维解释存在,以为客观的现实物质状况,只是主观的思维的结果,换句话说,他们正是承认宇宙一切现象的根本是精神"。"唯物论者则认物质为宇宙的基本原素,他们以物质解释精神,以客体解释主体,以存在解释思维。他们以为精神与思维不过是物质状况与客观存在在人的头脑中底反映。"③ 显然,马克思主义论者竭力阐明,唯物论与唯心论属于认识论范畴,而如何认识物质与意识的关系则是划分唯物论与唯心论的关键。

马克思主义论者大力阐述唯物论的正确性,强调只有唯物论才是科学的哲学理论。1933 年 12 月,祝伯英在《社会科学讲话》中指出,"大致说来,唯物论是进步的,因为它承认客观的存在,而去逐步认识它。观念论是退化的,因为它违反事实,结果是阻碍进步"④。1936 年9 月,沈志远在《妇女社会科学常识读本》中亦强调,"对于两大哲学阵营的考察底结果,我们认为,正确的是唯物论,而不是唯心论。而且,哲学所以能成为一种真正的科学,它也必须是唯物论的"⑤。1937年 4 月,胡伊默在《社会科学读本》中同样认为,只有唯物哲学才是真理,"这两种哲学见解,究竟是谁对呢?从科学的见地说,以物质为基础是对的"⑥。

不少论者分析了将唯物论与社会科学研究相结合的问题。他们指出,研究社会现象必须以唯物论为基础。1934 年 4 月,陈端志在《现

① 作者不详:《新兴社会科学研究大纲》,第 63—64 页。
② 祝伯英:《社会科学讲话》,第 5—6 页。
③ 李季达:《怎样研究社会科学》(万有小丛书),第 31—33 页。
④ 祝伯英:《社会科学讲话》,第 8 页。
⑤ 沈志远:《妇女社会科学常识读本》(妇女生活丛书之一),第 15 页。
⑥ 胡伊默:《社会科学读本》(新青年百科丛书),第 29 页。

代社会科学讲话》中强调，社会科学研究应站在唯物论的立场，"历史的事实告诉吾们，当然是以唯物论做依据而应站在唯物派的阵营中"①。1937 年 4 月，胡伊默在《社会科学读本》中亦指出，"观察任何社会现象时，应从物质的基础出发"，不能仅做"观念的游戏"②。一些论者分析了唯物论与唯心论分野在社会科学中的反映，指出两者的分歧表现在社会科学研究上，就是到底应以精神、心理、意识，还是应以物质的社会生产为基础，分析和研究社会现象。1930 年 5 月，顾凤城在《社会科学问答》中介绍，马克思和恩格斯最早将唯物论应用于社会科学研究，其标志是 1859 年出版的《政治经济学批判》，"在社会科学上将唯物论彻底地适用的是马克思和恩格斯，当马克思把他的社会学说——历史的唯物论底理论——概说了的《经济学批判》出版的那年（1859年），是唯物论应用于社会科学的最早的尝试"。顾凤城分析，唯心论将社会科学推向"非科学"的彼岸，"如果社会科学受了唯心论的支配，那么，社会科学也要变为'非科学'了"。唯心论者仅仅将社会视作由"人们的欲望、感情、思想、意志表示"等心理与精神要素结合成的东西，是错误的③。胡伊默在《社会科学读本》中分析，唯物论与唯心论两种出发点的不同对社会科学研究有"重大的关系"，"把它们应用到人类社会科学的构成，就发生这样的问题，即社会的基础，究竟是精神抑是物质呢？两种哲学对这问题的答覆是完全相反的。观念哲学以为，社会是由人类形成的，社会就是由人类的思想、意志、感情、欲望等等结合而成的东西。人类意识的变化，便是社会变化的原因，所以，精神支配世界。若照唯物论的说法，则物质的生产及生产力，是人类社会的基础。社会的精神生活，是依存于物质的生产状态，且随后者的变化而变化。普通所说的社会科学，事实上就因此出发点的不同，而分成两个对抗的派别"④。显然，胡伊默认为，唯物论与唯心论之分野在社会科学中表现为是否采用以社会生产为基础分析社会问题的唯物史

①　陈端志：《现代社会科学讲话》，第 40 页。

②　胡伊默：《社会科学读本》（新青年百科丛书），第 42 页。

③　顾凤城：《社会科学问答》，第 32—33、38 页。

④　胡伊默：《社会科学读本》（新青年百科丛书），第 31—32 页。

观。总之,在马克思主义论者看来,唯物论表现在社会科学研究上,就是以社会物质要素为本位认知社会问题,而这种社会物质要素的核心即为社会生产。这就成为二三十年代中国学术界日益兴盛的唯物史观的基础命题。

显然,唯物论与唯心论的分野成为二三十年代马克思主义社会科学界讨论的中心论题。马克思主义论者竭力向读者说明,这个问题是哲学与社会科学中的最基本问题,并系统阐述了两者的区别及其在社会科学中的反映。

四 辩证法:社会科学研究的根本思维方法

马克思主义论者将社会科学话语与辩证法直接联系起来。在他们看来,辩证法是社会科学研究必须采用的根本思维方法。他们由此将辩证法的基本原理作为重要的社会科学知识,向社会大力宣传。

马克思主义论者强调,辩证法是对包括自然界和人类社会在内的整个宇宙现象的发展规律的客观反映,理应成为社会科学研究的根本方法。他们指出运用辩证法研究社会现象的必要性。1929 年 6 月,杨剑秀在《社会科学概论》中指出,"辩证法是自然和人类社会发展的一般公律,非但自然的发展是依辩证法的公律而发展,就是人类社会也同样的依辩证法的公律而演进。如果研究社会科学的人懂不得辩证法的几个公律,对于一切的社会现象,他将得不到一个正确的观察方法"[①]。杨剑秀此言得到深受马克思主义影响的陈端志的认可。1934 年 3 月,陈端志在《现代社会科学讲话》中引述杨剑秀的话说:"非但自然科学的发展是依辩证法的公律而发展,就是人类社会也同样的依辩证法的公律而演进。如果研究社会科学的人不能了解,那就对于社会现象,得不到一个正确的观察方法。"陈端志进而强调,只有运用辩证法,才能确切了解"社会关系的运动法则"[②]。

马克思主义论者向社会大力宣传辩证法的基本原理。在他们看来,辩证法主要包括三大定律,即事物的运动与普遍联系定律、矛盾的对立

---

① 杨剑秀:《社会科学概论》,第 31 页。
② 陈端志:《现代社会科学讲话》,第 60、75 页。

统一及否定之否定定律、由量变到质变的定律。在社会问题上，他们将辩证法的这些定律与社会发展、阶级斗争与社会革命相联系，认为阶级斗争是社会发展的重要动因，而社会发展的形式不仅包括社会渐变，更包括突变式的社会革命。从此种思路，可见推动现实中国的革命性变革是二三十年代马克思主义者阐扬辩证法理论的重要现实关怀。

马克思主义论者系统地阐述了事物的运动与普遍联系定律。他们申明，必须以发展的眼光，从事物的普遍联系中观察自然现象与社会现象。1929 年 6 月，杨剑秀在《社会科学概论》中将这一定律称作"物质永动及现象互系的公律"。他介绍，"一切物质都永久的动着，形成许多现象，而一切现象之间又继续不断的互相联系着，世界上决无不动之物，也决无绝对独立与世无关的现象"①。同年 11 月，高尔松、高尔柏在《社会科学大纲》中将此定律称为"诸现象间的关联之动力观"，他们指出，一方面，一切事物均是不断运动的和变化的，"我们要理解某一现象，必须观察它的发生、发达及消灭。简单说来，要观察它的动象，不应在它的空想的静止上去考察"；另一方面，社会事物均是相互联系的，"世界上没有绝对的孤立的事物的"，所以，"我们观察各种现象时，不能把它们分离，必须要在它们相互关系上面去观察的"②。1930 年 5 月，顾凤城在《社会科学问答》中也说明，事物的运动与普遍联系的观念是辩证法的重要原则，"一切现象首先就须在其不可分的关联上考察，而且，须在其运动的状态上考察"③。

马克思主义论者大力介绍矛盾的对立统一及否定之否定定律。他们指出，必须从事物的内在矛盾与否定之否定中认知事物发展原因。同时，他们将辩证法的这个定律与阶级斗争理论联系起来，强调阶级斗争是此辩证法定律在社会发展上的最明显表现。他们首先阐明了事物的对立统一即内在矛盾问题。例如胡伊默于 1937 年 4 月在《社会科学读本》中介绍说，一方面，"任何事物的本身绝不是单纯的同一的东西，一定还包含有与它自己相反对的东西，即所谓矛盾"；另一方面，"只要此

① 杨剑秀：《社会科学概论》，第 35 页。
② 高希圣、郭真：《社会科学大纲》，第四章"唯物论"第 6—7 页。
③ 顾凤城：《社会科学问答》，第 51 页。

矛盾还［在］没有破裂爆发的限度内，它是一个统一体，这叫做矛盾的统一"①。他们进而反复申明，事物的内在矛盾是事物发展的根本原因。1929 年 6 月，杨剑秀在《社会科学概论》中介绍，"自然和社会的一切发展，都是因内部矛盾的互相斗争而发生的，因有甲现象而发生与之相反的乙现象，甲乙相斗又生与甲乙都不相同的丙现象"②。1930 年 5 月，顾凤城在《社会科学问答》中说明，"一切的运动和变化都由于内部的不断的矛盾，内部的不断的斗争所造成的。……这里要说的，便是一切变化、运动或发展，都在对立或矛盾中发见，即因一事物的否定而实现。由否定一事实而生否定，再否定，此否定又生肯定"③。他们从事物的否定与否定规律角度阐述了事物发展的运行过程。1929 年 11 月，高尔松、高尔柏在《社会科学大纲》中说明，事物的变动过程分为三种形态：一是均势状态（正题），二是均势的破坏（反题），三是均势的恢复而成新的局面（合题）。"宇宙间的均势都是一时的，所谓现象就是不断的各种均势之破坏过程。……相持的各种力量里，有一种力量内部有了变化，便可破坏均势，随即成立新的犄角相持的形势，又是一新均势。"④ 胡伊默在《社会科学读本》中介绍得更详细。他申明，事物本身包含"与它自己相反对的要素，趋向于否定它自己"，随着事物内部否定要素的壮大，事物便转化为一种新事物，从而完成第一次否定。但是，这种否定并非对原有事物的"消灭"，而是保留着诸多旧事物中的"转化物"，原有事物的性质既"克服"了一部分，又保存了一部分，这就是所谓"扬弃"。"新的东西把旧的东西否定了扬弃了之后，它本身又要经过旧的东西一样的过程。因为我们知道，它本身也一样包含着矛盾，矛盾向前发展，又将引出由量到质的变化。即是新的东西又要被更新的东西所否定了。这就是否定之否定。"他又介绍，一般所言的"正反合"公式所表现的就是否定之否定法则。原来的东西为"正"，由其转化出来的新东西为"反"，再否定转化出来的东西为

---

① 胡伊默：《社会科学读本》（新青年百科丛书），第 35—36 页。
② 杨剑秀：《社会科学概论》，第 41 页。
③ 顾凤城：《社会科学问答》，第 60 页。
④ 高希圣、郭真：《社会科学大纲》，第四章"唯物论"第 14—15 页。

"合"，"一方面扬弃了否定，同时，又恢复肯定的许多特征，是肯定与否定的综合"①。马克思主义论者强调，辩证法矛盾定律在社会问题上的一个重要表现就是阶级斗争，所以，阶级斗争是社会发展的重要动因。高尔松、高尔柏在《社会科学大纲》中即称，"社会之中常常有许多矛盾，阶级斗争是社会矛盾之最显明的表现"②。1930 年 3 月，柯柏年在《怎样研究新兴社会科学》中运用辩证法矛盾定律解释了资产阶级与无产阶级之间的斗争关系。他分析，"辩证法以为，一切事物包含内在的矛盾性"。"在资本主义社会中，布尔乔亚泛与普罗列搭利亚特互相对立着。布尔乔亚泛努力促进资本主义之发展，跟着资本主义之发展，普罗列搭利亚特也发展起来。普罗列搭利亚特之力量一天比一天大，阶级斗争一天比一天厉害，资本主义终于被推翻，而建立较高级的社会制度——社会主义。"③

马克思主义论者系统地阐明了由量变到质变的定律。他们申明，事物的发展包括量变与质变两种形式。1929 年 6 月，杨剑秀在《社会科学概论》中将这一定律称为"自数量进于质量的公律"。他介绍，"自然和社会的发展，开始从数量上渐渐的发展到一定的程度的时候，便必然要采飞跃式的突变，以变更其性质"④。1937 年 4 月，胡伊默在《社会科学读本》中分析说："一切变化均由质变与量变交织而成。量的变化总是逐渐的，是以量变的过程，是渐变的过程；质的变化总是飞跃的，是以质变的过程，是突变的过程。两种变化交互为用，交相依赖，缺一不可。人们常常否认事物的变化，或者承认渐变而否认突变，这都是错误的观点。"⑤ 马克思主义者进而申明，事物的质变或突变表现在社会发展上，就是社会革命。1929 年 11 月，高尔松、高尔柏在《社会科学大纲》中即主张以突变和革命的观点研究社会科学。他们认为，事物的变易过程有渐变和突变两种形式，"社会里的革命"相当于"自然界里的突变"，"社会里的革命是社会结构的改造，社会发展的需要和社会

---

① 胡伊默：《社会科学读本》（新青年百科丛书），第 38—40 页。

② 高希圣、郭真：《社会科学大纲》，第四章"唯物论"第 19 页。

③ 柯柏年：《怎样研究新兴社会科学》（增订本），第 18—19 页。

④ 杨剑秀：《社会科学概论》，第 45 页。

⑤ 胡伊默：《社会科学读本》（新青年百科丛书），第 37 页。

的结构冲突之时，便不能不发生革命式的突变"①。1930 年 5 月，顾凤城在《社会科学问答》中也认为，社会革命就是事物的突变性在社会问题上的表现，"社会内的进化（渐进的发达）要引到革命（飞跃）"②。

马克思主义论者系统地阐述了如何将辩证法应用于社会科学的问题。陈豹隐于 1932 年 10 月在《社会科学研究方法论》中注意到苏联论著关于运用辩证法认知社会现象具体方法的阐述。他介绍，各种有关唯物辩证法的著作多止于对辩证法基本原则的阐述，"而不能说明如何应用各原则于实际认识上的具体方法。这诚为莫大的缺点"。列宁虽极重视此问题，"亦只散见其各种著作中，没有写成专书"。最近，苏联根据列宁提出的纲领，出版了一两种著作，运用辩证法原则研究社会具体问题，"把由辩证法的原则所规定的认识具体方法，活动化而且具体化起来"③。在运用辩证法研究社会现象的问题上，诸论者提出了如下几条原则：第一，以运动与发展的眼光认知社会问题。陈端志在《现代社会科学讲话》中提出，"从变动的过程中探求社会现象发生的原因"，认定人类社会历史处于不断"破坏和构造"过程中④。胡伊默在《社会科学读本》中表示，应"从运动的过程中"观察社会现象。他举例说，"同是一政治现象，有奴隶政治，有封建政治，有资本主义政治等变化"⑤。第二，运用事物的对立统一与内在矛盾的观点分析社会问题。陈端志提出，应以矛盾的观点观察社会发展的趋势，重点研究人类与自然、阶级与阶级、新生产方法与旧生产方法等各种社会矛盾，并分析这些矛盾促进"社会进步"的问题⑥。胡伊默提出，应从"矛盾或对立物的斗争"中分析社会现象产生运动的原因⑦。第三，将否定之否定规律应用于社会问题研究。李平心在《社会科学研究法》中提出，应"从社会过程、社会体系和社会现象自己否定自己的转变中研究问题"⑧。

① 高希圣、郭真：《社会科学大纲》，第四章"唯物论"第 22 页。
② 顾凤城：《社会科学问答》，第 70 页。
③ 陈豹隐讲述，徐万钧、雷季尚笔记：《社会科学研究方法论》，第 103 页。
④ 陈端志：《现代社会科学讲话》，第 43 页。
⑤ 胡伊默：《社会科学读本》（新青年百科丛书），第 43—44 页。
⑥ 陈端志：《现代社会科学讲话》，第 43 页。
⑦ 胡伊默：《社会科学读本》（新青年百科丛书），第 44—45 页。
⑧ 平心：《社会科学研究法》（青年自学丛书），第 58 页。

胡伊默提出，应从"事物之自己否定的作用中来观察"社会现象。他举例说："在最初极长时间的人类社会里，并没有财产的所有，没有剥削与压迫等现象，只到社会生产力发展到原始社会不能容纳时，才把自身否定而成为私产制的社会。私有社会的成立至少已有几千年了。它本身的矛盾逐渐增长，到目前似又到其尽头，又将由新的公有社会来否定它。"① 第四，运用量变与质变原理研究社会变革的具体形式，尤其是社会革命问题。陈端志提出，应以量变和质变的观点认识社会变化，"认定数量增加——社会进化——到一定的程度的时候，就会引起质量的急变——社会革命"②。胡伊默提出，应从"质变与量变的相互关系"上观察社会现象，"进化与革命是运动的两种形态，相互为用，相互依存。……在资本主义下，生产力的发展（量变）使资本制度不能容纳，如像目前工厂停闭、工人失业等现象即属如此。这表示资本主义的发展或进化已到了尽头，需要一个飞跃的突变，由资本主义转为社会主义（质变），然后，生产力在新的基础上，毫无限制的向前发展（量变）"③。第五，以事物普遍联系的观念分析社会现象。陈端志提出，应从人与人、物与物、人与物的关系中分析社会结构，认定人与物之间是密切关联的；应将"某种社会的生活形态的变动和发展"放在整体"社会关系"中进行观察④。李平心提出，应"从全面和相互关联中研究问题"，"从各种社会体系、社会现象、社会过程和人的实践的关系去观察问题"⑤。由此可见，马克思主义论者明确阐述了运用辩证法研究社会问题的若干原则，强调应该以事物普遍联系的观念，运用事物内在矛盾、否定之否定、量变与质变等原理深入研究社会发展与革命问题。

显然，二三十年代的马克思主义论者均强调辩证法是社会科学研究的基本思维方法。他们总结了辩证法的若干基本原则，并向中国学术、思想界大力宣传这些原则。他们进而试图将辩证法原理应用于社会科学

① 胡伊默：《社会科学读本》（新青年百科丛书），第46—47页。
② 陈端志：《现代社会科学讲话》，第44页。
③ 胡伊默：《社会科学读本》（新青年百科丛书），第45—46页。
④ 陈端志：《现代社会科学讲话》，第43—44页。
⑤ 平心：《社会科学研究法》（青年自学丛书），第53、63页。

研究，并以此解释社会发展、阶级斗争与社会革命问题。这说明辩证法理论至 30 年代在中国学术与思想界已经具有相当广泛的影响力。

综上所述，在民国时期马克思主义论者看来，唯物辩证法是"新兴社会科学"即马克思主义社会科学的基本研究方法。他们在各种社会科学论著中勾勒出了唯物辩证法的大体轮廓和基本原理，并向中国学术与思想界大力推广。这说明，至 20 世纪 30 年代，中国学界关于唯物辩证法理论的阐述已大致成熟，并具备较大的社会影响力，成为二三十年代中国社会科学话语中的基本论题。经过马克思主义论者的宣扬，唯物辩证法亦在诸非马克思主义论者中产生极大影响。

第三节　唯物史观之社会论

无论是在民国学界，还是在当今学界，唯物史观曾被纳入社会学范畴，被认作社会学的一种流派。其实，唯物史观与社会学的关系问题较为复杂，在民国时期，一部分马克思主义论者将唯物史观视作社会学学说，而多数马克思主义论者则否认社会学的存在，自然谈不上唯物史观从属社会学问题。这种认识延续到新中国成立之后。自 20 世纪 50 年代社会学作为一门学科被取消后，唯物史观便从社会学中被剥离出来。自 70 年代末改革开放以后，随着社会学在中国的复建，唯物史观又被纳入社会学范畴[①]。其实，无论唯物史观是否属于社会学，它都确实构建了一套以生产力—生产关系—上层建筑为框架的社会阐释体系，并竭力强调经济基础在各种社会要素中的关键地位。这种阐释体系被民国时期马克思主义社会科学论者大力宣扬，成为被民国学术界与思想界极度关

---

① 民国时期一些马克思主义论者所撰社会学论著，多以阐释唯物史观为主，如上海书店于 1924 年 3 月出版的《社会科学讲义》第 1 集载瞿秋白著《现代社会学》、李达于 1926 年 8 月由长沙现代丛书社出版的《现代社会学》、许德珩于 1936 年 11 月由北平好望书店出版的《社会学讲话》等。但如本书第一章绪言所介绍，20 世纪 30 年代更多的马克思主义者否认社会学学科的存在。对此，孙本文于 1948 年 5 月在《当代中国社会学》编写凡例中称，"本书认为，唯物史观的著作不属于纯正的社会学，故凡从此种史观所编的书籍，概从割受"。参见"凡例"，载孙本文《当代中国社会学》，第 1 页。而郑杭生、李迎生《中国社会学史新编》（高等教育出版社 2000 年版）则以第七章"中国早期社会学中的马克思主义学派"论述民国时期以唯物史观为核心的马克思主义社会学。

注的理论话语体系。

一　马克思主义论者所论社会概念

马克思主义论者所阐释的社会概念是完全以唯物史观为基础的。他们强调，只有唯物史观才是关于社会的真正科学的理论。1930 年 6 月，中国共产党马克思主义宣传家吴黎平即表示，"唯物史观是关于社会的科学的理论。在马克思以前，并没有科学的关于社会的理论。就是直到现在，还有许多资产阶级的学者，否认科学地研究社会现象的可能"①。以唯物史观为指导，他们将社会解释为人们在劳动生产过程中形成的关系总和。同时，他们对欧美基于心理行为分析理论阐释的社会概念持批评态度。

从唯物史观出发，马克思主义论者申明，只有生产才是社会的基础。1936 年 9 月，沈志远在《妇女社会科学常识读本》中指出，人类社会存在的前提是生产，"人类社会底一切要求是靠物质的生产来满足的"。"在任何社会中，在人类足迹所到的任何一隅的世界中，只要它不是'世外桃源'的仙界，都不能没有物质的生产。"② 1939 年 9 月，王明之等在《新社会科学基础知识》中也从生产角度阐释人类社会问题说，人们为了从事生产，必须"结成一定的关系"，即生产关系。而生产关系的总和，构成"经济的结构"。经济结构即构成社会的基础③。一些论者强调，生产将人类社会与"动物群"区别开来。1933 年 12 月，祝伯英在《社会科学讲话》中分析，"人们是运用工具以取得自然材料，供给自己应用的。而动物却用爪牙直接攫取食物的。用工具以取得自然资料，是改制自然以供自己应用的过程。这不是动物的劳动，而是人类的生产"。所以，"人类社会与动物群的区别，就在这个'生产'，而社会的特质也就是生产"④。他们进而指出，对于社会概念的阐释必须立足生产问题。1936 年 5 月，李平心在《社会科学研究法》中

---

① 吴黎平：《唯物史观》，载社会科学讲座社编《社会科学讲座》（第 1 卷），第 38 页。
② 沈志远：《妇女社会科学常识读本》（妇女生活丛书之一），第 78 页。
③ 王明之、林哲人、卢宁夫、萧达：《新社会科学基础知识》，第 33—34 页。
④ 祝伯英：《社会科学讲话》，第 14 页。

分析，"社会究竟是什么呢？它的本质是怎么一回事呢？这就不能不从物质的生产关系着眼。在正确的社会科学看来，任何社会要维持并且往前发展，最不可缺少而且成为基本的决定要素的，就是物质的生活资料和生产工具的生产"①。

马克思主义论者以社会生产为核心阐述了社会概念的定义，认为社会就是人类在劳动生产过程中形成的关系的总和。瞿秋白阐释的社会概念对萧楚女、杨剑秀、顾凤城等产生很大影响。1924 年 10 月，瞿秋白如此定义社会概念："社会者，能制造工具的人类之劳动结合也。此劳动结合——'经济体'之演化，乃生政治、法律、道德、宗教、哲学、风俗、艺术、科学等现象，以应组织劳动之需。"② 萧楚女于 1926 年 11 月在《社会科学概论》中阐述的社会概念显然参考了瞿秋白所论。他表示，"'社会'乃是'一种能制造工具的人类之劳动的结合'。此结合演化之开展，乃生政治、法律、道德、宗教、哲学、科学、艺术、风俗诸现象，而成为今日以前之'人间历史'（即一般之所谓文明）"③。1929 年 6 月，杨剑秀在《社会科学概论》中也把社会解释为人们的"劳动结合"，认为"社会者，能改善劳动方法（即制造工具）的人类之劳动结合也"④。1930 年 5 月，顾凤城在《社会科学问答》中亦称，"社会者，是能制造工具的人类之劳动结合也。此种劳动结合即经济结合之演化，就生出政治、法律、道德、宗教、哲学、风俗、艺术、科学等等现象，以应组织劳动之需要"⑤。对于社会概念，李平心在《社会科学研究法》中提出了另一种诠释方式："在生产的过程中，人和人必须发生一定的关系，这就是生产关系。……社会就是按照特定的样式结合起来的人类的生产关系的总体。自然，这里并不是要排除政治、法律、道德、宗教、思想、艺术等因素的关系，但它们乃是适应或反映一定的生产关系而出现的。"⑥ 李平心的阐释，虽具体表述与瞿秋白等有

① 平心：《社会科学研究法》（青年自学丛书），第 140—141 页。
② 瞿秋白：《社会科学概论》，第 17 页。
③ 萧楚女：《社会科学概论》（政治讲义第十种），第 10 页。
④ 杨剑秀：《社会科学概论》，第 51 页。
⑤ 顾凤城：《社会科学问答》，第 73 页。
⑥ 平心：《社会科学研究法》（青年自学丛书），第 140—141 页。

所不同，但其核心内涵与瞿秋白等阐述的社会概念完全一致。

立足于社会生产，马克思主义论者详细阐释了由"生产——人与人间的关系——社会"构成的社会话语体系。1929 年 11 月，高尔松、高尔柏在《社会科学大纲》中申明，"社会是各个人为谋满足欲望而加入生产关系的结合"。人类为了获得生活资料，必须进行社会生产，"在这生产过程中，不能不共同劳动或互相工作，而直接、间接地发生种种生产关系。这种生产关系的错综复合，形成社会之经济的构造。加入这种生产关系中的一切个人遂构成一社会"①。高尔松、高尔柏此说于1930 年 5 月被顾凤城引用。顾凤城在《社会科学问答》中也称："在这生产过程中，不能不共同劳动或互相工作，而直接间接地发生种种生产关系。这种生产关系的错综复合，形成社会之经济的构造。加入这种生产关系的一切个人遂构成一社会。"② 1937 年 4 月，胡伊默在《社会科学读本》中同样分析，社会是"人与人之间的关系的总和"。而在人们之间的关系中，生产关系是最基础的关系，"在许多的行为或相互作用中，最基础、最原始的是生产的行为。我们知道，人类的存在是社会构成的前提，而满足人类基本要求，即物质的生活资料的生产，又是人类存在的前提。饮食、衣服与居住等生活资料，是人类生存之最基本的要求，人类的行为或相互作用就首先从这里开始。因而，人与人之间的关系，也就首先从这里建筑起来"③。

由于立足社会生产阐释社会概念，所以，马克思主义论者将其社会观与美国社会学界从心理行为角度对社会概念的阐释完全区别开来。美国密苏里大学哥伦比亚分校社会学教授爱尔乌德在出版于 1910 年的《社会学及现代社会问题》中提出社会心理交互论，赵作雄于 1920 年12 月将此书在中国迻译出版，其理论在中国学界影响极大。马克思主义论者对爱尔乌德此论持批评态度。1929 年 6 月，杨剑秀在《社会科学概论》中注意到，爱尔乌德称"社会是从各人'心的相感作用'（Mental interaction of individuals）而成。两三个人，如果在意识上能有

① 高希圣、郭真：《社会科学大纲》，第二章"社会论"第 1—2 页。
② 顾凤城：《社会科学问答》，第 74—75 页。
③ 胡伊默：《社会科学读本》（新青年百科丛书），第 59—61 页。

相感的关系，即可以成为社会。若是仅止因为有同样的经济环境或是住的地点接近，还不能成社会，必定是因为心性相感，或者说是因为'内我（Inner self）相联络'，才能成作一种共同的生活，是之谓社会"。杨剑秀断然否定此论，表示"爱尔乌德这话对不对呢？社会真是所谓'心的相感作用'或'内我相联络'而成的吗？""事实上，恐怕不是这样的吧"①。同年11月，高尔松、高尔柏在《社会科学大纲》中亦认为，从"心性相感"角度解释社会概念，"此说太重视心理的要素，要知心理的要素完全是跟着物质生活而变更的"。此种学说是"拥护资本阶级的学说"，"心理说在说明社会改良须先改良人类先性，不必改造经济组织，为资本阶级树立温情主义之社会政策的论据"②。

显然，民国时期马克思主义论者以唯物史观为指导对社会概念的阐释，与欧美学界从心理行为角度阐述的社会概念呈完全对立状态。他们认为，生产是人类社会形成的基础，人们在生产过程中相互结合而成某种关系，这种关系的总和就是社会。其实，民国时期马克思主义论者对社会概念的这种界定与苏联相关论著大致相同。1946年韶华译苏联新百科全书版《社会科学简明教程》，即将社会视作以物质生产为基础的人类关系的总和，认为"社会是人与人之间一切关系的总和，人们物质生活的生产和再生产过程，就是社会的基础"。此书又强调，马克思确立起"社会——经济机构的概念"，把"生产关系"视作制约一切社会关系最基本因素，从而"把社会学提高到了科学的基础上"③。

二　经济基础决定论：辩证唯物论在社会科学中的应用

民国时期马克思主义论者阐述了唯物史观的经济基础内涵，尤其阐明了其中的经济基础决定论。他们强调，唯物史观解释人类社会发展问题的一个重要原理，就是将社会发展的根本动力确定为由生产力和生产关系构成的经济基础，其中，生产力起着最初的决定性作用。他们又申

---

① 杨剑秀:《社会科学概论》，第47—48页。
② 高希圣、郭真:《社会科学大纲》，第二章"社会论"第4—5页。
③ 韶华辑译:《社会科学简明教程》（苏联新百科全书版），光华出版社1946年版，第7、10页。

明，这是马克思主义辩证唯物论在解释社会发展问题时得出的重要结论。

　　马克思主义论者指出，唯物史观是辩证唯物论在社会科学研究中的应用。1932年10月，陈豹隐在《社会科学研究方法论》中将马克思主义社会观称作辩证法唯物论社会观。他认为，此种社会观的唯物性包括两义：第一，社会不是观念的，而是实在的，是由分工合作的群体或各阶级组成的；第二，"社会的决定因子即社会发展的主动力是生产力、生产关系或生产方法"。前者说明社会是什么，后者说明社会发展的动力是什么①。1934年3月，陈端志在《现代社会科学讲话》中指出，唯物辩证法应用于社会现象研究，就是唯物史观，"唯物史观是'历史的唯物论'或'唯物论的历史观'的简称，它是在唯物辩证法这一个总的系统之下，探求一般社会现象的最基本的因果关系的部门。……唯物史观是唯物辩证法在人类关系上的一种特殊应用"②。

　　尤其是，他们将社会科学中的唯物论理解为经济基础决定论，并将经济基础决定论作为理论宣传的重点。1929年6月，杨剑秀在《社会科学概论》中从社会经济基础角度理解社会科学的唯物论。他介绍，社会科学的唯物论认为，个人与社会的"意识""精神""意志"均受"客观存在"的限制。而这种决定个人与社会意识、精神、意志的"客观存在"就是社会生产及其导致的生产关系，"人类社会同全人类一样，依存于自然，而是自然的一产物。而且，也只有从自然中摄取有用的对象时，社会才得存立。人类在用生产这个方法去摄取自然中的有用物的过程中，便形成了种种的物质的经济生产关系，由这生产力与生产关系的总和，才奠定了社会的基础，没有这基础，所谓'社会意识''精神文化'等精神生产都不会发生"③。同年11月，高尔松、高尔柏在《社会科学大纲》中也从经济基础决定论角度理解社会科学的唯物论。他们表示，"唯物论以物质的生产及物质的生产力为全社会的基础。他们认为，没有这些物质的东西，什么'社会的意识''精神文化'，

① 陈豹隐讲述，徐万钧、雷季尚笔记：《社会科学研究方法论》，第186—187页。
② 陈端志：《现代社会科学讲话》，第76页。
③ 杨剑秀：《社会科学概论》，第26—27页。

都不会有的"。"人类社会是和全人类同为自然的一产物。它是在向自然摄取对于自己有用的东西的时候方存立的。他们的摄取方法便是生产。……物质生产的发达,增加了人类对自然的支配力,增加了人类劳动的生产能力。在这种时候,劳动可以减少些,时间可以空闲了,乃进而做智识上的工作,创造出'精神文明'。所以,物质是精神之母,精神不是物质之父。""这就是社会科学里的唯物论的见地。"① 1930 年 5 月,顾凤城在《社会科学问答》中也分析,"社会科学内唯物论者的见地"是指"物质的生产及其手段(物质的生产力)是人类社会存在底基础。没有它们便不会有'社会意识''精神文化'"②。1936 年 5 月,李平心在《社会科学研究法》中也将社会的物质要素解释为社会生产和生产关系。他认为,"一切社会现象都是离开我们的意识独立存在的",均由"一定的物质根据或物质基础"所决定,而"物质生活资料"的生产及由此形成的生产关系是社会物质基础的核心,"在研究一切社会现象的时候,我们最不能忘记的,就是这种物质根据"③。

由于他们将社会科学中的唯物论理解为经济基础决定论,所以,他们认定由生产力和生产关系构成的经济基础是社会发展的最终决定因素。1929 年 3 月,高尔松与高尔柏在所编《社会科学大词典》的"刊行之辞"中认为,"社会制度的变迁,是以经济组织的变革而转移的。人类社会的一切生产关系,构成社会的经济构成——基础构造",社会政治、法制、伦理、哲学、人类意志都随着"经济构造"的变化而变化④。1932 年 10 月,陈豹隐在《社会科学研究方法论》中特别强调生产力、生产关系、生产方法对社会发展的推动作用。他介绍,马克思主义辩证唯物论的社会观"把握了社会的真实决定因子,即物质的动力——生产力、生产关系、生产方法"⑤。他们特别指出,生产力是人类社会发展的根本动因。1924 年 10 月,瞿秋白在《社会科学概论》中

---

① 高希圣、郭真:《社会科学大纲》,第四章"唯物论"第 3—4 页。

② 顾凤城:《社会科学问答》,第 35—36 页。

③ 平心:《社会科学研究法》(青年自学丛书),第 45—46 页。

④ "刊行之辞"(1929 年 3 月),载高希圣、郭真、高乔平、龚彬编辑《社会科学大词典》,第 1—2 页。

⑤ 陈豹隐讲述,徐万钧、雷季尚笔记:《社会科学研究方法论》,第 183 页。

指出，生产力的发展是人类社会发展的最初动因，"人类社会既然是劳动的结合，那么，社会的基础一定是物质的生产力之状态。社会变易的根本原因必定是生产力之发展"①。1929 年 6 月，杨剑秀在《社会科学概论》中指出，"社会变易的根本原因，必须是生产力的发展，换言之，就是生产工具和生产资料逐渐的发达和改善了，那社会的形式便必然要起变革。……总之，社会的变革是随生产力的发展而变革的，生产力发展到什么程度，社会便随之而产生出某种社会形式——宗法社会、封建社会、资本主义社会等——来与之相适应"②。陈端志于 1934 年 3 月在《现代社会科学讲话》中分析得更透彻。他指出，"生产力是社会的基础的基础，是整个社会变动的原动力，生产力一有变动，生产关系及全部社会基础的经济结构都要跟着变动，社会基础一变动，建筑在这基础上面的政治、法律和意识形态也都要或急或缓的跟着变动"③。

将唯物史观看作马克思主义辩证唯物论在社会科学研究中的应用，进而将社会科学中的唯物论理解为经济基础决定论，最终将社会发展的根本动力确定为由生产力和生产关系构成的经济基础，这构成了民国时期马克思主义论者唯物史观观念的大致轮廓。

三　经济基础与上层建筑：民国时期马克思主义论者眼中的社会结构

民国时期马克思主义论者在诸社会科学论著中，向读者描绘了社会的组成结构。他们申明，人类社会由经济基础、上层建筑两大要素构成。在社会经济基础中，生产力又是生产关系的决定要素。他们的频繁介绍，导致马克思主义唯物史观的这些理论原则在 20 世纪 30 年代中国的学术界与思想界具有广泛影响。

经济基础与上层建筑的关系是马克思主义论者着力宣传的内容。他们申明，人类社会是由经济基础和上层建筑两大要素构成的。1924 年10 月，瞿秋白在《社会科学概论》中申明，社会由两大要素构成，一

---

① 瞿秋白：《社会科学概论》，第 18 页。
② 杨剑秀：《社会科学概论》，第 66—67 页。
③ 陈端志：《现代社会科学讲话》，第 115 页。

是人们在生产活动中结成的某种"物质关系"，二是人们基于这种"物质关系"而结成的各种"精神关系（政治、道德等）"①。1932 年 10 月，陈豹隐在《社会科学研究方法论》中将社会构成要素分为三方面：（1）社会的经济基础，"生产、消费、分配、交换四者形成着一个整体的经济关系及由此关系所规定的阶级关系"；（2）社会的政治法律关系，"政治法律的关系包括国家、政府组织、法庭、军队、警察、各种法令等等"；（3）思想体系或意识形态，"思想体系或意识形态包括哲学、科学、艺术、宗教、伦理、风俗、习惯、社会心理等等"②。1936 年 5 月，李平心在《社会科学研究法》中认为，社会分为经济基础和上层建筑两方面，"生产关系的总和就形成一个社会的经济结构，这就是社会的真实基础，它决定着社会的一切关系、一切现象的变动"；"有了某种的社会经济形式，就有和它相适应的上层的社会现象，如政治、法律、社会心理、道德、宗教、宇宙观（它的发展形态就是哲学）、科学、艺术、习俗等等，这些关系在新的社会科学学说上称为上层建筑"③。他们又强调社会上层建筑的发展取决于社会经济基础的发展。1926 年 11 月，萧楚女在《社会科学概论》中指出，"生产方式（合工具性质、技术程度、生产量、生产性质而言）"是社会变化的"原动力"，而政治、法律等"文物制度"只是"某个时代的经济关系之反映"，"所以说，一切政治、法律、宗教、道德，都是社会经济关系的表层建筑物，经济才是社会的真实基础"④。1933 年 12 月，祝伯英在《社会科学讲话》中介绍，政治、法律、科学、艺术、宗教、习俗、道德等之所以被称为上层建筑，"因为它们是建筑于经济基础之上的"，同时，"任何上层建筑都是依据基础而演进的"⑤。1939 年 9 月，王明之等在《新社会科学基础知识》中也分析，"社会的基础——经济结构，决定社会的上层建筑——政治、法律与意识形态；若基础发生变化，则

---

① 瞿秋白：《社会科学概论》，第 3—4 页。
② 陈豹隐讲述，徐万钧、雷季尚笔记：《社会科学研究方法论》，第 192—193 页。
③ 平心：《社会科学研究法》（青年自学丛书），第 150—152 页。
④ 萧楚女：《社会科学概论》（政治讲义第十种），第 15—16 页。
⑤ 祝伯英：《社会科学讲话》，第 17—18 页。

上层建筑也或快或慢的发生变化"①。

诸论者重点阐述了上层建筑概念，如沈志远于 1936 年 9 月在《妇女社会科学常识读本》中指出，建立在"经济基础"之上的"一切政治的、法理的、意识的、文化的形态或现象"，"在新社会学——历史唯物论的社会学——中便称为社会底上层建筑（Super-structure）"②。一些论者进而指出，上层建筑依据与经济基础关系的远近，又可以分为上层建筑之一和上层建筑之二两类。1932 年 10 月，陈豹隐在《社会科学研究方法论》中即称，社会"上部构造之一"是政治法律关系，而意识形态是社会"上部构造之二"③。1936 年 5 月，李平心在《社会科学研究法》中也称，政治、法律等为"上层建筑之一"，道德、宗教、哲学、艺术以及其他各种社会意识形态为"上层建筑之二"④。1937 年 4 月，胡伊默在《社会科学读本》中称，"政治、法律制度与经济的关系最为密切与直接"，叫作"上层建筑之一"，"伦理、哲学、宗教、文艺等与经济的关系，则较为疏远而间接"，叫作"上层建筑之二"，又称为"社会的精神生活或意识形态"⑤。

一些马克思主义论者试图运用通俗的语言、生动的案例，向普通民众宣传马克思主义社会结构理论。时任上海读书生活出版社编辑的中国共产党理论宣传者曹伯韩于 1937 年 1 月出版的《通俗社会科学二十讲》，颇具代表性。曹伯韩运用英国作家丹尼尔·笛福（D. Defoe）《鲁滨孙漂流记》里的故事，说明生产的社会性及生产关系问题。他分析说，每个人都是社会人，必须与他人发生关系，才能生活下去，所以，人类的生产具有社会性。在孤岛生活的鲁滨孙并不是"一个孤独的人"，因为他在登岛时曾从沉船上"拾得一些吃的东西、用的东西，比方猎枪等等"，而这些"工具、武器和粮食"都是别人制作的，所以，他虽生活于孤岛，但仍与现代社会有某种关系。他进而介绍，"人们既然在社会的生产当中，或者一块儿劳动，或者互相工作，就会直接地、

---

① 王明之、林哲人、卢宁夫、萧达：《新社会科学基础知识》，第 41 页。
② 沈志远：《妇女社会科学常识读本》（妇女生活丛书之一），第 86—87 页。
③ 陈豹隐讲述，徐万钧、雷季尚笔记：《社会科学研究方法论》，第 194 页。
④ 平心：《社会科学研究法》（青年自学丛书），第 151—152 页。
⑤ 胡伊默：《社会科学读本》（新青年百科丛书），第 67 页。

间接地发生关系。这种种的关系，都叫做生产关系"①。他又生动地将社会比喻为一栋房子，阐述社会的经济基础和上层建筑构成。他分析，"社会好比一栋房子，下层的基础是经济关系，那些政治、法律、宗教、教育等等的关系，是上层的建筑物"。"只有生产关系（经济关系）是基本的社会关系，其余各种的社会关系，都只算生产关系的树上开出来的花，长出来的叶子。""社会的上层构造不能不和下层基础相适应，正和房子一样，要建造二十层的大厦，就不能不把基础弄得异常坚固。"②

　　显然，20 世纪二三十年代，马克思主义论者在各种论著中频繁阐述了唯物史观社会结构理论，并力图向社会大众进行推广。他们申明，社会由经济基础和上层建筑两大要素构成。其中，上层建筑又分为作为上层建筑之一的政治法律制度和作为上层建筑之二的意识形态。在社会诸要素中，经济基础决定上层建筑。马克思主义论者的这些描述，说明唯物史观社会结构理论在中国学界已成为一种主流理论。

四　马克思主义论者所论生产力与生产关系概念

　　在唯物史观中，生产力与生产关系是两个基本概念。如上所述，在马克思主义论者看来，"唯物史观"中的"唯物"即表现为以经济基础为核心解释人类社会变动的动因。而推动社会变动的经济基础又分为生产力和生产关系两个组成部分，正是生产力与生产关系之间的互动促成人类社会依序发展。所以，民国时期马克思主义论者特别重视向读者阐释这两个概念，努力使民众了解生产力与生产关系的内涵。

　　翻开民国时期各种马克思主义社会科学论著，我们会发现，生产力概念均为这些论著详细阐述的重要知识点。这些论著均指出，劳动者、劳动工具、劳动对象是生产力的三大构成要素。1924 年 10 月，瞿秋白在《社会科学概论》中指出，生产力包括三方面：一为"工力"，即"人所自有的体力及智力"；二为"生产工具"，"最简单的便是手、足、

---

　　①　曹伯韩:"鲁滨孙是不是孤独的人？（什么是社会）"，载曹伯韩《通俗社会科学二十讲》，第 5—6、9 页。
　　②　曹伯韩:"好比一栋房子（社会的结构）"，载曹伯韩《通俗社会科学二十讲》，第 21 页。

指、爪，以至于最复杂的机器"；三为"生产资料"，即"自然界的产物、原料以及一切其他"①。1932年10月，陈豹隐在《社会科学研究方法论》中将生产力的三要素解释为劳动力、劳动工具和劳动对象，"劳动力即人类本身的力。劳动工具是物体或物体的结果，位于劳动者和劳动对象之间的，是劳动者对于对象的影响之传达者。劳动对象是在劳动过程中所能加工的一切对象"②。1936年5月，李平心在《社会科学研究法》中解释，"生产力就是人类在变更及榨取自然物的过程——生产过程中所不可缺少的各种力量的总和"，"为要进行生产的劳动，生产者除了要支出他们的劳动力（劳动过程中使用的体力与脑力）之外，还必须使用一定的劳动工具（如机器、刀、斧、纺车等等），经过这种劳动工具的传达，生产者的劳动力才加到自然物质，即劳动对象（生〔产〕原料、土地，发见了的矿产等）上，把它们改变形状、性质、位置，这样才能生产出满足人类需要的生产品"③。1939年9月，王明之等在《新社会科学基础知识》中解释生产力概念说："人类在进行生产中，第一必须要支出一定的劳动力，不论是体力或脑力，同时，还要使用一定的工具，如石斧、木棍等简单作物及复杂的机器等。第三，有了劳动力与工具之后，还要以自然物质来作对象，即劳动对象——土地、自然物产等是。把劳动力、劳动工具及劳动对象这三种因素结合起来就为之生产力。"④

马克思主义论者一方面强调构成生产力的三个要素相互关联，不可或缺，另一方面指出劳动工具是生产力的主导要素。1937年4月，胡伊默在《社会科学读本》中表示，在劳动力、劳动工具、劳动对象这生产力三要素中，"劳动工具占有主要的地位"，"凡生产力的大小，以及人类怎样进行生产，主要的是劳动手段来决定。……劳动工具（或称劳动手段）是劳动生产力的大小的指示器，劳动工具的变化，即引起生产力的变化"⑤。1939年9月，王明之等在《新社会科学基础知识》中

① 瞿秋白：《社会科学概论》，第8页。
② 陈豹隐讲述，徐万钧、雷季尚笔记：《社会科学研究方法论》，第187页。
③ 平心：《社会科学研究法》（青年自学丛书），第142—143页。
④ 王明之、林哲人、卢宁夫、萧达：《新社会科学基础知识》，第34页。
⑤ 胡伊默：《社会科学读本》（新青年百科丛书），第62—63页。

亦强调,在劳动力、劳动工具、劳动对象三要素中,"劳动工具占主要地位,劳动力经过劳动工具而传导到劳动对象,改变其形状、性质。这样,生产过程才算成立"①。

生产关系概念亦是马克思主义论者大力阐述的知识要点。他们首先申明,生产的社会性导致人们在生产过程中必然发生相互关系,人们在生产过程中所结成的关系就是生产关系。1936年9月,沈志远在《妇女社会科学常识读本》中解释:"生产必然是在人与人保持着一定的相互关系的条件之下进行的,换句话讲,生产是社会的。生产既是社会的,那末,生产力也必然是社会的生产力。而这种在社会生产过程中所发生的人与人之间的关系,就称为生产关系(Productive relations)。"②1937年4月,胡伊默在《社会科学读本》中申明:"劳动生产是人类的基本行为,而生产又非个人所能孤独的完成,必须有若干人的互助合作,所以,人们结成一定的关系。这样,在生产过程中所结成的人与人之间的关系,就是生产关系。"③ 一些论者又指出,生产关系包括两种关系,即人们在生产中的合作分工关系和财产所有关系,后者表现出明显的阶级属性。1932年10月,陈豹隐在《社会科学研究方法论》中将生产关系分为"生产的技术关系"和"生产的所有关系"两种。他介绍,"生产的技术关系"是最初出现的生产关系,与生产力同时出现,亦即人们在共同工作中相互联系的关系。"生产的所有关系"是一种财产关系,随着生产手段私有制的出现而产生④。1936年5月,李平心在《社会科学研究法》中对生产关系的分类与陈豹隐的论调大体一致。他将生产关系分为"技术关系"和"财产关系"。他解释,"技术关系"即"生产者和各生产单位发生的合作分工的相互关系";"财产关系"即"生产手段占有者和劳动力支出者发生的榨取关系","后一种形式的生产关系只存在于有阶级的社会中"⑤。不少马克思主义论者又强调,在阶级社会中,阶级关系是主要的生产关系。1933年12月,祝伯英在

① 王明之、林哲人、卢宁夫、萧达:《新社会科学基础知识》,第34页。
② 沈志远:《妇女社会科学常识读本》(妇女生活丛书之一),第82页。
③ 胡伊默:《社会科学读本》(新青年百科丛书),第64页。
④ 陈豹隐讲述,徐万钧、雷季尚笔记:《社会科学研究方法论》,第189页。
⑤ 平心:《社会科学研究法》(青年自学丛书),第143—144页。

《社会科学讲话》中即解释，阶级关系是阶级社会"主要的生产关系"。他以生产工具的所有权为中心解释阶级关系，认为阶级关系是指"人们对生产工具所发生的关系"，如劳动者与资本家的关系、地主与农民的关系等①。1936 年 9 月，沈志远在《妇女社会科学常识读本》中表示，在阶级社会，生产关系表现为强烈的阶级属性，阶级关系是生产关系的主要方面，"在所谓阶级社会（从奴隶社会到资本主义社会）内，生产关系只是阶级的生产关系。而在种种生产关系中，最基本的一种便是榨取的社会群和被榨取的社会群之间的关系"②。由其将生产关系话题引导到阶级问题来看，民国时期马克思主义论者特别注重从阶级关系角度宣传生产关系概念。

马克思主义论者重点分析了生产力与生产关系之间的关系。他们申明，在两者之间，生产力起决定性作用。1936 年 5 月，李平心在《社会科学研究法》中分析，生产力与生产关系是"矛盾的统一"关系，"但生产力是居于主导的地位，它决定着生产关系，而生产关系也能给予生产力以反影响。在一种生产关系刚建立的时候，它是能够助长生产力的发展的，但是，往后它就逐渐变成为生产力发展的障碍，直到旧的生产关系经过社会革命被突破以后，生产力又自由地向前发展了"③。同年 9 月，沈志远在《妇女社会科学常识读本》中重点介绍了生产力与生产关系之间的矛盾，并指出，两者间的矛盾导致生产力成为推动生产关系发展的决定要素，"社会的生产力，当初在某种形式的生产关系之内顺利地不断发展起来，当它发展到一定高度时，它就跟这种生产关系底'外壳'发生冲突。它底继续向前发展的趋势被这旧的生产关系'阻住去路'了，这种冲突底结果，是旧形式的生产关系被毁灭，新形式的生产关系宣告诞生，而生产力一走入了新的生产关系形式之内，它就在一新阶段上开始它底发展前途了"④。1939 年 9 月，王明之等在《新社会科学基础知识》中亦解释，"生产关系不是人的意志所能左右，

---

①　祝伯英：《社会科学讲话》，第 16 页。
②　沈志远：《妇女社会科学常识读本》（妇女生活丛书之一），第 83 页。
③　平心：《社会科学研究法》（青年自学丛书），第 145 页。
④　沈志远：《妇女社会科学常识读本》（妇女生活丛书之一），第 82—83 页。

而是由生产力来决定的。每个时代有每个特定的生产力，也就有适应生产力的特定的生产关系。生产力一旦发生变化，生产关系也随之发生变化"①。

显然，民国时期马克思主义社会科学论者均大力阐述生产力与生产关系论题。他们一方面指出生产工具是生产力的主导要素，生产关系是人们在生产中结成的互相关系，生产关系的基本形态取决于生产力的发展状况；另一方面，又注重从阶级分析角度理解生产关系概念。这反映出民国时期马克思主义论者对两个概念的认知倾向。

由上所论，可见民国时期马克思主义社会科学论者运用唯物史观，系统阐释了与同时期非马克思主义阵营完全相异的社会理论。他们对社会概念的阐释，立足社会生产，认为所谓社会就是人们在生产过程中结成的关系的总和。他们又从辩证唯物论角度理解社会问题，认为社会发展的真正动力在于由生产力和生产关系构成的经济基础。基于经济基础决定论，他们系统勾勒出人类社会的结构构成。他们的这些阐述说明，迄20世纪30年代，中国的马克思主义论者已经形成完善的马克思主义唯物史观社会理论，并向学术界、思想界乃至社会民众大力宣传这种理论，使这种理论体系成为一种为人瞩目的理论模式。

20世纪20年代兴起的"新兴社会科学"或"新社会科学"，至30年代臻于鼎盛。在这种"社会科学"话语背后，隐藏着一股巨大的马克思主义思想潮流。一批马克思主义论者撰写并出版了大量社会科学论著，由此在中国学界形成一个马克思主义社会科学论者群体。这个群体既包括中国共产党理论宣传工作者，亦包括信仰马克思主义的非中国共产党人士。他们以巨大的精力和热情，将马克思主义社会科学理论向学术界、思想界乃至社会大众进行推广，使这种理论的社会影响力大增。此种理论体系与其他各种非马克思主义学说之间非此即彼的对立关系以及在当时学界引起的巨大反响，正说明其社会影响力之大。实际上，在马克思主义论者看来，所谓社会科学亦即马克思主义有关人类社会的理论学说，反过来说，马克思主义社会理论是最科学的社会科学理论。他们总结、归纳出了马克思主义有关人类社会问题的基本理论体系，并勾

---

① 王明之、林哲人、卢宁夫、萧达：《新社会科学基础知识》，第35页。

勒出大致理论轮廓。他们认为，唯物辩证法是社会科学研究必须采用的基本方法，而唯物史观则是社会科学的理论核心。从其出版的各类社会科学论著中，或可看出马克思主义社会理论相关基本观点在中国学术界、思想界乃至社会民众中传播的大致路径与谱系，由此亦可知，由中国共产党引导的中国新民主主义革命胜利的必然性，并不仅仅体现在中国共产党领导武装斗争的努力与正确，同时也体现在马克思主义社会科学理论在中国的巨大学术与思想需求。也就是说，在中国共产党领导武装斗争的同时，马克思主义社会理论亦得到同时期中国学术界、思想界的相当认可。这或许是我们认知中国新民主主义革命问题的值得重视的另一个视角。

第 五 章

结语:对于民国时期社会科学
研究范式的几点总结

  本书从民国学界关于社会科学科学性、社会学的美国学术渊源、政治学学术体系的构建、马克思主义社会科学学术话语等方面,对同时期中国社会科学学术体系的构建问题作了管窥,虽有挂一漏万之嫌,但亦具相当典范意义。提到民国时期社会科学学术体系构建问题,不能不谈到所谓学术"范式"论题。"范式"(Paradigm)概念,又译作"典范",首先由美国学者托马斯·库恩(T. S. Kuhn)于 1962 年在《科学革命的结构》(*The Structure of Scientific Revolutions*)中作了系统阐释。在托马斯·库恩看来,所谓范式,首先须被某一学者群体所认同,指某门学科的根本问题或研究模式。依照托马斯·库恩所言,所谓某门学科的研究范式,大致包括学科性质、研究对象或领域、研究方法等此门学科的学术基础和原则体系。这种带根本性质的研究模式,有别于依据某种研究范式所得出的关于具体问题的相关结论。由于某种研究范式往往被某种学者群体所认同,所以,研究范式论题又往往引伸出学术流派论题。依照对于研究范式的上述理解,本书所论各专题大致属于对民国时期社会科学研究范式的探讨。

  民国时期是科学思潮极度兴盛的年代。所谓科学,就一般意义而言,主要指近代西方兴起的科学实证主义,亦即运用归纳、演绎、观察、实验等实证方法对客观现象进行实证研究。在西方,此种方法兴起于自然科学领域,起初被自然科学家用来研究自然现象。19 世纪中叶,孔德、斯宾塞等社会学创始者提出,社会现象亦可运用此种方法进行研究，孔德称之为"社会物理学"。此为社会科学理念之缘起。运用科学实证方法研究社会现象的社会科学理念，在19世纪末被严复诸人引入中国，至民国时期被中国学界越来越多的人所认可。某些文化保守主义者虽曾试图运用西方人本主义理论对科学实证方法提出挑战，但就整体而言，其以人的主观心理、精神解释自然现象与社会现象的非科学实证理念并不占民国学界主流。而且，文化保守主义者的挑战并不坚决，在1923年科学与玄学论争中，张君劢诸人亦只是对科学的适用范围进行限制，仅认为人的心理或精神领域难以适用科学实证方法，仍在一定范围内承认一部分社会现象的科学适用性。这是民国时期社会科学日趋兴盛的社会思想背景。特别是，在20世纪上半叶，面对中国社会转型中众多而复杂的社会问题，尤其面对日趋严重的社会危机，人们多将科学方法与中国社会现实相关联，将科学视作解救中国社会危局的济世良药，认为中国当下社会问题的解决必须依靠科学。例如，曾于30年代初在燕京大学社会学系读书的费孝通即回忆当时的情况说："当时，社会上人们都在为中国未来的出路找答案，究竟中国怎么办？总是这样下去是不行的。这样的风气马上反映到社会学的领域中来。"所以，燕京大学社会学系也酝酿着一种空气，"一批年轻人用科学方法，即用实证的方法来研究中国的社会和文化"[1]。显然，民国时期人们将中国社会问题的解决寄托于科学方法的思路，进一步推动了社会科学研究在中国的兴盛。

所以，总体而言，民国社会科学界深受欧美近代科学实证主义思潮的影响。大家均认为，社会现象的研究必须采用科学实证方法，一致认定社会科学的科学性。诸学者反复强调，社会现象中确实存在因果关系与因果规律，运用科学方法探究社会现象中的因果关系与因果规律是社会科学研究的核心任务。这种思路体现在社会学、政治学等各门社会科学。例如，在社会学界，孙本文等学者大力引介的美国文化社会学、社会行为分析等理论，即被视作典型的科学实证方法；科学思潮表现在民国政治学界，就是大家一致将政治学视作科学的国家学。然而，在民国

---

① 费孝通:《从人类学是一门交叉的学科谈起》(1996年11月20日)，载费孝通《论人类学与文化自觉》，第2页。

学界，诸学者由于所具学术背景、所属学术流派的不同，再加以相异的政治立场等复杂因素，对落到社会研究实处的具体科学内涵的认知并不一致。例如，以教学科研为职事的具有欧美留学背景的学者，更多受到20世纪初美国日益兴盛的实用主义的影响。他们在以观察、归纳、演绎、比较等一般科学方法解释科学论题的同时，更偏重实验主义的方法。此种实验主义方法由学院派学者甚至传导到国民党派学者，甚至得到诸多国民党宣传性论著的认可。而马克思主义派则将社会科学所言的科学直接与马克思主义思维方法画等号，认为用以研究社会现象的科学方法应为辩证唯物论与历史唯物论。

　　某种学科的研究范式，除此种学科的学科性质，即此种学科是否属于科学范畴外，其核心内容就是此种学科的研究领域或研究对象、研究方法等问题。社会科学作为一种体系化的学术理论被植入中国，始于晚清中日甲午战争后。严复首先向中国学界系统而全面地介绍了西方社会科学理论，使国人得以初识此种理论轮廓，国人始有社会科学分类的初步知识。但是，社会科学研究范式在中国的全面构建则起于民国成立之后，这表现在自20年代以后，随着大量社会科学论著雨后春笋般的涌现，众多学者借鉴欧美社会科学研究理论，致力于社会科学基本理论的阐述，逐渐提出关于社会科学研究对象、研究方法等问题的系统意见。实际上，这个过程亦与20年代以后具有欧美留学背景的知识分子群体的形成相辅相成。

　　民国时期诸社会科学论者大多重视对相关学科研究对象的阐述。此时期出版的各种社会科学类论著多数辟专章讨论社会科学的基本理论问题。虽然各种论著的相关论述多有重叠之处，但综观其内容，思路依稀可辨。民国学界首先对于社会科学的整体研究对象作了大量阐述。一般而言，大家均将社会现象视作社会科学的研究对象。值得注意的是，诸论者此方面的阐述仍以自然科学为出发点或参照物，由自然科学以自然现象为研究对象，推导到社会科学以社会现象为研究对象，从而分析自然科学与社会科学的关系，并认定社会现象具有以自然科学那样的研究方法进行研究的潜力。随着社会学、政治学等社会科学分支学科论著的大量涌现，民国学界对相关学科的具体研究对象亦作了系统阐述。例如，在社会学界，以孙本文为代表的民国理论社会学家提出，社会学的研究对象应为社会行为与社会文化,从而构建起结合社会文化研究社会行为的理论社会学理论体系。同样在社会学领域,作为该学科具有实证性的研究领域,以燕京大学学者为代表的民国学界构建起较为完善的社区研究范式。他们认为,所谓社区,即为具有共同生活和地域特征的人类群体,进而主张社区研究的主要对象应为此社区的文化。民国学界由农村社区与都市社区研究,进而构建起农村社会学与都市社会学理论体系。在政治学领域,民国学界亦提出了诸多自己的看法。其中,张慰慈于 1923 年 2 月在《政治学大纲》中的提法在民国学界影响颇大。张慰慈除认定国家为政治学研究对象外,还认为人们在政治社会中的关系及政治心理与行为亦为政治学研究对象。一些论者又发挥张慰慈所言,提出政治组织亦为政治学研究重要内容。这些论述即相较于欧美,亦多创新之处。

其实,民国学界所论社会科学研究方法之创新,乃相对于欧美学界而言,因为迄民国时期,中国学界所言社会科学研究方法之学术源渊仍在欧美。实际上,民国学界对欧美社会科学研究方法的引介情况极其复杂。这种复杂性体现在两方面,一方面,作为中国学界学习模范的欧美学界并不一致,从欧洲各国,到北美,各国研究方法存在极大差异,尤其是美国较具实用性和可操作性的社会实证研究方法(如社会学界美国文化社会学、社会行为分析与欧洲哲理性的法国正统社会学、德国历史社会学之别);另一方面,民国学者出于不同的教育背景、学术倾向、政治立场等,对欧美相异的社会科学理论往往取舍各异。虽说民国学界对欧美理论的引介极为繁复,但如果条分缕析,我们亦会发现,民国学者与欧美各派理论之间依然亦步亦趋,源渊有自,由欧美不同的学理而形成民国学界相异的学术派系。不过,如果细细梳理民国学界学术派系,我们会发现,民国各种学术派系之间远非截然分派那样简单,各派学者的学术理念同中有异,异中亦有同。其中,最大的相同之处在于,大家均深受欧美近代科学实证论影响,强调社会科学研究应采用归纳法、演绎法等逻辑思维方法以及观察法、实验法、比较法、统计法、历史法等实证研究方法。而民国学界所论研究方法的不同之处,则因相关学科的不同或学术倾向、政治立场的各异而有具体的相异。

在研究方法上,民国学界最大的相异在于仅遵循欧美实证方法的非马克思主义论者与兼具科学实证方法和马克思主义方法两种观念的马克思主义论者之别。两派理论虽均为西来，却系两种截然不同的理论。非马克思主义论者倾向将社会现象视作与自然现象一样的自然物，运用不带任何成见、倾向的"纯客观"研究方法。而马克思主义论者则强调，社会科学研究必须以唯物辩证法和唯物史观为基本研究方法。马克思主义论者进而由唯物史观的经济基础决定论，推导到阶级分析研究方法。马克思主义论者的此种认知，受到非马克思主义论者的多方指责，被一些论者指为有理论预设之嫌。非马克思主义论者的"纯客观"研究方法，往往导致社会改良论；而马克思主义论者则构建起革命式的社会科学研究范式。显然，两种社会科学理论之别构成民国时期最大的社会科学理论鸿沟。

在非马克思主义阵营中，诸学者亦因不同学术流派而对研究方法有不同的认知。孙本文等理论社会学家融会美国乌格朋等文化社会学理论与芝加哥大学汤麦史、派克、蒲其斯等社会行为分析理论，构建起以社会行为为研究对象、以社会文化分析为基础的理论社会学理论体系。燕京大学社区研究学派将英国功能派文化人类学文化研究方法与美国社区研究理念相结合，形成中国自身的社区研究方法。吴景超的都市工业发展理论则是融会芝加哥大学都市社区研究与哈佛大学教授格来斯都市经济发展理论的结果。在政治学研究方法方面，美国学界对中国的影响同样不容小觑。高纳在任美国伊利诺斯大学教授期间于 1928 年出版的《政治科学与政府》、基特尔在任加利福尼亚大学伯克利分校教授期间于 1933 年出版的《政治学》两书对中国学界影响极大。而且，民国学者对欧美相关各种理论的移植与引介多抱融会与创新态度，从而使其所构建的社会科学研究范式有相当创新之处。

如果说民国时期社会科学阵营可以进行群体划分，那么，学院派、国民党派、马克思主义派三大群体可说截然分列。此三大群体的形成，既与民国时期的学术理论相异有关，亦与同时期的社会政治现实密切关联。20 世纪初的留学归国学者，在清末最后十年以留日学者为多，20 年代初以后，留学欧美尤其是留学美国学者开始大量归国，逐渐形成一个具有欧美教育背景的学者群体。在留学美国学者群体中，在社会学界有以孙本文、吴景超、吴文藻、吴泽霖、杨开道、许仕廉、应成一等为主要代表的论者群体，在政治学界有以张慰慈、陈之迈等为主要代表的论者群体，等等。此类论者多任职于教学科研机构，与现实政治较少瓜葛，学术理论以引介欧美学术为主。如对民国政治学理论影响较大的张慰慈撰《政治学大纲》，主要内容即以基特尔在美国康涅狄格州三一学院任教时于1910年出版的《政治学导论》为蓝本。

自1928年开始，国民党成为全国性的执政党。任职于国民党军政系统各类院校、国民党当局党政机关的各类人员以及各高等院校与科研机构中的亲国民党学者，亦致力于各类社会科学论著的撰写，从而形成国民党派学者群体，如萨孟武、杨幼炯、罗敦伟、胡一贯等。此类论者虽在坚持国民党政治理论的程度上有别，但对社会科学理论的阐述大致基于国民党三民主义立场。他们对学院派学者引介的欧美政治理论既有舍，亦有取，但大力抨击马克思主义理论，尤其反对唯物史观经济基础决定论和阶级斗争学说。其政治理论以维护国民党执政地位和服务于国民党建国事业为目的，大致属于社会改良论范畴。

考察民国时期社会科学理论，不能不关注同时期马克思主义社会科学研究情况。自20年代中期开始，被时人称作"新兴社会科学"或"新社会科学"的马克思主义社会科学日益兴盛，进而形成一个在中国学术界乃至在社会各界影响极大的马克思主义论者群体。此群体大致包括三类论者：中国共产党理论宣传工作者，如瞿秋白、萧楚女、杨剑秀、柯柏年、祝伯英、曹伯韩等；脱离中国共产党但仍信仰马克思主义者，如高尔松、陈豹隐、沈志远、李平心、胡伊默等；虽与中国共产党无组织瓜葛但倾向马克思主义者，如邓初民、王亚南、柳辰夫、陈端志等。他们致力于阐述与宣传马克思主义基本理论，强调社会科学研究须以唯物辩证法与唯物史观为基本方法。出于推动中国新民主主义革命的现实需要，他们由唯物史观经济基础决定论，进而强调阶级分析方法，从而构建起革命式社会科学论述体系。马克思主义社会科学研究的兴盛说明，中国新民主主义革命胜利的必然性，不仅体现在中国共产党领导武装斗争的努力与正确，亦体现在马克思主义理论在中国的巨大学术与思想需求。

民国时期是中国社会科学学科体系构建的关键时期。梳理民国时期诸学者对于社会科学理论体系的阐述，分析各学者的学术渊源与派流，再现其学术理论的异同与互动，不仅具有学术价值，亦对当今中国社会科学研究具有现实意义。由此我们发现，民国时期的社会科学理论虽因中国自身学术创新与社会现实需求，对西方相关理论有所变异与发展，但总体上仍基于西说。这说明，中国的社会科学研究必须持开放心态，而与世界整体研究全面接轨。这是中国社会科学研究的必由之路。

附　录

民国时期人文社会科学
概论类书籍选目

人文社会科学总论

布庄德耳：《社会科学研究初步》，杨霞青译，华兴书局 1930 年版。

曹伯韩：《社会的基本认识》，进修出版教育社 1947 年版。

曹伯韩：《通俗社会科学二十讲》，读书生活出版社 1937 年版。

常乃惪：《社会科学通论》（中华百科丛书），中华书局 1935 年版。

陈豹隐讲述，徐万钧、雷季尚笔记：《社会科学研究方法论》，好望书店 1932 年版。

陈端志：《现代社会科学讲话》，生活书店 1934 年版。

范却脱（H. P. Fairchild）：《社会科学概论》，张素民、杨晋豪译，世界书局 1933 年版。

复亮（施存统）：《社会科学的研究》，宏远书店 1930 年版。

戴行轺：《中国社会科学思想史》，大东书局 1933 年版。

邓初民：《社会科学常识讲话》，文化供应社 1949 年版。

高希圣、郭真、高乔平、龚彬编辑：《社会科学大词典》，世界书局 1929 年版。

高希圣、郭真：《社会科学大纲》，平凡书局 1929 年版。

公直：《大众社会科学讲话》，世界书局 1930 年版。

顾凤城：《社会科学问答》，文艺书局 1930 年版。

郭任远：《社会科学概论》（新学制高级中学教科书），商务印书馆 1928 年版。

郭真、高圯书:《社会科学的基础知识》,乐华图书公司 1930 年版。

河上肇:《新社会科学讲话》(原名《第二贫乏物语》),雷敢译,朴社 1936 年版。

何思源:《社会科学研究法》(中山大学政治训育丛书之十二),中山大学政治训育部宣传部 1927 年版。

胡明辑译:《社会科学简明教程》(苏联新百科全书版),光华出版社 1949 年版。

胡明主编:《新哲学社会科学解释辞典》,光华出版社 1949 年版。

胡一贯:《社会科学概论》(政治丛书第二十五种),中央陆军军官学校政治训练处 1930 年版。

胡伊默:《社会科学读本》(新青年百科丛书),一般书店 1937 年版。

黄淡如:《新社会科学方法论》,新学书店 1939 年版。

简贯三:《袖珍社会科学辞典》,著者书店 1933 年版。

金则人等:《给初学社会科学者》,通俗文化社 1937 年版。

柯柏年:《怎样研究新兴社会科学》(增订本),南强书局 1930 年版。

李鼎声:《社会科学辞典》,光明书局 1933 年版。

李璜:《历史学与社会科学》,东南书店 1928 年版。

李季达:《怎样研究社会科学》(万有小丛书),一心书店 1937 年版。

梁方仲等:《现代学术文化概论》(第 1 册,人文学),华夏图书出版公司 1948 年版。

梁方仲等:《现代学术文化概论》(第 2 册,社会科学),华夏图书出版公司 1948 年版。

刘剑横:《自然科学与社会科学的关系》,亚东图书馆 1932 年版。

柳辰夫作,章乃器校:《怎样自学社会科学》(李公朴主编自学丛书),申报流通图书馆读书指导部 1934 年版。

卢波尔:《理论与实践的社会科学根本问题》,李达译,心弦书社 1930 年版。

鲁男:《怎样学习社会科学》(青年基本文库),乐华图书公司 1937 年版。

马克佛:《社会科学》,徐逸樵译,世界书局 1931 年版。

孟汉(K. Mannheim):《知识社会学》,李安宅译,中华书局 1946

年版。

崩斯：《社会科学与实际社会》（韬奋著作集），邹韬奋译，生活·读书·新知联合发行所 1949 年版。

平心：《各科基本知识讲话》，上海杂志公司 1945 年版。

平心：《社会科学研究法》（青年自学丛书），生活书店 1936 年版。

平心等：《社会科学论文选集》，生活书店 1936 年版。

普列汉诺夫：《社会科学的基本问题》，张仲实译，生活书店 1937 年版。

谦弟：《自然科学与社会科学》（一九二八丛书之二），重庆书店 1930 年版。

瞿秋白：《社会科学概论》，上海书店 1924 年版。

塞纽博（Seignobos）：《社会科学与历史方法》，张宗文译，大东书局 1930 年版。

杉山荣：《社会科学概论》，李达、钱铁如译，昆仑书店 1929 年版。

杉山荣：《社会科学十二讲》，温盛光译，乐华图书公司 1930 年版。

韶华辑译：《社会科学简明教程》（苏联新百科全书版），光华出版社 1946 年版。

《社会科学概论》，中央陆军军官学校政治训练处 1933 年版。

《社会学科学程纲要》（学程纲要之三），江苏省立上海中学校教务处 1929 年版。

《社会科学论文集》，岭南大学社会科学研究会 1936 年版。

社会科学讲座社编：《社会科学讲座》（第 1 卷），光华书局 1930 年版。

社会科学研究会编：《社会科学概论》（增订再版），解放社 1940 年版。

神田丰穗：《社会科学小辞典》，徐汉臣译，中华书局 1940 年版。

沈志远：《大众社会科学讲话》，妇女生活社 1940 年版。

沈志远：《妇女社会科学常识读本》（妇女生活丛书之一），生活书店 1936 年版。

沈志远：《社会科学底哲学基础》，生活·读书·新知联合发行所 1949 年版。

沈志远：《社会科学基础讲座》，智源书局 1947 年版。

施伏量（施存统）：《社会科学小辞典》，新生命书局 1935 年版。

孙本文编：《现代社会科学趋势》，商务印书馆 1948 年版。

孙本文、王凤喈、赵兰坪：《三民主义与社会科学》，正中书局 1945 年版。

孙寒冰主编：《社会科学大纲》，黎明书局 1929 年版。

王健：《社会科学研究方法简论》，大众知识社 1935 年版。

王明之：《大众社会科学问答》，三户书店 1939 年版。

王明之、林哲人、卢宁夫、萧达：《新社会科学基础知识》，三户书店 1939 年版。

王亚南：《社会科学论纲》，东南出版社 1945 年版。

王亚南：《社会科学新论》（社会科学丛书），经济科学出版社 1946 年增订新版。

萧楚女：《社会科学概论》（政治讲义第十种），中央军事政治学校政治部 1924 年版。

萧玉：《社会科学概论》，中学生书局 1932 年版。

徐嗣同：《社会科学名著题解》（新文化丛书），中华书局 1932 年版。

燕京大学法学院编：《社会科学概论选读》，燕京大学法学院 1938 年版。

严奇平：《社会科学自修读本》，新群书店 1939 年版。

杨剑秀：《社会科学概论》，现代书局 1929 年版。

杨违依：《怎样学习社会科学》，珠林书店 1939 年版。

杨幼炯：《社会科学发凡》（社会科学基础丛书之一），大东书局 1933 年版。

《新兴社会科学研究大纲》，科学研究会 1932 年版。

张栗原编译：《社会科学理论之体系》，神州国光社 1930 年版。

张少微：《社会科学指导》，女子书店 1935 年版。

中学生社编：《哲学与社会科学》（中学生杂志丛刊），开明书店 1935 年版。

《中国科学著作目录》（社会科学组），中央研究院评议会 1936 年版。

《中央取缔社会科学反动书刊一览》，出版者、出版时间不详。

祝伯英：《社会科学讲话》，开明书店 1933 年版。

哲学

爱里渥德：《科学的宇宙观》，陈豹隐译，乐群书店 1929 年版。

艾思奇：《辩证法的法则及其运用》，中国图书公司 1940 年再版。

艾思奇：《大众哲学》，读书生活出版社 1936 年版。

艾思奇：《方法论与思想方法论》，生活书店 1936 年版。

艾思奇：《民族解放与哲学》，大众文化社 1936 年版。

艾思奇：《如何研究哲学》，读书生活出版社 1936 年版。

艾思奇：《思想方法论》，生活书店 1936 年版。

艾思奇：《现代哲学读本》，一般书店 1937 年版。

艾思奇：《新哲学论集》，读者书房 1936 年版。

艾思奇：《哲学讲话》，读书生活出版社 1936 年版。

艾思奇：《哲学选辑》，解放社 1939 年版。

艾思奇：《哲学研究纲要》（抗大哲学讲授纲要），拓荒出版社 1939 年版。

艾思奇：《哲学研究提纲》，辰光书店 1940 年版。

艾思奇讲述，乔雅记录：《哲学讲授纲要》，中国编译所 1941 年版。

波伯尔（M. M. Bober）：《唯物史观之批评的研究》，刘天予译，大东书局 1931 年版。

布赖特曼（E. S. Brightman）：《哲学导论》，杨枝嵘、黄谷仁译，商务印书馆 1930 年版。

蔡元培：《简易哲学纲要》（现代师范教科书），商务印书馆 1924 年版。

蔡元培：《哲学大纲》，商务印书馆 1915 年版。

曹达：《哲学座谈》，青年书店 1937 年版；同年 3 月由一心书店以《通俗哲学讲话》为题再版。

柴熙：《认识论》，商务印书馆 1949 年版。

常守义：《哲学概论》，明德学园 1948 年版。

常燕生：《生物史观研究》，大光书局 1936 年版。

常燕生：《生物史观与社会》，大陆书局 1933 年版。

常燕生:《生物史观与唯物史观》,国魂书店 1940 年版。

陈大齐:《哲学概论》,北京大学出版部 1918 年版。

陈东达:《经济哲学》,北京大学 1947 年版。

陈唯实:《通俗辩证法讲话》,新东方出版社 1936 年版。

陈唯实:《通俗唯物论讲话》,大众文化出版社 1936 年版,1937 年由作家书屋以《新哲学世界观》为题再版,1937 年由上海杂志公司以《战斗唯物论讲话》为题再版。

陈唯实:《新哲学体系讲话》,作家书屋 1937 年版。

褚柏思:《新哲学》,白雪出版社 1947 年版。

稻毛诅风:《哲学入门》,华文祺译,商务印书馆 1920 年版。

淀野耀淳:《认识论之根本问题》,罗籹青译,商务印书馆 1931 年版。

杜伦(W. Durant):《哲学概论》,詹文浒译,开明书店 1931 年版。

范锜:《哲学概论》,商务印书馆 1933 年版。

范寿康:《认识论》,商务印书馆 1927 年版。

范寿康:《哲学初步》,商务印书馆 1924 年版。

范寿康:《哲学及其根本问题》,开明书店 1930 年版。

范寿康:《哲学通论》,中华书局 1935 年版。

范寿康等译著:《马克思主义与唯物史观》,商务印书馆 1923 年版。

范祥善编:《现代哲学评论集》,世界书局 1930 年版。

樊炳清:《哲学辞典》,商务印书馆 1926 年版。

方东美:《科学哲学与人生》,商务印书馆 1937 年版。

冯智慧:《哲学概论》,广东高等师范学校学生贸易部 1919 年版。

傅统先:《现代哲学之科学基础》,商务印书馆 1936 年版。

F. W. Westaway:《科学方法论》,徐韦曼译,商务印书馆 1935 年版。

葛名中:《科学的哲学》,生活书店 1939 年版。

公孙起孟:《哲学讲话》,群众图书公司 1934 年版。

公直:《大众哲学讲话》,世界书局 1940 年版。

郭湛波:《辩证法研究》,景山书社 1930 年版。

赫恩利(R. F. A. Hoernle):《唯心哲学》,傅统先译,中华书局 1941 年版。

何汝津:《辩证法与中国革命》,革命理论出版社 1941 年版。

侯书勋：《哲学发凡》（师范学校新教科书），商务印书馆 1914 年版。

侯外庐、罗克汀：《新哲学教程》，新知书店 1947 年版。

胡绳：《辩证法唯物论入门》，新知书店 1938 年版。

胡绳：《思想方法论初步》，生活书店 1941 年版。

胡一贯、张文心译：《唯物史观的改造》，新生命书局 1930 年版。

华汉：《唯物史观研究》（上、下册），现代书局 1930 年版（上册）、1931 年版（下册）。

黄忏华：《哲学纲要》（师范学校用），商务印书馆 1922 年版。

黄特：《新哲学谈话》，新人社 1940 年版。

霍金（W. Hocking）：《哲学大纲》，瞿世英译，神州国光社 1931 年版。

纪平正美：《哲学概论》，彭学浚译，译者刊 1923 年版。

金子马治：《哲学概论》，彭信威译，神州国光社 1930 年版。

景昌极：《哲学论文集》（上、下册），中华书局 1930 年版。

景幼南：《哲学新论》，南京书店 1932 年版。

科培尔（Kobell）：《哲学要领》，下田次郎述，蔡元培译，商务印书馆 1903 年版。

克勒梭（A. Cresson）：《哲学系统》，叶日葵译，商务印书馆 1935 年版。

拉波普特（A. S. Rappoport）：《哲学初桄》，陈训炤译，商务印书馆 1929 年版。

李崇基：《如何研究哲学》，读书生活出版社 1936 年版。

李衡之：《唯物辩证法基本知识》，言行出版社 1939 年版。

李季：《辩证法还是实验主义》，神州国光社 1932 年版。

李石岑：《哲学概论》，世界书局 1933 年版。

李相显：《哲学概论》，世界科学社 1947 年版。

李旭：《唯物论与唯物史观及其批判》，拔提书局 1947 年版。

李仲融：《辩证法唯物论》，石火出版社 1939 年版。

李仲融：《唯物论与唯心论》，文化供应社 1940 年版。

李仲融：《新哲学简明教程》，开明书店 1949 年版。

梁宗岱:《非古复古与科学精神》,明日社 1942 年版。

林哲人:《大众哲学问答》,三户书店 1939 年版。

林祝敔:《哲学的复活》,开明书店 1936 年版。

刘若诗等:《辩证法浅说》,现代中国社 1928 年版。

刘强:《哲学阶梯》,商务印书馆 1930 年版。

刘式经:《真美善论》,出版者不详,1919 年版。

刘毅志:《唯物史观 ABC》,平凡书局 1929 年版。

刘毅芝:《新哲学概论》,中学生书局 1933 年版。

刘宜之著,向警予校:《唯物史观浅释》,出版者不详,1923 年版。

刘以钟:《哲学概论》(师范学校用),商务印书馆 1920 年版。

柳絮译:《唯物史观批评》,南华书店 1928 年版。

卢舜昂:《马克斯主义世界观》,旭光社 1932 年版。

罗敦伟:《马克思主义评论之评论》,大东书局 1930 年版。

罗鸿诏:《认识论入门》,商务印书馆 1934 年版。

罗鸿诏:《哲学导论》,商务印书馆 1934 年版。

罗克汀:《自然哲学概论》,生活书店 1948 年版。

罗曾塔尔·右金:《最新哲学辞典》,胡明译,光明书局 1940 年版。

罗素(B. Russell):《哲学大纲》,高名凯译,正中书局 1937 年版。

洛静泰尔·犹琴:《简明哲学辞典》,孙冶方译,新知书店 1940 年版。

毛起鵁:《辩证法论丛》,独立出版社 1941 年版。

毛起鵁:《唯物史观批判》,独立出版社 1942 年版。

蒙太格(W. P. Montague):《认识之方法》,施友忠译,商务印书馆 1934 年版。

蒙泰苟:《哲学方法概论》,钟兆麟译,开明书店 1934 年版。

米丁·易希金科:《辩证法唯物论辞典》,平生等译,读书出版社 1939 年版。

莫英:《历史唯物论浅说》,士林书店 1949 年再版。

彭康:《前奏曲》,江南书局 1929 年版。

平生:《新哲学读本》,珠林书店 1939 年版。

任卓宣:《哲学问题》,辛垦书店 1936 年版。

塞尔萨谟(H. Selsam):《简明新哲学教程》,吕见平、克士译,珠林书店 1946 年版。

桑木岩翼：《科学中之哲学方法》，谷神译，商务印书馆 1931 年版。

上海光华大学哲学会编：《哲学研究》，中华书局 1931 年版。

申自天：《科学方法论》，工商学院 1939 年版。

沈文华：《哲学提要》，世界书局 1930 年版。

沈志远：《近代哲学批判》，读书生活出版社 1936 年版。

沈志远：《现代哲学的基本问题》，生活书店 1936 年版。

沈志远：《新哲学辞典》，笔耕堂书店 1933 年版。

施亨利（M. Henri See）：《历史唯物论批评》，黎东方译，独立出版社 1943 年版。

松本悟郎：《哲学问答》，唐开乾译，商务印书馆 1931 年版。

宋恒忠：《综合哲学讲话》，国民图书出版社 1941 年版。

孙渠：《哲学解蔽论》，中华书局 1945 年版。

孙志曾：《新主义辞典》，光华书局 1933 年版。

王冠青：《唯物辩证法批判》，胜利出版社 1943 年版。

王民：《唯物辩证法批判》，国民图书出版社 1944 年版。

王全福：《哲学初级读本》，东方出版社 1941 年版。

王特夫：《怎样研究哲学》，三江书店 1936 年版。

王星拱：《科学方法论》，北京大学出版部 1920 年版。

王正国：《唯物论与辩证法》（又名《辩证法唯物论批判》），新豫印刷所 1948 年版。

汪奠基：《哲学与科学》，商务印书馆 1928 年版。

汪敬熙：《科学方法漫谈》，商务印书馆 1940 年版。

沃尔夫（A. Wolf）：《科学方法精华》，陈范予译，改进出版社 1941 年版。

吴恩裕：《唯物史观精义》，观察社 1948 年版。

吴惠人：《马克思的哲学》，人文书店 1935 年版。

吴黎平、艾思奇：《唯物史观》，解放社 1939 年版。

温建公：《现代哲学概论》，骆驼丛书出版部 1934 年版。

夏锡祺：《师范新哲学》，中国图书公司 1914 年版。

谢蒙：《新制哲学大要》（师范学校适用），中华书局 1914 年版。

谢蒙：《新制哲学大要参考书》，中华书局 1914 年版。

谢幼伟：《西洋哲学与科学思想》，明德社学术研究班 1937 年版。

叶青：《哲学到何处去》，辛垦书店 1934 年版。

亦石：《哲学常识》，神州国光社 1931 年版。

张抱横：《哲学与近代科学》，世界书局 1934 年版。

张东荪：《认识论》，世界书局 1934 年版。

张东荪：《新哲学论丛》，商务印书馆 1929 年版。

张东荪：《哲学 ABC》，世界书局 1929 年版。

张东荪编辑：《唯物辩证法论战》，民友书局 1934 年版。

张东荪等：《哲学上之讨论》，商务印书馆 1933 年版。

张怀奇：《辩证法唯物论问答》，三户书店 1939 年版。

张铭鼎：《哲学与现代思潮》，商务印书馆 1929 年版。

张如心：《辩证法学说概论》，江南书店 1930 年版。

张如心：《苏俄哲学潮流概论》，光华书局 1930 年版。

张如心：《无产阶级底哲学》，光华书局 1930 年版。

张如心：《哲学概论》，昆仑书店 1932 年版。

张益弘：《哲学概论》，辛垦书店 1936 年版。

张翼人：《什么是哲学》，经纬书局，出版时间不详。

赵纪彬：《哲学要论》，中华书局 1948 年版。

赵一萍：《社会哲学概论》，生活书店 1933 年版。

哲学研究社：《新哲学研究纲要》，新知书店 1947 年增订版。

中国青年社：《唯物史观》，上海书店 1925 年版。

中华学艺社：《唯物史观研究》，商务印书馆 1926 年版。

中学生社：《哲学与社会科学》，开明书店 1935 年版。

周辅成：《哲学大纲》，正中书局 1941 年版。

周辅成：《哲学与唯物辩证法》，现代科学社出版部 1934 年版。

周肖鸥：《辩证唯物论之透视》，正中书局 1942 年版。

朱明：《唯物辩证法入门》，文艺书局 1930 年版。

朱启贤：《科学哲学与玄学》，商务印书馆 1943 年版。

邹谦：《哲学概论》，中华书局 1935 年版。

社会学

阿柏尔：《德国系统的社会学》，黄凌霜译，华通书局 1932 年版。

爱尔乌德：《社会问题——改造的分析》，赵廷为、王造时译，商务印书馆 1922 年版。

爱尔乌德（C. A. Ellwood）：《社会学及现代社会问题》，赵作雄译，商务印书馆 1920 年版。

爱尔乌德（C. A. Ellwood）：《社会哲学史》，瞿菊农译，商务印书馆 1946 年版。

爱尔乌特（C. A. Ellwood）：《社会心理学》，金本基等译，商务印书馆 1922 年版。

奥尔波特（F. H. Allport）：《社会心理学》，赵演译，商务印书馆 1931 年版。

Bronislaw Malinowski：《文化论》（*What Is Culture*），费孝通译，商务印书馆 1944 年版。

巴朗德（G. Palante）：《心理社会学论》，刘宝环译，商务印书馆 1937 年版。

白拉克马（F. W. Blackmar）：《社会学原理》，陶乐勤译，新文化书社 1924 年版。

白克马（F. W. Blackmar）、季灵（J. L. Gillin）：《社会学大纲》，吴泽霖、陆德音译，世界书局 1935 年版。

巴恩斯（H. E. Barnes）：《社会进化论》，王斐孙译，新生命书局 1929 年版。

鲍格度（E. S. Bogardus）：《社会学概论》，瞿世英译，商务印书馆 1925 年版。

波达诺夫：《社会主义社会学》，萨孟武译，新生命书局 1929 年版。

卜愈之：《社会学及社会问题》（高中师范教本），世界书局 1931 年版。

布葛来（G. Bougle）、纳富尔（J. Raffault）：《社会学原理》，高达观译，商务印书馆 1936 年版。

布哈林：《唯物史观与社会学》，许楚生译，社会问题研究社 1929

年版。

　　蔡毓璁:《社会学研究法》,黎明书局 1930 年版。

　　长谷川万次郎:《人类行动之社会学》,阮有秋译,太平洋书店 1928 年版。

　　常乃惠:《社会学要旨》,中华书局 1924 年版。

　　陈达:《人口问题》,商务印书馆 1934 年版。

　　陈序经:《社会学的起源》,岭南大学西南社会经济研究所 1949 年版。

　　陈毅夫:《社会学的基本知识》,南京印书馆 1928 年版。

　　陈翊林:《社会学概论》,中华书局 1930 年版。

　　程苑岑:《社会学讲义》,陕西区长训练所 1931 年版。

　　程逸民编,文公直主编:《社会学问答》(投考必备),大中华书局 1936 年版。

　　崔载阳:《近世六大家社会学》,民智书局 1930 年版。

　　德普、延年:《社会学入门》(学生门径丛书),世界书局 1923 年版。

　　邓深泽:《社会学要论》(上卷),新京书店 1932 年版。

　　狄亚:《法国现代社会学》,杨塑译,建设图书馆 1931 年版。

　　范祥善编:《现代社会问题评论集》,世界书局 1930 年版。

　　费孝通:《禄村农田》,商务印书馆 1943 年版。

　　费孝通:《内地农村》,生活书店 1946 年版。

　　费孝通:《生育制度》,商务印书馆 1947 年版。

　　费孝通:《乡土重建》,观察社 1948 年版。

　　费孝通:《乡土中国》,观察社 1948 年版。

　　冯和法:《农村社会学大纲》,黎明书店 1931 年版。

　　冯和法:《社会学与社会问题》,黎明书店 1933 年版。

　　冯品兰:《社会学纲要》,商务印书馆 1934 年版。

　　冯义康:《社会学史要》,社会评论社 1932 年版。

　　高晶斋:《社会学原理》,中央陆军军官学校政治训练处 1931 年版。

　　高田保马:《社会学总论》,杜季光译,商务印书馆 1930 年版。

　　高田保马:《社会学概论》,伍绍恒译,华通书局 1931 年版。

　　哥登惠塞(A. Goldenweiser):《社会科学史纲·文化人类学》(第 5

册），陆德音译，商务印书馆 1940 年版。

顾复：《农村社会学》，商务印书馆 1924 年版。

关荣吉：《文化社会学》，张资平、杨逸棠译，乐群书店 1930 年版。

郭伯棠：《社会学概要》（考试准备），世界书局 1929 年版。

国立编译馆编：《社会学名词》（1941 年 11 月教育部公布），正中书局 1945 年版。

罕金斯（F. H. Hankins）：《社会科学史纲·社会学》（第 6 册），华鼎彝译，商务印书馆 1940 年版。

和布豪斯（L. T. Hobhouse）：《社会进化与政治学说》，廖凯声译，商务印书馆 1935 年版。

黄国璋：《社会的地理基础》，世界书局 1930 年版。

黄凌霜：《社会进化》，世界书局 1929 年版。

黄文山：《文化学及其在科学体系中的位置》（岭南大学西南社会经济研究所专刊乙集第一种），岭南大学西南社会经济研究所 1949 年版。

霍布浩思（L. T. Hobhouse）、威士特麦克（Westermarck）：《伦敦大学社会学讲演集》，徐震洲译，荣真印书馆 1936 年版。

吉林（J. L. Gillin）、布来克满（F. W. Blackmar）：《社会学大纲》，周谷城译，大东书局 1933 年版。

加田哲二：《近世社会学成立史》，李培天译，启智书局 1929 年版。

加田哲二：《社会学概论》，刘叔琴译，开明书店 1930 年版。

加田哲二：《近世社会学成立史》，刘叔琴译，开明书店 1931 年版。

加田哲二：《近世社会学成立史》，杨逸棠、张资平译，乐群书店 1930 年版。

简贯三：《理论社会学》，中华书局 1935 年版。

姜君辰：《社会学入门》，文化供应社 1941 年版。

姜蕴刚：《社会学原理》，华西大学中国社会史研究室 1944 年版。

蒋文鹤：《社会进化原理》，卿云图书公司 1928 年版。

靳斯堡（M. Ginsberg）：《社会学导言》，张沄译，商务印书馆 1936 年版。

赖也夫斯基：《唯物的社会学》，陆一远译，新宇宙书店 1929 年版。

蓝维斯（A. Lewis）：《社会主义社会学》，汪馥泉译，神州国光社 1930 年版。

勒维思（A. Lewis）：《社会学入门》，高维翰译，水沫书店 1930 年版。

李安宅：《社会学论集：一种人生观》，燕京大学出版部 1938 年版。

李达：《社会学大纲》，笔耕堂书店 1937 年版。

李达讲述：《社会学大纲》，上海法政学院，出版时间不详。

李达：《现代社会学》，昆仑书店 1926 年再版。

李剑华：《社会学史纲》，世界书局 1930 年版。

李醴泉：《应用社会学大纲》（李醴泉先生遗著之一），驻豫特派绥靖主任公署 1935 年版。

李圣悦：《现代社会学理论大纲——唯物史观的社会学的基础理论》，光华书局 1930 年版。

李树青：《蜕变中的中国社会》，商务印书馆 1945 年版。

李哲愚：《社会学概论》（中央警官学校讲义），出版者、出版时间不详。

林惠祥：《文化人类学》，商务印书馆 1934 年版。

铃木荣太郎：《农村社会学史》，韩云波译，正中书局 1944 年版。

柳湜：《社会学常识》，中华书局 1949 年版。

刘天予：《社会学纲要》，中华书局 1934 年版。

留伊斯（A. Lewis）：《社会主义社会学》，高晶素之译，刘家筠重译，华通书局 1930 年版。

陆志韦：《社会心理学新论》，商务印书馆 1924 年版。

罗维（R. H. Lowie）：《文明与野蛮》，吕叔湘译，生活书店 1935 年版。

骆笑帆译：《社会学与其他科学之关系》，大东书局 1931 年版。

马克杜加尔（W. McDougall）：《社会心理学绪论》（上、下册），刘延陵译，商务印书馆 1922 年版。

马哲民：《新社会学》，上海杂志公司 1937 年版。

迈基文（R. M. MacIver）：《社会学原理》，张世文译，商务印书馆 1933 年版。

毛起鵕：《社会学》，正中书局 1943 年版。

毛起鵕：《社会学及社会问题》，民智书局 1933 年版。

毛起鵕：《社会学问答》（考试必携），大东书局 1930 年版。

茅仲复：《现代社会学概要》，出版者不详，1930 年版。

纳武津：《社会学问答》，甘浩泽译，商务印书馆 1925 年版。

《农村社会学大意》，江苏各县筹备义务教育联合办事处，出版时间不详。

欧阳钧编译：《社会学》，商务印书馆 1911 年版。

派克（R. E. Park）：《派克社会学论文集》，燕京大学社会学会 1933 年版。

潘光旦：《人文史观》，商务印书馆 1937 年版。

潘光旦：《优生概论》，商务印书馆 1946 年版。

潘光旦：《优生原理》，观察社 1949 年版。

潘光旦：《宗教与优生》，青年协会书局 1935 年版。

潘菽：《社会的心理基础》，世界书局 1930 年版。

P. Sorokin：《社会变动论》，钟兆麟译，世界书局 1932 年版。

乔启明：《乡村社会区划的方法》，金陵大学 1926 年版。

乔启明：《中国农村社会经济学》（上、下册），商务印书馆 1945 年版。

邱致中：《都市社会史》，有志书屋 1934 年版。

邱致中：《都市社会事业》，有志书屋 1937 年版。

邱致中：《都市社会问题》，有志书屋 1936 年版。

邱致中：《都市社会学原理》（都市社会学丛书第二种），有志书屋 1934 年版。

邱致中：《都市社会政策》，有志书屋 1936 年版。

邱致中：《实用都市社会学》（江南学院丛书，都市社会学丛书第一种），有志书屋 1934 年版。

R. Firth：《人文类型》，费孝通译，商务印书馆 1944 年版。

萨孟武：《中国社会问题之社会学的研究》，华通书局 1929 年版。

社会学讲座社：《社会学讲座》（第 1 卷），平凡书局 1931 年版。

《社会学教程》，宪兵学校 1942 年版。

沈志远：《新社会学底基本问题》，生活·读书·新知联合发行所

1949 年版。

　　沈宗元:《社会学》,昌福公司 1914 年版。

　　寿勉成:《社会的经济基础》,世界书局 1929 年版。

　　素罗金(P. Sorokin):《当代社会学学说》,黄文山译,社会问题研究社 1930 年版。

　　孙本文:《当代中国社会学》,胜利出版公司 1948 年版。

　　孙本文:《近代社会学发展史》,商务印书馆 1947 年版。

　　孙本文:《社会变迁》,世界书局 1929 年版。

　　孙本文:《社会的文化基础》,世界书局 1929 年版。

　　孙本文:《社会建设的基本知识》,国立中央大学社会学研究所 1948 年版。

　　孙本文:《社会问题》,世界书局 1927 年版。

　　孙本文:《社会心理学》(上、下册),商务印书馆 1946 年版。

　　孙本文:《社会学 ABC》,世界书局 1928 年版。

　　孙本文:《社会学的领域》,世界书局 1928 年版。

　　孙本文:《社会学上之文化论》,朴社 1927 年版。

　　孙本文:《社会学用书举要》,中国社会科学会出版部 1934 年版。

　　孙本文:《社会学原理》(上、下册),商务印书馆 1935 年版。

　　孙本文:《文化与社会》,东南书店 1928 年版。

　　孙本文:《现代中国社会问题》(全 4 册),商务印书馆 1943 年版。

　　孙本文:《中国社会问题》,青年书店 1939 年版。

　　孙本文编:《现代社会科学趋势》,商务印书馆 1948 年版。

　　孙本文等:《从社会学到社会问题》,中华书局 1935 年版。

　　孙本文等:《社会学大纲》(上、下),世界书局 1931 年版。

　　孙本文等:《现代社会问题评论集》,世界书局 1930 年再版。

　　孙本文等译著:《现代社会学派》(东方杂志社三十周年纪念刊),商务印书馆 1933 年版。

　　唐仁:《社会学纲要》,中华书局 1931 年再版。

　　唐仁编译:《社会主义社会学》,平凡书局 1929 年版。

　　汤增扬:《社会学概论》,大东书局 1933 年版。

　　陶春华:《社会学纲要》,上海法学社 1929 年再版。

陶孟和：《社会问题》（新学制高级中学教科书），商务印书馆 1924 年版。

童润之：《乡村社会学纲要》，正中书局 1941 年版。

涂尔干（E. Durkheim）：《社会分工论》，王力译，商务印书馆 1934 年版。

涂尔干（E. Durkheim）：《社会学方法论》，许德珩译，商务印书馆 1925 年版。

王伯伦：《社会学教程》，言行出版社 1939 年版。

王斐荪：《三民主义社会学》，新生命书局 1929 年版。

王平陵：《社会学大纲》，泰东图书局 1926 年版。

汪公亮：《社会学概论》，华北大学 1935 年版。

韦伯夫妇：《社会研究法》，钱亦石、詹哲尊译，商务印书馆 1938 年版。

魏重庆：《社会学小史》，商务印书馆 1940 年版。

倭拉士（G. Wallas）：《社会心理之分析》，梁启勋译，商务印书馆 1923 年版。

吴景超：《都市社会学》，世界书局 1929 年版。

吴景超：《社会的生物基础》，世界书局 1930 年版。

吴景超：《社会组织》，世界书局 1929 年版。

吴泽霖：《社会约制》，世界书局 1930 年版。

吴泽霖：《新中华社会学及社会问题》（高级中学师范科用），新国民图书社 1932 年版。

乌格朋（W. F. Ogburn）：《社会变迁》，费孝通、王同惠译，商务印书馆 1935 年版。

萧瑜编译：《社会学书目类编》，立达书局 1934 年版。

新明正道：《群集社会学》，雷通群译，新宇宙书店 1930 年版。

新明正道：《国民革命之社会学》，袁世裕译，商务印书馆 1938 年版。

辛迈尔（G. Simmel）：《德国社会学史》，黄新民译，福建厦门国际学术书社 1928 年版。

许德珩：《社会学概论》，商务印书馆 1928 年版。

许德珩：《社会学讲话》（上册），好望书店 1936 年版。

许仕廉：《社会学书目论》，文化学社 1928 年版。

许仕廉：《文化与政治》（中国社会建设泛论之一），朴社 1929 年版。

亚克色利罗德（L. I. Axolrod）：《社会学底批判》，吴念慈译，南强书局 1929 年版。

言心哲：《农村社会学导言》，中华书局 1937 年版。

言心哲：《农村社会学概论》，中华书局 1934 年版。

言心哲（原题：心哲）：《农村社会学》，中央政治学校，出版时间不详。

杨格（Kimball Young）：《社会科学史纲（第 4 册　社会心理学）》，高觉敷译，商务印书馆 1940 年版。

杨琴巴尔（Kimball Young）：《社会心理学史》，高觉敷译，商务印书馆 1930 年版。

杨开道：《农村领袖》，世界书局 1930 年版。

杨开道：《农村社会》，世界书局 1930 年版。

杨开道：《农村调查》，世界书局 1930 年版。

杨开道：《农村问题》，世界书局 1930 年版。

杨开道：《农村政策》，世界书局 1931 年版。

杨开道：《农村组织》，世界书局 1930 年版。

杨开道：《新村建设》，世界书局 1930 年版。

杨开道：《农村社会学》，世界书局 1929 年版。

杨开道：《农业教育》，商务印书馆 1934 年版。

杨开道：《社会研究法》，世界书局 1929 年版。

杨幼炯：《社会学述要》，泰东图书局 1927 年版。

叶法无：《近代各国社会学思想史》，大陆书局 1933 年版。

叶墨君：《系统社会学》，开明书店 1941 年版。

易家钺：《社会学史要》，商务印书馆 1921 年版。

应成一：《社会学原理》（上、下卷），民智书局 1932 年版（上卷）、1933 年版（下卷）。

游伟（B. C. Ewer）：《社会心理学根本原则》，刘天予译，大陆书局 1933 年版。

余天休：《社会学大纲》，文化学社 1931 年版。

远藤隆吉:《近世社会学》,覃寿公译,泰东图书局 1920 年版。

张世文等编译:《袖珍社会学辞汇》(英汉对照),友联社 1931 年版。

张我军译:《社会学概论》,北新书局 1929 年版。

张资平:《社会学纲要》,商务印书馆 1931 年版。

郑若谷:《社会学概论及现代社会问题研究大纲》,出版者不详,1929 年版。

中国社会学社编:《中国人口问题》,世界书局 1932 年版。

周崇光:《人类社会学总论》,中华最新科学研究社 1933 年版。

朱聚仁、曹源文编译:《社会学大纲》,民智书局 1924 年版。

朱谦之:《文化社会学》,中国社会学社广东分社 1948 年版。

朱亦松:《社会学原理》,商务印书馆 1928 年版。

政治学

巴路捷斯:《政治学及比较宪法论》,高田早苗译,朱学曾等重译,商务印书馆 1913 年版。

鲍必荣编讲:《行政概论》(四川省训练团讲义),四川省训练团 1940 年版。

波拉克(F. Pollock):《政治学史概论》,张景琨译,商务印书馆 1931 年版。

蔡惠群:《政治学讲义》,陆军大学 1944 年版。

陈豹隐:《新政治学》,乐群书店 1929 年版。

陈顾远:《政治学概要》,昌明书屋 1948 年版。

陈化奇:《实用行政学要义》,两间书屋,出版时间不详。

陈敬第:《政治学》,丙午社 1912 年版。

陈烈:《军人政治常识》,民智书局 1929 年版。

陈掖神等:《政治经济常识》,福建公训服务社 1940 年再版。

陈颐庆:《政治学教程》(黄埔丛书之二十九),黄埔出版社 1939 年版。

陈之迈:《政治学》(青年基本知识丛书),正中书局 1941 年版。

陈之迈:《中国政府》(3 册),商务印书馆 1944 年版(第 1 册)、1945 年版(第 2、3 册)。

陈筑山：《最新体系政治学纲要》，中华平民教育促进总会1928年版。

崔龙：《唐茹经先生政治学》（中国近代政治学说稿本之一），大东书局1938年版。

戴季陶讲，林霖记：《三民主义的国家观》，中山大学政治训育部编辑科1927年再版。

但宁（W. A. Dunning）：《政治学说史》（上、中、下册），谢义伟译，神州国光社1931—1933年版。

邓初民：《国家论之基础知识》，新生命书局1929年版。

邓初民：《新政治学大纲》，生活书店1946年版。

邓初民：《政治科学大纲》，昆仑书店1929年版。

邓爕甫：《政治常识》，中央陆军军官学校成都分校政训科，出版时间不详。

杜久、张又新：《政治学教程》（黄埔丛书），中央陆军军官学校1940年版。

范纳（Herman Finer）：《现代政府之理论与实际》（上册之1、2），李百强译，商务印书馆1940年版。

樊希智：《政府论》，商务印书馆1926年版。

佛兰兹·奥本海末尔（Frang Oppenheimer）：《国家论》，陶希圣译，新生命书局1929年版。

傅宇芳：《马克思主义政治学教程》，长城书店1932年版。

富伯平：《行政管理》，商务印书馆1945年版。

甘明蜀：《行政理论及效率》，商务印书馆1939年版。

高纳（James Wilford Garner）：《政治学大纲》（*Political Science and Government*），顾敦鍒译，世界书局1933年版。

高桥清吾：《现代政治之科学的观测》，刘杰敖译，商务印书馆1934年版。

高希圣：《现代政治学》（社会科学丛书第3种），现代书局1929年版。

高希圣：《新政治学大纲》，平凡书局1930年版。

高一涵：《政治学纲要》，神州国光社1930年版。

高振清：《新政治学大纲》，上海社会经济学会1932年版。

桂崇基：《政治学原理》，商务印书馆 1933 年版。

汉夫：《政治常识讲话》，生活书店 1936 年版。

杭立武：《政治典范要义》，商务印书馆 1947 年版。

户泽铁彦：《政治学概论》，温互生、李致平译，民智书局 1933 年版。

怀特（L. D. White）：《行政学概论》，刘世传译，商务印书馆 1940年版。

黄忏华：《政治学荟要》（上、下册），商务印书馆 1946 年版。

黄开山：《政治学的诸重要问题》，神州国光社 1932 年版。

黄新民编译：《新国家学》，国际学术书社 1928 年版。

霍尔特（C. L. Holt）：《现代政府原理》，林秉中、戚昌浩译，世界出版社 1934 年版。

季尔克立斯（R. N. Gilchrist）：《政治学原理》（*Principles of Political Science*），吴友三、缪元新、王元照译，孙寒冰校，黎明书局 1932年版。

基特尔：《政治学》，孙一中译，大东书局 1933 年版。

贾德（C. E. M. Joad）：《现代政治思潮》，方文译，上海联合书店 1929年版。

贾德（C. E. M. Joad）：《现代政治思想》，夏葵如译，北新书局 1930年版。

娇德（C. E. M. Joad）：《现代政治哲学引论》，詹文浒译，中山书局 1930 年版。

迦纳（J. W. Garner）：《政治科学与政府》，孙寒冰译，商务印书馆 1934 年版。

蒋静一：《唯生论政治学体系》（政治月刊丛书之一），政治通讯月刊社 1935 年版。

今中次磨：《政治学说史》，温互生译，民智书局 1933 年版。

爵德（C. E. M. Joad）：《近代政治学说纲要》，谢义伟译，谢厚藩校订，商务印书馆 1931 年版。

江康黎：《行政管理学》，青年军出版社 1946 年版。

江康黎：《行政学原理》，民智书局 1933 年版。

柯尔（Cole）：《现代政治》，王聿修译，进步学社 1936 年版。

克拉勃（H. Krabbe）:《近代国家观念》,萨罢痕（G. H. Sabine）、许派德（W. J. Shepard）英译,王检重译,商务印书馆1936年版。

克鲁泡特金:《国家论及其他》（克氏全集第1卷）,旅东等译,克氏全集刊行社1927年版。

克鲁泡特金:《国家论》,徐苏中译,民钟社1923年版。

堀伸二:《大众政治学》,谢叔良译,潮锋出版社1948年版。

堀伸二:《大众政治学概论》,谢叔良译,潮锋出版社1939年版。

邝震鸣:《现代政治概论》（改进文库17）,改进出版社1943年版。

拉斯基:《现代国家自由论》,何子恒译,商务印书馆1932年版。

拉斯基（H. J. Laski）:《政治》,邱辛白译,新月书店1931年版。

拉斯基:《国家的理论与实际》,王造时译,商务印书馆1937年版。

拉斯基（H. J. Laski）:《民主政治在危机中》,王造时译,商务印书馆1940年版。

拉斯基:《国家往何处去》,张虹君译,新民学会营业部1935年版。

拉斯基（H. J. Laski）:《政治典范》（*Grammar of Politics*）,张士林译,商务印书馆1930年版。

蜡山政道:《行政组织论》,顾高扬译,民智书局1934年版。

蜡山政道:《行政学总论》,黄昌原译,中华书局1934年版。

蜡山政道:《行政学总论》,罗超彦译,新生命书局1930年版。

雷荣珂:《政治学》,浙江省警官学校1932年版。

雷殷:《三民主义行政论》,广西建设研究会1942年版。

雷殷:《行政述要》（县各级干部人员训练教材）,中央训练委员会、内政部1938年版。

雷殷讲述,方棠美、温人骏笔记,谭士裘校对:《行政概论》（广西县政公务员政治训练班讲义）,出版者不详,1938年版。

李楚狂:《行政管理之理论与实施》,正中书局1947年版。

李璜:《国家存在论》,中国书局1929年版。

李剑农:《政治学概论》（原国立武汉大学丛书）,商务印书馆1934年版。

李圣五:《政治学浅说》,商务印书馆1932年版。

李桐冈:《行政效率学概论》,大江出版社1942年版。

李一尘：《政治基础知识》，国民革命军第四集团军干部政治训练班 1936 年版。

李浴日：《行政的科学管理研究》，新公务员月刊社 1940 年版。

李自馥：《政治学》（高考准备丛书第 2 辑），新长风编印社 1943 年版。

黎卡克：《政府论》（政治学　第 2 篇），梁同译，科学会编译部 1914 年版。

梁栋、张暄：《政治概论》，中央陆军军官学校政训处 1929 年版。

廖竞存：《青年政治读本》，商务印书馆 1939 年版。

林叠：《行政学大纲》，编著者刊 1935 年版。

林桂圃：《中山先生的国家本体论》，拔提书店 1935 年版。

林桂圃：《孙中山先生的国家论》，独立出版社 1939 年再版。

柳克述：《政治学》（军事学校战时政治教程），青年书店 1938 年版。

刘百闵：《行政学论纲》，中国文化服务社 1947 年版。

刘静文：《政治学》，正中书局 1948 年版。

刘宇光：《政治学纲要》，大光书局 1936 年版。

娄桐孙：《国家》，商务印书馆 1929 年版。

卢锡荣：《拉斯基政治思想》，世界书局 1934 年版。

吕孟：《政治学经济学概论》，中央军事政治学校第一分校，出版时间不详。

罗敦伟：《社会主义政治学》，北华书屋 1931 年版。

罗敦伟：《现代国家学》，中华书局 1935 年版。

罗介夫讲述：《政治讲义》，中央军事政治学校入伍生部，出版时间不详。

罗志渊：《行政管理》，独立出版社 1947 年版。

马璧：《三民主义的政治学》，世界书局 1946 年再版。

马季佛（R. M. MacIver）：《现代的国家》，胡道维译，商务印书馆 1937 年版。

孟杰（A. Menger）：《新国家论》，萨孟武译，商务印书馆 1928 年版。

孟云桥：《西洋政治思想史》（部定大学用书），国立编译馆 1945 年版。

倪竞存:《政治学纲要》(高级中学大学预科),文化学社 1928 年版。

潘大逵:《近代政治思潮》,世界书局 1934 年再版。

潘大逵:《政治学概论》,江西省地方政治讲习院 1940 年版。

普菲诺:《行政学》,富伯平译,中国行政问题研究会 1942 年版。

浦薛凤:《西洋近代政治思潮》(上、下册),商务印书馆 1939 年版。

浦薛凤等讲述:《现代政治学说及制度》,中央训练团党政高级训练班 1943 年版。

秦明:《政治学概论》(新社会科学丛书第 11 编),南强书局 1929 年版。

邱培豪:《政治学问答》(百科问答丛书之七),大东书局 1930 年版。

任和声:《政治学概论》,山东省立民众教育学校 1929 年版。

茹管廷:《行政学概要》,正中书局 1947 年版。

R. M. MacIver:《政治学》(*The Modern State*),陈启天译,中华书局 1936 年版。

萨洛孟(Gottfried Salomon):《政治学概论》(汉译世界名著),陶兹人译,商务印书馆 1938 年版。

萨孟武:《三民主义政治学》,新生命书局 1929 年版。

萨孟武:《西洋政治思想史》(第 1、2 册),新生命书局 1933 年版。

萨孟武:《政治学概论》,世界书局 1932 年版。

萨孟武:《政治学新论》(大学用书),大东书局 1948 年版。

萨孟武:《政治学与比较宪法》,商务印书馆 1936 年版。

萨孟武:《政治学原理》,黎明书局 1944 年版。

萨孟武:《政治之基础知识》,新生命书局 1929 年版。

萨孟武著,王世杰校阅:《现代政治思潮》,商务印书馆 1928 年版。

上海法学编译社:《政治学问答》(考试必备),会文堂新记书局 1931 年版。

舍斐德(W. J. Shepherd):《社会科学史纲·政治学》(第 8 册),王造时、谢诒征译,商务印书馆 1940 年版。

沈志远:《新政治学底基本问题》(社会科学基础读本),生活·读书·新知联合发行所 1949 年版。

省港罢工委员会教育宣传委员会:《政治常识》,国光书店 1927 年版。

田原（邓初民）：《政治学》，新时代出版社 1932 年版。

万秋田：《政治学概要》，世界书局 1929 年版。

汪毅：《政治学概论》（中央军事政治学校潮州分校政治部丛书之五），中央军事政治学校潮州分校 1926 年版。

王葆鋆：《政治学》，著者刊 1918 年版。

王道著，吴贯因校阅：《原国》，内务部编译处 1921 年版。

王诗岩：《新的政治学》，三民书店 1929 年版。

王希和：《政治浅说》（中华文库初中第一集），中华书局 1947 年版。

王希和：《政治学要旨》，中华书局 1936 年版。

王英生译：《政治学概论》，新月书店 1932 年再版。

王云五、李圣五主编：《政治学新论》（东方杂志社三十周年纪念刊），商务印书馆 1933 年版。

威尔逊：《政治泛论》（上、下卷），高田早苗原译，章起渭重译，商务印书馆 1913 年版。

吴美继：《新政治学原理》，三民书店 1930 年版。

吴宿光：《政治学概论》，南京防空学校 1936 年版。

乌格朋（W. F. Ogburn）、戈登外塞（A. Goldenweiser）主编：《政治学与其他社会科学》，朱亦松译，商务印书馆 1945 年版。

五来欣造：《政治哲学》，李毓田译，商务印书馆 1935 年版。

五来欣造：《政治哲学》，郑肖厓译，华通书局 1929 年版。

萧文哲：《行政效率研究》，商务印书馆 1942 年版。

小野塚喜平次讲述，郑簏编辑：《政治学》，商务印书馆 1907 年版，1913 年版。

《行政管理》，江西省地方政治讲习院 1940 年版。

徐恩曾：《行政管理之科学化》，铸魂书局 1934 年版。

徐汉豪：《行政学纲要》，福建省县政人员训练所，出版时间不详。

徐懋庸：《政治常识》，励志书店（翻印）1949 年版。

徐庆誉：《现代政治思想》，太平洋书店 1929 年版。

徐宗泽编辑：《国家真诠》，徐汇圣教杂志社 1926 年版。

亚里士多德（Aristotle）：《政治论》，昭厄特（B. Jowett）英译，吴颂皋、吴旭初汉译，商务印书馆 1934 年版。

严复纂述:《政治讲义》,金马书堂1930年改版初版。

杨公达:《政治科学概论》,神州国光社1930年版。

杨幼炯:《当代中国政治学》,胜利出版公司1947年版。

杨幼炯:《政治学纲要》(中华百科丛书),中华书局1935年版。

杨玉清:《现代政治概论》,商务印书馆1934年版。

虞棠:《新政治学大纲》,民智书局1933年版。

恽代英:《政治学概论》,中国国民党中央军事政治学校政治部宣传科1926年版。

詹文浒:《现代政治思想》,中国文化服务社1943年版。

张金鉴:《行政管理概论》,中国文化服务社1943年版。

张金鉴:《行政管理学》,出版者、出版时间不详(可能出版于全面抗战时期)。

张金鉴:《行政学提要》,大东书局1946年版。

张金鉴:《行政学之理论与实际》,商务印书馆1935年版。

张天百:《政治学纲要》(考试丛书之五),广益书局1928年版。

张慰慈:《政治概论》(新学制高级中学教科书),商务印书馆1924年版。

张慰慈:《政治学》(万有文库第一集一千种,百科小丛书),商务印书馆1930年版。

张慰慈:《政治学大纲》(北京大学丛书之七),商务印书馆1923年版。

张慰慈:《政治制度浅说》,神州国光社1930年版。

赵普巨:《政治学概论》,立达书局1932年版。

郑晖:《政治生活与政治学读本》(潮锋青年丛书之一),潮锋出版社1946年版。

《政治常识》,国民政府军事委员会政治训练处1933年版。

《政治经济常识》,中央警官学校训育室1936年版。

《政治课程讲义》,安徽学生集训总队训育委员会1935年版。

《政治讲义纲要》,湖南省学生集中训练总队政训委员会1938年版。

《政治学概论》,中央陆军军官学校特别训练班1937年版。

《政治学浅说》,国民革命军广东守备军干部教导队,出版时间不详。

《政治问答集》（一），中央军事政治学校政治部 1927 年版。

周鲸文：《国家论》，著者刊 1935 年版。

周绍张：《政治学体系》，辛垦书店 1933 年版。

朱采真：《政治学 ABC》，世界书局 1929 年版。

朱采真：《政治学通论》，世界书局 1930 年版。

朱亚云：《现代政治概观》，拔提书店 1933 年版。

朱宜风：《政治学概论》，著者刊 1934 年版。

邹敬芳：《政治学概论》（政治经济丛书之一），会文堂新记书局 1931 年版。

邹敬芳：《政治学原理》（法学丛书之一），会文堂新记书局 1933 年版。

佐德（C. E. M. Joad）：《现代政治思想概论》，熊之孚译，大东书局 1930 年版。

作新社编译：《新编国家学》，武学书馆 1919 年版。

经济学

阿贝支加乌斯、杜科尔：《政治经济学方法论》，莫耐军译，一般书店 1937 年版。

安部矶雄：《经济学新论》，曾毅译，太平洋书店 1927 年版。

安绍芸：《经济学说史纲要》，世界书局 1929 年版。

埃徕（R. T. Ely）、韦克（G. R. Wicker）：《经济学原理》，郭瑞璋译，译者刊 1934 年再版。

A. 李昂吉叶夫：《政治经济学讲话》，张仲实译，生活书店 1937 年版。

A. Leontiev 著，刘选萃、汤建勋编：《政治经济学》，前导书局 1937 年版。

北泽新次郎：《经济学史概论》，周佛海译，商务印书馆 1924 年版。

贝尔林：《十九二十世纪经济学说史》，杨心秋译，黎明书局 1933 年版。

毕吉娄（K. W. Bigelow）：《经济学史纲要》，齐植璐译，中华书局 1937 年版。

博治德：《经济学的基本概念》，严灵峰译，春秋书店 1930 年版。

波多野鼎:《现代经济学论》,彭迪先译,商务印书馆 1936 年版。

波格达诺夫:《政治经济学基本的程序》,贝天峰译,震东印书馆,出版时间不详。

波格达诺夫:《新经济学问答》,陶伯译,泰东图书局 1929 年版。

波格达诺夫:《经济科学概论》,周佛海译,商务印书馆 1927 年版。

陈豹隐:《经济学原理十讲》(上册),好望书店 1931 年版。

陈豹隐讲演:《经济学讲话》,好望书店 1933 年版。

陈岱孙:《现代各国经济学说》,中央训练团党政高级训练班 1944 年版。

陈家瓒:《经济学大纲》,厚生会计讲习所 1934 年版。

陈家瓒:《生聚经济学》,厚生会计讲习所 1933 年版。

陈兴乐:《经济学原理纲要》(私立福建协和大学农业经济系),福建协和大学出版课 1941 年版。

陈宗劭:《经济学问答》(考试利器)(文官、法官、学员试前必读),会文堂书局 1914 年版。

出井盛之:《经济学说史》,雷通群译,商务印书馆 1930 年版。

川上贯一:《通俗经济学》,林文译,潮锋出版社 1948 年版。

崔尚辛:《少年经济学讲话》,开明书店 1937 年版。

邓克生:《新经济学讲话》(上、下册),写读出版社 1942 年再版。

狄超白:《经济学讲话》(通俗本),新知书店 1937 年版。

狄超白:《通俗经济学讲话》,新知书店 1936 年版。

狄尔(K. Diehl):《国民经济学原理》(汉译世界名著),张丕介译,商务印书馆 1938 年版。

笛尔(K. Diehl):《国家经济学原理》,林和成译,立信会计图书用品社 1944 年版。

第克石坦:《政治经济学》,野汇译,大众读物编刊社,出版时间不详。

第克石坦:《政治经济学 ABC——人是靠着什么生活的?》,质生译,光华书局 1930 年版。

东方法学会:《经济学要览》,泰东图书局 1914 年版。

东方曦:《经济学教程初编》,永祥印书馆 1945 年版。

东方曦:《经济学教程二编》,永祥印书馆 1946 年版。

东方曦：《经济学教程三编》，永祥印书馆1947年版。

杜叔林：《经济学原理》，民国大学1933年版。

段麟郊：《经济概论》，中央陆军军官学校武汉分校政治训练处1929年版。

福田德三：《经济学原理》（上、下卷），陈家瓒译，晓星书店1930年版（上卷），1933年版（下卷）。

符泽初：《经济科学基础》，民间报社1946年版。

F. R. Fairchild等：《经济学概论》，巫宝三、杜俊东编译，商务印书馆1937年版。

高桥龟吉：《经济学的实际智识》，巴克译，联合书店1930年版。

高桥龟吉：《应用经济学》，高乔平译，世界书局1930年版。

高桥龟吉：《实用经济学》，施复亮、周白棣译，春秋书店1930年版。

高希圣、郭真：《经济科学大辞典》，科学研究社1934年版。

高夷吾：《经济学教程》，治安总署陆军军需训练班1940年版。

《各国现代经济学说及组织》，中央训练团党政高级训练班1943年版。

郭成信：《（考试准备）经济学概要》（上、下册），世界书局1929年再版。

国立北平大学法商学院政治经济研究室：《政治经济问题之处理方法》，国立北平大学法商学院1937年版。

国立编译馆编订：《经济名词》（1941年11月教育部公布），正中书局1946年版。

贺绍章：《经济大要》（中学校用，教育部审定，共和国教科书），商务印书馆1913年版。

何士芳：《英汉经济辞典》，商务印书馆1934年版。

何永年编译：《现代经济学概论》，春湖书局1929年版。

河上肇：《经济学大纲》，陈豹隐译，乐群书店1929年版。

河上肇：《社会主义经济学》，邓毅译，光华书局1929年版。

河上肇：《马克斯主义经济学大纲》，江伯玉译，译者刊1932年版。

河上肇：《马克思主义经济学基础理论》，李达等译，昆仑书店1930年版。

河上肇:《资本主义经济学之史的发展》,林植夫译,商务印书馆 1928 年版。

河上肇:《新经济学之任务》,钱铁如译,昆仑书店 1930 年版。

河上肇:《马克思主义经济学》,温盛光译,启智书局 1928 年版。

嘿兹力特(Henry Hazlitt):《经济学新论》,宋桂煌译,商务印书馆 1948 年版。

胡洛斯基(L. Wolowski)、罗齐尔(W. Roscher):《经济学历史方法论》,郑学稼译,商务印书馆 1936 年版。

胡明:《政治经济学大纲》,上海杂志公司 1947 年版。

胡绳修正:《经济学初级读本》,新知书店 1938 年版。

胡愿深:《经济原论表解》,科学书局 1912 年版。

胡祖同:《经济概要》,商务印书馆 1914 年版。

黄清野:《实用经济辞典》,学生书局 1946 年版。

黄曦峰:《经济学史大纲》,开明书店 1933 年版。

黄宪章:《经济学概论》,现代书局 1934 年版。

黄兆栋:《经济学大纲》,广东省党部国民印刷厂 1943 年版。

季特(C. Gide):《季特经济学纲要》,侯哲莘译,太平洋书店 1931 年版。

季特(C. Gide):《经济学要旨》,李璜译,中华书局 1924 年版。

季特(C. Gide):《经济学的基本原理》,楼桐孙译,国立编译馆 1934 年版。

季特(C. Gide):《政治经济的基本原理》,楼桐孙译,上海法政大学 1926 年版。

季特(C. Gide):《政治经济学》,区克暄编译,北新书局 1936 年版。

季特(C. Gide):《季特经济学》(上、中、下册),陶乐勤译,泰东图书局 1928 年 5 版。

季特(C. Gide):《协力主义政治经济学》(上、中、下册),陶乐勤译,泰东图书局 1920 年版。

季特:《现代经济学的基本智识》,无刚译,光华书局 1930 年版。

基德(C. Gide)、理斯特(C. Rist):《欧美经济学说史》(上、下册),陈汉平、于锡来译,神州国光社 1932 年版。

基特（C. Gide）、里斯脱（C. Rist）：《经济学史》，王建祖译，商务印书馆 1923 年版。

江公正：《民生经济学》，著者刊 1947 年版。

江文敏讲述：《经济学》，陆军大学 1943 年版。

津村秀松：《国民经济学原论》，马凌甫译，群益书社 1915 年版。

津村秀松：《国民经济学原论》（上、下册），马凌甫译，启智书局 1932 年改订初版。

津村秀松：《经济学大意》，彭耕译，群益书社 1928 年版。

金井延：《经济学研究法》，康宝忠译，民主图书公司印刷所 1913 年版。

经济部、财政部编：《经济常识教材》（附录），出版者不详，1940 年版。

《经济学概论讲义》（上、下册），商务印书馆函授学校商业科，出版时间不详。

《经济概要》，中央陆军军官学校军官高等教育班，出版时间不详。

《经济学》（京师法律学堂笔记），安徽法学社 1911 年版。

《经济学原理》（浙江实业厅权度检定传习所讲义），浙江实业厅 1925 年版。

凯尼斯（J. N. Keynes）：《经济学方法论》，柯柏年译，南强书局 1929 年版。

阙南（E. Cannan）：《经济学说评论》，潘源来译，商务印书馆 1937 年版。

柯柏年、吴念慈、王慎名：《经济学辞典》，南强书局 1933 年版。

柯尔（G. D. H. Cole）：《政治原理与经济原理之关系》，孟云峤译，生活书店 1936 年版。

柯尔（G. D. H. Cole）：《论政治学与经济学之关系》，徐渭津译，商务印书馆 1936 年版。

克赖士（J. N. Keynes）：《经济学绪论》，王亚南译，民智书局 1933 年版。

科因（G. Cohn）：《马克思主义经济学方法论》，陈宝骅、邢墨卿译，新生命书局 1930 年版。

宽恩：《新经济学方法论》，彭桂秋译，南强书局 1929 年版。

邝振翎：《经济学原理》，中央陆军军官学校政治训练处 1931 年版。

邝振翎等：《经济概论》，中央陆军军官学校政治训练处 1929 年版。

拉比杜斯、奥斯特罗维采诺夫：《政治经济学》（第 8 版）（第 1 卷），陶达译，寒微社 1935 年版。

拉比杜斯、奥斯特罗维采诺夫：《政治经济学》（第 8 版 中译改正本），陶达译，寒微社 1936 年版。

拉比托斯、奥斯托洛维查诺夫：《经济学教程》（2 册），温健公、李筠友、黄松龄译，骆驼丛书出版部 1934 年版。

拉比托斯、渥斯特罗维查诺夫：《政治经济学教程》（上、下册），李达、熊得山译，笔耕堂书店 1932 年版（上册）、1933 年版（下册）。

拉皮杜斯、奥斯特洛威强诺夫：《政治经济学教程》（上册），张仲实、樊英译，商务印书馆 1936 年版。

拉皮多士、渥斯托洛维迁诺夫：《政治经济学方法论》，吴清友译，神州国光社 1933 年版。

拉皮多斯、阿斯托罗维将诺夫：《政治经济学》（下卷），周维渥译，东方书店 1930 年版。

莱渥铁爱夫：《大众政治经济学》（新版），李洛克译，新知书店 1939 年版。

莱渥铁爱夫：《大众政治经济学》，吴大琨、庄纪尘译，文化编译社 1936 年版。

李芳编述，宗哲校订：《经济原论》，北京大学出版部 1919 年版。

李方进：《经济学教程》，文化供应社 1941 年版。

李杞芳：《经济财政合编》（韶州讲武堂讲义），出版者、出版时间不详。

李权时：《经济学》，黎明书局 1930 年版。

李权时：《经济学 ABC》，世界书局 1928 年版。

李权时：《经济学新论》（上、下册），商务印书馆 1938 年版。

李权时：《经济学原理》，东南书店 1928 年版。

李权时：《李权时经济论文集》，世界书局 1929 年版。

李权时等：《金融界服务基本知识》，世界书局 1934 年版。

李正文：《战后经济学说》，新知书店 1948 年版。

李佐庭：《经济学》（法政讲义 第 1 集 第 6 册），丙午社 1908 年版。

粟寄沧：《新经济学方法论》，世界经济研究会 1934 年版。

列昂齐也夫（列昂捷也夫）：《政治经济学基础教程》，胡明译，经济学会 1937 年版。

列翁节夫：《政治经济学》，解放社 1938 年重版。

刘秉麟：《经济学》（新学制高级中学教科书），商务印书馆 1928 年版。

刘秉麟：《经济学》（职业学校教科书），商务印书馆 1939 年改订 1 版。

刘秉麟：《经济学原理》，商务印书馆 1919 年版。

刘光华：《经济常识》，商务印书馆 1929 年版。

刘及辰：《科学的经济学方法论》，时代文化社 1936 年版。

刘朗泉：《经济学通论》，浙江省地方干部训练团 1940 年版。

刘懋初：《经济学》，天香书屋 1935 年版。

刘絜敖：《经济学方法论》，商务印书馆 1937 年版。

刘星乘：《经济学原理纲要》，建华印刷所 1935 年版。

柳湜：《怎样研究政治经济学》，生活书店 1937 年版。

龙家骧：《经济学的基本原则》，大东书局 1933 年版。

陆渭介等：《（高级商业）经济学教科书》（沪江大学城中区商学院讲义），沪江商学院，出版时间不详。

庐勋、黄刚：《经济学原理》，军需学校，出版时间不详。

鲁滨：《近代西方经济学家及其理论》，严灵峰译，新生命书局 1933 年版。

卢郁文、祁德华：《经济学与统计学教程》（本校教程 1），军需学校 1935 年版。

吕调阳：《民生主义经济学》，立体出版社 1941 年版。

洛宾斯（L. Robbins）：《经济学的性质与意义》，黄澹哉译，商务印书馆 1938 年版。

洛森堡：《政治经济学史》，张季苏、刘亚生译，上海杂志公司 1938 年版。

罗·卢森堡（R. Luxemburg）：《新经济学》，陈寿僧译，胡汉民校订,中国新文社 1927 年版。

罗忍伯尔格:《政治经济学史》(卷一),李侠公译,商务印书馆 1937 年版。

马谢尔(Alfred Marshall):《马谢尔经济学原理》(上、下卷),刘君穆译,民智书局 1932 年版。

马寅初:《经济学概论》,国民政府军事委员会政治部 1938 年版;商务印书馆 1943 年版。

马哲民:《社会经济概论》,大东书局 1931 年版。

麻克司泰:《劳动者经济学》,巴克译,乐华图书公司 1930 年版。

毛起鹓:《经济学问答》,大东书局 1930 年版。

米哈列夫斯基:《经济学入门》,李达译,乐华图书公司 1930 年版。

米哈列夫斯基:《经济学入门》(上、下册),朱镜我译,神州国光社 1930 年版。

莫尼尔(Réné Maunier):《社会学与经济学》,龙家骧译,中华书局 1932 年版。

穆勒(J. S. Mill):《穆勒经济学原理》,郭大力译,世界书局 1936 年版。

欧阳溥存编,何炳松、徐兆荪改订:《经济学大意》(新中学教科书),中华书局 1925 年版。

帕石克夫:《论广义政治经济学》,李伟译,新知书店 1937 年版。

潘源来:《经济学原理》,国立湖南大学出版组 1948 年版。

彭迪先:《经济常识》,华北书店 1942 年版。

彭迪先:《实用经济学大纲》,生活书店 1940 年版。

俾革罗(K. W. Bigelow):《社会科学史纲·经济学》(第 7 册),王造时、谢诒征译,商务印书馆 1940 年版。

蒲格达诺夫:《经济科学大纲》,施存统译,新青年社 1927 年版;大江书铺 1929 年版。

钱释云编,瞿世镇校阅:《经济学问答》,三民图书公司 1930 年版。

秦庆钧:《经济学进修课本》(应试预备用书),南方商业专科学校 1946 年版。

邱培豪:《经济学问答》,大东书局 1933 年版。

萨伊（Jean Baptiste Sevy）：《经济学精义》，郑学稼译，商务印书馆1934年版。

上海法学编译社：《经济学问答》，会文堂新记书局1931年版。

沈叔钦：《初步经济学》，岭南大学、南大书局1934年版。

沈志远：《近代经济学说史》，生活书店1937年版。

沈志远：《近代经济学说史大纲》，国讯书店1944年版。

沈志远：《近代经济学说史纲》，生活书店1948年再版。

沈志远：《新经济学大纲》，北平经济学社1934年版。

石抗鼎：《经济学纲要》，中国比较法学院1944年再版。

石英：《现代经济学》，现代书局1929年版。

史盘：《经济学说史》，陈清华译，商务印书馆1934年版。

史蒂班诺夫主讲：《什么是政治经济学?》，陆一远译，乐群书店1930年版。

史威特罗夫、伯尔德尼罗夫：《政治经济学大纲》，高希圣、郭真译，北新书局1930年版。

寿勉成：《社会经济学》，著者刊1946年版。

斯班（O. Spann）：《经济学说史》，区克宣译，大东书局1932年版。

斯坦勒·耶方斯（W. Stanley Jevons）：《经济学理论》，郭大力译，中华书局1936年版。

《（私立）浙江法政专门学校经济部讲义录》，私立浙江法政专门学校，出版时间不详。

宋任译述：《傅克思氏经济学》，泰东图书局1914年版。

唐庆增：《经济学概论》（高级中学商科教本），世界书局1933年版。

唐庆增：《唐庆增经济论文集》，商务印书馆1930年版。

唐庆增：《唐庆增经济演讲集》，世界书局1933年版。

唐庆增：《唐庆增最近经济论文集》，民智书局1933年版。

唐庆增：《西洋五大经济学家》，黎明书局1930年版。

汤城：《新经济学概论》，三民书店1929年版。

童秀明、张研田：《经济教程》，中央军校第七分校1941年版。

瓦里夫松：《政治经济大纲》，王季子译，联合书店1930年版。

王傅曾：《经济学原理题解》，文业书店1936年版。

王石英:《经济学要论》,著者刊 1947 年版。

王思华:《政治经济学教程》,新中国书局 1949 年版。

王亚南:《经济科学论丛》,中华正气出版社 1943 年版。

王亚南:《经济学史》,民智书局 1933 年版。

王亚南:《政治经济学史大纲》,中华书局 1949 年版。

王严:《经济学纲要》,南京书店 1933 年版。

王沿津:《经济学原理》,文通书局 1942 年版。

王振宇编辑,文公直主编:《经济学问答》,大中华书局 1936 年版。

汪扬时:《经济学教程》,出版者、出版时间不详。

温格尔(Theo Surányi Vnger):《二十世纪的经济学说》,宋家修译,商务印书馆 1936 年版。

伍纯武:《社会经济学》,商务印书馆 1936 年版。

吴世瑞:《经济学原理》,商务印书馆 1935 年版。

W. F. 乌格朋(W. F. Ogburn)、戈登外塞(A. Goldenweiser)主编:《经济学与其他社会科学·社会科学及其相互关系论》(第 2 编),朱亦松译,商务印书馆 1947 年版。

萧纯锦:《经济学》,商务印书馆 1929 年版。

萧达:《大众经济学问答》,三户书店 1939 年版。

小川市太郎:《经济学史》,李祚辉译,太平洋书店 1929 年版。

谢彬:《经济学常识》,太平洋书店 1929 年版。

徐钧溪:《经济原论讲义》,法科大学,出版时间不详。

徐宗泽:《社会经济学概论》,圣教杂志社 1934 年版。

许育英:《经济学常识》(民族革命教材 21,初中用),晋绥军政民各级干部训练委员会审定,民族革命出版社 1939 年版。

薛暮桥:《经济学》,新知书店 1940 年版。

薛暮桥:《政治经济学》,光华书店 1948 年东北初版。

杨道腴:《经济学概论》,中央军事政治学校政治部宣传科 1926 年版。

杨道腴:《经济学概要》,泰东图书局 1927 年再版。

杨明山:《新兴经济学研究》,乐华图书公司 1929 年版。

杨庆同、王海初:《经济学浅说》,商务印书馆 1931 年版。

杨汝梅:《民生主义经济学》,中华书局 1930 年版。

杨振先：《经济学要义》，福建省银行金融研究室，出版时间不详。

伊利（R. T. Ely）、威葛（G. R. Wicker）：《经济学原理》，伍康成、林秉中译，世界出版合作社 1933 年版。

伊利（R. T. Ely）：《经济学大纲》，郭大力译，世界书局 1933 年版。

伊利（R. T. Ely）：《经济学概论》，熊崇煦、章勤士译，商务印书馆 1913 年版。

因格拉门（J. K. Ingram）：《经济学史》，胡泽、许炳汉译，商务印书馆 1930 年版。

英国平民联盟编：《经济学概论》，丁振一译，南强书局 1929 年版。

余天休：《经济学原理》，北华印刷局 1933 年版。

张师亮编译：《经济学原理》（又名《基特经济学》，北平民国学院讲义），北平民国学院，出版时间不详。

张又惺：《经济学教程》，中央陆军军官学校 1941 年版。

张与九：《经济学原论》，商务印书馆 1943 年版。

张则尧：《经济学原论》（大学用书），中华书局 1948 年版。

张之杰：《经济学说史》，晋新书社 1930 年版。

张之杰：《经济学原论》，北平三民学社 1930 年版。

赵冬垠：《经济学初步》，生活书店 1939 年版。

赵兰坪：《近代欧洲经济学说》，商务印书馆 1928 年版。

赵兰坪：《经济学》，正中书局 1943 年版。

赵兰坪：《经济学》（职业学校教科书），商务印书馆 1928 年版。

赵兰坪：《经济学大纲》，商务印书馆 1934 年版。

赵兰坪：《经济学提要》，大东书局 1945 年版。

赵迺抟：《欧美经济学史》，正中书局 1948 年版。

钟赓言：《经济原论》（朝阳大学法律科讲义），朝阳大学 1920 年版。

周伯棣：《经济浅说》，中华书局 1935 年版。

周伯棣：《经济学纲要》，中华书局 1937 年版。

周定宇：《经济问答》，南华书店 1933 年版。

周定宇：《经济学常识问答》，南华图书局 1929 年版。

周佛海：《经济理论之基础知识》，新生命书局 1930 年版。

周锡经：《经济学讲义》，出版者不详，1914 年版。

周宪文：《比较经济学总论》，中华书局 1948 年版。

周宪文：《经济本质论》，商务印书馆 1937 年版。

周宪文：《经济学辞典》，中华书局 1937 年版。

周宪文：《世界经济学说要义》（第 1 卷），中华书局 1939 年版。

朱伯康：《经济学纲要》，中国文化服务社 1943 年版。

朱通九：《经济概论》（高级中学商科教本），世界书局 1933 年版。

朱通九：《经济学研究法》，黎明书局 1930 年版。

朱通九：《战后经济学之趋势》，黎明书局 1930 年版。

祝世康：《民生主义经济学体系》，国语千字报 1944 年版。

住谷悦治：《社会主义经济学史》，宁敦五译，昆仑书店 1929 年版。

住谷悦治：《物观经济学史》，熊得山译，昆仑书店 1929 年版。

邹敬芳：《经济学原理》，法学编译社 1930 年版。

历史学

班慈（Harry Elmer Barnes）：《史学》，向达译，商务印书馆 1930 年版。

班兹（Harry Elmer Barnes）：《新史学与社会科学》，董之学译，商务印书馆 1933 年版。

班兹（Harry Elmer Barnes）：《史学史》，向达译，何炳松校订，商务印书馆 1930 年版。

班兹（Harry Elmer Barnes）：《社会科学史纲·史学》（第 1 册），向达译，商务印书馆 1940 年版。

邦斯（Harry Elmer Barnes）：《西洋史学进化概论》，雷震编译，文化学社 1932 年版。

鲍文希：《上古史》（中国史第 1 编），万叶书店 1935 年版。

鲍文希：《中古史》（中国史第 2 编），万叶书店 1945 年版。

鲍文希：《近古史》（中国史第 3 编），万叶书店 1946 年版。

鲍文希：《近世史》（中国史第 4 编），万叶书店 1946 年版。

鲍文希：《现代史》（中国史第 5 编），万叶书店 1946 年版。

鲍文希：《中国史话》，万叶书店 1947 年版。

本多浅治郎：《西洋史》，百城书舍编译，商务印书馆 1909 年版，1915 年改订 4 版。

本多浅治郎:《西洋历史教科书》,湖北兴文社译,群益书社 1906 年版,1912 年再版。

伯伦汉 (E. Bernheim):《史学方法论》,陈韬译,商务印书馆 1937 年版。

波查洛夫、约尼西亚:《世界史教程——封建社会史》,许崙音等译,全民报馆骆驼丛书出版部 1934 年版。

波卡洛夫、雅尼夏尼:《唯物史观世界史》(第 1 卷,第 1 册、第 2 册、第 4 册),方天白等译,神州国光社 1933 年版 (第 1 册),1936 年版 (第 2、4 册)。

B. K. Sarhar:《史学与人类之希望》,铁铮译,天兴印刷局 1930 年版。

蔡尚思:《中国历史新研究法》,中华书局 1940 年版。

曹伯韩:《世界史纲要》,东南出版社 1945 年版。

曹伯韩:《世界史初步》,生活书店 1948 年版。

曹伯韩:《中国近百年史常识》,习作出版社 1941 年版。

曹伯韩:《中国近百年史十讲》,华华书店 1942 年版。

曹伯韩:《中国现代史常识》,石火出版社 1939 年版。

曹伯韩:《中国现代史读本》,文化供应社 1947 年版。

曹绍濂:《西洋古代史》(上、下册),商务印书馆 1934 年版。

常乃惪:《历史哲学论丛》,商务印书馆 1944 年版。

陈此生:《西洋最近五十年史》,北新书局 1931 年版。

陈恭禄:《中国近百年史》,商务印书馆 1936 年版。

陈恭禄:《中国近代史》,商务印书馆 1935 年版。

陈恭禄:《中国史》(2 册),商务印书馆 1940 年版 (第 1 册),1947 年版 (第 2 册)。

陈功甫:《中国最近三十年史》,商务印书馆 1928 年版。

陈怀、孟冲:《中国近百年史要》,中华书局 1930 年版。

陈其可、朱翊新:《世界史》,世界书局 1930 年版。

陈锡祺、徐瑞祥:《本国史纲要》,著者刊 1937 年版。

陈陟:《世界各国史》,经纬书局,出版时间不详。

程浩:《近代世界史简编》,远方书店 1948 年版。

邓之诚:《中华二千年史》(4 卷),商务印书馆 1934 年版。

邓之诚：《中国通史讲义》（3 卷），著者刊 1933 年版。

丁云孙：《西洋近百年史》，商务印书馆 1933 年版。

东北军政大学：《中国近代简史》，东北书店 1949 年版。

杜民：《资本主义以前的社会》，新知书店 1946 年版。

范文澜：《中国近代史》（上编，第 1 分册），新华书店晋绥分店 1947 年版。

范文澜：《中国历史简明教程》，希望书店 1947 年版。

费明君译：《唯物史观中国史》（据《苏联大百科全书》日译本转译），永祥印书馆 1949 年版。

方豪：《外国史大纲》，正中书局 1947 年版。

房龙（H. W. Van Loon）：《人类的故事》（上、下册），沈性仁译，商务印书馆 1925 年版。

傅彬然、覃必陶：《外国史》（上、下册），开明书店 1948 年版。

傅舲（Fred Morrow Fling）：《历史研究法》，李树峻译，立达书局 1933 年版。

傅彦长：《西洋史 ABC》，世界书局 1928 年版。

傅运森：《东西洋史讲义》，商务印书馆 1912 年版。

弗领（Fred Morrow Fling）：《历史方法概论》，薛澄清译，商务印书馆 1933 年版。

高博彦：《中国近百年史纲要》（上、下册），华泰印书馆 1927 年版。

顾克（G. P. Gooch）：《寰球新史》，罗衡开译，广学会 1913 年版。

郭廷以：《近代中国史》（2 册），商务印书馆 1940 年版（第 1 册），1947 年再版（第 2 册）。

郭湛波：《近五十年中国思想史》，人文书店 1936 年版。

海思（C. J. H. Hayes）等：《世界通史》（上、下册），刘启戈译，大孚出版公司 1948 年版。

韩启农：《中国近代史讲话》，新华书店晋察冀分店 1945 年版。

汉士（C. J. H. Hayes）等：《世界史》（上、下册），邱祖谋译，正行出版社 1941 年版。

何炳松：《历史研究法》，商务印书馆 1927 年版。

何炳松：《通史新义》，商务印书馆 1930 年版。

何卧云、朱鸿禧：《世界史话》（上、下册），商务印书馆 1934 年版。

何子复、吕金录主编：《中国近代史话》（上、下册），商务印书馆 1937 年版。

黑斯（C. J. H. Hayes）、蒙合（P. T. Moon）：《近世世界史》，耿淡如、沙牧卑译，黎明书局 1933 年版。

侯外庐：《苏联历史学界诸论争解答》，建国书店 1945 年版。

胡鲁士（H. Kroes）、赵光贤：《西洋上古史》（上、中册），辅仁大学 1942 年版（上册），1943 年版（中册）。

胡秋原：《历史哲学概论》，民主政治社 1948 年改订再版。

胡秋原：《历史哲学概论》（世界史略　第 1 分册　序篇），时代日报印刷所 1940 年版。

胡玉堂：《西洋史简编》，商务印书馆 1948 年版。

胡玉堂：《中国史简编》，商务印书馆 1948 年版。

胡哲敷：《史学概论》，中华书局 1935 年版。

华北大学历史系研究室：《中国近代史》（上编），新华书店 1949 年版。

黄维荣：《外国史》（5 册），商务印书馆 1947 年版。

黄文山：《唯生论的历史观——民生史观论究》，正中书局 1935 年版。

黄现璠、刘镛：《中国通史纲要》（上、中、下册），文化学社 1932 年版（上册），1934 年版（中、下册）。

黄祖英：《近百年史话》，华东新华书店 1948 年版。

季文魁：《中国历史纲要》，法学社 1929 年版。

翦伯赞：《历史哲学教程》，生活书店 1938 年版。

翦伯赞：《中国史纲》（第 1 卷），五十年代出版社 1944 年版。

翦伯赞：《中国史纲》（第 2 卷），大呼出版公司 1946 年版。

翦伯赞：《中国史论集》（第 1 辑），文风书局 1943 年版。

翦伯赞：《中国史论集》（第 2 辑），国际文化服务社 1947 年版。

蒋恭晟：《中国近百年史》（上册），金城书店 1932 年版。

蒋恭晟：《钟山本国史》（4 册），钟山书局 1941 年版（第 1、3、4 册），1942 年版（第 2 册）。

蒋廷黻：《中国近代史》，商务印书馆 1938 年版。

蒋廷黻：《中国近代史大纲》，青年书店 1939 年版。

蒋益明：《西洋近世史》，中央陆军军官学校 1943 年版。

蒋祖怡：《史学纂要》，正中书局 1944 年版。

焦敏之：《古代世界史纲》，棠棣出版社 1948 年版。

金雷：《社会史话》，永祥印书馆 1945 年版。

金毓黻：《中国史》，正中书局 1942 年版。

金兆丰：《中国通史》（大学用书），中华书局 1937 年版。

金兆梓：《近世中国史》，中华书局 1947 年版。

金兆梓：《中国史纲》，中华书局 1941 年版。

卡尔登·海士（C. J. H. Hayes）、汤姆·蒙（P. T. Moon）：《中古世界史》，伍蠡甫、徐宗铎译，世界书局 1934 年版。

卡尔登·海士（Carlton J. H. Hayes）、汤姆·蒙（Parker Thomas Moon）：《近代世界史》，姚莘农译，世界书局 1933 年版。

开江、文清：《中国近百年史》（上册），青江书店 1934 年版。

柯斯铭斯基（E. A. Kosminsky）编：《中世世界史》，王易今译，开明书店 1947 年版。

拉蒙·可夫玛（R. P. Coffman）：《人类史话》，陶秉珍译，开明书店 1934 年版。

濑川秀雄：《西洋通史》，章起渭编译，商务印书馆 1912 年再版。

蓝文征：《中国通史》（第 1 册），文通书局 1942 年版。

郎格诺瓦（C. V. Langlois）、瑟诺博司（C. Seignobos）：《史学原论》，李思纯译，商务印书馆 1926 年版。

雷敢：《中国史纲》（上、下册），民国学院 1943 年版。

李次民：《鸦片战后的八十年》，梧州文化公司 1932 年版。

李鼎声（李平心）：《中国近代史》，光明书局 1933 年版。

李方晨：《中国通史大纲》，抗敌先锋社 1939 年版。

李璜：《历史学与社会科学》，东南书店 1928 年版。

李季谷：《西洋近世史》，中国文化服务社 1943 年版。

李季谷：《西洋史纲》，世界书局 1935 年版。

李守常：《史学要论》，商务印书馆 1924 年版。

李泰棻：《西洋大历史》（上、中、下卷），编者刊 1916 年版（上卷），1917 年版（中卷），1918 年版（下卷）。

李泰棻：《新著世界史》，商务印书馆 1922 年版。

李泰棻：《新著西洋近百年史》（上、下卷），商务印书馆 1922 年版。

李泰棻：《中国近百年史》（上、中、下册），商务印书馆 1924 年版。

李泰棻：《中国史纲》（3 卷），武学书馆 1922 年版（第 1 卷），1924 年版（第 2 卷），1932 年版（第 3 卷）。

李天随：《中国近百年史概述》，新生报社 1946 年版。

李通：《中国历史》，东方出版社 1939 年版。

李温民：《世界近世史》，文化学社 1932 年版。

李絜非：《中国近世史》，文通书局 1948 年版。

李则纲：《史学通论》，商务印书馆 1935 年版。

黎东方：《中国历史通论》（远古篇，部定大学用书），国立编译馆 1943 年版。

黎东方：《中国历史通论》（春秋战国篇，部定大学用书），国立编译馆 1944 年版。

历史研究社：《中国近代史研究纲要》（上篇），新知书店 1946 年版。

梁启超：《中国历史研究法》，商务印书馆 1922 年版。

梁启超：《中国历史研究法补编》，商务印书馆 1933 年版。

梁文坛等：《外史纲要》，光华书局 1947 年版。

林楚：《怎样研究历史》，文化供应社 1942 年版。

林举岱：《西洋近代史纲》，上海杂志公司 1949 年版。

棱诺尔咨（Reynolds）：《人类怎样战胜天然》，陈锦英译，商务印书馆 1928 年版。

刘剑横：《历史学 ABC》，世界书局 1930 年版。

刘静白：《何炳松历史学批判》，辛垦书店 1933 年版。

柳诒征：《史学概论讲义》，商务印书馆函校学社国文科，出版时间不详。

鲁滨生（J. H. Robinson）：《新史学》，何炳松译，商务印书馆 1924 年版。

陆光宇：《中国近世史》（增订），文化学社 1926 年版。

陆懋德：《史学方法大纲》，独立出版社 1945 年版。

卢逮曾：《西洋现代史》，世界书局 1933 年版。

卢绍稷：《中国近百年史》，中华书局 1935 年版。

卢绍稷著，傅运森校：《史学概要》，商务印书馆 1930 年版。

吕诚之（吕思勉）：《本国史》，商务印书馆 1924 年版。

吕见平：《中国近百年史读本》，无名出版社 1941 年版。

吕思勉：《白话本国史》（4 册），商务印书馆 1923 年版。

吕思勉：《历史研究法》，永祥印书馆 1945 年版。

吕思勉：《中国通史》（上、下册），开明书店 1940 年版（上册），1944 年版（下册）。

吕振羽：《简明中国通史》（上册），生活书店 1941 年版。

吕振羽：《简明中国通史》，光华书店 1948 年版。

吕振羽等：《中国历史论集》，东方出版社 1945 年版。

罗家伦：《研究中国近代史的意义和方法》，著者刊 1931 年版。

罗家柱：《近百年西洋史》，钟山书局 1933 年版。

罗元鲲：《史学概要》，亚新地学社 1931 年版。

罗元鲲：《史学研究》，开明书店 1929 年版。

罗元鲲：《中国近百年史》（上、下册），商务印书馆 1934 年版。

马文（F. S. Marvin）：《近代世界史话》，俞定译，商务印书馆 1933 年版。

迈尔（P. V. N. Myers）：《迈尔通史》，黄佐廷口译，张在新笔述，山西大学堂 1905 年版，1912 年再版。

孟世杰：《中国近百年史》（上、下册），百城书局 1931 年版。

孟世杰：《中国近世史纲》，百城书局 1932 年版。

孟世杰：《中国最近世史》（4 册），文化学社 1925 年版（第 1、2 册），1926 年版（第 3、4 册）。

密苏里那（A. V. Misulina）：《古代世界史》，王易今译，开明书店 1948 年版。

缪凤林：《本国史》（上册），钟山书局 1932 年版。

缪凤林：《中国通史纲要》（3 册），钟山书局 1931 年版（第 1 册），1933 年版（第 2 册），1935 年版（第 3 册）。

缪凤林：《中国通史要略》（3 册），国立编译馆 1943 年版。

彭昌国：《历史教程》，中央陆军军官学校 1940 年版。

普通学书室：《普通新历史》（增订），商务印书馆 1913 年增订 25 版。

齐思和：《西洋史教学之基本问题》，函雅堂书店 1941 年版。

钱穆：《国史大纲》（部定大学用书）（上、下册），商务印书馆 1940 年版。

钱然：《近百年世界史纲要》，广益书局 1929 年版。

茄乌尔芋你：《世界历史课本》（5 册），徐汇公学 1914—1918 年版。

瞿佩荃：《本国历史纲要》，三民图书公司 1948 年版。

屈勒昧林（G. M. Trevelyan）：《历史教育》，李絜非译，华夏图书出版公司 1948 年版。

Robert Flint：《历史哲学概论》，郭斌佳译，新月书店 1928 年版。

沙耳非米尼（Gaetano Salvemini）：《史学家与科学家——史学与社会科学性质概论》，周谦冲译，商务印书馆 1945 年版。

沙尔列·拉波播尔（Charles Rappoport）：《历史哲学》，青锐译，辛垦书店 1930 年版。

商鸿逵：《历史研究法》（中国大学讲义），出版者、出版时间不详。

上田茂树：《世界史纲》，柳岛生译，百衲书店 1930 年版。

上田茂树：《世界史要》，刘叔琴译，开明书店 1928 年版。

上田茂树：《世界史纲》，施复亮译，大江书铺 1931 年版。

绍特韦尔（J. T. Shotwell）：《西洋史学史》，何炳松、郭斌佳译，商务印书馆 1929 年版。

沈昧之：《近百年本国史》，世界书局 1929 年版。

沈自元：《世界新史纲》，中学生书局 1933 年版。

史高脱（Ernest Scott）：《史学与史学问题》，翁之达、谢元范译，开明书店 1934 年版。

施亨利（Henri See）：《历史之科学与哲学》，黎东方译，商务印书馆 1930 年版。

矢部周藏：《编年体外国史》，卢文迪译，中华书局 1940 年版。

司各脱（Ernest Scott）：《史学概论》，余楠秋、谢德风译，民智书局 1933 年版。

苏联科学院历史研究院：《近代新历史》（第 1 分册），杜克展译，读书出版社 1946 年版。

苏联科学院历史院：《近代史教程》（第 1 分册），太岳新华书店 1947 年版。

苏联科学院历史院：《近代史教程》（第 2 分册），新华书店 1947 年版。

台湾省行政长官公署教育处：《本国史》（初级中学适用），台湾书局 1946 年版。

唐圭璋等：《历史教程》，中央陆军军官学校政治部 1946 年版。

汤姆生（Z. M. Thompson）：《西洋中古史》（上、下册），陈受颐、梁茂修译，商务印书馆 1940 年版。

陶官云：《中国近百年史话》（从鸦片战争到政治协商会议），大众书店 1948 年版。

王蔼棠：《中国近百年史问题研究》，著者刊 1929 年版。

王传燮：《白话中国历史》（上、下册），文明书局 1922 年版。

王纯一编译：《西洋史要》，南强书局 1929 年版。

王坚壁：《中国史》（又名《中国新史纲》），社会科学研究会 1932 年版。

王平陵：《怎样读历史》，文风书局股份有限公司 1944 年版。

王桐龄：《中国史》（第 1—3 编，第 4 编上册），文化学社 1926 年版（第 1、2、3 编），1931 年再版（第 4 编上册）。

王心石：《西洋史》（上、下册），神州国光社 1931 年版。

卫聚贤：《持志学院历史研究法讲义》，出版者不详，1934 年版。

卫聚贤：《历史统计学》，商务印书馆 1934 年版。

魏野畴：《中国近世史》，开明书店 1930 年版。

韦尔斯（H. G. Wells）：《世界文化史》，蔡慕晖、蔡希陶译，大江书铺 1932 年版。

韦尔斯（Herbert Gerorg Wells）：《世界史纲》（上、下册），梁思成等译，商务印书馆 1927 年版。

韦尔斯（H. G. Wells）：《简明世界史》，樊仲云译，商务印书馆 1931 年版。

韦休编，朱仲翰校：《中国史话》（4 册），商务印书馆 1931 年版。

威尔斯（H. G. Wells）：《世界史要》，谢颂羔、陈德明译，文华美术图书印刷公司 1931 年版。

威尔斯（H. G. Wells）：《世界文化史纲》，朱应会译，昆仑书店 1930 年版。

吴贯因：《史学概论》，文化书局 1937 年再版。

吴贯因：《史之梯》，联合书店 1930 年版。

吴祥麒：《西洋上古史》，国立华北编译馆 1942 年版。

吴泽：《中国历史简编》，峨眉出版社 1945 年版。

吴泽：《中国历史研究法》，峨眉出版社 1942 年版。

夏德仪：《中国近百年史》，编者刊 1928 年版。

夏曾佑：《中国古代史》，商务印书馆 1933 年版。

小川银次郎：《西洋史要》，樊炳清、萨端译，商务印书馆 1914 年版。

谢康：《西洋史提要》，世界书局 1930 年版。

邢鹏举：《西洋史》，师承书店 1934 年版。

邢鹏举：《中国近百年史》（上册），世界书局 1931 年版。

熊卿云：《中国历史》（上、下册），商务印书馆 1924 年版。

徐澄：《世界近代史略》，中华书局 1930 年版。

徐澄：《外国史略》（上、下册），中华书局 1930 年版。

徐澄：《中国近百年史》，中华书局 1930 年版。

徐进：《中国通史》（第 1、2 编），国民图书公司 1946 年版。

徐文珊：《历史教育论》，史学书局 1945 年版。

许毅：《世界近百年史》（上、下册），百城书局 1932 年版（上册），1933 年版（下册）。

颜昌峣：《中国最近百年史》，太平洋书店 1929 年版。

阎人俊：《中国近代历史讲义》，沪江大学历史政治系 1926 年版。

杨东莼：《（开明新编高级）本国史》（上、下册），开明书店 1947 年版。

杨荣国：《西洋现代史读本》，香港文化供应社 1947 年版。

杨鸿烈：《历史研究法》，商务印书馆 1937 年版。

杨鸿烈：《史地新论》，晨报社 1924 年版。

杨鸿烈：《史学通论》，商务印书馆 1939 年版。

姚绍华：《中华本国历史》（4 册），中华书局 1936 年版。

姚永朴：《史学研究法》，商务印书馆 1938 年版。

伊文思（I. O. Evans）：《少年世界史纲》，黄石、吕一舟译，商务印书馆 1935 年版。

英国平民协会编：《近代世界史》，杨允修译，新生命书局 1930 年版。

余协中：《西洋通史》（上、中、下卷），世界书局 1933 年版（上卷），1935 年版（中卷），1936 年版（下卷）。

翟彬甫（P. Candido Vanara）：《通史辑览》，李问渔译，土山湾慈母堂 1915 年再版。

张健甫：《中国近百年史教程》，文化供应社 1940 年版。

张克昌：《中国通史》（第 1 册），合众印刷社 1946 年版。

张以礼：《中国近代史》，陆军大学 1948 年版。

张荫麟：《东汉前中国史纲》，青年书店 1944 年再版。

张荫麟：《中国史纲》（上册），青年书店 1941 年版。

张荫麟：《中国史纲》（上古篇），正中书局 1948 年版。

张震南：《国史通略》，中华书局 1930 年版。

张仲琳：《西洋近世史》（上册），著者刊 1932 年版。

章嵚：《中华通史》，商务印书馆 1933 年版。

赵吟秋：《史学通论》，大中书局 1931 年版。

赵玉森：《（新著）本国史》（上、下册，中等学校用），商务印书馆 1922 年版。

郑鹤声：《历史教学旨趣之改造》，正中书局 1935 年版。

郑鹤声：《中国近世史》（2 册），中央政治学校 1930 年版。

《中国近世史》，朝阳学院 1932 年版。

《中国近世史》（上、下册），中央陆军军官学校 1944 年版。

中国历史研究会（范文澜）：《中国通史简编》（上、中册），新华书店 1941 年版（上册），1942 年版（中册）。

中国历史研究会（范文澜）：《中国通史简编》，新知书店 1947 年版。

钟山：《中国历史》，著者刊 1914 年版。

周登云：《近百年世界史纲》，南方印书馆 1945 年版。

周谷城：《世界通史》（上、中、下册），商务印书馆 1949 年版。

周谷城：《中国通史》（上、下册），开明书店 1939 年版。

周木斋：《最近中国史》，新生命书局 1933 年版。

周容：《史学通论》，开明书店 1933 年版。

周希贤：《历史的研究》，新学会社 1913 年版。

周予同：《本国史》（4 册），开明书店 1947 年版。

朱公振：《近百年世界史》，世界书局 1929 年版。

朱公振、朱翊新：《近百年外国史》，世界书局 1939 年版。

朱谦之：《历史哲学》，泰东图书局 1926 年版。

朱谦之：《历史哲学大纲》，民智书局 1933 年版。

佐野袈裟美：《中国历史教程》，刘惠之、刘希宁译，读书生活出版社 1937 年版。

法律学

巴得生：《比较法理学发凡》，胡庆育译，太平洋书店 1932 年版。

白鹏飞：《法学通论》，民智书局 1928 年版。

柏替（H. E. Burtt）：《法律心理学》（教本），王书林译，商务印书馆 1939 年版。

蔡枢衡：《中国法律之批判》，正中书局 1942 年版。

朝阳大学编，李祖荫等校勘：《法学通论》，朝阳大学 1927 年版。

陈承泽：《法制大要》（共和国教科书），商务印书馆 1913 年版。

陈敬第：《法学通论》，丙午社 1907 年版，1913 年 4 版。

陈士杰：《什么是法律学》，经纬书局 1935—1938 年版。

陈祖信：《广西省地方行政干部训练团法律常识讲义》，广西地方行政干部训练委员会 1941 年版。

狄骥（L. Duguit）：《公法的变迁》，徐砥平译，商务印书馆 1933 年版。

狄骥（L. Duguit）：《拿破仑法典以来私法的普通变迁》，徐砥平译，会文堂新记书局 1935 年版。

丁元普：《法律思想史》，上海法学编译社 1932 年版。

丁元普：《法律思想史讲义》，上海法政学校，出版时间不详。

董熙智:《法学通论》,津沽印务局1933年版。

《法律讲话》,中央训练团监察官训练班1948年版。

《法律学教程》,中央陆军军官学校第三分校1941年版。

《法律要义》,中国国民党中央执行委员会训练委员会1943年版。

《法律要义》,西康省地方行政干部训练团1942年版。

《法学通论》,宪兵司令部1945年再版。

《法学通论》,陆军宪兵学校1945年版。

《法学通论》,北平朝阳大学分设南京法政讲习所1931年版。

《法学通论》(首都警察厅警员训练所讲义),首都警察厅警员训练所1946年版。

《法学通论教程》,宪兵学校1942年版。

方刚:《法政提要》(16册),上海法政学会1913年再版。

方考岳:《大陆近代法律思想小史》(上、下编),商务印书馆1921年版。

福尔克(R. R. Foulke):《法律哲学ABC》,施宪民译,世界书局1929年版。

高承元:《正负法论——辩证法的法律学方法论》,高承元律师事务所1948年订正再版。

高柳贤三:《法律哲学原理》,汪翰章译,大东书局1932年版。

高柳贤三:《法律哲学要论》,张舆公译,上海法学编译社1931年版。

高柳贤三、拿特布尔·格斯它(Radbruch Gustav):《法律哲学》,张舆公、徐苏中译,上海法学编译社1933年版。

葛遵礼:《新编法学通论》,会文堂新记书局1930年版。

龚钺:《比较法学概要》,商务印书馆1947年版。

谷寅:《法律实用基本知识》,中国法学编辑社1945年版。

郭卫:《法律常识》,上海法学编译社1924年版。

何任清:《法学通论》(国立复旦大学丛书),商务印书馆1945年版。

胡庆育:《法学通论》,太平洋书店1933年版。

胡毓杰:《法学纲要》,著者刊1939年版。

胡愿深:《法学通论表解总论》,科学书局1912年版。

胡愿深:《法学通论表解各论前后编》,科学书局1912年版。

黄炳道：《法学通论》，全浙监狱专门学校，出版时间不详。

霍金：《法律哲学现状》，费青译，上海法学编译社1937年再版。

矶谷倖次郎：《法学通论》，王国维译，商务印书馆1914年版。

贾席珍：《法律学》，军需学校1935年版。

景善（高承元）：《辩证法的法律学方法论》，平民书店1937年版。

克尔生（H. Kelsen）：《纯粹法学》，横田喜三郎译，刘燕谷转译，中国文化服务社1943年版。

勒翁狄几（L. Duguit）：《公法要义》，杨肇熉译，商务印书馆1940年版。

李景禧：《法学教程》，中央陆军军官学校1942年版。

李景禧、季灏：《法学教程》，中央陆军军官学校1940年版。

李炘：《法形论》，公慎书局1922年版。

李炘：《社会法学派》，朝阳大学出版部1925年版。

李炘：《思达林蘗法律学说大纲》，朝阳大学出版部1923年版。

李洵元：《法制经济问答》，中华邮工函授学校1939年版。

李祖荫：《法律学方法论》，国立湖南大学法律学会1944年版。

梁伯恒：《法制大意讲义》，上海市警察局警士教练所，出版时间不详。

林彬：《法律概论》，中央训练团党政高级训练班1944年版。

林长翔：《法律常识》，福建公训服务社1941年版。

林纪东：《法律概论》，大东书局1944年版。

林文琴：《法学精义》，泰东图书局1920年版。

林振镛、王冠英：《法学通论》，中国书店1945年版。

凌其翰：《东吴大学法律学院大陆法律思想史讲义》（初稿），东吴大学法律学院，出版时间不详。

刘燕谷：《欧洲法律思想史纲要》，独立出版社1943年版。

刘子崧、李景禧：《法学通论》，商务印书馆1934年版。

楼桐孙：《法学通论》，正中书局1940年版。

罗澍群：《法学通论》，中央陆军军官学校，出版时间不详。

毛家骐：《法学通论》，中央陆军军官学校政治训练处1931年版。

美浓部达吉：《法之本质》，林纪东译，商务印书馆1936年版。

梅如璈：《现代法学》，新月书店 1932 年版。

梅仲协（梅祖芳）：《法律论》，建国法商学院 1947 年版。

梅祖芳：《法律论》，公诚法律会计事务所 1944 年版。

孟德斯鸠：《法意》（7 册），严复译，商务印书馆 1904—1909 年版。

孟德斯鸠：《孟德斯鸠法意》（3 册，严译名著丛刊），严复译，商务印书馆 1930 年版。

孟德斯鸠：《孟德斯鸠法意》（6 册，万有文库），严复译，商务印书馆 1931 年版。

孟森：《新编法学通论》，商务印书馆 1910 年版，1914 年版（订正版）。

密拉格利亚（L. Miraglia）：《比较法律哲学》（6 册），朱敏章等译，商务印书馆 1937 年版。

莫理斯（M. F. Morris）：《法律发达史》，王学文译，商务印书馆 1939 年版。

拿特布尔·格斯它（Radbruch Gustav）：《法律哲学概论》，徐苏中译，上海法学编译社 1931 年版。

宁敦武：《法学概论》，南强书局 1929 年版。

欧阳谿：《法学通论》（上、下册），上海法学编译社 1931 年版。

欧阳谿著，郭卫修编：《法学通论》（战后修正重刊），上海法学编译社 1946 年版。

庞特（R. Pound）：《社会科学史纲·法学》（第 9 册），雷宾南译，商务印书馆 1940 年版。

滂恩（R. Pound）：《法学史》，雷宾南译，商务印书馆 1931 年版。

滂恩（R. Pound）：《法学肄言》，雷沛鸿译，商务印书馆 1928 年版。

滂特（R. Pound）：《社会法理学论略》，陆鼎揆译，商务印书馆 1926 年版。

钱番稻：《法学通论问答》，三民公司 1930 年版。

丘汉平：《法学通论》，商务印书馆 1933 年版。

瞿钺：《通俗法制经济》，吉长日报社 1920 年版。

三谷隆正：《法律哲学原理》，徐文波译，商务印书馆 1937 年版。

三潴信三：《近世法学通论》，邓公杰译，民智书局 1930 年版。

山田三良：《法学通论》，孙少荆译，四川法政学校，出版时间不详。

邵本恒：《法律概论》（四川省训练团讲义），四川省训练团 1940 年版。

史家琪：《唯物论与法律学》，中华书局 1949 年版。

史尚宽：《法学概论》，中央训练团党政高级训练班，出版时间不详。

史尚宽、刘克俊、谢冠生：《法制》（中央政治学校公务员训练部高等科讲义），中央政治学校，出版时间不详。

司丹木拉（R. Stammler）：《现代法学之根本趋势》，张季忻译，商务印书馆 1937 年版。

穗积陈重：《法律进化论》（三册合订本），黄尊三、萨孟武、陶汇曾、易家钺译，商务印书馆 1934 年版。

穗积重远：《法理学大纲》，李鹤鸣译，商务印书馆 1928 年版。

穗积重远：《法理学大纲》，欧阳谿译，会文堂新记书局 1930 年版。

孙祖宏：《法学通论》（江苏省立教育学院讲义），江苏省立教育学院 1931 年版。

唐表民：《法律之迷》，商务印书馆 1943 年版。

陶保霖：《法制概要》（共和国教科书），商务印书馆 1914 年版。

陶希圣：《法律学之基础知识》，新生命书局 1929 年版。

童沂：《现代法学》，大公书店 1946 年版。

王传璧：《法理学史概论》，上海法学书社 1929 年版。

王觐：《法学通论》，公慎书局 1921 年版。

王倬：《法制参考书》（上），商务印书馆 1915 年版。

翁腾环：《法律常识》，商务印书馆 1935 年版。

吴经熊：《法律哲学研究》，上海法学编译社 1933 年版。

吴经熊、华懋生编：《法学文选》（上、下册），会文堂新记书局 1935 年版。

吴学义：《法学纲要》，中华书局 1935 年版。

郗朝俊：《法学通论》（军事学校战时政治教程），国民政府军事委员会政治部 1938 年版；青年书店 1940 年再版。

夏勤、郁嶷：《法学通论》，朝阳大学出版部 1927 年版。

小野清一郎：《法律思想史概说》，何建民译，民智书局 1932 年版。

小野清一郎:《法律思想史概说》,刘正杰译,中华学艺社1931年版。

熊元翰:《法学通论》,安徽法学社1911年版,1914年4版。

许鹏飞:《法律常识》,江西地方政治讲习院1940年版。

郁嶷:《法学通论》(河北省地方行政人员训练所讲义),河北省地方行政人员训练所,出版时间不详。

张季忻:《法学通论概要》,世界书局1929年版。

张映南:《法学通论》,大东书局1933年版。

张知本:《社会法律学》,上海法学编译社1933年版。

章渊若:《现代法制概论》,商务印书馆1934年版。

赵琛:《法理学讲义》,上海法政学院1931年版。

赵志嘉:《法学大意》,世界书局1929年版。

织田万:《法学通论》,刘崇佑译,商务印书馆1907年版,1917年14版。

钟鼎铭:《法律常识指导》,南星书店1935年再版。

钟乃可:《通俗法律讲话》,中华书局1936年版。

周邦式:《法律学概要》,新中国书局1943年版。

周鲠生:《法律》,商务印书馆1923年版。

周祖琛:《法学通论》(私立浙江法政专门学校政治部讲义录),私立浙江法政专门学校,出版时间不详。

朱采真:《法律学ABC》,世界书局1929年版。

朱采真:《法律学通论》,世界书局1930年版。

朱采真:《法学通论》,世界书局1928年版。

朱采真:《现代法学通论》,世界书局1931年版。

朱方:《法学通论》(最新法学名著),上海法政学社1930年版。

朱贞白:《最新法学通论》(依照现行法令编制),上海法政学社1932年再版。

朱祖贻:《法学通论》,正中书局1944年版。

宗霖:《法学通论》,中华政治经济学会1944年版。

后　记

　　本书是我承担的 2009 年度教育部人文社会科学研究一般项目"民国时期人文社会科学学科体系构建研究"的最终成果。此课题的初衷是，以文本解读和流派分析为基本方法，通过系统梳理民国时期人文社会科学领域相关论著，厘清同时期的学术流派以及各学派学术理念的传承与流变。我最初设想，对包括社会科学总论、哲学、社会学、政治学、经济学、历史学、法律学等学科在内的人文社会科学的各方面情况作全面考察。但是，在研究过程中，我发现这个设想过于庞大，非我一己之力所能胜任。而且，我发现，由于民国学界科学理念的盛行，诸学者存在明显的泛科学化倾向，将人文与社会各领域的研究均纳入科学范畴，在当时学人观念中，"人文学科"与"社会科学"间的区隔并不明显。所以，我将研究重点放在"社会科学"方面，而将"人文学科"暂时搁置，并以考察民国学界的科学理念和研究范式为重心。我选择民国时期的社会科学观念、美国社会学研究范式对民国学界的影响、民国学界关于政治学研究范式的论争、马克思主义社会科学研究的兴起这样几个领域做专题研究。我期望通过对这几个问题的深入梳理，以点带面，通过个案分析，管窥民国时期社会科学学科体系及其研究范式的构建情况的"全豹"。摆在大家面前的这部书稿，虽然涉及的领域并不全面，说不上是对民国时期人文社会科学学科体系构建的全面、系统研究，但我觉得，仍能反映出民国时期人文社会科学研究范式构建、学术流派及理念演变的大致理路，这就是民国学界将源自西方的研究范式引入中国，进行融会、创新，进而以此研究中国自身问题，最终形成中国自身的人文社会科学学科体系。在此过程中，因各学者中西师承、学术倾向、政治立场等各方面的相异，造成其对源自西方的各派理论取舍的各异，并造成其研究中国社会与学术问题的具体思路的不同，进而形成各种学术流派的理念差异。

在撰写初稿过程中，我每完成一个专题写作，便将相关内容改为专题论文公开发表。发表的相关论文如下：《话语与理念的离合：民国时期社会科学范式的多重歧异》（《河北学刊》2014 年第 5 期）、《移植与融会：民国时期社会学理论体系构建的美国学术渊源》（《清华大学学报》2013 年第 2 期）、《范式的引介与学科的创建：民国时期社区研究理论的美国学术渊源》（《中南民族大学学报》2013 年第 5 期）、《民国学界对美国社会学理论的选择与融会：对民国时期社会学中国化一个侧面的考察》（华中师范大学中国近代史研究所《近代史学刊》第 10 辑，华中师范大学出版社 2013 年版）、《吴景超与 20 世纪二三十年代中国社会学研究趋向》（《世纪清华：学人、学术与教育》，清华大学出版社 2013 年版）、《亦学亦政：民国时期关于政治学研究范式的论争——兼论民国政治学的学术谱系》（《武汉大学学报》2016 年第 6 期）、《"新兴社会科学"的兴起与马克思主义社会科学话语体系的构建》（《中共党史研究》2015 年第 4 期）。在此，向编辑诸君谨致谢忱！

还需要对正文注释和附录所标民国图书版次作一个说明。正文注释所标民国图书版次，是我研究过程中所使用的图书的版次；而附录《民国时期人文社会科学概论类书籍选目》所标民国图书版次，是我尽可能收集到或查到的图书的最初版次。

书稿完成后，我于 2016 年 11 月初抱着汇报工作的心情回清华，请王宪明教授为拙稿写序，得到王老师的欣然应允。我之所以将这部书稿拿出来呈献给老师，是想向老师汇报，这些年来，我虽谈不上取得什么大的学术成绩，但一直在学术的道路上努力爬行。2002—2006 年在清华攻读博士学位期间老师们的教诲，是我此后每一分学术成绩的源泉。同时，还需特别感谢天津师范大学历史文化学院。我自 2006 年来师大工作，忽忽已过十载。在这些年中，我虽有时感到教学工作的繁忙，但生活平稳而有序，使我能够静下心来做一点学问。师大提供给我的平静的教学、读书环境，是我这些年来得以取得一点学术成绩的基础。

　　最后，还需感谢中国社会科学出版社刘芳老师。她对拙稿悉心而出色的编辑，为拙稿增色不少！

阎书钦

2016 年 12 月 26 日于天津师范大学